Eisteddfod
Genedlaethol
Cymru

Eisteddfod Genedlaethol Cymru

CEREDIGION 2022

CYFANSODDIADAU
a
BEIRNIADAETHAU

Golygydd:
W. GWYN LEWIS

Cyhoeddir gan Lys yr Eisteddfod

ISBN 978-1-913257-04-0

Argraffwyd gan Wasg Gomer,
Llandysul, Ceredigion SA44 4JL

CYNGOR YR EISTEDDFOD GENEDLAETHOL 2022

Cymrodyr
R. Alun Evans
Geraint R. Jones
John Gwilym Jones
Garry Nicholas
D. Hugh Thomas

SWYDDOGION Y LLYS

Llywydd
Ashok Ahir

Is-Lywyddion
Y Prifardd Myrddin ap Dafydd (Archdderwydd)
Elin Jones (Cadeirydd Pwyllgor Gwaith 2022)
Michael Strain (Cadeirydd Pwyllgor Gwaith 2023)

Cadeirydd y Cyngor
Gethin Thomas

Is-Gadeirydd y Cyngor
Heulwen Jones

Cyfreithwyr Mygedol
Philip George
Emyr Lewis

Trysorydd
Gwenno Williams

Cofiadur yr Orsedd
Y Cyn-Archdderwydd Christine

Ysgrifennydd
Llŷr Roberts

Prif Weithredwr
Betsan Moses

Trefnydd a Phennaeth Artistig
Elen Huws Elis

RHAGAIR

'Hir pob aros' medd yr hen air: ni fu hynny erioed mor wir ag yn achos Eisteddfod Genedlaethol Ceredigion eleni! Bu'r aros amdani yn hir iawn a'r dyheu am gael dod at ein gilydd i Dregaron i ddathlu cyfoeth ein diwylliant yn gryf iawn dros y ddwy flynedd ddiwethaf. Aeth bron i bedair blynedd heibio er pan gychwynnodd y Pwyllgor Gwaith lleol a'r isbwyllgorau testun ar eu gwaith o lunio'r *Rhestr Testunau* yn hydref 2018; o ganlyniad – wedi'r holl aros amyneddgar – mae'n bleser digymysg gennyf eleni, o bob blwyddyn, gael cyflwyno cyfrol *Cyfansoddiadau a Beirniadaethau Eisteddfod Genedlaethol Ceredigion* i'ch dwylo eiddgar.

Mae'n debyg yr ystyrir Eisteddfod Genedlaethol Ceredigion 2022 fel 'gŵyl y datgloi a'r ailagor' yn dilyn dwy flynedd rwystredig o gyfnodau clo ysbeidiol yn sgil pandemig COVID-19 a ninnau heb fedru cynnal Prifwyl arferol er Eisteddfod Genedlaethol Sir Conwy 2019. Ac yn achos cynnyrch creadigol yr Eisteddfod ei hun, mae hynny'n arbennig o wir. Pan gawsom ein gorfodi i ohirio Eisteddfod Ceredigion 2020, penderfynwyd rhoi'r holl gyfansoddiadau a anfonwyd i'r swyddfa erbyn 1 Ebrill 2020 'dan glo' hyd nes y byddai'r Eisteddfod yn cael ei chynnal drachefn. Unwaith y dechreuodd COVID gilio o'r tir yn gynharach eleni – ac i'r gobeithion o fedru gwireddu cynnal Eisteddfod yn Nhregaron gael eu hailgynnau – penderfynwyd datgloi'r cynnyrch a'i anfon at y beirniaid ym mis Ionawr. O ganlyniad, rhoddwyd mwy o ras a hamdden nag arfer i'r Golygydd wneud ei waith (a drodd yn fendith ac yn felltith yn y pen draw): cyrhaeddodd y feirniadaeth gyntaf ar 25 Ionawr – ond yr oedd yn 11 Mehefin ar y falwen olaf yn croesi'r llinell, serch mai 1 Ebrill oedd y dyddiad cau ar gyfer derbyn y beirniadaethau!

I'r rhai ohonoch sy'n hoffi ystadegau: dyma'r wythfed tro i'r Eisteddfod Genedlaethol ymweld â Cheredigion rhwng 1865 ac eleni ac aeth 30 mlynedd heibio er Eisteddfod Ceredigion, Aberystwyth 1992, pan osodwyd 75 o gystadlaethau cyfansoddi – 22 yn fwy nag yn yr Eisteddfod hon. Denodd y 53 cystadleuaeth eleni 485 o gystadleuwyr ar draws y meysydd a ganlyn: Barddoniaeth (199), Rhyddiaith (104), Theatr (38), Dysgu'r Gymraeg (77), Cerddoriaeth (57), Cerdd Dant (1), Dawns (1), a Gwyddoniaeth a Thechnoleg (8). Dim ond tair cystadleuaeth a fethodd ddenu'r un ymgeisydd (dwy yn Adran Theatr ac un yn Adran Gwyddoniaeth a Thechnoleg) a dim ond mewn dwy gystadleuaeth yr ataliwyd y wobr, gyda beirniad un gystadleuaeth arall yn penderfynu dyfarnu cyfran yn unig o'r wobr. Mae aelodau'r isbwyllgorau testun hynny a gyfarfu gyntaf yn hydref 2018 i'w llongyfarch yn galonnog, felly, am lwyddo i ysbrydoli cynifer i roi cynnig arni a gallwch chithau yn awr flasu a gwerthfawrogi'r 31 cyfansoddiad buddugol sydd rhwng cloriau'r gyfrol hon – y mwyafrif helaeth ohonynt yn adlewyrchu'r byd gwahanol hwnnw a fodolai cyn COVID.

Gwaith tîm sy'n dod â chyfrol mor amrywiol â hon at ei gilydd – a hynny dan amrywiaeth o bwysau – a gwerthfawrogaf y cydweithio effeithiol a pharod â staff sefydlog yr Eisteddfod i hwyluso fy ngwaith unwaith eto eleni: Elen Huws Elis (Trefnydd a Phennaeth Artistig), Gwenllian Carr (Pennaeth Cyfathrebu) – ac yn benodol Lois Wynne Jones (Swyddog Gweinyddol: Cystadlaethau), y ddolen gyswllt effeithiol rhyngof a'r beirniaid a'r enillwyr. Caniatewch i mi dalu teyrnged arbennig i Lois am ei hymroddiad a'i gwaith cydwybodol a phroffesiynol wrth i'w chyfnod ar staff yr Eisteddfod ddod i ben eleni wedi 34 o flynyddoedd; bu'n bleser pur cydweithio â hi dros y chwe blynedd y bûm yn ysgwyddo'r olygyddiaeth a dymunaf yn dda iddi i'r dyfodol.

Yn ogystal, gwerthfawrogaf gymorth parod Dylan Jones (Cyhoeddiadau Nereus, Y Bala) yn cysodi'r emyn-dôn fuddugol yn ôl ei arfer, ynghyd ag arbenigedd Sion Ilar, Uwch Swyddog Dylunio Cyngor Llyfrau Cymru, am fynd ati o'r newydd eleni i ddylunio clawr sy'n adlewyrchu'r newidiadau sydd wedi digwydd i'r Eisteddfod wrth iddi ailafael yn ei gweithgareddau ar ôl y pandemig. Fel yn y gorffennol, bu'r cydweithio â Gari Lloyd, y cysodydd yng Ngwasg Gomer, yn rhwydd a didrafferth unwaith yn rhagor wrth iddo sicrhau, yn ei ffordd broffesiynol nodweddiadol, bod y gyfrol yn gwneud ei thaith drwy'r wasg yn ddiogel a diffwdan.

Os bu'r aros am yr Eisteddfod hon yn hwy nag arfer, rwy'n siŵr y cytunwch iddi fod yn werth yr holl aros a bod yr arlwy sydd rhwng cloriau'r gyfrol hon eleni yn ddigon i'ch ysbrydoli a'ch cadw'n ddiddig am oriau lawer ymhell wedi i'r Eisteddod ymadael â Thregaron. O'r diwedd, wedi'r holl ddisgwyl, fe ddaeth awr fawr Ceredigion i roi llwyfan teilwng i'r holl enillwyr; yng ngeiriau'r Cywydd Croeso: '... fe ddaeth awr hon – awr deg i Geredigion.'

W. Gwyn Lewis

Rhybudd: Oherwydd bod llenyddiaeth greadigol, yn ei hanfod, yn ymwneud ag amrywiol brofiadau bywyd, fe all rhai cyfansoddiadau yn y gyfrol hon fod yn ymdrin â phynciau o natur sensitif ac, o ganlyniad, beri gofid i rai darllenwyr.

CYNNWYS

(Nodir rhif y gystadleuaeth yn ôl y *Rhestr Testunau* ar ochr chwith y dudalen)

* * *

ADRAN LLENYDDIAETH

BARDDONIAETH

ADRAN THEATR

ADRAN DYSGU'R GYMRAEG

Cyfansoddi

ADRAN CERDDORIAETH

ADRAN CERDD DANT

ADRAN DAWNS

ADRAN GWYDDONIAETH A THECHNOLEG

Rhif.		*Tud.*
112.	**Erthygl Gymraeg** yn ymwneud â phwnc gwyddonol ac yn addas i gynulleidfa eang heb fod yn hwy na 1,000 o eiriau. Croesewir y defnydd o dablau, diagramau a lluniau amrywiol. Sylwer y dylid cydnabod gwaith awduron eraill lle bo'n briodol. Croesewir gwaith unigolyn neu waith grŵp o unrhyw oedran. Ystyrir cyhoeddi'r erthygl fuddugol mewn cydweithrediad â'r cyfnodolyn *Gwerddon*. Beirniad: Helen Ougham. Gwobr: £400 (i'w rannu yn ôl dymuniad y beirniad, gyda lleiafswm o £200 i'r enillydd) (£150 Gwobr Goffa Bryneilen Griffiths a Rosentyl Griffiths; £150 Cronfa Goffa Eirwen Gwynn; £100 Daniel Thomas, Llangeitho er cof am Robert Thomas). **Buddugol:** *Y Dewin* (John Michael Williams, West Cross, Abertawe).	321
113.	**Erthygl ar unrhyw agwedd o fyd natur yn addas ar gyfer ei chyhoeddi yn *Y Naturiaethwr*.** Anogir y defnydd o dablau, diagramau a lluniau amrywiol. Sylwer y dylid cydnabod gwaith awduron eraill lle bo'n briodol. Ystyrir cyhoeddi'r gwaith sy'n cael ei gymeradwyo gan y beirniad yn *Y Naturiaethwr*. Beirniad: Goronwy Wynne. Gwobr: £200 (Er cof am Ieuan Roberts o Lanbedr Pont Steffan gan y teulu). **Ni fu cystadlu.**	
114.	**Dyfeisio ac Arloesi.** Cystadleuaeth i wobrwyo syniad arloesol a chreadigol sydd er budd y gymdeithas. Gall fod yn syniad neu ddyfais hollol newydd neu yn ateb i broblem bresennol mewn unrhyw faes gwyddonol. Gofynnir am geisiadau heb fod yn hwy na 1,000 o eiriau sy'n amlinellu'r syniad. Croesewir y defnydd o dablau, diagramau a lluniau amrywiol. Gall fod yn waith sydd wedi ei gyflawni yn barod neu yn gysyniad newydd. Beirniad: Iolo ap Gwynn. Gwobr: £1,000 (Beryl Wyn Williams) (i'w rannu yn ôl dymuniad y beirniad, gyda lleiafswm o £500 i'r enillydd). **Buddugol:** *Lipinski* (Bedwyr Thomas, Caerdydd).	327

Adran Llenyddiaeth

BARDDONIAETH

Awdl neu gasgliad o gerddi mewn cynghanedd gyflawn,
ar fwy nag un o'r mesurau traddodiadol, hyd at 250 o linellau:
Traeth

TRAETH

Llangrannog, Gŵyl Banc Awst 2019

Cyrraedd

Helbul haf o deulu blin
yn llywio i'r gorllewin:
stôr go hael o seidar, gwin,

a Tedi'n y bŵt wedyn.
Ei hel-hi am haul melyn
a theid gwyllt a thywod gwyn.

Awn am lan môr, ben bore:
dŵr oer wrth ddianc o'r dre
a'r haul o'n blaen yn rhywle.

Blêrio mae'r radio, drwy'r holl droadau,
eto heddiw ei edliw a'i ddadlau.
Yna diffoddwn ninnau – yr injan:
gohirio'r swnian yn gar a'i synau.

Trown at dawelwch tirion ein teulu
a chân a ch'weirnod y bych yn chwyrnu
yno'n y cefn: un diwrnod o gefnu
ar holl fyth-a-hefyd byd sy'n sbydu.
Stopiwn y sŵn, a synnu – wrth nesáu
at rŵn y tonnau, a'r pentre'n tynnu.

Lonydd culion

Hawdd meddwl, a'u ceir nhw'n bwlio'n dalog
hyd hewl â'u holwynion
ffôr bai ffôr (ac ar eu ffôn):
'gadwch i'r armagedon

ddigwydd ...' Wrth iddynt ddigio a rhoi horn,
mynd i wrych, rifyrsio ...
os deuai'r dreng ddistryw, dro,
gwnawn well lôn: ailgynllunio.

Ond mynnu gweld mae 'mhen hen gar; gaea
a'i gawell o alar
yn dŵad bob yn deiar
i hel tai hyd y col-tar ...

Bryd hynny, â bryd henwr ydw i'n gweld
nad yw'n gul i'r 'sgotwr;
lôn lydan wêl hen wladwr
addfwyn, yn dirwyn i'r dŵr.

Taenu

A rŵan, dyma ni'n dod
yn deulu: pac diwaelod.
Mynnu'n patshyn, cyn pitshio
uwch y dŵr, a'i warchod o:
i'r dim! A llynges ar don
'di hwyliau'r holl dywelion.

Lond yr aer, mae'r eli'n drwch:
yma daeth pob corgimwch
yn forfilaidd fawrfoliog
i'w euro'i hun dan haul crog.

Gwnaf heb y botel eli ella awr ...
dwisio lliw ... Pam down-ni
i hel dan haul? Ydan ni'n
ein llesgedd *isio* llosgi ...?

Cwpwl ifanc

Yl'di'r rhain: weli di'r iaith – a'r ing dwys
sy rhwng dau? Yr afiaith?
Rhega hwn gyhyr a gweniaith
a hithau'n rhoi ei than ar waith,
dangos ei phoen, ei chroen, ei chraith
iddo, ar agor fel rhyddiaith.
Dau'n methu aros am noswaith,
y lleuad llawn hyd y gwellt llaith:
dau yma, â blys mynd ymaith ...
Ninna oedd rheina unwaith – ia ddim?
Pwy all ddeud ... rhy hirfaith
i wbod. Ond sbia'r gobaith.

Nofio

Yn grynedig, oer, neidiaf
fel babi rhech ... Oerfel braf ...
Ar fy union, rwyf innau
yn ddibwys o ddibwysau:
hen bren, neu ryw wymon brau.
Arnofiaf ymhell bell, a lle bu'r byd
mor ddi-ddallt a hallt cyhyd – dyma gael
rhyw fodd o afael: rhyw foddi hefyd ...

Ar ôl hoe, chwifiaf i'r lan, a 'nheulu'n
chwifio'n ôl yn fychan.
Rhynnaf i, oeri'n y fan,
felly dwi'n nofio allan.

Cestyll tywod

Mae'r muriau 'ma am aros
heb gymorth; a phorth, a ffos.
Cyfnerthu'r mur yw 'mwriad,
ymroi i'r tŷ, am mai'r tad
ydw i. Gwn am dywod,

am suddo, am beidio bod,
am y reddf fel deddf mewn dyn:
hel o hyd, chwalu wedyn ...

Â thon rad o chwerthin rhwydd
dieflig ei waith dyflwydd
daw'r mab i dwrio. Mae o
fel her yn ei falurio,
yn rhyfeddu'n herfeiddiol
(er dwrdio'r aur) o droi'r drol,
nes nad yw'r tŵr ond siwrwd:
porth a mur yn porthi mwd.

Hel y tywod, ailgodi
hyn o fwnt yn gaer wnaf i.
Yli di: casgla dywod,
nyth fach o ronynnau'th fod,
a'i hamgáu. Dysga mai gwell
yw estyn waliau'r castell
cyn i ddŵr a drycin ddod
i'w chwalu'n llwch i'w waelod ...

... Cyn iti orfod codi
wast llwyr fy holl gestyll i.
Rydw i'n eu gweld nhw rŵan,
wedi mynd yn siwrwd mân
a'u holl waith, gan rym y lli
yn alanas o mlaen-i,
ar drai oll; bytheirio'r drwg
a niwl yn pylu 'ngolwg ...
A thria di: wrth i'r dyn
regi, bydd raid i'r hogyn
ddwrdio tad. Bydd raid i ti
rofio eilwaith ar f'ôl i.

Peint

I Dad a Mam 'sna'm amser – a'r rafin
yn prifio'n llawn hyder.
Nid oes hoe i weld y sêr
ger y don, nac awr dyner.

Ond ar ôl plastro'r eli, – yn wyrthiol
mae o'n swrth reit handi
efo'i flanced a'i dedi:
dyna'n hawr-bum-munud ni ...

Chwys y gwydyr ... a haul, a chysgodion ...
dwisio un arall, ond 'swn i'n wirion.
Dwi'n anniddig, a dio byth yn ddigon,
set o ebyst sy'n aros atebion ...
ond bobol annwyl, 'dan ni di blino'n
lân, er y gwylia: 'na wir y galon.
A chyda hyn, styria'r bych, dihuno'n
ei lecyn. Rhaid 'ni lowcio'n joch o'r dydd,
ei ddiodydd, a'i holl addewidion.

Ciwio am jips

Wrth chwilio Cymro'n y ciw,
meddwn: 'Ma'i'n llawn 'ma heddiw ...!'
'Swn i'm haws. Dim siw na miw ...

Yn awr, teimlai'r lle'n orwag,
a rhythai'r boi wrth roi'r bag
i finnau. Heb fawr finag:

'no Sir, don't speak it sorry ...'
yn ddof o wâr. Ffwrdd â fi
a'i wên-o'n llond fy mhen-i ...

Rhy glên ydi'r gwylanod!
Mae'r rhain yn filain i fod!
A dwinna'n dal i'w dannod.

Ond dwi'n un o haid ein ha',
yno'n troi'r pentre ara'
yn un don. A phwy dwinna'

i hir sôn a gresynu
neithiwr, am rhain yn nythu
draw yn Awst fel lladron hy?

Dio'm gwylan o wahaniaeth
i'r tir hwn, i heli'r traeth,
Yntau'i hun yn dweud: 'ta waeth,

pa iws?' Ond saim sy'n pwyso
nes c'ledu, a'r hen sglodion
yn ceulo a halltu calon.

Hufen iâ

Tria di rewi'r rŵan: ei lwyo'n
hael, lawen i gwpan;
a phlastro drosto'n drwstan
saws i mi, a sbrincls mân ...

*   *   *

Dwrdiaf nes dal y dafnau dan ei gôn,
dan ei geg ... mae 'mrwydrau
yn aflwydd, a than weflau
poer a haul, nid yw'n parhau.

Ar ei law, drwy ei lewys y llifa'r
holl hufen: i'w drywsus
ac ar hyd ei gefn a'i grys
a'i napi ... Mae o'n hapus.

Na rofia! Llyfa'n arafach! Aros!
Gwna fo bara'n hirach,
a dalia fo'n dy law fach,
y rhew hwn, fel cyfrinach ...

Rhy hwyr. Yn llwyr, aeth y lli i'r tywod.
Wel, reitô, fy ngwash-i.
Fan hyn, fel ein hufen ni
mae dyddiau'n cyflym doddi ...

A hawdd rhoi, er bod o'n ddrud, un arall
cyn hir i'r diawl llwglyd.
Dwi'n meddalu'n y funud:
i'r un bach, mi rown y byd.

Cregyn

O law i law, tyrd i weld be glywom
ym mhotel siampên rhyw hen gragen grom;
'rôl geni babi fel bom, sgwn i 'gawn
sŵn y ddoe llawn sy'n weddill ohonom?

Er na roir hawl i ni'i chario hi'n rhydd
adra 'fo ni o dan y drefn newydd,
gawn ni gilio i gragen ein gilydd
yma, a'i dal, am y dydd – fel bywyd:
ei dal, ennyd, yna gadael lonydd?

O'r traeth bach, hwyrach, ni chawn ei chario
adra hefyd – ond wedi ei rhofio,
ar ein cyfer mae'r môr yn ein cofio
ni a'n stori; ac mae'r tonnau'n storio
ein dŵr o hyd. Down nôl am dro – yn hŷn
i'w olwg wedyn, a chawn ailgydio.

Llanw

Rhowliodd y môr i hawlio – ein lle ni.
Y llanw ddaeth heibio
i'n bwrw draw mewn byr dro ...

Arswydus pa mor sydyn – y daeth o,
ein diawlio a'n dilyn,
dwyn dŵr at ein gwadnau'n dynn.

Codwn y cyfan; daw'r cwd i'n cyfwrdd
a finnau'n dad sy'n rhefian a dadwrdd,
'Na, cyw ... a phaid dianc ffwrdd!' – job galed
hel washi i arffed, a dal y syrff-fwrdd ...

Brysio i bacio'r rhaw a'r bwced,
hel brechdan, loncian ar ôl blanced ...
'Cin el ... A dacw'n waled – yn y lli!
A pham ma'r bygi ar 'i waered?!

Mewn dim, ein pum munud aeth – yn ffwr-bwt;
stwffia'r bag heb wa'niaeth.
Yn nŵr tryncs, mae hanner traeth,
ac eli i lenwi galaeth.

Ofnwn oll yr hen drefn hon: aros maith
cyn brys mawr. Rhy greulon
yw dygymod â'i gwymon.

Heglwn. Ond pawb sy'n waglaw – yn wyneb
y llanw. Heb ganllaw,
heb ddim yn wyneb be ddaw.

Bag plastig

Wrth hel ein wast, mae'r bag plastig
o'm llaw dynn yn myllio, denig.
Eiliad unig. Wel, dwinnau'n

how-redeg i drio'i rwydo
hyd draethell ... I'r dŵr yr aeth-o:
hwylio i ffwrdd ar wyliau.

Bellach ceith grwydro'r cefnforoedd:
rhwyfo'r dŵr drwy arfordiroedd
a gwyntoedd: a'r bag yntau

yn oedi'n hwy na'n cariad, ein hiaith,
na'r hen graig oer, nac oriau gwaith
unwaith yr awn i'r tonnau ...

Hel dy fag: mwynha'r eiliad fer,
lawn, o haf – mae planio'n ofer:
er hyder ein bwriadau

a'n hymgais, ni fydd dim amgen
o'n holl fyd, pan ddaw'n byd i ben
ond 'amen' ein damweiniau ...

Drwy'n dyrnau, hed rhyw un dernyn
o draethau'n bywydau wedyn,
er hyn, a meiddio parhau.

Gadael

I'r car awn, fel agor craith; dylyfu
a thawelu eilwaith.
Mae su'r môr fel rhyw amser maith a fu
a'r tarmac du yn lledu fel llediaith.

'Sna'm dianc rhag difancoll, na llanw
ein holl einioes bengoll,
na dim i'w wneud am hyn oll – ond erfyn
saib o'r erchwyn rhag sbio i'r archoll.

Dwi'n gwbod yn barod mai bach yw'n siawns
ni, siŵr, o fyw'n wyrddach
neu rywfaint yn arafach pan ddaw'r gwyll,
ninnau'n sownd a hyll, a'r nos yn d'wyllach.

Eto, am heno, mynnwn ryw ronyn
gwirionedd. Mi glosiwn,
ac yn ein car, mi gariwn wres yr ha'
drwy'r reid am adra, hired â medrwn.

Cnwt gwirion

BEIRNIADAETH IDRIS REYNOLDS

Profiad afreal braidd oedd beirniadu awdlau 2020 yn 2022. Cyfansoddwyd y cerddi hyn yn y cyfnod cyn-COVID ac fe'u hanfonwyd i Swyddfa'r Eisteddfod tua'r adeg yr oedd y clwy yn dechrau brathu. Yn syth, penderfynodd yr awdurdodau i beidio ag estyn y dyddiad cau a hynny er tegwch i'r awdlwyr a oedd eisoes wedi cystadlu. O ganlyniad, nid yw'r cerddi a dderbyniwyd, ac eithrio un, yn cyffwrdd â'r newidiadau syfrdanol a ddigwyddodd i'n ffordd o fyw yn ystod y ddwy flynedd a aeth heibio. Pe bai'r gystadleuaeth wedi cael ei hagor allan byddai'r traethau o reidrwydd wedi bod dipyn yn wahanol.

Ac er i mi, fel llawer un arall, gwestiynu'r penderfyniad ar y pryd, yr wyf i, o leiaf, yn barod i gydnabod mai'r Eisteddfod oedd yn iawn. O ganlyniad, cafodd yr awdlwyr oll gyfle i gystadlu ar dermau cyfartal. Mae'n bwysig cofio hefyd nad yw barddoniaeth fawr yn dyddio. Braf oedd cael ein tywys yn ôl i'r cyfnod mwy normal a fodolai cyn i ystadegau COVID dywyllu'r ffurfafen. Er hynny, o ddarllen yr awdlau sylweddolwn fod i 2019 ei chymylau duon hefyd megis y cynhesu byd-eang, y niwed a wnawn i'r amgylchedd a thynged yr iaith yng nghymunedau'r gorllewin a'r gogledd. Ac wrth gwrs deil y gofidiau hyn yn gysgod dros ein traethau dair blynedd yn ddiweddarach.

Denwyd y beirdd at arfordir Ceredigion a daeth 14 ymgais i'r lan, y nifer mwyaf ers dros 30 mlynedd. Yr hyn sy'n fwy calonogol fyth yw fod pob un ohonynt yn gyfarwydd â hanfodion y canu caeth. Nid ar chwarae bach y mae cyfansoddi awdl neu gasgliad o gerddi hyd at 250 o linellau a charwn ddiolch iddynt oll am anrhydeddu'r gystadleuaeth a'u llongyfarch ar eu hymdrechion. Ar ben hynny, mae'n bleser cofnodi fod y safon ar y brig yn hynod o uchel.

Dosbarth 3

Marmite: Rwy'n ofni mai'r Trydydd Dosbarth yw lle *Marmite* y tro hwn. Ond nid oes angen iddo ddigalonni gan ei fod yn gynganeddwr cywir. Er hynny, llafurus yw'r mynegiant wrth i ni ddilyn milwr o dras Indiaid y Gorllewin o'r Amerig i draeth Omaha.

Nant y Mynydd: Mae'n cychwyn yn addawol: 'Geiriau merch yw grym y môr'. Greta Thunberg yw'r ferch honno a chlywn ei llais hi yn gyson rhwng caniadau wrth iddi ein rhybuddio y bydd rhaid i ni newid ein ffordd o fyw er mwyn goroesi. Lleolir y gerdd ar arfordir Meirionnydd rhwng Aberdyfi a'r Friog lle mae clychau Cantre'r Gwaelod yn dal i ganu o dan y môr a'i donnau wrth i'r môr hawlio rhagor o'i diriogaeth.

Hen Ŵr y Môr: Cawn ein tywys gan y bardd hwn i angladd capten llong ym Mhen Llŷn, 'diacon y dociau', ac un o bileri'r gymdeithas leol. Uchafbwynt yr awdl i mi yw'r emyn tri phennill chwe llinell, a'r weddi hefyd, a gyflwynwyd ar gynghanedd yn hollol esmwyth. Hoffais y dyfeisgarwch a llwyddwyd i greu naws gwasanaeth angladdol yn effeithiol iawn. Er hynny, rhyw droi yn ei hunfan a wna gweddill y gerdd, fel yr hen fôr ei hunan.

Teirantgosawrus: 'Mae milenia mal ennyd' meddai *Teirantgosawrus* wrth iddo ymwneud â threigl amser o'r cynoesau i'r dyfodol pell mewn amrywiaeth o fesurau cyfarwydd ac eraill a ddyfeisiwyd gan y bardd ei hunan. Ond traethodol a hen ffasiwn yw'r arddull a'r eirfa ar adegau. Eto, mae'r awdur yn gynganeddwr cywir a cheir ganddo ambell bennill swynol a thwt, yn enwedig ymhlith yr englynion. Ceir yma ddigon i ddangos ei fod yn ei medru hi.

Dosbarth 2

Bellach yr ydym wedi cyrraedd yr Ail Ddosbarth. Mae i'r awdlau hyn eu rhinweddau pendant a byddent yn ennill cadeiriau yn ein heisteddfodau taleithiol. Braidd yn fympwyol yw'r drefn o fewn y Dosbarth hwn gan fod yr awdlau fwy neu lai ar yr un gwastad ac wedi bod yn cyfnewid safleoedd yn gyson fesul darlleniadau. Dalier ati ar bob cyfrif gan anelu at y brig.

Tri Siôr: Hanes morwr o Lerpwl, o dras Cymreig, sydd yma. Er iddo gael ei fagu'n Sais ar lannau Merswy mae'n ailddarganfod ei wreiddiau Cymreig ar draeth Talacre ar ôl cyfarfod â merch ifanc a ddaeth wedi hynny yn wraig iddo. Bendithiwyd eu huniad gyda dau blentyn ac erbyn hyn mae naw o wyrion a wyresau yn cynnal y dreftadaeth a ddaeth yn rhan o fywyd y morwr o Sgowsar ar draeth Talacre ddwy genhedlaeth ynghynt. Mae'r stori'n parhau i ddatblygu a'r tonnau'n dal i dorri yn Gymraeg ar draeth y genynnau yng nghyffiniau Sir y Fflint a Chilgwri. Mae hon yn awdl glodwiw gyda'r stori hyfryd yn cael ei hadrodd yn gymen a diwastraff. Er hynny, teimlaf ei bod ychydig yn brin o'r ias sy'n cyniwair drwy waith goreuon y gystadleuaeth.

Branwen: Pendronais yn hir dros yr awdl hon. Mae'r naws yn glasurol a'r cynganeddu'n awdurdodol. Ond cyndyn yw'r gerdd i ildio'i chyfrinachau ac nid wyf yn siŵr i ble y mae'n ein harwain ac ofnaf i mi golli f'amynedd gyda hi yn y diwedd. Egyr, rwy'n credu, gyda darlun o bâr priod yn mynd am dro ar draeth ar ddechrau blwyddyn gan edrych ymlaen at gael presenoldeb wyrion a wyresau i gyfoethogi eu bywydau wrth heneiddio. Eto, cymharol dywyll a hunanddinistriol yw'r weledigaeth a cheir caniad am yr adar hynny a hedfanodd yn un haid i'w distryw ar y lôn bost ym Môn yn ddiweddar. Ymddengys fflyd o ddrudwy hefyd i dywyllu'r awyr ymhellach, ond ni wn a oes unrhyw gysylltiad rhwng yr adar hyn a'r ffugenw a'r chwedl. A thrwy'r cyfan oll mae 'cannoedd ar gannoedd o gesyg gwynion' yn torri ar y traeth ac fe'n hatgoffir o freuder ein bywydau wrth i lanw'r môr tragwyddol ein meddiannu.

Gorymdeithiwr: Erbyn hyn mae'r safon yn codi a chawn ein cymell gan *Gorymdeithiwr* i ymuno gydag ef ar daith i Draeth y Pigyn. O ddarllen ymlaen sylweddolwn fod y traeth chwedlonol hwn o bosibl yn ardal Aberporth lle mae'r adar angau yn hedfan uwchben Craig y Filain. Ac i wneud pethau'n waeth gwelwn fod estroniaid wedi meddiannu'r môr a'r ewyn. Ond nid yw'r bardd yn barod i dderbyn hyn ac mae'n ein hannog i ymuno gydag ef ar yr orymdaith i'r Gymru Rydd cyn cloi drwy ailgydio yng ngherdd T. Llew Jones: 'Gwn y doi. Fe gawn ein dydd.' Dotiais at y defnydd dyfeisgar a wnaed o'r delyneg wreiddiol. Mae'n ffrâm hyfryd i'r awdl. Gwych hefyd yw'r llinell 'Y mae "Hon" "Yma o Hyd"'. Er hynny, teimlaf fod y protestiwr gwleidyddol yn drech na'r bardd ar adegau.

Carwn wneud un pwynt bach technegol wrth orffen. Ceir yma ormod o linellau lle cynganeddir geiriau gyda hwy eu hunain, er enghraifft 'Dwyn ein tir a dwyn ein ton', 'Lle i'w hiaith a lle i'w hwyl' a 'Deil ein cri a deil ein cred'. Gallwn fod wedi dyfynnu enghreifftiau eraill hefyd. Gall ailadrodd fel hyn fod yn effeithiol ar dro ond o'i orddefnyddio try yn arwydd o ddiogi cynganeddol. I gyrraedd y brig rhaid ymdrechu'n galetach. Ond ymgais ganmoladwy iawn, er hynny.

Morlo: Casgliad o gerddi sydd gan *Morlo* am y mannau hynny a oedd – neu sydd – yn dal i fod o dan berygl oherwydd ein ffordd afradus o fyw, gyda'i ofid am y blaned yn eu clymu gyda'i gilydd. 'Un traeth yw ein holl draethau,' meddai a ninnau fel dynoliaeth wedi adeiladu ein tai ar y tywod sigledig hwnnw. Cawn ein tywys ganddo mewn cerddi unigol at y 'traethau' hynny lle bu neu lle mae y frwydr ar ei ffyrnicaf, mannau megis Cantre'r Gwaelod, y pegynau iâ, y fforestydd gwenfflam a moroedd y newid hinsawdd a ddenodd y morfil i ddyfroedd bas a chynnes Bae Neigwl. Mae'n ymwybodol hefyd o'r haid a fu'n ysbeilio cyfoeth y Brodyr ar Enlli ac o'r prynwyr cyfoes sy'n difetha Cymreictod cynhenid Penrhyn Llŷn. Fel y gwelir, mae hwn yn draeth helaeth ac fe ganwyd y cyfan i gyfeiliant llanw môr y difodiant terfynol. Yna, yn y gerdd olaf fe ddaw potel i'r lan ac ynddi rybudd pendant oddi wrth y Fam Ddaear y bydd rhaid i ni newid ein ffordd o fyw er mwyn goroesi.

Mae *Morlo* yn gynganeddwr rhugl. Syndod, felly, oedd gweld fod ei glust wedi derbyn llinell mor amheus ag 'Antur cyn daw dementia'. Yn y llygad yn unig y mae honno'n cynganeddu.

Largo: Cafwyd awdl hyfryd o annisgwyl gan *Largo*. Cawn ein cyflwyno ganddo i'r gymdogaeth ddiddig o bysgod a chrancod, o forfeirch a morfilod ac ati sy'n cyd-fyw yn hapus o dan y don. Ond yn ddiweddar symudodd haid o ddiethriaid i mewn gan darfu ar eu paradwys. Bathwyd enw newydd ganddynt am y mewnfudwyr hyn, sef plastig. Effeithiodd y mewnlifiad ar ansawdd bywyd y brodorion, ond achubwyd y sefyllfa gan un o breswylwyr y tonnau, sef Llymri Llwyd, y fôr-forwyn a rwydwyd gan Now Ostrelia ac a anfarwolwyd gan Cynan yn ei faled. Aeth hi ati fel tornado i hwfro'r lle gan adfer y glendid a fu i'r deyrnas dan y don. Hoffais ei ddefnydd pwrpasol o amrywiol fesurau, yn englynion o bob math gan gynnwys rhai proest a chywydd deuair fyrion hefyd. Diolch iddo am awdl sy'n sefyll ar ei thraed ei hunan yn ei symlrwydd ffantasïol a hefyd yn rhoi cyfle i ni chwilio am ystyron cymdeithasol ac amgylcheddol dyfnach os dymunwn.

Dosbarth Teilyngdod

Yr ydym bellach wedi cyrraedd Dosbarth Teilyngdod a theimlwn i y gellid bod wedi cyfiawnhau cadeirio unrhyw un o'r pump a erys.

Eos Rheidol: Awdl o fawl i Aberystwyth sydd yma. Cafodd Caerdydd erbyn hyn o leiaf dair awdl a thair pryddest ac anrhydeddwyd Caernarfon hefyd mewn awdlau. Addas iawn, felly, cael eos o lwyni Rheidol i'n swyno gyda'i chân i brifddinas y Cardis, yn enwedig yn Eisteddfod Ceredigion.

Cychwynnir yn hollol destunol ar y traeth gyda'r 'swnd, eli a sandalau ... a'r tonnau'n bert yn y bae'. Ar lan y don gwelwn y drudwy yn dychwelyd i glwydo o dan y pier. 'Golwg ar fwg fel pe'n fyw' yw ei ddisgrifiad cofiadwy o'r sioe hon. Yna, a'i gefn at y môr, try ei olygon tua'r dref a chawn ganddo gipluniau amrywiol ohoni sy'n ffurfio un cyfanwaith. Yn rhan o'r cameo ceir ystafelloedd darlithio'r coleg a'i neuaddau preswyl, ei thafarndai a'i chapeli yn ogystal â'i chaffis a'i thai preswyl. Mae yma hefyd le i werthwyr y *Big Issue* a chroeso i'r ffoaduriaid. Mae'n ddarlun annwyl a chynnes o'r dref sydd bellach yn gartref iddo.

Heb os, *Eos Rheidol* yw pencerdd y gystadleuaeth. Mewn ychydig dros 200 llinell cyfrifais 33 o gynganeddion croes o gyswllt. O'i roi yng nghyd-destun y gystadleuaeth hon, nid oes un ymgeisydd arall yn dod yn agos at ffigurau dwbl. Mae'r cynganeddu'n orchestol a byddai Beirdd yr Uchelwyr yn ymhyfrydu yng nghywreinder y grefft.

Eto, er iddo wneud pob ymdrech i destunoli'r gerdd drwy ddychwelyd, fel y drudwy, i'r prom at y diwedd ar gyfer ambell rali wleidyddol a gorymdaith Gŵyl Ddewi, teimlaf y byddai 'Y Dref ger y Traeth' yn deitl mwy addas iddi. Hollti blew efallai, ond mae perthynas cerdd â'r testun gosodedig mewn cystadleuaeth fel hon yn fater cymhleth. Ni thâl glynu'n slafaidd wrtho, na'i anwybyddu chwaith. Am ymdriniaeth dreiddgar ar y pwynt darllener y sylwadau a wnaed gan Jason Walford Davies yn ei feirniadaeth swyddogol ar gystadleuaeth y Goron yn Eisteddfod Genedlaethol Llanelli a'r Cylch 2000.

Teimlaf y byddai wedi talu'r ffordd i *Eos Rheidol* pe bai wedi myfyrio'n ddyfnach ar y testun gosodedig gan adael iddo waelodi yn yr isymwybod cyn dechrau chwilio'r trawiadau caboledig. Ond diolch iddo am berorasiwn o awdl y gall ef ac Aberystwyth ymfalchïo ynddi.

Un: Aberystwyth yw cefnlen awdl *Un* hefyd, ac yn fwy penodol, Traeth y De. Fan yma, gan fod y traeth yn ganolog i'r stori, mae'r llwyfan wedi ei osod a gall y bardd adrodd yr hanes heb ofidio am destunoli'r gerdd drwy gynnwys ambell air arfordirol i'n sicrhau ei fod yn dal o fewn terfynau'r gystadleuaeth. Fesul pennill cyflwynir ni i wraig 30 oed sy'n byw ar ei phen ei hun mewn llety yn Stryd Powell ac yn dioddef o'r felan. Yn swil ei hanian, treulia'r wythnos waith tu ôl i gownter siop elusen yn y dref. Gyda'i stad feddyliol yn fregus, chwilia'n ofer am ateb i'w chwestiynau mewn mannau mor amrywiol ag oedfaon y Morfa, twyni tywod y Borth a bar y Mill. Ac yn y dafarn honno un nos Sadwrn ar ôl cael digon i yfed a digon ar ei bodolaeth anhapus croesodd yr heol am Draeth y De. Roedd atyniad y tonnau'n gryf a cherddodd allan i'w canol. Ond, os darllenais yr awdl yn gywir, dychwelyd i'r lan a wnaeth a chysgu'r nos ar y traeth. Yr oedd wedi canfod nerth o rywle i wynebu wythnos arall.

Nid oes yma unrhyw foesoli na phwyntio bys at neb. Mae'n ddigon o fardd i gofnodi'r hanes yn gynnil a diwastraff. Dyna gryfder yr awdl grefftus hon – ac efallai, mewn cystadleuaeth fel hon, dyna'i gwendid hefyd.

Greta: Adrodd stori a wna *Greta* hefyd gan wneud hynny gyda dyfeisgarwch rhyfeddol. Unwaith eto mae'r traeth yn ganolog cans yno 'mewn snog un noson o ha' y cenhedlwyd plentyn siawns. Mae i'r awdl ei thri llais. Ar ochr chwith y dudalen, y fam sengl sy'n llefaru a hynny mewn gwers rydd gynganeddol. Hi sydd wedi magu'r ferch ar gyflog glanhawraig ac wedi ymdrechu i sicrhau, drwy'r Cylch Ti a Fi, fod Cymreictod cadarn ei thad yn cael ei drosglwyddo i'r fechan. Ar ganol y dudalen, y ferch, Greta, sydd yn siarad drwy gyfrwng y mesurau traddodiadol. Ar yr ochr dde, cawn bum englyn unigol o waith y tad absennol. Mae'r englyn cyntaf yn ymwneud â thraeth y cenhedlu, englyn a ddaeth i'r golwg wrth i Greta glirio'r tŷ ar ôl marwolaeth ei mam. Mae'r pedwar arall yn dod fel cardiau post o bellafoedd byd: o Ddulyn, Manhaus, Manhattan a Pharis. Ymdrin â phroblemau mawr y byd a wnânt gan anwybyddu sialensau un rhiant sy'n magu ei blentyn ym Mhonty ar arian prin.

Mae'r stori yn gafael ynom a'r dweud yn rymus wrth i'r ferch yn ei galar geisio '... gwau o hiraeth, eto fam o'm mam a aeth'. Uchafbwyntiau eraill yw'r darn am yr alwad ffôn a dderbyniwyd oddi wrth y llawfeddyg, Mr Khan, a'r cywydd byr am glirio'r tŷ wedi'r farwolaeth.

Ond mae cynodiadau'r enw Greta yn fy mhoeni. A yw'n bosibl fod Greta yn ferch i'r Fam Ddaear hefyd ac yn hiraethu ar ôl yr hon a'i magodd? A oes unrhyw arwyddocâd amgylcheddol yma? Os oes, nid yw'n gorwedd yn esmwyth fel delwedd. A tha beth, gan fod y gerdd yn gweithio mor hyfryd ar y lefel storïol, mae'n drueni ei gorlwytho gydag ystyron eraill.

Cam gwag, er hynny, fu cynnwys y pum hir-a-thoddaid o enau Greta sy'n ymddangos tua'r diwedd. Ynddynt cyflwynir geiriau fel 'pandemig', 'COVID' a 'firws' i'r gystadleuaeth. Yr awgrym yw, mi gymeraf, taw'r haint a aeth â bywyd y fam. Caf yr argraff eu bod wedi cael eu hychwanegu ar y funud olaf mewn ymgais i roi cyfoesedd i'r stori. A dweud y gwir nid ydynt yn perthyn yma o gwbl. Mae'r arddull yn ddiawen a'r ystyr yn niwlog ac mewn gwrthgyferbyniad llwyr i gynildeb telynegol gweddill y gerdd. Pe bai Greta wedi hepgor yr hir-a-thoddeidiau ac ymddiried yn nerth ei stori a'i dawn ddiamheuol hi i'w hadrodd, byddai'r dyfarniad terfynol wedi bod gymaint â hynny yn dynnach.

Erys dau, a brwydr rhyngddynt hwy oedd rownd olaf cystadleuaeth y Gadair eleni.

Max: Caernarfon a'r cyffiniau yw cefnlen *Max* ac unwaith eto mae'n bosibl y gellid dod o hyd i amgenach teitl na 'Traeth' i'r awdl gampus hon. Er hynny, ni ellir gwadu fod i lannau'r Fenai ran allweddol yn natblygiad y stori, yn enwedig o gofio mor gyfoethog ei gynodiadau yw traeth Dinas Dinlle.

Cychwynnir mewn bar yng Nghaernarfon lle mae'r awdur yn ffigwr unig ymysg yr holl rialtwch Prydeinig. Teimla fod yr yfwyr eraill yn ei wawdio am fod yn ormod o Gymro. Sylweddolwn nad y Gaernarfon gyfoes, o reidrwydd, sydd yma ond rhyw hunllef o Gaernarfon o'r dyfodol. Gwelir baneri Jac yr Undeb ar hyd y dref ac mae'r bar yn llawn milwyr yn eu lifrai Prydeinig. Mae ymgyrchoedd cyson y Fyddin i recriwtio mewn ardaloedd prin eu swyddi fel Caernarfon ac awydd y Llywodraeth yn Llundain i dynnu'r grymoedd yn ôl oddi wrth y gwledydd datganoledig er mwyn ail-greu'r Brydain Fawr unedig unwaith eto fel pe baent wedi dwyn ffrwyth. Yr ydym yn *Wythnos yng Nghymru Fydd,* Islwyn Ffowc Elis lle mae'r Gymru a fu wedi cael ei hailenwi yn Britain West, ys dywed y bardd.

Y bore canlynol, yn isel ei ysbryd, mae'n dianc o'r uffern hon gan groesi Pont yr Aber am y Foryd. Yno, ym mro'r Bedwaredd Gainc mae'r tywydd, fel ei hwyliau yntau, yn gyfnewidiol a'r lliwiau'n llachar. Yna, ar draeth Dinas Dinlle o dan hud a lledrith Lleu a Gwydion, Arianrhod a Dôn, mae'n dyst i barti nas gwelodd ei debyg erioed. Yr oedd pobol Cymru wedi dod ynghyd i hawlio'i hannibyniaeth mewn rali o ddawns a chân. Mewn gorfoledd mae'n dychwelyd i fod yn rhan o'r dathliadau yn y dref gan anelu at y bar a adawodd y noson gynt. Ond wedi croesi Pont yr Aber sylweddolodd nad oedd dim wedi newid. Yr oedd y milwyr yno o hyd, yr awyrennau rhyfel yn cylchu uwchben a'r jiwc-bocs yn curo a neb yn barod i roi clust i rwdlan breuddwydiwr o fardd.

Mae'r awdl hon yn reiat o gynganeddu ysgubol. Er enghraifft, soned arbrofol o linellau decsill ar yr odl 'o' ynghyd â phedwar toddaid sy'n agor yr awdl. Yna, i roi ffrâm a chydbwysedd i'r gerdd, ceir pennill ar yr un patrwm ac ar yr un odl i gloi'r cyfan – gyda'r ddwy wedi eu lleoli yn yr un bar yng Nghaernarfon.

Yna, ar ôl gosod y seiliau, mae'n cychwyn am y glannau mewn llinellau seithsill a decsill gyda'r brawddegau'n goferu o bennill i bennill. Canlyniad hyn yw cynyddu'r tempo gan ddwyn ein gwynt wrth i ni geisio'i ddilyn. Mae fel gwylio ffilm ar ril a honno wedi ei chyflymu. Trwy hyn llwyddir i ddal naws afreal y stori i'r dim. Mi fuaswn i, er hynny, wedi hepgor y cyfeiriadau at *Y Gân Olaf*, Gerallt Lloyd Owen a Llandwrog gan eu bod yn tynnu oddi wrth natur ffantasïol gweddill y gainc.

Cofnodwyd y chwedl gyfoes hon yn feistrolgar gydag arlliw o iaith lafar Stryd Llyn a'r Doc yn cyfoethogi'r dweud. Fel Gwydion, mae *Max* yn ben cyfarwydd.

Cnwt gwirion: Daw *Cnwt gwirion* â ni yn ôl at y pethau bach dibwys sy'n rhan mor bwysig o'n byw a'n bod. Traeth Llangrannog ar Ŵyl y Banc 2019 yw'r llwyfan lle mae teulu bach o dad a mam a bachgen dwyflwydd oed yn treulio gwyliau glan môr yn y cyfnod cyn-COVID. Tebyg y byddai eu profiadau yn 2020 a 2021 wedi bod ychydig yn wahanol. Casgliad o gerddi sydd yma, 13 o delynegion cynganeddol, sy'n medru sefyll ar eu traed eu hunain a ffitio i mewn i'r cyfanwaith ar yr un pryd. Ac er mai cymharol gyfyng yw traeth Llangrannog o ran hyd a lled, nid oes yma unrhyw arwyddion o sathru yn yr un man ac mae'r draethell mor eang â'r ddynoliaeth ei hunan. Mae i bob cerdd ei naws wahanol a gwreiddiol. Delia'r cyntaf gyda'r cyrraedd a'r disgwyliadau a'r olaf gyda'r gadael a'r atgofion tra bod y gweddill yn gipluniau o weithgareddau arferol gwyliau glan môr megis y torheulo, codi cestyll tywod, nofio, hel cregyn a phrynu hufen iâ ac ati.

Mewn iaith lafar ogleddol – lliwgar ar adegau – adroddir hanes yr antur deuluol i'r hafan hon o emosiynau cymysg sy'n amrywio'n sydyn o ddicter i dynerwch, o sinigiaeth iach i fwynhau'r eiliad ac o rwystredigaeth i gariad pur. Ac mae'r hiwmor a'r parodrwydd i chwerthin ar ei ben ei hunan yn ennyn ein hedmygedd a'n cydymdeimlad.

Ond ceir yma dipyn mwy na hynny. Er bod llawer o egni ac amser y tad yn mynd i warchod y bych sy'n fwy na llond llaw nid yw'n ddall i broblemau mawr y byd megis y codiad yn lefel y môr, yr argyfwng gwastraff plastig, effeithiau dinistriol gordwristiaeth a dirywiad yr iaith Gymraeg yn ei chadarnleoedd. Maent yno o dan y tywod ac yn mynnu brigo i'r wyneb pan fo'r llanw yn isel. Felly hefyd holl gyfrifoldebau penteulu, y llwyth o'r ebyst sy'n disgwyl atebion yn y gweithle a'r sylweddoliad fod hualau canol oed a pharchusrwydd yn dechrau cau amdano. Ceir yma ymdeimlad cryf o dreigliad amser wrth i'r tonnau cyson erydu'n bywydau ni oll a gŵyr y bardd na all yntau mwy na'r Caniwt gwreiddiol atal y llanw hwnnw. Ef yn anad neb a aeth i'r afael â phosibiliadau'r testun o ddifrif gan lwyddo i ganu ei gân rymus ei hunan o fewn cyfyngiadau'r gystadleuaeth.

Yn y diwedd bu rhaid dewis a phan fo pethau mor glòs â hyn mae'r dyfarniad terfynol yn anorfod yn dod i lawr i chwaeth bersonol y beirniaid. A chan fod dau ohonom, o drwch blewyn, yn ffafrio *Cnwt gwirion*, ei eiddo ef yw Cadair Ceredigion eleni, a hynny mewn cystadleuaeth ardderchog.

BEIRNIADAETH EMYR LEWIS

Roedd hi'n bleser cael beirniadu'r gystadleuaeth hon am sawl rheswm, ond y prif reswm oedd nifer a safon gyffredinol yr awdlau/casgliadau a dderbyniwyd. O ran crefft, mae pob un o'r 14 cystadleuydd yn medru cynganeddu a bron pob un yn gwneud hynny'n gywir ac eithrio ambell lithriad. At hynny, mae yma fwy nag arfer o gynganeddu rhugl, trawiadol ac i bwrpas. Mae gan hyd yn oed rai nad yw eu gwaith mor gryf benillion neu adrannau sy'n gafael. Peth arall braf oedd cymaint o wenu ac o chwerthin a godwyd gan lawer o'r gwaith.

Rwyf wedi gosod y gwaith mewn pedwar dosbarth.

Dosbarth Gobaith

Marmite: Awdl aneglur iawn a gafwyd gan yr ymgeisydd hwn. Mae'n ymddangos mai glaniadau D-Day yw'r cefndir, ac mai'r traeth yw 'traeth' Omaha, sef yr enw a roddwyd ar un o'r ardaloedd ar arfordir Normandi lle aeth lluoedd America i'r lan wrth gychwyn y gwaith o waredu Ffrainc rhag byddin Hitler. Os deallais yn iawn, mae'r gerdd yn cynnwys cyferbyniaeth eironig rhwng y gwaredu hwn a'r driniaeth y mae llwythi brodorol Gogledd America wedi ei derbyn dan law yr UDA. Yn anffodus, fodd bynnag, mae'n anodd dilyn trywydd *Marmite* am nad yw yn ddigon rhugl o ran y gynghanedd eto i'w gyfleu ei hun yn gymen nac yn eglur. Dyma englyn sy'n enghraifft o hyn:

> Rhaid maeddu rhod y meddwl – ei atal
> rhag botwm greu penbwl.
> Eisiau ffoi o naws y ffŵl,
> Camu o hylltod cwmwl.

Serch hynny, mae'r ymgeisydd wedi cynhyrchu gwaith estynedig ar gynghanedd, ac mae hynny i'w ganmol. Anogaf *Marmite* i ddal ati. Awgrymaf y dylai ddarllen y gwaith yn feirniadol fel pe bai'n waith rhywun arall, a holi 'A yw hyn yn eglur?' 'Ai dyma'r gair iawn?' ac yn arbennig 'Oes rhaid cynnwys hyn?'

Teirantgosawrus: Mae'r cerddi hyn yn ein cymryd fesul cam o ddaear afluniaidd a gwag hanner can biliwn o flynyddoedd yn ôl, drwy esblygiad bywyd a'i ddifodiant, at ddyfodol hyd yn oed mwy afluniaidd a gwag hanner can biliwn o flynyddoedd o nawr. Yn anffodus, tueddu i droi yn yr unfan y mae nifer o'r cerddi, yn arbennig y rhai hynny sy'n dibynnu ar linellau decsill. Mae'r casgliad ar ei gryfaf wrth sôn am y cyfnod diweddar: portread o deulu yn mwynhau ar lan y môr yn 1964 ac yna, fel rhyw drobwynt i'r gwaith, myfyrdod yn 2020 am '[d]dau degan o'r chwedegau' sydd ar goll, ond yn dal yno:

Eu hôl yno ni welwn – ond yno
O danom synhwyrwn
O hyd i'r byd fod rhyw bwn.
Bydded ac anwybyddwn.

Dosbarth Addewid

Tri Siôr: Mae dau bennill o hir-a-thoddaid crefftus yn fframio hanes llongwr o dras Cymreig ond a fagwyd yn ddi-Gymraeg yn Lerpwl. Cawn ef yn crwydro'r byd cyn ymserchu mewn merch a welodd ar draeth Talacre ('yn Sir Fflint mor siŵr y fflam'). Daw i briodi ac i siarad Cymraeg. Ceir mab a merch sydd yn eu tro yn dod ag wyrion. Mae ei alwedigaeth yn ei gadw o gartref, ac mae helbulon, ond daw pob dim yn iawn serch hynny. Mae'r awdl hon fel nofel neu ddrama deuluol gryno o'r oes a fu, ac mae'r ieithwedd weithiau yn atgyfnerthu'r teimlad hwnnw (er enghraifft, 'yfed a merched a medd', 'geiriau o ddysg yw rhodd ysgol').

Hen Ŵr y Môr:

Storm o wae dros dir a môr
A llong yn colli angor,
Holl angau llong yw y lli'n
Darostwng popeth drosti.

Dyma gychwyn cryf yr awdl hon, sy'n gyfres o fyfyrdodau ac atgofion am fywyd morwrol a grym y môr. Ar ei orau mae *Hen Ŵr y M*ôr yn grefftwr medrus. Mae wedi cynnwys telynegion mewn mydr ac odl, yn benillion telyn ac yn emyn, a hwythau ar gynghanedd gyflawn. Crefftus hefyd yw'r gosteg o englynion sy'n sôn am wahanol byrth. Er hynny, mae llawer o fynegiant mwy cyffredin, di-fflach braidd, ac nid yw trywydd yr awdl yn gyfan gwbl eglur. Credaf y byddai'n werth golygu'r gwaith hwn yn fanwl, gan gadw'r caniadau gorau a'u cyflwyno fel casgliad o gerddi yn hytrach nag fel awdl.

Largo: Cyflwynodd *Largo* ddau gopi o'r awdl storïol hoffus hon – un ohonynt yn cynnwys nifer o luniau a wnaed gan ddefnyddio meddalwedd cyfrifiadurol. Hanes traeth ar ynys baradwysaidd sydd yma; mae plastig yn ei oresgyn, ac mae hynny'n peri niwed a braw i'r creaduriaid sydd yn byw yno. Achubir y dydd gan fôr-forwyn sy'n mynd ati i greu trowynt anferthol i sugno'r holl blastig i ffwrdd, ond yn yr ymdrech mae hi'n ei haberthu ei hun. Mae amrywiaeth mesurau difyr a phwrpasol yn yr awdl hon. Hoffais yn arbennig yr englynion proest i ddisgrifio môr-grwban yn sownd mewn plastig a'r cywydd deuair fyrion i gyfleu'r broses o greu'r trowynt. Credaf mai awdl i blant yw'r ymgais hon. Os felly, gydag ychydig o fireinio ar y gynghanedd a thymheru'r eirfa a'r gystrawen rywfaint at ddisgwyliadau plant, gallaf ei gweld yn llwyddo.

Morlo: Dyma gasgliad o gerddi yn ymwneud â gwahanol sefyllfaoedd. Maent oll mewn gwahanol ffyrdd yn ymdrin â dinistr yr amgylchedd, boed naturiol neu gymdeithasol. Mae'r rhan fwyaf yn ymwneud â thraethau (neu o leiaf lannau moroedd). Mae yma sôn am Gantre'r Gwaelod, am saffari gyfoes i weld eirth gwyn, trafferth cael cartrefi i bobl leol, morfil truenus ar goll, a neges mewn potel gan y Ddaear i'w thrigolion. Mae'r cerddi unigol yn drawiadol o ran eu cynganeddu ac o ran gallu *Morlo* i ddisgrifio golygfeydd, fel hon o'r morfil:

Y mae yno fel mynydd
a'i laniad ar doriad dydd
eisoes yn peri dryswch,
mewn dŵr bas, fel carcas cwch
yn agos at Borth Neigwl;
enaid pell a'i lygaid pŵl.

Ond mae un gerdd nad yw'r cysylltiad â'r testun mor eglur: sef cerdd am arth coala mewn coedwig ar dân, er mai 'Môr o dân' yw enw'r gerdd honno. Efallai er mwyn tynnu'r gerdd hon i mewn i'r testun, ceir dau englyn cychwynnol sy'n ceisio rhoi arwyddocâd ehangach i'r gair 'traeth'. Er cystal y gerdd am y coala, byddai ei hepgor hi a'r ddau englyn cyntaf hyn wedi cryfhau y casgliad hwn o ran testunoldeb.

Dosbarth o Fewn Cyrraedd

Gorymdeithiwr: Ar gychwyn yr awdl hon, adleisir 'Traeth y Pigyn', T. Llew Jones er mwyn cyflwyno golygfa ddelfrytgar o lan y môr, yn unol â naws y delyneg honno, fel man i ddianc ac i ymlacio. Ond chwelir y ddelfryd. Mae 'isfyd annymunol' yn y lle 'o dan y tlysineb arwynebol'. Dyma wedyn gychwyn ar nodi agweddau llai dymunol o lan y môr yng Nghymru: adar angau Aber-porth, llygredd olew, a'r hyn sy'n blino *Gorymdeithiwr* yn fwy na dim, sef effaith y diwydiant twristiaeth ar gymunedau ac ar y Gymraeg. Mewn delwedd gofiadwy disgrifia'r bardd godi sgrin wynt ar draeth yn 'lle Cymreig ger yr eigion'. Ond

Cysgodfan wantan yw,
Anwadal mewn gwynt ydyw;
Disylwedd a diseiliau
Ar wonc, a'i hoes yn byrhau.

Ceir disgynneb drawiadol, pan gyflwyna ddisgrifiad o ffrae ar y traeth gydag ymwelydd sy'n ei gystwyo am siarad Cymraeg drwy adleisio cerdd Taliesin, 'Gwaith Argoed Llwyfain': 'A bu cad fore Sadwrn / Hen ddyn a gododd ei ddwrn./ O'i *ddeck chair* bu'n ein herio.' Mae llawer i'w fwynhau yn y gerdd hon â'i chroesddelweddu a'i chyfeiriadaeth gynnil (a llai na chynnil hefyd ar brydiau).

Nant y Mynydd: Awdl am effaith cynhesu byd-eang ar y byd yw hon. Mae o leiaf ddau lais yn y gerdd. Mae un (llais y bardd ei hun, efallai) yn disgrifio mewn modd digon sardonig sut y mae pethau, gan ddelio'n benodol â'r effaith ar dref Aberdyfi a phentref Fairbourne ym Meirionnydd. Mae'r llais arall (a ddynodir mewn print wedi'i italeiddio) yn fwy uniongyrchol, yn gwawdio agwedd ddi-hid a thrahaus y ddynoliaeth sy'n tybio ein bod yn feistri dros fyd natur:

rhyddid rhwym yw cerdded traeth
a thybio bod popeth byw
yn eilradd i'r ddynolryw.

Ymddengys mai hwn yw'r llais a grybwyllir yn y llinell gyntaf: 'Geiriau merch yw grym y môr.' Mae hynny a thystiolaeth arall yn y gerdd yn awgrymu'n gryf mai llais yr ymgyrchydd Greta Thunberg yw hwn. Ond nid yw mor uniongyrchol â hynny. Fel yn y llinell hon, mae'r llais yn cael ei uniaethu neu ei gysylltu'n agos â grym natur, er enghraifft:

Ond draw o'r meini daw storm wahanol
i rannu ei thasg daw'r eneth ysgol
i lenwi'r neuadd, i edliw'n gwaddol
i dorri'r patrwm o ordro petrol.

Mae'r awdl yn cychwyn ac yn gorffen ymysg bywyd gwyllt y traeth – yn benodol, crancod a llygaid meheryn. Er bod y rhannau hyn efallai yn gosod y cywair sardonig ar gyfer llais y bardd, dydw i ddim wedi fy argyhoeddi fod hynny'n llwyddiant. Er hynny, mwynheais yr awdl ddiflewyn-ar-dafod hon yn fawr.

Branwen: Mae'r penillion hir-a-thoddaid ar gychwyn a diwedd yr awdl hon ymysg y pethau gorau yn y gystadleuaeth. Yn aml nodweddir penillion o'r fath gan gynganeddu troi-yn-yr-unfan, ailadroddus a haniaethol, heb ddweud fawr o werth. Nid felly yma. Mae'r caniad ar y cychwyn yn fyfyrdod am obaith a ffawd ar lun cwpl yn mynd am dro ar hyd glan môr stormus yng nghanol 'erydiad clogwyni'r cariadon', delwedd iasol o heneiddio ac o anghofio. Dychwelir at y clogwyni hyn ar ddiwedd yr awdl, ond bellach nid oes neb yno, ond erys 'bloedd / cannoedd ar gannoedd o gesyg gwynion'. Rhwng yr uchafbwyntiau hyn mae sôn am blentyn yn tyfu yn y groth (ŵyr i'r cwpl, mae'n debyg) ac mae caniad sy'n sôn am haid o ddrudwyod yn marw. Mae'r rhain, fel yr hir-a-thoddeidiau, yn drawiadol ac yn grefftus; ond nid oedd yn hawdd, er darllen ac ailddarllen, amgyffred beth yn hollol oedd yn digwydd na sut yr oedd y darnau yn cyd-dynnu â'i gilydd. Wrth gwrs, nid oes rhaid wrth ddatrysiadau syml bob tro, ac yn aml mae dirgelion anhygyrch cerddi yn medru ychwanegu'n arw at eu heffaith. Yn wir, dyma oedd rhan o swyn yr hir-a-thoddeidiau; ond nid felly weddill yr awdl. Serch hynny, dyma ddawn arbennig.

Dosbarth Teilyngdod

Greta: Dyma awdl mewn tair rhan: rhan gyntaf hir, ail ran ganolig a thrydedd ran fer. Mae tri llais yn y rhan gyntaf ardderchog: llais merch sy'n adrodd y stori; llais ei mam a'i magodd ar ei phen ei hun gan grafu ceiniogau i wneud hynny; a llais y bardd ysgafala sy'n dad iddi – neu o leiaf lais yr englynion ar gardiau post a yrasai yn ysbeidiol at y fam wrth iddo grwydro'r byd yn barddoni. Mae dawn gan *Greta* i daro'n galed ac yn grefftus: ebe'r ferch, 'ar gardiau post, rhyw gariad pur / marw ydy hwn, mor oer â dur.' Llais y ferch sy'n disgrifio yn graffig ddigon ennyd ei chenhedlu ar draeth. Mae'r ferch yn blodeuo dan ofal tyner ei mam, ond mae'r fam yn marw. Mae'r ferch yn clirio'r tŷ ac yn dod o hyd i un englyn olaf yr oedd ei mam wedi ei gadw'n ddirgel; englyn sy'n crybwyll y traeth. Dyma orffen y rhan hon, ac yn wir y stori, yn grwn ac yn drawiadol. Yn yr ail a'r drydedd ran, dim ond llais y ferch a glywir. Yn anffodus, nid yw'r rhain yn codi i'r un tir uchel â'r rhan gyntaf. Mae'r ail ran yn sôn am ddyfodiad haint COVID mewn pennill tri thrawiad digon effeithiol, ond wedyn pum hir-a-thoddaid sydd braidd yn drwm a di-fflach. Pedwar englyn milwr sydd yn y drydedd ran, yn fyfyrdod am yr angen i 'warchod pob dyfodol / i'n plant', gan grybwyll y traeth eto yn yr englyn milwr olaf. Gellid dadlau, wrth gwrs, fod yr ail ran wedi torri ar draws patrwm cysurus, gorffenedig yr awdl fel y mae pla COVID ei hun wedi torri ar draws bywydau pobl, ond ni fyddai hynny'n taro deuddeg yn ei gyd-destun.

Eos Rheidol: Nifer o ddarluniau o dref Aberystwyth a geir yn yr ymgais hon, mewn cerddi cadarnhaol, brwdfrydig ac weithiau digri eu naws sy'n dathlu'r dref, er gwaethaf y gwyntoedd a'r stormydd sy'n ei churo ar adegau. Mae hyd yn oed 'y coleg a'i ystadegau / A'i fiwrocratiaeth yn waeth fyth weithiau' yn methu rhoi taw ar y canu mawl. Mae'r cynganeddu'n gywrain ac yn llawn trawiadau annisgwyl sy'n sbarcio ar y dudalen. Mae hyn yn adlewyrchu ac yn cyfleu bwrlwm a bywiogrwydd y dref ei hun a chariad y bardd tuag ati. Ar adegau, serch hynny, gall arwain at linellau sydd yn drawiadol ar yr olwg gyntaf ond yn peri rhywfaint o grafu pen wedyn o ran canfod eu hystyr, er enghraifft 'Rayburn a ffydd ar ben ffôn' ac 'ym mis eisiau mae sesiwn'. Beth yw 'mis eisiau'? Mae yma nifer fawr o berlau disgrifiadol ac epigramatig, megis 'Golwg ar fwg fel pe'n fyw / Ond drudwns di-ri ydyw'. Dyma siop swîts o gasgliad: melys moes mwy.

Un: Yn Aberystwyth y lleolir awdl *Un* hefyd, ond golwg dra gwahanol a gawn ar y dref. Yr ydym yn gyfarwydd â cherddi cadeiriol sy'n disgrifio helbulon dynion ifanc mewn dinasoedd. Dyma gerdd am helbulon menyw ifanc mewn tref. Nodwedd drawiadol o'r awdl hon yw mai yn yr ail berson y disgrifir y fenyw drwyddi. Mae hyn yn creu rhyw naws gyhuddgar ('ti'n hanner hogan') sy'n cael ei disodli gan yr aeddfedu sy'n cloi'r gerdd. Mae'r gerdd yn agor gyda disgrifiad, mewn gosteg o englynion milwr stacato, o fenyw yn deffro ar Draeth y De wedi noson o 'chware'n / *wasted* wyllt mewn stad o wae'. Mae'r caniad hwn yn drawiadol wrth gyfleu diflastod, chwerwder a chymhlethdod perthynas y ferch hon ag Aberystwyth. Mae hi'n mynd i'r capel ac yn cael rhyw fath o gysur cyn 'mynd yn ôl / i'r oferedd arferol'. Cawn ddarluniau ohoni'n unig wrth ei gwaith mewn siop elusen, yn treulio amser yn dilyn eraill yn brolio eu dedwyddwch ar Facebook ac yn mynd am dro ar y trên i'r Borth, cyn penderfynu mynd i'r dafarn. Yno mae hi'n meddwi eto cyn mynd at y traeth, cerdded i mewn i'r môr, ac wedyn yn ôl allan eto, cyn cysgu ar y traeth a deffro eto yn yr 'hanner golau, yn wawr o gywilydd'. Ond mae'r deffro hwn yn wahanol i'r deffro sy'n agor y gerdd. Mae'r un mor boenus, ond yn fwy tyner, mewn hir-a-thoddeidiau. Mae'r ferch fel pe bai'n cael gweledigaeth wrth weld y gronynnau tywod rhwng bodiau ei thraed sy'n ei galluogi i 'wau i derasau'r dre'n fwy addfwyn / fwy aeddfed'. Bu peth trafodaeth rhwng y beirniaid a yw'r fenyw yn fyw ar y diwedd, ai ysbryd sydd yma. Mae cnawdolrwydd y bodiau traed yn awgrymu byw, ond mae peth amwysedd. Mae amwysedd hefyd ynghlwm wrth linell amser y gerdd. Mae Twm Morys o'r farn mai yr un deffro a geir ar y dechrau ag ar y diwedd, a bod y canol yn edrych nôl dros yr wythnos flaenorol. Nodais uchod y gall dirgelion anhygyrch cerddi ychwanegu'n arw at eu heffaith, ac mae hynny'n wir am yr awdl drawiadol hon.

Max: Stori o fewn stori a geir gan *Max*; hanes dyn mewn tafarn yng Nghaernarfon yn adrodd ei brofiad rhyfeddol wrth fynd am dro. Eithr nid ein Caernarfon ni yw hon, ond yn hytrach ryw Gaernarfon arall sy'n bodoli mewn rhyw fyd neu linell amser amgen sy'n debyg iawn, ond nid yr un fath, â'n heiddo ni. Yn y Gaernarfon hon, adnabyddir Cymru fel Britain West. Nid yw hynny'n eglur ar y cychwyn, wrth i'r bardd ei ddisgrifio ei hun yn adrodd ei stori yn y dafarn lawn ac yn cael ei wawdio. Er bod crybwyll Britain West, nid yw hynny'n ymddangos fel dim mwy na sylw coeglyd yn y rhan agoriadol hon o'r gerdd. Wedyn dywed y dyn ei hanes yn mynd am dro. Mae Twm Morys yn ei feirniadaeth yn disgrifio'r union daith, a beth sy'n digwydd, felly wna i ddim ailadrodd, heblaw crybwyll bod cyrraedd 'tir Gwydion ei hun' yn esgor ar drawsffurfiad yn naws y gerdd ac yn ysbryd y bardd hefyd wrth iddo gael gweledigaeth o dyrfa fawr ar draeth (Dinas Dinlle, mae'n debyg). Mae'n gweld Cymry o bob cwr o Gymru yn barod i ddathlu rhyddid ein gwlad. Dyma weledigaeth hud a lledrith (fel y gwedda i dir Gwydion), ac fel mewn straeon tylwyth teg eraill, mae'r bardd yn dod o hyd i'r lôn yn ôl, ac wrth gwrs yn mynd yn ôl i realiti'r Gaernarfon amgen. A'r tro hwn, nid rhyw grybwyll Britain West a geir, ond disgrifiad o dref Caernarfon wedi ei meddiannu a than ormes, ac arwyddion Britain West ym mhob man. Nid hogia dre adre gyda'u teuluoedd yw'r 'milwyr chwil' y cwrddasom â nhw ar gychwyn y stori, ond aelodau o'r lluoedd milwrol sy'n gwastrodi'r dref a'i phobl. Dyma yw'r gwirionedd, nid hud a lledrith y weledigaeth ar y traeth. Ac mae'r stori yn cael ei hadrodd ar gynghanedd naturiol, fyrlymus, heb seibiant, bron fel pe bai ar un anadl. Mae'n awdl feistrolgar i'w datgan ar goedd, gan obeithio y caiff wrandawiad mwy astud nag a gafodd y bardd druan wrth adrodd ei stori yn y dafarn.

Cnwt gwirion: Casgliad o gerddi yn adrodd profiad teulu ifanc ar wyliau yn Llangrannog yw hwn, a'r traeth yno yn ganolbwynt i'r cwbl. Mae dawn gan *Cnwt gwirion* i ddisgrifio i'r dim brofiad a theimladau bod yn rhiant i blentyn bychan, o rwystredigaeth i anwyldeb, a thrwy gydol popeth ceir rhyw olwg wahanol ar bethau drwy gyfrwng hunanddychan ac eironi.

Dyna i chi'r gerdd gychwynnol, 'Cyrraedd', er enghraifft. Mae'r llinell gyntaf un yn adrodd cyfrolau:

> Helbul haf o deulu blin
> yn llywio i'r gorllewin:
> stôr go hael o seidar, gwin,
>
> a Tedi'n y bŵt wedyn.
> Ei hel-hi am haul melyn
> a theid gwyllt a thywod gwyn.

Mae seidar a gwin yn cloi'r englyn milwr cyntaf yn dwt, ernes o obaith i gael mwynhad ar wyliau. Ond mae crybwyll Tedi ar ddechrau englyn milwr newydd yn awgrym o danseilio'r gobaith hwnnw tra ar yr un pryd (ac yntau'n y bŵt hefyd) yn awgrymu mai eilbeth yw mwynhad y plentyn – niwsans, efallai.

Ond mae'r gerdd yn symud mlaen o'r orffwysfa sinigaidd hon. Mae'r rhieni yn diffodd injan y car a sŵn y radio hefyd wrth gyrraedd pen y daith:

> Trown at dawelwch tirion ein teulu
> a chân a ch'weirnod y bych yn chwyrnu
> yno'n y cefn ...

Ar yr olwg gyntaf, dyma ddisgynneb ddigri – chwyrnu yn rhan o 'dawelwch tirion ein teulu', ond ystyriwn. Dyma fodolaeth y plentyn (yng nghefn y car a chefn y meddwl, fel ei dedi efallai) eto wedi torri ar draws sŵn a swae byd yr oedolion, ond nid niwsans mo hynny y tro hwn (er ei chwyrnu) – eithr cyfrwng cadarnhaol i ymadael â'r helbul ac i gyfannu'r teulu nad yw bellach yn flin.

Mae libart beirniadaeth yn rhy gyfyng i ganiatáu rhoi triniaeth debyg i bob cerdd. Digon yw dweud bod nifer o gerddi eraill yn y casgliad sy'n ymdrin â'r ddeuoliaeth hon a deuoliaethau eraill yn gelfydd a chrefftus. Mae eraill wedyn yn fyfyrdodau am faterion trymach megis llygru'r traeth ac effaith ddinistriol twristiaeth. Nid pregethu rhethregol yw nodwedd y cerddi hyn: mae yma eto elfen o hunanddychan, neu hunan-gwestiynu. Ac mae'r cwbl wedi ei ddweud ar gynghanedd sydd, fel eiddo pawb yn y Dosbarth hwn, yn drawiadol, yn naturiol ac yn bleser i'w darllen, ei chlywed a'i datgan ar goedd.

Byddwn wedi bod yn hapus i gadeirio unrhyw un o'r pump yn y Dosbarth hwn, ond roedd hi'n weddol eglur o'r cychwyn bod *Max* a *Cnwt gwirion* yn codi i dir uchel iawn. Yn y pen draw, mater o ddewis rhwng y ddau ddarn gwahanol iawn hyn oedd hi. O ran dawn dweud stori a dychymyg, efallai mai *Max* sydd ar y blaen (a hefyd o drwch blewyn tenau iawn o ran crefft gynganeddol) ond oherwydd cynildeb, treiddgarwch ac anwyldeb agos atoch, *Cnwt gwirion* sy'n mynd â hi am adrodd profiad cymhleth a digri bod yn rhiant o Gymro ar draeth Llangrannog.

BEIRNIADAETH TWM MORYS

Marmite: Yn 2019 dadorchuddiwyd cofeb i'r Americanwyr Brodorol a laddwyd yn ystod cyrch mawr D-Day ar draethau Normandi ac efallai'n wir mai dyna ysbrydolodd yr awdl hon am filwr sy'n perthyn i un o lwythau brodorol yr Unol Daleithiau. Mae chydig o eironi yn y ffaith ei fod yn ymladd ar ochr y genedl fu'n gyfrifol am 'Anfadwaith Glin Clwyfedig'. Fel hyn mae hi'n diweddu:

Rhuo mae aer Omaha – â haearn
a'i awydd difetha,
gwae i gwrdd ag un gerdda
fel minnau dan ynnau a ...

Bwled ar ganol brawddeg! A fu diweddglo mwy dramatig i awdl erioed? Ond bydd angen ymarfer yn galed cyn mentro eto! Mae brwydr *Marmite* â gofynion y grefft yn creu cystrawen chwithig iawn weithiau.

Teirantgosawrus: Y casgliad hwn ydy cynnig mwyaf uchelgeisiol y gystadleuaeth yn yr ystyr ei fod yn cofnodi hanes traeth dros gyfnod o gan biliwn o flynyddoedd! Tywyllwch a thawelwch sydd yno yn y dechrau. Ddau can miliwn o flynyddoedd yn ôl, dyna 'Haenau gwyrddni anghynnil / A synau'n fywydau fil / A dicter terodactil ...' Ddwy fil pum can mlynedd yn ôl, dyna bobol yn ymddangos – a rhyfela maen nhw o'r cychwyn cyntaf un.

Mae naid bach wedyn i fis Awst 1964: teulu ar eu gwyliau. Maen nhw'n 'saethu gynnau yn y ffair / Rhwng fferins a dartiau ...' Mae sioe dân gwyllt yn cychwyn fel 'sŵn ffrwydro'r drin'. Efallai mai cyfeiriad cynnil sydd yma at y rhyfel yn Fietnam a aeth yn ffyrnicach y mis Awst hwnnw. I'r flwyddyn 2020 wedyn:

O dan yr eigion a'r tonnau, – o dan
Ryw dwyn a chreigiau
Anghysbell, ymhell y mae
Dau degan o'r chwedegau.

Bwced a rhaw blastig y plant ydy'r rheiny efallai.

Eu hôl yno ni welwn – ond yno
O danom synhwyrwn
O hyd i'r byd fod rhyw bwn.
Bydded ac anwybyddwn.

Ymlaen rai canrifoedd i'r dyfodol, a dyna 'niwl uwch gagendor / Amrwd y mwd lle bu môr'. Ac ymhen hanner can biliwn o flynyddoedd mae'r traeth yn dywyllwch ac yn dawelwch yn ôl.

Yn y ddau ganiad yn y canol, '1964' a '2020', mae'r dweud gorau yn fy marn i. Mae yma neges a chynildeb. Mae'r gweddill braidd fel yr 'haenau gwyrddni' ddau can miliwn o flynyddoedd yn ôl.

Hen Ŵr y Môr: Does dim dwywaith fod yr awdl hon yn canu. Mi fûm yn ei hadrodd yn uchel i mi fy hun! Mae'r cywydd sy'n agor yn cyfleu tonnau gwyllt y môr a llongddrylliad i'r dim, ond beth ydy union arwyddocâd y geiriau sy'n beth arall. Mae sôn hanner y ffordd drwy'r awdl am hen gapten llong yn marw. Yn ei gynhebrwng 'Daw'r cynnwrf gyda'r canu, / Emyn dôn a gwymon du ...' Yna cawn dri phennill cynganeddol ar fesur tebyg i emyn a thri phennill ar fesur pennill telyn yn debyg i weddi. Mae'r rhan hon o'r awdl yn drawiadol iawn. Ond yn y diwedd, a how-ddyfynnu llinell drawiadol arall, rhyw fad annealladwy sy'n aros.

Largo: Dameg o awdl yn adrodd chwedl am draeth paradwysaidd lle mae cymuned hapus o greaduriaid y môr yn byw. Yn cadw golwg ar y lle mae Llymri Llwyd (y fôr-forwyn o'r faled 'Largo' gan Cynan). Does dim sôn am bobol: 'Hapus 'di ynys lle na fu dynion / Erioed; lle na fu'u sbwriel ...' Ond un diwrnod, dyna rywbeth dieithr yn dod i'r golwg ar wyneb y dŵr:

> Daeth cyffro i'r Morlo a March-y-Môr
> Ac o'r mwd daeth Llymarch
> A nofiodd draw i'w gyfarch:
> 'Be wyt?' medd, 'â d'ledus barch.'

Am nad ydy'r peth yn dweud dim, mae'r creaduriaid yn colli diddordeb ynddo, ond mae Llymri yn 'troi i gynnal patrôl / Agos, a chadw llygad ...' Mae hi'n bedyddio'r 'gwrthrych od' yn 'blastig'. Mae mwy a mwy ohono yn cyrraedd y traeth ond mae pawb erbyn hyn yn gwbwl ddi-feind. Yna,

> I'w heddwch daeth newyddion
> Yn llawn pryder gan Seren;
> Ebe: 'Mae 'na Fôr-grwban
> Yn sâl!'

Trawyd pawb yn syn! Mae basged blastig yn sownd am wddw'r crwban ac mae Llymri yn sylweddoli bod rhaid gweithredu i 'achub paradwys'. Mae hi'n creu rhyw lynclyn mawr 'gyda'r gynffon bysgodlyd hardd honno' ac mae'r llygredd i gyd yn diflannu nes bod y traeth eto 'yn deg heb staen plastigion'. Ond dydy'r diwedd ddim yn hapus i gyd achos dydy Llymri Llwyd druan ddim yn dychwelyd.

Mae dameg *Largo* yn llwyddiant – daeth copi arall o'r awdl, gyda llaw, a'r chwedl a'r cymeriadau i gyd wedi eu darlunio'n lliwgar wrth ochr y testun: gwaith celf gorau'r gystadleuaeth, does dim dau – ac rwyf wedi dyfynnu digon, siawns, i roi blas ar arddull rhwydd a baledaidd yr awdl. Y drwg ydy bod y rhwyddineb weithiau yn mynd yn ormod o lanw, er enghraifft:

> O holl draethau lledrithiol
> Y byd, does 'run mor hudol
> Ei heddwch cyfareddol
> Na'r ynys hon a rhin swyn
> Ei noddfa o fyd addfwyn
> A heulwaith maith tywydd mwyn.

Nant y Mynydd: 'Geiriau merch yw grym y môr, / nid gweiddi diegwyddor ...' Felly mae'r casgliad hwn yn agor a daw'n amlwg yn syth mai Greta Thunberg ydy'r ferch, yn siarad ar ran y to ifanc sy'n 'gweld llifeiriant yn dod dros eu dyfodol'. Bob hyn a hyn drwy'r cerddi mae ei geiriau ceryddgar hi – wedi eu *hitaleiddio* – yn dod i golbio'r to hŷn yn galed: '*Chi yw'r bai* ...'; '*Peunod ar domen echdoe* ...'; '*Eich llanast* [chi] *ydyw* ...' Effeithiol iawn oedd gosod glannau Cantre'r Gwaelod ym Meirionnydd yn gefndir. Yno 'mae'r man rhwng môr a mynydd yn lleihau' a'r traeth 'yn rwbel a wast, yn ro o blastig'. Ac mae rhieni a'u plant yn chwarae ar y tywod a'r 'tonnau'n / glychau'n eu pennau – ond pwy sy'n poeni?' Dyna ailgylchu trawiadol ar hen glychau chwedlonol Aberdyfi.

Mae'r bardd yn ei heglu hi yn ôl i'r ffriddoedd lle bu ei deulu a'i gyndadau yn 'cynaeafu cynefin / blodau'r grug, y llyg a llin / y mynydd, er budd i'r byd ...' (Beth mae'r 'llyg' yn da yma, ni wn!) Ond ni all ddianc rhag y llais a rhaid cydnabod ei ran yntau yn y llanast. Mae ambell linell gloff fel 'â chredu hyn, / chi'r dynion...' (mae'r orffwysfa'n rhy bell draw) a 'halogi'r / tir / y diwrnod hwn ...' (ar 'diwrnod' mae acen y gwant), ond mae *Nant y Mynydd* yn gynganeddwr da ac yn cael tipyn o hwyl ar arbrofi â'r mesurau.

Tri Siôr: Awdl yn adrodd fel y bu'r Gymraeg a phob peth sydd ynghlwm â hi yn achubiaeth i Sgowsar â'i wreiddiau yn Sir y Fflint. Wrth wylio'r llongau a'r haul ar yr heli,

daeth breuddwyd i'w gorddi,
rhyw iasau chwareus a chri
gwylanod a goleuni
gwledydd pell ...

A dyna fo'n mynd i'r môr. 'Yn ŵr ifanc, pa ryfedd – ei fenter / am antur ddiddiwedd ...' Ond o dipyn i beth, mae'n syrffedu ar fywyd gwilihoblyd y morwr. Yn ystod seibiant ar y lan, mae o'n mynd am dro i draeth Talacre ac yn cyfarfod hogan ddireidus, lawen a Chymraeg. Mae'n dod 'yn rhydd o'i herwydd hi ...' Mae'r ddau yn priodi ac yn magu plant yn Gymraeg. 'Trwy'r plant daeth sêl i'w antur ...' Yna cawn hanes y mab a'r ferch yn mynd i'r coleg, ac yn eu tro yn canlyn ac yn priodi. Erbyn i'r hen forwr farw mae 'naw o wyrion i'w trysori – a'u blys / eirias, hyderus i barhau'r stori'.

Mae arbrofi cynganeddol diddorol iawn yn 'rhyw iasau chwar / eus a chri'. Ond mae brychau yma ac acw. Mae dau yn y cwpled hwn: 'Fel llanc nid oedd colli iaith / yn aberth, na'n anobaith ...' Er mwyn i'r gynghanedd fod yn gywir, rhaid anwybyddu'r 'F-'. Mi wnaeth y Prifardd Mei Mac hynny unwaith yn y llinell hyfryd 'Ym Mehefin fy mywyd' a difaru mae o byth! Tân ar groen hen gojar fel fi wedyn ydy 'na'n anobaith' yn lle 'nac yn anobaith'. Mae'r bai 'gormod odlau' yn 'yno'n dod o don i don', ac mae'n biti garw fod y bai 'rhy debyg' yn y llinell glo rymus 'ac ar draeth treftadaeth ein tadau'. Mi fyddai 'teidiau' yn ei hachub!

Morlo: Casgliad o gerddi yn ymateb i ofidiau 'ein heddiw anniddig': y môr yn codi; Pegwn y Gogledd yn dadmer; morfil ar goll yn mynd yn sownd ar lan Porth Neigwl; yr argyfwng tai a'r mewnlifiad yn Llŷn; y tanau mawr trychinebus yn Awstralia. Yng nghanol hyn mae awdl fer yn adrodd hanes y môr-ladron yn ysbeilio mynachod Enlli ers talwm. Dydy honno ddim fel petai'n perthyn, rywsut. Yn y gerdd sy'n cloi'r casgliad, mae'r bardd yn gweld potel yn 'dod ar frig y don, / gan neidio, dawnsio'n y dŵr / ac ennyn ias o gynnwr ...' Yn y botel mae neges oddi wrth y Ddaear ei hun yn dweud bod rhaid gweithredu o ddifri 'rhag dilead'. Petai'r casgliad i gyd o safon 'Morfil ar goll', byddai'r *Morlo* yn uwch gen i.

Branwen: Awdl sicr ei chrefft ond chydig yn ansicr ei hystyr. Dyma fy nehongliad i. Mae dau gariad sy'n byw ar lan y môr yn edrych ymlaen yn arw am gael plant ac wyrion, ond maen nhw rhwng dau feddwl a ddylid dod â nhw i fyd mor ansicr ei ddyfodol, fel roedd cariadon yn ystod cyfnod y Rhyfel Oer a bygythiad y Bom. Mae'r arwyddion annymunol o'u blaenau:

'yn nhynnu a malu'r ymylon, / yn erydiad clogwyni'r cariadon, / yno'n hafflau'r gwyntoedd chwalu'n-yfflon'; yn y llifogydd mawr trychinebus ym mis Ionawr 2019; yn yr haid o ddrudwns a ddisgynnodd yn farw gelain gorn ar lôn ym Môn yn Rhagfyr. Ond mae'r ddau yn cenhedlu plentyn (ar y traeth?) a 'Rhaid er mwyn y trydydd, / hwylio ffin a chynnal ffydd ...' Neges i'r plentyn, fel y deallaf i, sydd yn y diweddglo trawiadol:

Os ei-di dros dwyni hyd at donnau ...
mi weli yno, ar ymyl union
y tir, fod y gwir yn holl ysgyrion
oer erydiad clogwyni'r cariadon;
yno'n rhywle rhwng y dyfnder creulon
a llamiad y llethrau llymion, mae bloedd
cannoedd ar gannoedd o gesyg gwynion.

Delwedd arswydus iawn. Mae'r ffugenw, a thema'r drudwns, yn awgrymu y dylid deall y cwbwl fel apêl rhag ymddwyn 'fel petai'r byd heb wae'. Ond mae'n bosib fy mod i ymhell bell o'm lle!

Gorymdeithiwr: Gwahoddiad i ddianc 'am un dydd braf o haf' i Draeth y Pigyn. Mae dyfynnu pwrpasol o delyneg T. Llew Jones ar ddechrau ac ar ddiwedd yr awdl. Braf ydy cael oedi ennyd yn yr haul ar 'draeth ein teidiau, / Haen a rwygwyd o'r creigiau, / Haen o'r byd sy'n hŷn na'r bae ...' A oes yma gyfeiriad bach chweiplyd at Fae Caerdydd? Synnwn i damaid! Mae'r awdl yn berwi o gyfeiriadaeth. Heblaw T. Llew, mae Taliesin ac Aneirin yma, Gildas, Hengist a Horsa, T. H. Parry-Williams, Dafydd Iwan, Waldo ac efallai Idris Davies. Buan iawn y sylweddolwn na chawn lonydd ar y traeth wedi'r cwbwl: Cymru ydy Traeth y Pigyn. 'Collwyd enwau ein creigiau a'n cregyn'; mae 'adar angau' y Weinyddiaeth Amddiffyn uwch ein pennau; 'olew a dago wylan' ar y lan; Saeson uchel eu cloch yn 'dwyn ein tir'. Yr ateb ydy mynnu Annibyniaeth! Ac i ffwrdd â ni i orymdeithio yng nghwmni 'miloedd ar filoedd yn fôr / Yn gweiddi dros egwyddor ...'

Y drwg ydy ei bod yn anodd i'r *Gorymdeithiwr* ddychwelyd i'r traeth wedyn. Er gwaetha'r dyfynnu eto o delyneg T. Llew, chwithig braidd ydy'r diweddglo:

Awn i gamu drwy'r gwymon,
Hwn yw ein dydd, heriwn y don.
Yn hyf, wynebwn yr her,
Unwn o dan un faner.

Yn un dros annibyniaeth
Cawn ddiddymu'r Gymru gaeth.
Awn i hawlio'n heolydd;
Gwn y doi. Fe gawn ein dydd.

Dylid bod wedi tewi ar ôl 'heriwn y don'.

Un: Awdl yn cyflwyno wythnos yn hanes dynes ifanc unig a digalon yn Aberystwyth mewn rhyw arddull tebyg iawn i sgript ffilm. O flaen pob caniad mae englyn ar wahân ac wedi ei italeiddio, yn gosod yr olygfa nesaf – cyfarwyddiadau'r cyfarwyddwr! A gellid ffilmio'r cwbwl 'ar leoliad', achos mae'r llefydd sy'n cael eu henwi i gyd yn bod go iawn!

Yng Ngolygfa 1 mae'r ferch yn deffro gyda'r wawr ar Draeth y De, drannoeth rhyw noson fawr go dywyll: 'Mewn llynciad, aeth dy bader / o anobaith yn Aber / yn nos o Awst dan y sêr.' *Flashback* sydd wedyn at yr wythnos a aeth heibio. Golygfa 2: y ferch yn oedfa Sul Capel y Morfa, lle caiff 'gysur heb ddolurio / a rhyw hedd fel pob un tro ...' Ond wedyn daw 'awr y mynd yn ôl / i'r oferedd arferol ...' Golygfa 2: y ferch yn mynd i'w gwaith mewn siop elusen. Ond yno mae hi'n 'ynysig' ac yn 'isel / a chwithig', a dydy ei chyd-weithiwr o ddyn ddim yn ei deall: 'rhyw eneth rhy wahanol...' Golygfa 3: y ferch yn ei fflat yn Stryd Powell yn edrych yn chwerw ar luniau o gyplau hapus a hardd ar 'sgrin filain' ei ffôn. Golygfa 3: y ferch yn dianc ar y trên i Borth 'at awyr iach, / at hen erwau tynerach'. Ond adre sy raid mynd wedyn ar 'reilen o realaeth'. Golygfa 4: 'daw chwant am feddwad chwim heb urddas' ac allan â'r ferch i dafarn y Mill. Golygfa 5: y ferch yn hercian yn feddw o dafarn y Mill heibio'r Pier at risiau Traeth y De.

Yn wamal, heb sandalau
(a heb ryw ots), ti'n parhau
hyd atyniad y tonnau
ac yna, at dy ganol, troi i feddiant rhyfeddol
dŵr y nos, heb grwydro'n ôl ...
cwmni di-ofid y don
yn y dŵr heb bryderon ...

Ond dyna hi'n ailfeddwl ac yn mynd yn ôl i'r lan i orwedd a chysgu – fel y cawsom hyd iddi yng Ngolygfa 1.

Mae'r awdl yn dod i ben ar nodyn hyfryd o obeithiol, yn atgoffa'r ferch wrth iddi ddod ati ei hun bod

rhai'n wahanol, ond pawb yn ronynnau
twt eu hunain (er 'maflyd â'r tonnau
ambell waith). Wrth ymbellhau o le caeth
mewn nos o draeth, mae 'na stori, weithiau.

Ond beth yn union a barodd i'r ferch 'ymbellhau o le caeth' a phenderfynu peidio â'i boddi ei hun mwyaf sydyn? Dyna fan gwan y sgript!

Eos Rheidol: Awdl sy'n canu ar ei hyd ac sydd yn cyrraedd mor uchel â hyn ar gownt ei chynganeddu gorchestol yn anad dim! Ar ôl chydig o englynion milwr yn sôn yn bendant am draeth, mae'r bardd yn dweud: 'Ond ailagor d'olygon, / Tro wegil ar yr eigion / A rho dy drem i'r dre hon.' Achos, fel mae o ei hun yn cyfadde, '... mil difyrrach / Gen i na hen eigion iach / Y dyrfa, wir, yw'r dre fach.' Ac nid awdl ar y testun 'Traeth' a gawn ni wedyn, ond awdl ar y testun 'Tref Heb Fod yn Bell o Draeth'. A dweud yn iawn, chwip o awdl foliant i dre Aberystwyth ydy hi.

Greta: Awdl y dylid ei chyflwyno fel perfformiad llafar. Mae ynddi dri llais yn llefaru, wedi eu gosod ar wahân yn y sgript, a'r tri â thinc neu acen wahanol oherwydd defnydd clyfar tu hwnt o wahanol gyweiriau iaith a gwahanol fesurau. Llais merch ifanc o'r enw Greta sy'n adrodd yr hanes, wedyn mae llais deheuol ei mam yn cynnal sgwrs dyner â hi ac, yn achlysurol, clywn lais gogleddol ei thad.

Cawn wybod gan Greta ar y dechrau mai canlyniad noson o gariad rhwng 'rhith o fardd a'r ferch hardda' / ar lan aur heli ...' ydy hi. Cawn ar ddeall wedyn fod y tad – fel aml i fardd – wedi ei g'luo hi, gan adael y fam i fagu'r plentyn ei hun ar gyflog glanhawraig a'i bod hi, y fam, wedi marw. Unig gyfraniad y tad i'r sgript ydy pump o englynion. Mae'r cyntaf yn dod i'r fei wrth i Greta gael trefn ar y tŷ. Sôn mae hwnnw am y noson ar y traeth ac am 'y lôn' y bydd beirdd yn paldaruo amdani o hyd. Mae'r pedwar englyn arall wedi eu sgrifennu ar gardiau post o dafarnau a chaffis ar y lôn honno, o Dún na nGall, ym Manaus, ym Manhattan, ym Mharis. Ond sylwadau'r dyn am helyntion gwleidyddol y gwledydd – tranc yr iaith Wyddeleg; ffasgiaeth ym Mrasil; hiliaeth yn America; Brexit – sydd yn yr englynion, a fuon nhw fawr o gysur i Greta:

Awn yn ddiddiwedd i weddïo:
dwylo'n erfyn fod englyn yn dod ...
Llafn o obaith. Llefain o wybod

nad oes ’na gusan tad sy’n gysur;
taw ar gardiau post, rhyw gariad pur
marw ydy hwn, mor oer â dur.

Mae’n biti garw fod yma un caniad hir sydd fel petai wedi ei ychwanegu ar yr unfed awr ar ddeg ar hugain er mwyn gwneud yr awdl yn fwy amserol. Yn y caniad dryslyd hwn mae sôn am y ddynoliaeth yn ‘gyndyn o wylo’ yn wyneb yr argyfwng hinsawdd, yn ‘claddu pen’ ac yn ‘ffoi o’r ddelwedd’ nes ‘Cafwyd gydag un gair: ‘COVID’, / ein byd yn dymchwel dan awel newid. / Dyn a wylodd ...’ Mae hyn yn peri i rywun fynd i amau efallai mai dameg ydy hanes Greta ar ei hyd. Mae’r ffugenw yn awgrymu hynny. Ond os felly, mae’r cyfeirio cynnil at ‘warchod pob dyfodol’ yn y caniad bach olaf telynegol yn ddigon o hỳm.

Cnwt gwirion: Mae’r casgliad rhagorol hwn yn hollol destunol: myfyrion tad yn treulio Gŵyl Banc mis Awst 2019 efo’i deulu bach yn gyfan gwbwl ar draeth Llangrannog! Maen nhw’n cychwyn ben bore o’r ddinas yn ‘helbul haf o deulu blin’; maen nhw’n cyrraedd ar hyd lonydd culion yn llawn ceir mawr ymwelwyr blin; maen nhw’n mynnu eu patshyn ar y traeth ac yn estyn yr eli haul; mae’r tad yn sylwi ar bâr o gariadon ifanc; mae o yn mynd i nofio; mae o’n codi cestyll tywod efo’r hogyn bach; mae o a’i wraig yn dianc am ddiod bach sydyn tra mae’r bych yn cysgu; mae o’n ciwio am jips; mae o’n prynu hufen iâ i’r hogyn; mae o’n clywed sŵn y môr mewn cragen; mae’r llanw’n dod yn ddisymwth i wlychu pawb; mae bag plastig yn dianc o’i law i’r môr; maen nhw’n gadael. Dyna hanes y diwrnod.

Ond ym mhob cerdd, yng nghanol deunydd y beunydd bach, mae cysgod y pethau mawr sy’n bryder inni i gyd fel Cymry, fel rhieni, fel pobol. Yn ‘Lonydd culion’, er enghrafft, ‘lôn lydan wêl hen wladwr / addfwyn, yn dirwyn i’r dŵr.’ Yn ‘Taenu’:

Gwnaf heb y botel eli ella awr ...
dwisio lliw... Pam down-ni
i hel dan haul? Ydan ni’n
ein llesgedd *isio* llosgi?

Yn ‘Ciwio am jips’: ‘no Sir, don’t speak it sorry...’ Yn ‘Hufen iâ’: ‘Fan hyn, fel ein hufen ni / mae dyddiau’n cyflym doddi ...’ Ac yn ‘Llanw’: ‘Heglwn. Ond pawb sy’n waglaw – yn wyneb / y llanw. Heb ganllaw, / heb ddim yn wyneb be ddaw.’

Yn annwyl, yn llafar, yn ddigri, yn flin, ond yn gynnil, mae *Cnwt gwirion* yn myfyrio ar ddirywiad cefn gwlad a'r Gymraeg, ar yr argyfwng hinsawdd, ond hefyd ar gariad, priodas, cyfrifoldeb rhiant, amser yn mynd heibio. Ac yn y gerdd wych, 'Gadael', sy'n cloi'r casgliad, mae'n cyflwyno ei genadwri onest ynghylch hyn i gyd, fel y brenin Cnut gynt:

> 'Sna'm dianc rhag difancoll, na llanw
> ein holl einioes bengoll,
> na dim i'w wneud am hyn oll – ond erfyn
> saib o'r erchwyn rhag sbio i'r archoll.

Ac fel hyn mae'n trosi'r genadwri honno yn olygfa derfynol yn hanes diwrnod y teulu ar y traeth:

> Eto, am heno, mynnwn ryw ronyn
> gwirionedd. Mi glosiwn,
> ac yn ein car, mi gariwn wres yr ha'
> drwy'r reid am adra, hired â medrwn.

Max: Mynd o dre i draeth mae'r bardd yn y chwedl hon o awdl ac ar y traeth caiff weledigaeth deg. Caernarfon ydy'r dre, ond Caernarfon ar ôl i ryw 'ddatddatganoli' milwrol erchyll ddigwydd yng Nghymru, a'r

> awdurdodau
> dan grest Britain West yn tynhau
> eu gafael ...
> a thrwy'n siroedd luoedd ar led
> yn y dirgel, a ni'n darged ...

Mae '[b]aneri ufudd yr Undeb' hyd y lle a gwylwyr ar y tyrau. Ar y darlleniad cyntaf, roedd y tri ohonom ni, feirniaid, o dan yr argraff mai stori wedi ei gosod yn y dyfodol ydy hi.

Yr un fath ag yn awdl *Un*, mae'r stori yn dechrau yn y diwedd, ac yn cael ei hadrodd fel *flashback*. Un bore marwaidd mae'r bardd yn dianc o'r Dre brydeinllyd dros bont y Foryd ac i Landwrog, heibio i dŷ bardd *Y Gân Olaf*, i ben Dinas Dinlle, lle mae Lleu a Dôn a Gwydion a '[g]rym cyntefig' y Mabinogi yn chwarae mig ag o. Mae o'n gweld ynys Dwynwen draw ar y lan arall. Ac ar y traeth islaw mae tyrfa fawr wedi ymgynnull:

> O 'mlaen, roedd canmil yno o bwb cwr,
> bob cam yn eu cyffro

wedi codi pac a heidio o warth
Britain West i'r chwyldro.
Er ei chur, roedd Cymru'r co' a'i chythra'l
diatal wrthi'n credu eto!

Mae hi'n mynd yn ŵyl orfoleddus:

Yn drydan o'r llwyfannau ar y sarn,
rhuai sets y bandiau;
o ddawns i ddawns âi un neu ddau yn fwy
chwil faip; hwnt i'r creigiau
yn y berw roedd 'na barau yn hy'n
cenhedlu; roedd rhai'n canu awdlau.

Mae'r bardd yn dychwelyd i'r Dre 'lle'r oedd ... yr hwyl yn siŵr o barhau'. Ond mae'r awyrennau yn chwyrnellu uwch ei ben, mae'r baneri hyd y lle fel cynt, mae'r sentri ar y mur, mae milwyr yn cadw sŵn ar y cei. Mae o'n mynd i dafarn i adrodd yr hanes ond does neb yn ei goelio.

Fy ymateb cyntaf i oedd holi pam goblyn y byddai neb yn credu bod yr 'hwyl yn siŵr o barhau' yn y fath le! Ond wrth i mi ddarllen y cwbwl eto a dod at y llinell olaf un – 'Rhai a ddywedai 'mod i'n breuddwydio' – dyna'r ffugenw mwyaf sydyn yn canu fel corn llong! Breuddwyd oedd y cwbwl, fel breuddwyd Macsen Wledig am y Gaer yn Arfon.

Yn llên frodorol y Gwyddelod mae math o gerdd wleidyddol o'r enw *aisling* ('breuddwyd'). Yn hon bydd y bardd yn gweld mewn breuddwyd gyflwr truenus ei bobol ac yna yn gweld ei hen wlad yn cael ei chodi yn ei hôl. Peth tebyg iawn ydy awdl *Max*, heblaw bod ynddi rybudd efallai nad ydy ei hen wlad am gymryd ei chodi yn ei hôl. Mae enwi cyfrol Gerallt Lloyd Owen a chymeriadau'r Pedair Cainc yn rhan o'r genadwri. Beth ŵyr y werin o dan gysgod y tyrau am *Y Gân Olaf* a chymeriadau'r Pedair Cainc?: 'rhy ddihidio / oedd pob un ...'

Rydym ein tri yn gytûn bod *Greta* wedi dod yn agos, ond ei bod hi rhwng *Max* a *Cnwt gwirion*. Rwyf yn cydnabod camp fawr *Cnwt gwirion*, ac yn derbyn barn fy nghyd-feirniaid yn llawen. Ond rwyf i yn gosod *Max* ar y blaen, yn rhannol, efallai, am mai fi ydy cadeirydd y Gymdeithas Er Diogelu'r Awdl, ond yn bennaf ar gyfri ei ddawn i adrodd stori ysgubol ar gynghanedd loyw a newydd ac mewn rhyw Gymraeg clasurol llafar hyfryd.

Pryddest neu gasgliad o gerddi heb fod mewn cynghanedd, hyd at 250 o linellau: Gwres

GWRES

ceisio

Do, dw i wedi chwarae bloc 123,
cau'n llgada, cyfri a chwilio.
Dw i wedi dal pob symudiad,
gweld pob sŵn
ac edrych mewn biniau ailgylchu
(mae fanno'n lle da gyda llaw).

Es inna ar fy nghwrcwd dan lwyn eithin,
plygu'n gynfas mewn basged olchi,
sleifio i'r tŷ
a gorwedd dan y gwely.
Ia, torri rheolau'r gêm yn racs.

Er i mi gael cip ar gysgod,
clywed clec asgwrn brigyn a thisian dail,
byddai yn llithro
o fy ngafael
fel taswn i ddim i fod i'w ddal
ac yn rhedeg ar wib
o fy mlaen
at bostyn y giât.

Diflannu.
A finnau o fewn cyrraedd.

A'r hyn sy'n rhyfedd,
dw i'n dal i chwarae'r gêm.

ymweld

Weithiau rwyt ti yn fanna,
yng nghanol fy nhalcen.

Bwlsai.

Fanno oeddet ti wrth i mi ddreifio adra neithiwr
a dyma weiddi amdanat,
ymbil,
erfyn
i ti fod reit wrth fy ymyl.

Fory falla na fyddi di'n taro'r canol llonydd.

Dim fel 'na ma petha'n gweithio, nage,
a dw i wedi dysgu byw efo hynny.

gras

'Ti'n lwcus. Byw lle rwyt ti.'

Os ti'n dweud.

Cloddiau sŵn traed plant ac olwynion coij, yn ddail ceiniog y gors a golau briallu, yn fynd sydyn clychau'r gog ac oglau piws mwyar duon, yn helmedau moch coed ac yn gŵn du efo bariau giatiau yn sgyrnygu yn eu cegau nhw.

Dau gam i fyny'r lôn mae Llwybr y Pererinion yn fôr o wynebau sy'n dal i fynd, yn dal i fynd fel sŵn tonnau ar raean. Pobol sy'n gweld sglein pryfaid genwair mewn pyllau, rhoi mwythau i'r gorwel a gwenu pan mae beltiau pelydrau'r haul yn hongian ar gôt law yr awyr.

Ond fan hyn ydw i, yn fy slipars.

Mond dau gae i ffwrdd.

puro

Maen nhw'n darogan codi gwynt.
Mae'r deiliach rhwng craciau'r wal wedi dechrau crynu,
brigau pen ucha'r coed yn sgwennu rhybuddion ar e-byst y cymylau
ac mae'r haul wedi symud i fyw, eto.

Dyddiau tannu dillad ogla cadw.

adnod

Drwy'r coed weli di'r soser syrcas o haul yn crynu?
Un gangen yn dal y golau.
Bydd yn dangos ei hun toc a dweud
'Yli clyfar ydw i'n gallu dal y pwysau i gyd!'

Clownio a gwirioni
cyn malu'n deilchion yn y clawdd a 'ngadael i chwilio
am y tegins yn y bore.

gwybod

Fel hyn fydd hi rŵan mae'n siŵr;
deffro
a thithau'n gwisgo'r dydd amdanaf a galw'r brain i nythu yn fy ngwallt.
Arlwyo matiau Tregwynt ar fy mwrdd gwag, estyn y llestri
a'm dodi efo nhw wedyn yn dafell rhwng y platiau yn y peiriant.
Wrth fy nghwt o hyd ac wedi i mi osod tân,
fy rhoi i orwedd dan briciau'r tŵr jenga.

Ond waeth ti heb. Wnaiff 'na ddim byd newid.
Ti'n dal i bydru mlaen ond yli di, dw i'n gwybod fod o'n aros.
Fancw.

Amdana i.

iawn

Chwilio rhy galed am yr ateb wnaeth hi radag honno
wrth daro ei bysedd bach eto ac eto ar sgwariau'r ddesg.
Yn bedair oed roedd hi fod i fethu cyfri.
'Fedri di ddim gneud syms drwy'r nos,'
geiriau cysurlon mam.

A hithau'n hŷn, dysgodd
beidio troi i gefn llyfr a dysgu'r ateb ar ei chof
a bod athrawon yn chwarae triciau budur wrth neidio rhesi a newid trefn
cwestiynau.

Bu'n hir yn dallt bod hi'n oce i gael pethau'n rong –
byw efo'r cwestiynau oedd hi fod i wneud, dim ffendio'r atebion
a bod duw ddim yn lecio gwneud syms.

nabod

Does dim rhaid i chi ddweud un dim.
Does dim rhaid i chi dynnu'ch sgidiau.
A does dim rhaid i chi ddod â dim byd efo chi chwaith –
dim blodau, dim papur newydd, dim tun *peaches* na *carnation milk*.
Ond ddewch chi ddim yn waglaw.

Tydach chi'n gwybod am gyfrinachau drôr y gegin,
yn gwybod yn iawn fod mwy na chotiau wedi'u taflu i'r twll dan grisiau
a bod hi'n anodd 'mestyn cnesrwydd o silff uchaf y cwpwrdd eirio.

Ar ôl cyrraedd y drws cefn
byddwch yn camu dros y trothwy,
yn rhoi bys ar y teciall,
estyn am y bag te a'r mŵg
(yn union fel tasech chi adra)
ac yna'n cerdded drwy'r tŷ,
yn pasio'r stydi fach,
y parlwr a'i soffa felen feddal
ac yn mynd ar eich hyll drwadd
i'r stafell ben draw
am mai fanno fydd hi.

cymun

'Glywsoch chi am "y gawod wynt"?' meddai'r gŵr gwadd yn ei bregeth Gŵyl Dewi.
Cyflwyno'r 'pethau bychain' oedd o.

'Y gawod lwyd,' meddwn i yn syth bin
ac yn yr un funud fach honno
dyma gofio'r garddwr;
teimlo'i lygaid
yn 'morol bod fy nhraed ar ddaear
a fy mysedd yn tendio'r pridd.
A dyma glywed ei eiriau yn golchi'r llwydni
a gadael y dail yn leision lân.

cyhoeddiadau

Fuest ti'n fama rhyw dro,
mae ôl ista ar y clustog melfed.
Wsdibe mae'r jwg piwtar
yn y cwpwrdd dal gwydrau cymun o hyd.

Ti wedi sylwi ar y tyllau yn nwylo'r gadair dan y pulpud,
a bod y gofalwr newydd ddim yn hwfro'r carped
na gosod blodau plastig?

Ti 'di gweld dy bobol –
tu mewn mae eu briwiau nhw,
tu mewn sy'n trio'u gorau i llnau'r brasys
a pholisio'r canwyllbrennau ar y silff ben tân.

Eto, fedra i ddim peidio meddwl rywsut
fod rhywbeth hardd yn y pethau hyn,
bod tlysni mewn pobol
sy'n gwybod y gwnaiff Duw
godi llwch o'r sgyrtins.

A dyna pam eu bod nhw'n sbio'n ffeind
ar garped wedi raflio a chlustogau wedi breuo
am eu bod, mae'n siŵr,

yn gweld ôl dwylo
ac ôl traed arnyn nhw,
ôl teimlo'n saff
er bod y drws tu nôl iddyn nhw
wedi cau.

penlinio

Hyd yn oed yn fan hyn.

Mewn llofft sy'n aros am ddodrefn a llenni,
mae'n meddwl y gall ddringo'r grisiau atat ti.

Ti'n dweud dim.

Gwranda.
Aros.
Does dim promtio,
does dim sgript.

Mae hi'n dallt tawelwch.

Tyrd o'r cysgodion, o'r congla.
Un ystum, un osgo mae hi angen.

Mae dy seibiadau di'n rhy hir.

A fedar hi ddim dygymod efo hynny heno.

purdan

Beth?
Ai dweud wyt ti mai rhwbath fel hyn fydd y daith i Annwn?
Codi tocyn, dilyn saethau a gyrru rhwng waliau a phileri concrit
i'r tu mewn llwyd yma.

Mi fydda i wedi cael practis parcio!

Ai ti neu fi fydd yn dweud 'Mae lle yn fancw,'
ai fi fydd yn agor y drws
a gwrando ar y goriad yn canu grwndi rhwng y ceir gwag?

Fel hyn ti'n parcio eneidiau?

Ac mae gen i hen deimlad
y byddi'n sbio drwy dwll yn y to
arna i'n cerdded efo 'maglau a'r bagiau gwag am y drysau otomatig
ac yn fy ngweld yn dallt fod ceg pob lifft ar gau.

Mi weli'r panic fod dim signal ffôn
a'r codi pwys am fod y peiriant talu wedi nogio
ac yna, mi weli di fi'n sylwi
ar y dagrau yn dripian drain
a'r pwll yn gwaedu dan fy nhraed.

llond pob lle

Mae o yna. Yn sêr gwlyb ffenestri'r teras, yn y sgrin deledu fawr sy'n fflachio am dri y pnawn. Yn y bwrdd dartiau ar wal llofft yn Craven Arms, yn hances boced stafelloedd consyrfytris, yn nwylo angylion concrit, yn olwynion beics un gardd ac yn eirlysiau yr ardd drws nesa, yn y potiau plastig brown hyll sy'n 'mestyn yr holl ffordd o'r cwt golchi i'r ffens derfyn, yn yr un car mewn cae, dan darpolin glas rhandiroedd, yn ei dwylo hi sy'n ysgwyd cynfasau yng nghanol glaw, yng nghyrls mwg simneiau, mewn llgada sgai-laits, ar ofyrols hen ffens yn Llwydlo. Ac mewn tyllau ffenestri ffatrïoedd.

Mae o fancw efo'r genod ysgol y medri di bario eu colur yn groen tatws llaeth.
Ac mae o efo chdi a dy fysedd Pringles BBQ sy'n pigo'r blewiach dan dy ên.

Iawn oce, dw i'n gwbod mai dim ond taith trên ydy hi.
Rhaid mi gallio.

Diolch byth fod y traciau wedi hen arfar cario straeon.

ddoe

Roedd y môr yn brifo jest wrth i mi sbio arno fo. Hyd yn oed ar ddiwrnod braf a'r tonnau'n sigl-di-gwt yn yr awel gynnes, mae'n gallu bod yn hegar. Mae 'di hen arfer 'fo'r drefn, y bagio nôl-dwrn, bagio nôl-dwrn. Dyrnu dyrnu dyrnu fy nhu mewn ond wnaiff o ddim fy nghleisio i. Mae'n ormod o foi i hynny. A dw inna yn gneud dim, mond dal i sbio, yn rhy llwath i allu neud dim mond gadal iddo a waeth mi heb achos fel 'na mae hi, fel 'na fydd hi a newidith petha ddim.

heddiw

Mae basged ger y drws.
Bob hyn a hyn bydd yn ei gwagio,
codi'r criai pry genwair o'r gwiail,
tynnu hen hosan o dwnnel esgid,
ysgwyd y pridd o rychau'r gwadnau,
a pharu'r pentwr
yn sodlau a slipars,
yn fŵts a sgidiau rhedeg
a'u tywys at ei gilydd eto.
Ac yno fydd hi am ennyd
gyda'r pentwr llonydd
yn aros am un ddaw
yn nhraed ei sanau
am y drws.

dameg

Glöyn byw
yn taro tudalennau ei adenydd
ar wydr y ffenest
a'r geiriau'n
olau lamp
yn y dyddiau duon bach.

eiliad

Paid â mynd. Paid â mynd heb ddweud dim.
Paid cadw'n dawel am y murmuron a'r eiliad cymryd gwynt
ac iaith tawelwch sy'n llithro i'r distawrwydd tu draw.

Paid mynd heb ddweud am y bluen eira mewn machlud haul.
Paid mynd heb rannu a dweud dy fod ti'n gwybod. Fod 'na nabod. Bod llygaid yn clywed a chlust yn gweld.

Paid mynd heb sôn am y mudandod sy'n dal geiriau,
paid mynd heb sôn am yr haul tu hwnt i'r haul a'r awel rhwng yr awelon.
Paid mynd heb sôn am yr anadl gynnes tu cefn i ti pan ti'n golchi llestri, yn tannu dillad ac yn chwynnu'r border.
Paid mynd heb sôn am y llonydd-dra byw sy'n dod atat weithiau
yn ddisymwth, yn annisgwyl, yn ddigymell.

Cyn iddi fynd yn rhy hwyr a chdithau wedi mynd, cofia ddweud.

Samiwel

BEIRNIADAETH CYRIL JONES

Derbyniwyd dau ddwsin o ymgeisiadau am y Goron eleni. Bu holl gerddi'r Goron a'r Gadair, fel ninnau, o dan glo – yn wahanol i brif gystadlaethau rhyddiaith y Brifwyl. Mae'n drueni na chafwyd cyfle i ailagor y gystadleuaeth; byddai hynny wedi rhoi cyfle i chwyddo nifer y beirdd a ymgeisiodd ac yn fwy arwyddocaol, byddai wedi rhoi cyfle i ragor o feirdd ymateb i'r cyfnod rhyfedd a digynsail a'n cadwodd ninnau oll o dan glo.

At ei gilydd, cystadleuaeth siomedig fu hon o ran nifer a safon – ar wahân i tua hanner dwsin o gerddi a phryddestau sydd ar y brig.

Dosbarth 3

Gareth y Basdich: Cerdd fer, wallus.

Blas: Cyfres o gerddi cyfoes eu hidiom. Disgrifir effeithiau gorwresogi ar y byd. Prif wendid y cerddi hyn yw diffyg cynildeb. Mae'r gyfres yn gwella ychydig wrth fynd rhagddi. Fel gwaith *Gareth y Basdich* dylai *Blas* fwrw ei brentisiaeth mewn cystadlaethau lleol cyn mentro i'r gystadleuaeth hon.

Gwdihŵ: Cerdd ryddieithol ei harddull am ymweliad gwraig ag Eisteddfod Sir Conwy er mwyn mwynhau y drochfa ddiwylliannol flynyddol y mae'r Brifwyl yn ei chynnig. Mae'r cyfan yn 'tanio'r gwres yn fy nghalon, / tanio'r cysylltiad dwfn â'r Gymraeg'. Dalied ati i ysgrifennu am ei phrofiadau – ond trwy gyfrwng rhyddiaith am y tro, cyn mentro i faes barddoniaeth maes o law.

Nwy yn y Nen: Pregeth o gerddi yn erbyn cynhesu byd-eang na chafodd eu mynegi'n gynnil; nodwedd hanfodol pob darn o farddoniaeth. Mae'n wir eu bod yn destunol and mae angen rhagor na thestunoldeb i ysgrifennu cerddi llwyddiannus.

Mab Mabon: Cyfres o 'ganeuon' gwasgarog eu harddull am newid hinsawdd. Mae'r iaith yn wallus ar brydiau. Wele'r cwpled canlynol sy'n enghraifft dda o ddiffyg cynildeb y bardd gyda'i gyfres o ansoddeiriau yn yr ail linell. Mae'n rhaid anelu at fod yn llai rhyddieithol a mwy cynnil: 'Cerddaf allan i'r ardd, paned yn fy nwylo / yn anesboniadwy o ddi-awch, blinedig, digalon.'

Aran: Cerddi sydd am y ffin â'r Ail Ddosbarth. Molawd serchus i'r haf, Sir Benfro a gorllewin Cymru sydd yma. Dyfynnaf o'r bedwaredd gerdd er mwyn rhoi syniad o ansawdd y canu drwyddi draw:

Llusgo i linell y dŵr
a disgyn i ddagrau Neifion
gan ymlacio yn nhresi glesni
fy lodes gynnes.

Mae'r bardd hwn yn meddu ar yr adnoddau ieithyddol i farddoni; dylai ymroi yn awr i amrywio cywair ei gerddi trwy ddefnyddio elfennau megis eironi, awgrym a hiwmor, rhag i'w ganu droi'n undonog.

Dosbarth 2B

Cwmgarw: Pryddest sy'n cofnodi hanes Twm Carnabwth a chyfnod Merched Beca. Rwy'n amau bod hon wedi bod mewn cystadlaethau o'r blaen. Fel *Aran* uchod mae'r bardd hwn yn meddu ar yr adnoddau ieithyddol i ysgrifennu Cymraeg cywir a graenus. Yn anffodus, ni cheir yn y bryddest hon dystiolaeth ei fod yn medru cynilo'r adnoddau hynny yn ddigonol i lunio barddoniaeth. Gellid addasu'r bryddest hon yn hawdd i fod yn ysgrif neu stori.

Aquila: Ceir nodiadau eglurhaol yn gyflwyniad i ambell gerdd yn y casgliad hwn. Seiliwyd y cyfan ar chwedl Promethews a gwres y trais a ddeilliodd o 'flodeuyn o dân oddi wrth Sews' a'r hyn a ddigwyddodd ym mhentref diwydiannol Lidice yn Tsiecoslofacia yn 1941 pan aeth milwyr Hitler yno i ladd y trigolion gwrywaidd ar fferm gyfagos a'r gwragedd a'r plant mewn gwersylloedd difrodi. Does dim dianc rhag y delweddau o drais a geir gydol y casgliad hwn. Yn anffodus, ni lwyddodd y bardd i ddethol ei ddelweddau ac yn aml nid yw ei ddewis o eiriau wrth gyfleu'r delweddau hynny yn addas, gyda'r canlyniad bod y gwaith yn mynd yn fwy llethol i'w ddarllen fesul cerdd. Dyfynnaf bennill tair llinell yn unig fel enghraifft o'r diffyg dethol geiriol: 'Sŵn y pastynau'n morthwylio'r gwrymiau / ar gefnau glowyr / ac esgyrn plant yn cratshan fel brigau.' Mae'n amlwg o ddarllen y pennill nad yw'r bardd wedi bod yn ddigon gofalus wrth gyfosod enw (pastynau) a berfenw (morthwylio) yn y llinell gyntaf ac mae'n amheus a fyddai esgyrn yn cratshan wrth gael eu morthwylio. Ceir nifer o fân wallau iaith a theipio yma a thraw sy'n tanseilio hygrededd y gwaith. Mae'n rhaid bod yn llawer mwy dethol a dethau wrth ysgrifennu, boed ryddiaith neu farddoniaeth.

Coch yr hwyr: Rhaid cyffesu bod tafodiaith gyfarwydd Ceredigion gydag ymadroddion fel 'te padi', 'pisho gwidw' a 'stapal gên' wedi cludo'r beirniad hwn yn ôl i fyd plentyndod yng nghanol yr hen sir. Serch hynny, yn yr un modd â nifer o feirdd y gystadleuaeth hon, mae'i anallu i wau'r ymadroddion hyn yn gyffro geiriol yn aml yn bradychu'i ddawn fel bardd. Petai wedi llwyddo i gynnal safon y cwpled canlynol yng ngweddill y pennill a'i gerddi byddai wedi codi'n dipyn uwch yn y gystadleuaeth. Mae'n disgrifio'r weithred o gynnau tân: 'Codaf wigwam fach o frigau sych a / gwylio'r fflam yn maldodi cyn mogi.' Ond yn anffodus mae gweddill y pennill yn gorymestyn y ddelwedd ac mae'r ysgrifennu yn colli cyfeiriad a'r darllenydd yn colli diddordeb. Mae yntau'n perthyn i ddosbarth lled niferus o feirdd y gystadleuaeth sy'n ei medru hi ar ei orau ond yn rhy esgeulus ac yn gadael darnau diafael o'u dwylo o safbwynt eu cynnwys a'u hiaith.

Glasffrwd: Casgliad arall am gynhesu byd-eang gan fardd a lwyddodd i ymdrin â'r thema mewn modd cynilach na'r rhan fwya a fentrodd i'r maes hwn. Ceir strwythur penillion i'r rhan fwya o'i gerddi ac mae'i ddefnydd o dechnegau fel lled-odli a phroestio a rhoi tro eironig yng nghynffon ymadroddion cyfarwydd yn cynhesu calon beirniad o bryd i'w gilydd. Mae'r cwpled canlynol yn enghraifft dda: 'Mae'r arwyddion o'n blaenau yn hynod: / y mae'r gwenwyn wedi dod.' Serch hynny, mae yntau yn syrthio i'r fagl o fethu â rhoi ffrwyn ar lifeiriant ei iaith, yn enwedig yn y gerdd benrhydd 'Llygedyn o obaith'. Dalied ati i feithrin y grefft o lunio cerddi di-odl neu hanner odlog er mwyn datblygu'i ddawn fel bardd.

Phoebus Unllygeidiog: Cerddi serch yw'r rhain ac mae'n debyg bod y ffugenw clyfar yn cael ei atseinio drwyddi draw ym mynegiant 'unochrog' y bardd ynghylch gwres cariad. Serch hynny, mae rhethreg diatal, pryddestol y bardd am ei gymar – a all fod yn gyfuniad o gariad at ferch o gig a gwaed neu o'i draserch at yr haul ei hun – yn colli grym fel yr â'r gerdd rhagddi. Llwyddodd i gyflwyno mwy nag un haen i'w ganu ac mae i'w ganmol am hynny.

Ceibo gered: Cerddi wedi'u lleoli yn y de-orllewin sy'n cynnwys enghreifftiau gloyw o dafodiaith yr ardal honno. Hoffais y gerdd i Brian Williams a chwaraeai 'yn ffwrnes y rheng flaen' i dîm Castell-nedd a'r gerdd i Meic Stevens yn 'rhyw ling-di-longian' yn Solfach a 'gwylio'r tonnau'n torri yn ddimeiau'. Prif wendid y cerddi yw'r gorymdrech a glywir yn eu rhythmau i fod yn farddonol yn ogystal â'r duedd i lunio llinellau hirion, rhyddieithol. Serch hynny, mwynheais ei gwmni gwlatgar, ac rwy'n sicr ei fod yn meddu ar y ddawn i ddringo'n uwch yn y gystadleuaeth hon ar ôl iddo'i ffrwyno.

Cuawg: Cysylltodd y cerddi hyn salwch mam neu fam-gu â stori'r claf o Abercuawg yn hanes cynnar ein llên. Mae'n amlwg hefyd erbyn diwedd y casgliad bod Cyfnod y Clo a'r arfer o glaf mewn ysbyty 'yn rhewi ar sgrin' wrth gysylltu â pherthynas agos yn dod i mewn i'r ffrâm. Mae'r syniad o gysylltu'r hen a'r newydd yn un clodwiw ond ni lwyddwyd i argyhoeddi'r darllenydd yn llwyr. Ceir rhai darnau gafaelgar, megis

> Ac yno'n y wig mewn unigedd,
> yn casglu brigau sych-grimp,
> taro maen ar faen, nes i wawch
> o wreichion eiriasu ...

Melpomene: Pryddest sy'n cynnwys nifer o adrannau gwahanol ac yn agor yn addawol pan fo'r bardd yn mynd i siop lyfrau ail-law. Fel yr â rhagddi try'r arddull braidd yn rhethregol; fodd bynnag, drwyddi draw teimlir rhyw ddidwylledd tawel yn y canu. Maen nhw'n cyffwrdd â sawl teimlad gwaelodol fel hiraeth a chariad. Mae'r adran lle mae'n cyfarfod â chyfaill a fu farw mewn torf yn yr orsaf

> A dyma ddysgu,
> o tu hwnt i'r bedd,
> nad yw marwolaeth yn ein difa ni,
> ond nid yw'n ein sancteiddio ni ychwaith

yn enghraifft o natur athronyddol y canu. Fel llawer o feirdd y Dosbarth hwn, diffyg cynildeb yw'r gwendid pennaf ac anodd yw canfod y cysylltiad â'r testun.

Milddail: Cyfres o gerddi a wnaeth beth argraff arnaf ar y darlleniad cyntaf ond a gollodd eu grym wrth eu hailddarllen. Mae'n amlwg bod y bardd yn ceisio dod i delerau â digwyddiadau erchyll ei orffennol; rhyfela mwy na thebyg. Gall lunio delweddau cofiadwy megis yr agoriad hwn i'r gerdd 'Lloches':

> Llochesa fi, bridd
> fel y llochesi
> bob ffrwyth a gwympodd
> a phob glas a bylodd.

Mae'r agoriad canlynol i'r gerdd 'Y drws' yn drawiadol hefyd:

Drws crwca yw'r gorwel o hyd
yn aros chwa sydyn i'w agor
drws sy'n ennyn a dygyfor
a chynnig llygedyn
o'r llefydd nas gwelaf byth
a'r holl fyfïau na fi.

Yn anffodus, darnau unigol da yw'r rhain a methais â chanfod datblygiad yn y gyfres, a throdd y profiad o'u darllen o'u cwr yn un llethol yn y pen draw.

Dosbarth 2A
Mae'r rhain oll â'r Goron o fewn eu cyrraedd ond heb gyrraedd Dosbarth y goreuon.
Lotws: Mae cerdd agoriadol *Lotws* ar thema saith einioes merch yn argoeli'n dda iawn. Dyma bennill clo y gerdd honno:

bydd seithliw'r enfys
a fu unwaith yn fwa ar fol
yn arwydd o'r saith rhyfeddod
sydd i ddod – o anwes i hanes
saith einioes merch.

Mae'r cerddi dilynol yn cyfeirio at ferched seithmlwydd yn cael eu treisio a'u crogi yn India; at freuddwyd merch ifanc o Hanoi a merch sengl ar goll yn Seland Newydd. Serch hynny, y cerddi gorau yn y casgliad yw'r rheiny sy'n portreadu bywyd yn nes adref, megis 'Ymdaith y briodferch yn Llandeilo' a 'M-A-M', a byddai'r casgliad hwn yn llawer mwy cynnil a llai gwasgarog pe bai wedi glynu at themâu mwy cartrefol, er fy mod yn deall awydd y bardd i gyfleu'r annhegwch sy'n wynebu merched ledled y byd.

Claude: Cerddi yn seiliedig ar frasluniau'r bardd o'i wyliau yn Ffrainc. Roedd hi'n braf torheulo-ddarllen y rhain yng nghanol oerfel mis Mawrth. Mae'r pennill agoriadol yn rhoi syniad go dda i chi o naws ac arddull y cerddi:

Rwy'n siopa yn archfarchnad natur
ger Lac de Jaunay.
Casglaf y dail, y dŵr, a'r cysgodion
yn frasluniau
i'w cadw yn rhewgell fy nghof,
i ddadmar yng ngwres atgofion rhywbryd eto.

Hoffaf y cyfuniad gan mai rhoi syniad 'bras' a wna'r lluniau o leoliad penodol a'r gerdd yw'r darlun cyflawn. Ceir cyfeiriadau at arlunwyr eraill a chyfeiriad at gerddi Euros Bowen sy'n rhoi cliw i ni mai bardd o ardal y Bala yw hwn. Hoffaf yn fawr y syniad o gysylltu â'r ardal, yn enwedig yn y cerddi pros marwnadol i nifer o enwogion yr ardal a gollwyd yn ystod ei ymweliad tramor. Yn anffodus, ceir ôl ychydig o frys arnynt a dydyn nhw ddim yn taro deuddeg bob tro. Gresyn hynny. Ond mae'r gerdd nesaf, 'Trwydded Artistig', yn adfer safon y cerddi eraill. Pe bai wedi llwyddo i gynnal y safon drwyddi draw yn y cerddi hyn a hepgor y mân lithriadau sy'n britho'r gwaith, byddwn yn gosod hwn yn y Dosbarth Cyntaf.

Awst: Bûm yn pendroni'n hir p'un a ddylwn i roi'r cerddi trawiadol hyn am wyliau mis Awst yng ngorllewin Cymru ymhlith cerddi y Dosbarth Cyntaf. Dyma gerddi cynnil, awgrymog a bardd sy'n sicr ei drawiad barddol hyd yn oed os nad yw'r un mor sicr ei gywirdeb gramadegol bob tro. Ond hidlo gwybed fyddai dannod hynny iddo. 'Dyma fis y milltiroedd, y siwrne a'r straeon, / a'r cloddiau yn drwm gan sôn.' Yn y sedd gefn mae 'bychan pymtheg-i'r-dwsin' y pâr a hwythau yn ysu am gyflwyno mabinogi ei haf iddo. Mae'n thema gyfarwydd ac mae'n debyg bod ei gwreiddiau eisteddfodol yng ngherdd Dafydd Rowlands, 'Dere fy mab', ond bod y lleol wedi lledu'n rhanbarthol bellach a'r ffordd yw'r 'cyfarwydd' sy'n llywio siwrne hon.

Byddai'n hawdd dyfynnu ohonynt er mwyn dangos dawn *Awst* i greu awyrgylch geiriol. Mae Llyn Barfog ym Meirionnydd yn 'llygad mawr llonydd / sy'n syllu'n syfrdan ar yr awyr las'. Yn Ynys-las 'aeth y tad a'r mab bychan / at ymyl bell y llanw, a chamu / i aelwyd y machlud'. Yr unig gysgod o gwmwl dros yr awyrgylch Awstaidd hwn yw'r llinellau cwestiynol hyn yn y gerdd olaf yn deg: 'Ddisgynnodd rhyw fraw o darth diarth, / neu ni oedd dan freuddwyd o'r dechrau, / yn ffwndrus dan dymheredd?' Byddai rhagor o awgrymu cymylog fel hyn yng nghorff y cerddi hyn wedi peri bod y mis Awst a ddisgrifir yn fwy credadwy i hen sinig o feirniad fel fi.

Dosbarth 1

Milwr bychan: Cydiodd y cerddi hyn yn nhafodiaith y de-orllewin ynof o'r cychwyn a chodi'n uwch yn y gystadleuaeth ar ôl pob darlleniad. Cyfnod yr Ail Ryfel Byd a ddarlunnir ac mae arddull egr y cerddi hyn yn gweddu i'r dim i'r cyfnod, gan lwyddo i gyfleu gwahanol agweddau o fywyd y milwr bychan a'i deulu. Llwyddodd hwn i rychwantu sawl 'gwres' yn ei gasgliad: gwres cariad teuluol a serch cnawdol, gwres diwydiannol 'ffwrnes pump' y gwaith dur a gwres rhyfela. Gall dilyn trywydd y cymeriad fod yn anodd ar brydiau ond ceir nifer o switshys yma a thraw a hawdd yw dyfynnu enghreifftiau o'i ddawn loyw. Gwrandewch arno yn agor y gerdd 'Diwrnod cynta': 'Fel ddo' / pan dynnodd Mam 'y nhei'n feis, / pan o'dd trwser hir yn byta fel llaw.' Neu'r diweddglo i 'Carreg ar draws llyn' pan ddywed 'Ond sgleintia carreg ei gân ar draws llyn atgofion'. Gallwn amlhau enghreifftiau o'r modd y llwyddodd trwy bytiau sgwrs, delwedd a dweud digwafers uniongyrchol, i roi portread awgrymog o fywyd a chyfnod i ni. Mae gan Ieuan Wyn linell yn ei awdl 'Llanw a Thrai': 'yn y manion mae einioes'. Llwyddodd y bardd hwn i ddethol y manion arwyddocaol mewn einioes a'u cyfosod yn un mosaig onglog ei batrymau.

Haf Bach Mihangel: Bardd-riant a geir yn y cychwyn yn meddylu trwy gyfrwng cerddi cywrain eu mynegiant am gofio, heneiddio a chariad: 'o dan eu traed mae trên bach pren yn cael ail wynt / a gyrru mewn cylchoedd / fel ein meddyliau i gyd.' Ceir rhai cerddi unigol trawiadol yn y casgliad hwn ac mae'r atgof am chwarae rygbi yn y gerdd 'Mwd' yn enghraifft loyw. Teimlir gwres y gêm mewn llinellau fel

> gwasgu'r bêl at ei galon
> yn plethu drwy'r gelyn
> fel gwythïen
> â sŵn angerdd fel nodau anthem.

Ei gwir ogoniant, fodd bynnag, yw ei diweddglo: 'Ni chrafaf arogleuon y mwd hwn fyth eto / na'i sgrwbio'n lân, gan mai mewn baw / y mae blodau'n byw.'

Fel *Kairos*, ymgeisydd arall yn y Dosbarth hwn, llwyddodd *Haf Bach Mihangel* i ddal ambell brofiad o'r cyfnod dan glo; megis y cyfeiriad at gyfarfodydd sy'n ein crebachu a'n troi yn ddim ond 'pobl welw mewn sgwariau' neu'r gerdd i 'Mam' lle mae'n rhoi tro yng nghynffon ymadrodd cyfarwydd wrth gyfeirio at y fam yn gwneud paned a'r 'llwy arian i droi'r cwbl yn de / oedd yn dewach na dŵr yn ein tŷ ni'. Mae'r modd y mae'n llwyddo i bersonoli cariad sefydlog pâr mewn oed, a hwnnw yn 'ganu grwndi / wrth orwedd yn haul ystafell fach Mihangel' yn bortread cynnes o gariad aeddfed hyd yn oed os nad yw'n gwneud fawr ddim ond codi 'ar ei eistedd, / symud efallai / a chael blas ar yr awyr las'. Mae defnydd y bardd hwn o iaith drwyddi draw yn wreiddiol heb fod yn stroclyd a hawdd sglefrio dros linellau megis y llinell gynganeddol, 'ond yn anorfod daw dyn i arfer' heb lwyr ystyried ei harwyddocâd.

Gwydion: Pryddest gan fardd profiadol, sicr ei drawiad. Synnwn i fawr nad yw'r bardd hwn wedi gwisgo Coron y Brifwyl eisoes. Ceir dau ddyfyniad ar gychwyn y bryddest: y naill o Lyfr Taliesin a'r llall o waith Waldo ac mae'r dyfyniadau hyn yn talu am eu lle yng nghwrs y bryddest. Amheuthun oedd darllen ei arddull gynnil, glasurol wedi'i chyfuno â'r Ddyfedeg. Gwres y creu a'r dyheu a bortreadir yn y bryddest hon ac mae'n dyheu 'rhag bod yn fardd y gerdd anorffen'. Mabinogi'r bardd trwy wahanol gyfnodau yn ei fywyd o'r '[c]rwt ar ei brifiant' i'r 'llanc' fu'n 'cadw pellter / rhyngddo a'r cyffro' hyd at 'yr henwr' sy'n 'cyd-weiddi â'r crwt / "Ie! Gymru!" yn llawen'. Mae'r nodyn cadarnhaol hwn ar ei diwedd yn sicrhau nad yw'n fardd y gerdd anorffen, sbo. Gydol y bryddest defnyddia'r ddelwedd o'r 'helygen a dreuliai'i thymhorau / yn wylo ei gwayw tyfiant i lyn'. Mae'r ymadrodd hyfryd 'gwayw tyfiant' yn cyfleu i'r dim y gwahanol rwystrau a brofodd y bardd ar ei hynt.

Fel y nodais, ces fwynhad yng nghwmni bardd a oedd mor feistrolgar ei ddefnydd o wahanol gyweiriau'r Gymraeg. Mae hon yn gerdd gyfoethog o safbwynt ei chynnwys a'i chyfeiriadaeth hefyd a'r rheiny yn amrywio o'r Mabinogi i fyd arlunio i gyfeiriadau at wahanol ddigwyddiadau gwleidyddol yn ystod yr ugeinfed ganrif. Yn fy marn i, byddai'r bryddest ar ei hennill o gael ei chynilo yma a thraw a thybed a fyddai'n fwy effeithiol petai'r bardd wedi rhannu gwahanol gyfnodau'i fabinogi yn gyfres neu gasgliad o gerddi yn hytrach na llunio phryddest? Serch hynny, cefais bleser yn ei gwmni a dychwelais ati sawl gwaith.

Dyn bach gwyrdd: Dyddlyfr ar y blaned Mawrth. Mae hwn yn gasgliad swmpus ac athronyddol gan fardd deallus, eang ei ddiwylliant. Ceir ynddynt gyfeiriadau at deithio'r gofod, cerdd gan y bardd Auden, crefydd, yn ogystal â gwyddoniaeth amser a golau. Yn y gerdd agoriadol mae'r bardd yn sôn am ddarganfod 'y crwydrwr Opportunity' yn y tywod, gan gofio am fatri'n 'marw'n ara a hithau yn nosi'. Ac er mai talp 'o alwminiwm a syrcitbords' yn unig sydd ar ôl, mae'r cyfan yn 'ail jarjo'r' bardd â'r gwres sy'n tanio'i ddyddlyfr barddol.

Mae nifer o'r cerddi dilynol yn cyfeirio at wahanol lefydd gofodol Ucheldir Tarsis, crater Gale ac Arsia Mons, gan gysylltu'r rhain oll â'i brofiadau. Mae'r gerdd chwe llinell, led odledig 'Camlesi' yn peri iddo gwestiynu'r 'llif a'm gyrrodd yma, / cerrynt holl gynnydd dynoliaeth wych?' Yn y pen draw mae'n sylweddoli mai'r 'chwedlau'n y tywod yw'r afonydd hyn ... a'u gwlâu yn sych'. Mae'n synied amdano'i hun fel rhyw fardd preswyl yn gyrru'i eiriau allan o'r 'llwch a'r t'wyllwch' ac oherwydd iddo fod ar un adeg yn 'fardd o Gymro' mae'n gyfarwydd 'â'r amau hwnnw yng nghraidd, yng ngherdd, fy nghylla, y diffyg awyrgylch'. Yn wir, mae'r modd y mae'n cysylltu ei brofiadau â'i gefndir yng Nghymru yn rhoi'r gallu iddo edrych yn ôl arni gyda rhyw fesur o wrthrychedd, megis yn y gerdd 'Cenwch im yr hen ganiadau' pan fo'n cofio corau yn canu emynau mewn pyb 'Heb y Duw a'u hysgogodd'. Ond ar y blaned Mawrth yn ei unigrwydd 'fe'u moriaf / rhag gofyn yr un cwestiynau / amdanaf fy hun'.

Kairos: Mae'n rhyfeddol fod *Kairos* wedi llwyddo mor wych i gyfleu y profiad diweddar o fod dan glo, gan gofio mai cwta fis a gafodd o'r profiad cyn anfon ei gerddi i'r gystadleuaeth. Serch hynny, llwyddodd i ddal awyrgylch teimlad, tymer a thymor cychwyniad y cyfnod yn wych: yr unig ymgais gyflawn i fedru gwneud hynny. Mae teitl y gerdd gyntaf '37.8' – sef gwres arferol y corff dynol – yn cysylltu'n uniongyrchol â'r testun 'gwres' ac yn fachyn hwylus i hongian gweddill y cerddi arno. Cafodd *Kairos* weledigaeth ar y testun gosod a llwyddodd i'w datblygu yn gywrain, heb syrthio i'r fagl o fod yn orglyfar. Wrth gymharu Doctor Kildare â Doctor Li a'i rybudd cyn marw ynghylch difrifoldeb y clefyd yn disgyn ar glustiau byddar, llwyddodd i gyfleu i'r dim nad 'doctor opera sebon / oedd hwn / a heb imiwnedd actor'. Mae'r gerdd 'Snowflake' hefyd yn llwyddo i gyfleu'r clefyd a'i lid anweledig: 'Y bradychwr eithaf / ganmil sgafnach / na phluen eira.' Mae'n llwyddo i fynd dan groen y modd y gwnaed i ni ddeall natur greddf cŵn anwes a'u hawydd dyddiol i fynd am dro. Yn y gerdd 'Troi'r clociau' llwydda i ddal seithugrwydd y weithred o 'smalio gwneud y dydd yn hwy o awr' tra bo'r 'gwynt yn fain / ac arno sawr yr hydref / 'rôl cosi traed y meirw'. Trawiadol dros ben yw addasrwydd arddull llinellau cwta a chynnil y cerddi hefyd, gan eu bod yn cyfleu bod bywydau gorlawn ein gweithgareddau dyddiol wedi cael eu crebachu i ddelio â'r hanfodion yn unig.

Mae'n anffodus i'r ddau fardd blaenorol bod un casgliad trawiadol iawn ar ôl; pe na bai hwnnw yn y gystadleuaeth byddai hi'n gystadleuaeth dynn rhwng *Kairos* a'r *Dyn bach gwyrdd* a hynny ar gyfrif eu cyfoesedd ffres.

Samiwel: Roedd cerddi'r ymgeisydd hwn bron yn olaf yn y pecyn a dderbyniwyd o'r swyddfa. Cyn i mi gyrraedd diwedd y gerdd gynta roeddwn i wedi codi ar fy nhraed ac yn adrodd yr ail gerdd yn uchel. Fe barodd y rhain i mi anghofio 'mod i'n rhyw bwt o feirniad; rhoddodd stop ar fy arfer athro ysgol o sgrifennu nodyn fan hyn a fan draw wrth eu darllen. Ces fy atgoffa'n syth o 'whare cwato/chwarae cuddio' yn blentyn. Neu, a bod yn fanwl gywir, rhywun arall yn cuddied rhywbeth ac wedyn dweud wrthoch chi eich bod chi'n boeth – neu'n oer – wrth i chi ddynesu at yr hyn a guddiwyd. Profiad felly oedd darllen y rhain. Ond yng ngwres yr ymchwil mae'r bardd hwn yn mynd â ni ar daith ddirgel trwy gynteddau iaith – a honno'n iaith lafar bob dydd ac mae'n cyfosod geiriau a delweddau yn y fath fodd nes eu bod nhw yn eich sodro chi. Hawdd oedd adleisio'r bardd yn ei ail gerdd a gweiddi 'bwlsai'– dyma beth yw barddoniaeth.

Erbyn yr ail ddarlleniad roedd yn rhaid i mi eistedd ac ailddarllen a gofyn cwestiynau bach dibwys, fel: ble mae'r 'gwres', beth yw'r 'gwres' ynddyn nhw? Oherwydd ei fod wedi defnyddio geiriau fel 'gras' ac 'adnod' a 'llond pob lle' fel teitlau i'w gerddi, tybiais taw cerddi crefyddol ydyn nhw. Ond mae'n defnyddio Duw y 'd' fawr a duw y 'd' fach. Dyna yw eu gogoniant: gallwch eu priodoli i unrhyw sefyllfa; gallant fod yn berthnasol i'r broses o greu; gellir eu priodoli i ymchwil am ystyr, am Dduw. Dyma gerddi amlhaenog yng ngwir ystyr y gair. Drwyddi draw maen nhw'n ddathliad o allu dyrchafol iaith i 'olchi'r llwydni ... a gadael y dail yn leision lân'.

Pa nod bynnag rydych yn ymgyrraedd ato yn eich bywyd – a hyd yn oed os nad oes gennych nod – mae'r cerddi hyn yn eich gosod ar gledrau iaith a rhoi i chi gyffro gwres y daith o ymgyrraedd ato. Na, does dim rhaid bod mewn capel, fe allwch chi fod mewn lle parcio 'mylti stori' yn 'gwrando ar y goriad yn canu grwndi rhwng y ceir gwag?' Mae'r daith iaith 'ma yn gallu mynd â chi ar drên i weld cip wrth basio ar y 'bwrdd dartiau ar wal llofft yn Craven Arms' neu, ar bwys y lein ddillad cewch y profiad o '[d]ynnu hosan o dwnnel esgid'.

Ac yn y gerdd olaf yn deg mae'n ymbil ar y darllenydd, arnon ni, i ymddiried, i ddweud, siarad 'cyn iddi fynd yn rhy hwyr a chdithau wedi mynd, cofia ddweud'. Ymbil arnom i gael ffydd yng ngallu gwaredigol iaith bob cynnig. O'r darlleniad cyntaf, cydiodd cerddi *Samiwel* ynof gan lwyddo i roi'r wefr a ddaw o fod yng nghwmni dewin geiriau go iawn. Coroner ef.

BEIRNIADAETH GLENYS MAIR ROBERTS

Cyflwynwyd 24 ymgais, a hynny cyn 1 Ebrill 2020. Hir pob aros. Roedd 17 o gasgliadau a saith cerdd unigol, a'r cyfanswm yn llai na'r disgwyl o ystyried bod y testun yn un a gynigiai amrywiaeth o ddeongliadau. Ac amrywiaeth yn wir a gafwyd, gyda'r themâu'n cynnwys y cynhesu byd-eang disgwyliedig ynghyd â gwres cariad, gwres brwydr a chyflafan, gwres brwdfrydedd, ffydd, twymyn, galar, a gwres byw a bywyd. Ac, yn wir, llwyddodd ambell un i gyfeirio at wres dyddiau cynnar y pandemig ei hun.

Dosbarth 4

Gareth y Basdich: 16 llinell, a gwall (neu wallau) yn y rhan fwyaf ohonynt. Mae'n destunol.

Dosbarth 3

Blas: Cyfres o gerddi am effeithiau difrod dyn ar ein byd. Mae'r canu'n delynegol, ond weithiau'n chwithig, ac yn aml iawn yn ofnadwy o ansoddeiriog. Yn 'Corwynt Lorenzo', er enghraifft, mae angen procio'r dychymyg yn fwy cynnil yn hytrach na phentyrru ansoddeiriau. Ceir rhai cerddi mwy addawol tua diwedd y casgliad a hoffais 'Miwsig y Berllan' er gwaethaf ambell lithriad ieithyddol.

Gwdihŵ: Hanesyn digon difyr am wraig o Loegr yn penderfynu ymweld â'r Eisteddfod yn Llanrwst. Mae'r hanes yn codi hiraeth! Ai rhywbeth yn y genynnau yw'r diddordeb gwresog hwn yn y Gymraeg yw'r cwestiwn y mae'n ei ofyn iddi ei hun. Prin yw'r farddoniaeth, a chredaf y byddai'n gweithio'n well fel stori fer. Ond mae rhywbeth dyrchafol yn awydd yr awdur i'w throchi ei hun yn iaith a diwylliant ein gwlad.

Mab Mabon: Cyfres o naw 'Cân', nifer ohonynt yn olrhain cyfnodau yn hanes ein planed. Yn anffodus, nid yw safon yr iaith yn ddigon da i gystadleuaeth fel hon. Rhyddiaith yn hytrach na barddoniaeth yw llawer o'r penillion. Serch hynny, mae'r awdur yn trafod themâu pwysig, gan gynnwys newid hinsawdd, a cheir rhai delweddau creadigol fel 'Mae'r gaeaf mewn cot wen wedi gwneud ei waith yn labordy'r ardd'.

Nwy yn y Nen: Cerdd yn trafod newid hinsawdd a chynhesu byd-eang. Manylir ar y dinistr a grea dyn ar y gwelyau cwrel, y fforestydd glaw, y pegynau, ac ar wahanol rywogaethau. Mae'r iaith yn lân, ond y dweud yn chwithig weithiau: 'Marw don y mamal mawr / a diflanedig ei gynffon.' Ceir ambell ddelwedd amhriodol hefyd: 'Atseinia crac yn yr Arctic / a difera'r rhew / fel lolipop yn yr haul.' Methais â gweld llawer o farddoniaeth yn y gwaith, er bod rhai pethau gloyw fel 'Mud deunod Mai / a di-gân ei glychau.' Ond does dim amau consýrn yr awdur am y blaned. Mae'n destun pwysig – felly diolch am ei gyflwyno.

Aran: 'Cyfres o gerddi wedi eu seilio ar wyliau haf yn Sir Benfro' meddir o dan y teitl, a buan y daw'r geiriau 'suddo i wres / cwmpasog y Preseli', sy'n gosod y gerdd o fewn ffiniau'r testun, er nad wyf yn siŵr beth yw 'gwres cwmpasog'. Rhestrir atgofion am y llesâd a geir ar wyliau glan môr, ac yn sicr mae serch ac alcohol yn ychwanegu at y gwres. Nid oes fawr o wreiddioldeb, er bod ambell fflach a hoffais, fel 'oriel dirgelwch y bryniau' am y Preseli. Rhaid cymeradwyo'r asbri ond, yn anffodus, mae'r brwdfrydedd yn aml yn swnio'n absẃrd, ac mae rhannau diystyr fel 'gan awchus o'r blasusau / am y danteithion lleol'.

Dosbarth 2.2

Cwmgarw: Hanes paffiwr ffeiriau a thyddynnwr a droes yn bennaf arwr Helyntion Beca. Mae'r iaith yn rymus a hudolus ar brydiau, ond stori ar ffurf rhyddiaith sydd yma ar y cyfan (e.e. 'Câi hynny ei drefnu yn y sgubor gyda'r nos'). Gweithiai'n well fel ysgrif neu stori, neu faled mewn mydr ac odl. Mae'r arwr yn un sy'n ymhyfrydu yn ei fro ac ym myd natur, ac yn gweithio'n galed i wella'i fyd ond bod 'amgylchiadau'n bygwth tagu / pob ysfa i orchfygu'. Ceir ciplun o gyfnod mewn hanes – yn arferion gwerin fel codi tŷ unnos yn ogystal ag yn frwydr wresog am gyfiawnder.

Ceibo gered: Casgliad o gerddi, nifer ohonynt yn coffáu digwyddiadau a mudiadau arwyddocaol ein hanes, fel yr Eisteddfod Genedlaethol, Cilmeri, Anghydffurfiaeth. Mae'r gerdd gyntaf hudolus yn gosod y gwaith o fewn i gyd-destun 'Gwres'. Ceir rhai darluniau pwerus er bod gorymdrech weithiau i swnio'n farddonol, ynghyd â rhai llinellau annaturiol fel 'carthen gynnes i oeri gwres y dydd'. Y gerdd i Meic Stevens yw'r gryfaf a llwyddir ynddi i greu awyrgylch a hiraeth. Yn anffodus, ceir darnau hir o ryddiaith yn rhai o'r cerddi ac er bod yr iaith yn rymus ar y cyfan, mae angen cywiro ambell lithriad.

Aquila: Cerddi am gyflafan Lidice lle llofruddiwyd trigolion pentref cyfan gan yr Almaenwyr yn 1941. Er bod nifer o wallau, ynghyd â gorbentyrru delweddau yn rhai o'r cerddi – a'r rheiny'n ddelweddau amhriodol ar adegau – mae *Aquila* yn llwyddo i gyfleu aruthredd annynol y gyflafan hon. Y cerddi mwyaf effeithiol yw'r rhai mwy cynnil, tynerach, ac mae 'Josef' a'r ddwy gerdd olaf yn dra effeithiol.

Glasffrwd: Casgliad o wyth o gerddi'n trafod effeithiau dinistriol dyn ar ein planed. Rhagwelir trychinebau'r dyfodol wrth i'r hinsawdd newid 'gyda'r gwres' a cheir darluniau byw o eithafion tywydd gydag ymadroddion trawiadol fel 'a'r tafodau tân yn rhannu'r newyddion / â'r holl goedwig'. Nid yw'r cerddi i gyd yn cyrraedd y safon uchaf a cheir llinellau heb fawr o farddoniaeth ynddynt. Y ddwy gerdd orau, o bosib, yw 'Mynd gyda'r llif' a 'Bu dyn yma'.

Cuawg: Mae hanes Claf Abercuawg a'r cogau ymhleth yn y gerdd hon am sgwrs â mam sy'n glaf yn yr ysbyty. Mae'n drueni bod chwithdod y cystrawennu neu'r atalnodi weithiau'n cymylu'r ystyr, e.e.

> rhannu clecs
> am nythod a'u mwstwr a gwefr
> ei gyfnos cyn gwalo oedd llygadu
> pefriad a chlywed llifeiriant ...

Ond ceir llawer o linellau hyfryd, ac ysgytiol weithiau, fel 'yn nannedd y gwynt / clywed, pwy a wyr [*sic*], un o'i blantos / yn crio o bydew ei galon'. Rhaid edmygu dychymyg a gwybodaeth fanwl y bardd am natur wrth iddo ailfrodio'r chwedl a'i chyflwyno fel molawd i'r fam a'i trwythodd yn chwedloniaeth a diarhebion ein hiaith. Ond mae tuedd i ymroi i fwy o athronyddu nag o farddoni a chyflwyno pregeth weithiau yn hytrach na cherdd.

Milwr bychan: Casgliad o gerddi – cyfres, efallai – o ddarluniau o wahanol gyfnodau ym mywyd unigolyn, e.e. diwrnod cyntaf yn y gwaith, damwain ddiwydiannol, cwrdd â chariad, ymrestru yn y fyddin, cael ei glwyfo a dychwelyd adref. Mae rhannau da, ond mae cymysgu delweddau'n peri dryswch ac anodd yw dilyn trywydd rhai o'r cerddi. Ceir llinellau anghynnil weithiau, e.e. gwell fyddai hepgor 'Llithrodd Dai i bair berwedig' wrth sôn am amlosgiad a gadael i'r ddelwedd effeithiol 'Ond sgleintia carreg ei gân ar draws llyn atgofion' ddweud y stori am ffrind bore oes a gollwyd. Serch hynny, cawn linellau trawiadol o frathog ('ei fwstásh mor gwta â'i groeso') ac yn 'Yr haul' mae gwrthgyferbynnu effeithiol rhwng yr atgof am gwmni cariad yn haul Ynys y Barri a realiti'r frwydr ysol: 'Cusana awel y dec yn ofer.'

Phoebus Unllygeidiog: Cân serch estynedig i ferch a fu'n mynd a dod ym mywyd y bardd, ychydig fel Rhiannon gynt yn hanes Pwyll. Ceir ymdrech i greu darlun o ferch rithiol bron, sy'n mynd a dod dros ffin. Yn y diwedd ciliodd dros ffin derfynol, gan oeri egni ac asbri'r bardd. Mae'r ddau yn siarad ieithoedd gwahanol, ond mae iaith 'sy'n llefaru heb eiriau' rhyngddynt, ac mae 'iaith y gwres yn pelydru o'th lygaid'. Ceir ymgais lew i greu awyrgylch dros nifer helaeth o linellau, ond rwy'n ofni nad oes digon o ddeunydd i gynnal cerdd mor hir, bod rhannau o'r gerdd yn ystrydebol ac, er bod ymgais i ddatblygu, bod adrannau ailadroddus. Ond rwy'n siŵr bod deunydd telynegion hudolus yma.

Dosbarth 2.1

Melpomene: Cyfres o gerddi di-deitl sy'n ymgodymu â cholled a dadrithiad. Er bod peth o'r dweud yn rhyddieithol, a bod gormod o gwestiynau rhethregol i'm chwaeth i, does dim amau dawn y bardd hwn i greu delweddau gafaelgar. Meddai am eglwys wag: 'Y gostrel hon o absenoldeb ...' A rhoddir mynegiant trawiadol i rym teimladau yn rhai o'r cerddi gorau:

> Cliria nhw ymaith,
> y geiriau, yr ysgrythurau,
> yr holl gredoau gau.
>
> Ymaith â nhw ...
>
> Sgwria nhw ymaith ...

Ceir llinellau sy'n mynegi galar a hiraeth yn dra effeithiol, e.e. yn y gerdd sensitif am ymddangosiad rhith un a gollwyd, a'r gerdd sy'n mynegi anallu i fynegi cariad – croes drom i'w chario. Diolch am nifer o gerddi sy'n cyffwrdd â'r galon a'r deall.

Coch yr hwyr: Mwynheais ddarllen y gyfres hon o gerddi atgofus am fywyd gwledig. Dotiais at rai o'r delweddau cysurlon yn y gerdd 'allt': 'Ac ynddi mae cysur, / yn ffedog y ffridd, ym mrwyn ei gwallt, / yn sgert ei chysgodion' sy'n dwyn i gof goflaid mam – a 'daw iachâd o gael bod ynddi'. Yn sicr mae bardd yma. Wrth wrando ar y plant yn chwarae gwneud te yn y 'Sied wair', 'yfaf innau eu llawenydd.' Er y mân lithriadau, mae 'Cymdogion' yn creu darlun hudolus o'r adar bach yn gwneud nyth, ac mae'r llinell glo'n afaelgar: cwymp y cywion 'â'u hadenydd heb hawlio'r un awel'. Gwylier y manion iaith, e.e. 'Fynnu fri', 'na fin'.

Lotws: Braf oedd cael darllen cyfres o gerddi am ferched. Yn fras, mae'r cynllun yn gronolegol: cerdd am eni merch fach, 'yn wreichionen fyw';

yna cerddi am dreisio dwy fach saith oed yn India; trychineb merch ifanc o Hanoi; afradlonedd gwisgoedd priodas; 'rhyddid' merched heddiw nad yw'n rhyddid o gwbl i laweroedd; colli mam; a cherdd i fynnu lle yn ein llên i neiniau, gan sôn am nain ryfygus sy'n mynnu byw i'r eithaf! Er bod darnau rhyddieithol, mae rhai cerddi pwerus yma. Mae ambell un yn anodd ei darllen oherwydd y testun anghyfforddus. Weithiau mae cynildeb yn arf pwysig; dro arall mae hi'n bwysig anesmwytho. Mae ambell lithriad prin, fel 'Onid yw'n iawn i neiniau rhempio ...' ac mae mannau gwan mewn rhai cerddi sy'n dda fel arall; er enghraifft, byddwn yn awgrymu ailedrych ar ddiweddglo 'Merch sengl (yn Seland Newydd)'. Mae diwedd effeithiol mor bwysig.

Claude: Myfyrdodau artist ar sail gwyliau ar y Cyfandir, ychydig cyn Brexit. Mae llithriadau orgraff yn amharu o'r gair cyntaf ar y darlleniad ('Rwyn' yn lle 'Rwy'n'), ac mae'n anodd deall sut na allai'r bardd fod wedi cywiro'r rhain cyn cyflwyno'r gwaith. Ond yn sicr mae yma fardd. Cerddi athronyddol a myfyriol a gawn ganddo, ond ar yr un pryd mae'n ymhyfrydu yn y synhwyrau. Rhoddir mynegiant hynod o fyw i'r synhwyrau hynny, i raddau oherwydd bod dwy gelfyddyd – y gweledol a'r geiriol – yn cyd-fyw yma, e.e. yn 'Mont St Victoire' lle mae'r mynydd yn gwrthod bod yn fynydd: 'fe'i gwelaf nawr drwy lygaid eraill, ei greigiau cringoch yn dawdd o hufen iâ, yn lyfiadau o las a phinc cyn rhewi a chrisialu dros gynfas fy nychymyg.' Hyfryd yw symud o fyd cyfarwydd rhai o gerddi'r gystadleuaeth ac anwesu'r dimensiwn Ewropeaidd mewn cerddi sy'n dathlu cyfoeth artistig ein cyfandir. Mae paentio yn ganolog i'r cerddi, a'r gerdd 'Cae o Ŷd' yn awgrymu bod naws bywyd yn gallu newid wrth i lun gael ei baentio. Mae'r artist yn fath o dduw, sy'n gallu rheoli taith bywyd drwy baentio. Byddai *Claude* yn y Dosbarth Cyntaf oni bai am y llithriadau iaith niferus.

Dosbarth 1

Milddail: Cyfres o gerddi am chwalfa feddyliol cyn-filwr sy'n cynnwys darnau pwerus ac effeithiol. Yn fras iawn, mae'r cerddi'n dilyn ei salwch o'r cyfnod o dywyllwch a hunllefau, a'r adegau pan fo'n dyheu am i farwolaeth ei waredu. Yn araf iawn, iawn daw adferiad, rhannol o leiaf. Symudwn ymlaen 'heibio'r caeau llaith, ymosodol o wyrdd' wedi'r atgofion plagus am grindir yr anialwch. Dyma fardd sy'n gallu creu delweddau trawiadol, e.e. wrth sôn am obaith y dyfodol: 'Drws crwca yw'r gorwel o hyd / yn aros chwa sydyn i'w agor.' Mae cryn dipyn o seicoleg ac athronyddu yma. Yr hyn sy'n aros wedi hunllef y chwalfa yw 'rhyw nerth a'n tyn tua'r gorwel', er gwaethaf yr ymwybyddiaeth o '(c)gabledd y pydru / nad yw'n cilio'. Erbyn y gerdd 'Bod', mae'r dioddefwr yn derbyn mai'r unig awydd yw 'bod / ac felly lewyrchu ennyd / tra bo'r rhod yn troi'. Dyna'n tynged, neu dyna'r gorau y gallwn ei ddisgwyl. Mae sawl haen o ymwybod yn y cerddi, ac ymgodymu o ddifrif ag effaith profiadau erchyll ar y meddwl.

Awst: Dilyniant o gerddi am wyliau teuluol sydd yma, gyda'r gerdd gyntaf yn gosod y cyd-destun: mae'r teulu bach yn mynd i'r gorllewin, i henfro'r rhieni, a bydd y gwyliau'n creu treftadaeth ac yn llunio chwedloniaeth i'w mab bychan – 'dyma fabinogi dy haf'. Ceir cerddi i fannau arwyddocaol gan gynnwys Dolau Cothi, Cwm Alltcafan, Portmeirion ac adfeilion hen blasty a fu'n gartref i'r teulu.

Mae'r bardd yn feistr ar greu awyrgylch a deffro'r synhwyrau: 'Mae'r llyn fel un llygad mawr llonydd / sy'n syllu'n syfrdan ar yr awyr las / rhwng amrannau o lili melyn.' Mae pob cerdd, pob ymweliad, â'i g/wefr ei hun. Cysylltiad y cenedlaethau sy'n bwysig ynddynt, ac yn enwedig y cysylltiad teuluol. Cawn ein rhyfeddu gan linell unigol yn aml, neu ymadrodd gogleisiol: mae'r 'cloddiau'n drwm gan sôn', 'y ffordd yw'n cyfarwydd ni rŵan', 'mae'r rhesaid teidiau'n ymlwybro / ar ein holau'n anweledig'. Gleiniau bychain o gerddi disglair a gawn gan y bardd hwn, ac mae'r diweddglo'n un teilwng a chynnes sy'n crynhoi awydd y rhieni i roi 'pen llinyn pob stori / rhwng bysedd y bychan / i'w gweu'n gôt fraith gynnes at eto'.

Gwydion: Cerdd hir gyda chyfeiriad o dan y teitl at 'Kat Godeu (Cad y Coed), Llyfr Taliesin', ac at 'Menywod', Waldo Williams. Mabinogi bachgen ifanc a geir yma, sy'n 'diystyru gwres yr ysfa' i dyfu'n berson cyflawn, i gwblhau ei gerdd, i orffen ei ddarn o gelfyddyd, ac i ddiogelu ei wlad rhag anrhaith estroniaid. Cawn gip ar wayw llencyndod yr un llwfr, di-feind sy'n anwybyddu digwyddiadau mawr bywyd, ac, yn benodol, yn bradychu ei Ddyfed baradwysaidd trwy eistedd yn ôl wrth i'r llifeiriant o fewnfudwyr ei handwyo. Defnyddir helygen ar fin llyn yn ddelwedd am her bywyd, ond yn ogystal â hynny plethir cymeriadau'r Pedair Cainc a'r Hengerdd i'r hanes. Mae'r gerdd felly'n un amlhaenog a chyfoethog ei chyfeiriadaeth. Ceir cyffyrddiadau hyfryd, e.e. 'ŵyn, newydd adnabod gwanwyn, / yn ffaelu credu hyfryted eu ffawd'. A llinellau o wers rydd hudolus eu rhythmau, fel petai sigl a swae canghennau'r helygen yn ein suo. Nes daw rhyw doriad annisgwyl a braidd yn afresymegol, fel pan wahenir ansoddair ac enw: 'syllai'r crwt drwy lesni / pletiog y dail'; 'mynnai afiaith / chwaon iddi hoywi fel ffidil / ffair'; 'cyffroi dan dwtsh blaen / bysedd'. Serch hynny, mae amrywio effeithiol ar y wers rydd weithiau. Mae diben i'r hollti llinellau a'r rhythmau stacato ar dudalen 10, ac mae'r adleisio ar yr Hengerdd ac ar benillion telyn yn gyrru ias i lawr y cefn:

> Oer yw haul pob machlud,
> Oered â llygaid llofrudd;
> Oered â chof wedi'i golli;
> Oer fel dimbydwch bodoli;
> Oerfel gwlad heb ei hyfory.

Wedi'r difaterwch hir, daw'r llanc at ei goed a derbyn yr her i fentro, i gyflawni ei addewid: 'adnabu'r crwt wres y mynd amdani.' Mae'r gerdd yn gorffen yn obeithiol, gyda phenderfyniad Cymru i oroesi. Cwblheir y darlun, a'r gerdd. Ydy'r diwedd yn naïf o daclus?

Haf Bach Mihangel: Casgliad o gerddi a'r gwres ynddynt yn wres cariad neu'n wres afiaith bywyd: 'Dangosa gyffro / gwres yr haul ar gae o fwd' yw deisyfiad y bardd yn y gerdd 'Gweddi'. Mae'r gwaith yn ddarllenadwy dros ben a nifer o'r cerddi yn ymateb i fyd mewn gwewyr. Cafodd y bardd hwn gyfle, cyn anfon ei gerddi i'r Eisteddfod erbyn dechrau Ebrill 2020, i gofnodi rhai darluniau o ddyddiau cynnar y pandemig. Yn 'Cyfarfod' gwelir y sgwariau Zoomaidd y daethom mor gyfarwydd â nhw, mae'r 'stryd wag yn Siena' yn ddarlun a gofiwn o fis Mawrth 2020, ac mae 'Y bobl dawel' yn cofnodi'r cymeradwyo i weithwyr gofal. Tybed a yw'r ychydig o olion brys ar rai o'r cerddi yn ganlyniad i ruthro munud olaf? Byddai un darlleniad terfynol wedi bod yn llesol.

Mae'r casgliad ychydig yn anwastad, ond yn cynnwys rhai o gerddi hyfrytaf y gystadleuaeth. Dyma fardd sy'n gwybod sut i ganu'n gynnil: ' ... yn ystafell fach Mihangel / gallech glywed blewyn gwyn yn cwympo' meddai yn 'Cariad', cerdd am gwpl oedrannus sy'n dal yn glyd yn eu cariad. Ac am ei fam, 'Byddai'n arllwys iaith fy holl neiniau / i fudandod cwpan bach.' Oes, mae yma emau – ac rwy'n mawr obeithio y bydd y gerdd hoffus, 'Mwd', yn cael ei rhoi ar y maes llafur TGAU rywdro, er mwyn denu'r bechgyn a'r merched rygbi at farddoniaeth! Gwerthfawrogais hefyd y delyneg serch hyfryd mewn mydr ac odl, ynghyd â'r gerdd olaf, 'Cyn cysgu', lle mae'r athronydd yn y bardd yn gweld ysgrifennu creadigol fel ffordd o unioni byd.

Kairos: Gwelodd *Kairos* ei gyfle ar ddechrau'r pandemig ym Mawrth 2020 i greu casgliad o gerddi byr am brofiadau'r Clo Mawr, pan nad oedd neb yn gwybod beth fyddai hyd a lled y clefyd. Iaith bob dydd sydd ganddo, ac mae hynny rywsut yn tanlinellu pa mor bersonol a real y profiadau. Teitl y gerdd gyntaf yw '37.8' – uwchlaw'r ffigwr hwn, wrth gwrs, mae gwres arnoch. Ymhlith y cerddi mae rhai i Dr Li o China, yr anwybyddwyd ei rybuddion; dieithrwch cynnar y Cloi, pan oedd pob diwrnod yr un fath â'i gilydd; profiadau siopa gwahanol; yr ymbellhau a grëodd rywfodd gynhesrwydd rhwng pobl; y sgwrsio ar draws stryd; grym hollbwerus y pla a groesai bob ffin ac a fu'n drech hyd yn oed na'r 'Snowflake' ei hun, Donald Trump, nad oedd dim i fod i fennu arno; yr ysfa i ddianc o'r tŷ; y canu 'Pen-blwydd Hapus' wrth olchi dwylo. Mae'r cyfan yn rhwydd eithriadol i'w ddarllen, ond yn ogleisiol hefyd, ac mae hiwmor yn ysgafnhau difrifoldeb y cyfan, e.e. 'Roedd hi fel Ffair Borth ar steroids / yn Asda 'na pnawn 'ma.' Ac mae'r testun yn golygu bod undod boddhaus i'r casgliad.

Yn ei frys i orffen y cerddi mewn pryd, gadawodd y bardd i ambell lithriad ddianc heibio'i lygaid. Ond rwy'n gobeithio y cyhoeddir y cerddi hyn maes o law gan y byddant yn gofnod diddorol o gyfnod gwahanol iawn yn ein hanes. Ar ben hynny, mae eu darllen yn donic!

Dyn bach gwyrdd: 'Gwres: Dyddlyfr ar y blaned Mawrth'. Ffantasi ar ffurf 22 o gerddi sy'n dychmygu myfyrdodau gofodwr ar faterion mawr ein byw a'n bod. Mae'n gasgliad tra meddylgar ond mae'r dweud yn agos atoch, a'r gofodwr fel petai'n sgwrsio'n naturiol â'r darllenydd, ag ef ei hun, â'i gariad. Ffantasi, meddwn; felly dyw'r bardd ddim yn trafferthu â manylion sut y byddai'r gofodwr yn goroesi ar blaned mor oer â Mawrth. Wyddom ni ddim chwaith pam yn union y daeth yno, dim ond bod awgrym yn y 'gwyliaf y ddaear yn llosgi o bell' mai dianc rhag diwedd y byd a wnaeth. Onid gwylio'r ddaear yn llosgi yr ydym bob un? Dyma'r 'gwres' sy'n testunoli'r cerddi.

Serch hynny, ni allwn ond teimlo bod pob un o'r cerddi'n tanlinellu'r cysylltiad â'r ddaear, â bywyd ar y ddaear, â chyfuchlinau ein byw a'n bod. Yn ei unigrwydd, mae'r bardd yn codi sgwrs 'â phethau dienaid ac yn canfod / eu bod yn wrandawyr gyda'r gora'. Mae harddwch y machlud glas yn cael ei gysylltu â 'hen foi yn dre erstalwm', ac mae'r broses o dorri'i wallt ei hun yn ein hatgoffa am ein hymdrechion ninnau yn ystod y Clo Mawr. Mae'n ceisio cyfri 'faint gym'rai hi i tithau hwylio yma / tasat ti'n cychwyn y funud 'ma?' ac, wrth wneud, yn myfyrio ar y berthynas rhwng gofod ac amser. Yn 'Pareidolia' mae'n 'mynnu gweld / dy long yn cyrraedd o ddyfnder gofod'. Mae'r awydd i gysylltu a chyfathrebu yn gryf – wel, 'mi fûm am gyfnod yn fardd o Gymro', wedi'r cwbl – ac yn ogystal â'r hiraeth am fodau dynol, mae'n dyfalu tybed 'pa fodau / glyw fy signalau / yng nghyrion eitha'r bydysawd?'

Mae ystyr bywyd yn un thema. Meddai ar ddiwedd 'Cenwch im yr hen ganiadau':

> i be mae emynau'n da ond eu taflu i'r düwch?
> Eto, fe'u moriaf
> rhag gofyn yr un cwestiynau
> amdanaf fy hun.

Beth sy'n ein gwneud yr hyn ydym? Ai ni fyddem ni dan amgylchiadau gwahanol? Yn 'Chiaroscuro' myfyria ar sut y mae gwahanol gyfnodau'n gweld yr un pethau mewn ffyrdd gwahanol. Ac yn 'Noctis Labirinthus' gwêl sut y gall ailadrodd celwydd yn ddigon aml ei wneud yn gredadwy. A'i neges ar y diwedd, wrth dderbyn y bydd yn darfod, yw mai 'ni sy pia sut i sgleinio'.

Mae'r cerddi hyn yn sicr yn sgleinio, ac yn ymgiprys am y Goron eleni.

Samiwel: Dotiais at y casgliad hwn o gerddi o'r dechrau, a dod i dderbyn mai gwres cariad, gwres byw a mynnu byw, gwres ffydd, efallai, oedd yma, er na nodir hynny yn unman. Dyma fardd sy'n gwybod ei bethau, yn gwybod sut i brocio'r deall a'r teimlad. Yn 'ceisio' mae'n chwilio ac yn ceisio dal rhywbeth, neu rywun, sydd bob amser yn dianc o'i gyrraedd. Synhwyrir chwalfa, galar efallai ar ôl un a gollwyd. Ond mae'r cyfan mor gynnil fel bod y gerdd yn agored i nifer o ddeongliadau, ac mae hynny'n wir am nifer o'r cerddi eraill, ac yn gryfder ynddynt. Mae'n bosibl mai cerddi crefyddol yw rhai o'r rhain, ac mai 'Duw', neu ystyr bywyd, yw'r hyn a gollwyd ac a geisir. Daw teitlau nifer o'r cerddi o fyd crefydd neu gyfundrefnau crefydd: 'gras', 'puro', 'adnod', 'cymun', 'cyhoeddiadau', 'penlinio', 'purdan', 'llond pob lle', 'dameg'

Yn yr ail gerdd mae yna rith-ymwelydd. Cymar a gollwyd? Neu a yw'r cymar eto yn ddelwedd? Mae'r bardd wedi gorfod 'dysgu byw' efo'r ymweliadau achlysurol. Synhwyrwn chwalfa o ryw fath yn 'adnod' a byd yn 'malu'n deilchion ... a 'ngadael i chwilio / am y tegins yn y bore'. Rhaid dygymod â'r gwacter yn 'gras', wrth i fywyd fynd rhagddo, a 'Llwybr y Pererinion yn fôr o wynebau sy'n dal i fynd, yn dal i fynd fel sŵn tonnau ar raean'. Clywch sŵn y tonnau wrth ddarllen y geiriau. Mae'r darlun o rywun a gollwyd fel petai'n eglurach yn 'gwybod', cerdd a fyddai'n cyffwrdd â'r galon galetaf.

Down wedyn at gerddi fel 'iawn' a 'nabod' sy'n cynnwys teulu ehangach yn y darluniau, yn ehangu cylch y cariad, a'r gerdd 'cyhoeddiadau' sy'n gweld y 'tlysni mewn pobol', ac yn nheulu'r ffydd yn benodol.

Un o'r cerddi cryfaf ei hemosiwn yw 'eiliad', y gerdd olaf, lle mae'r bardd yn erfyn am i'r un sydd ar fin ei adael roi mynegiant i'r hyn a fu rhyngddynt, cyn iddi fynd yn rhy hwyr. Mae hon yn anogaeth inni i gyd: 'Paid â mynd. Paid â mynd heb ddweud dim. / Paid cadw'n dawel am y murmuron a'r eiliad cymryd gwynt / ac iaith tawelwch sy'n llithro i'r distawrwydd tu draw.'

Aiff gwreiddioldeb y delweddau â'n gwynt weithiau: 'yn gŵn du efo bariau giatiau yn sgyrnygu yn eu cegau nhw' meddai yn 'gras'; ac yn 'gwybod', 'deffro / a thithau'n gwisgo'r dydd amdanaf a galw'r brain i nythu yn fy ngwallt.' Ond er afradlonedd rhai o'r darluniau, mae *Samiwel* yn ofalus o gynnil wrth fynegi dwyster teimladau a does dim arlliw o sentimentaleiddiwch yn y cerddi. Mae'n cystadlu'n gryf am Goron Tregaron.

Ar y brig mae *Kairos, Dyn bach gwyrdd* a *Samiwel*, ac maent yn sicr yn haeddu Coron genedlaethol. I mi, ar ôl sawl darlleniad, roedd hi'n gystadleuaeth rhwng *Dyn bach gwyrdd* a *Samiwel* a bues yn pendilio rhyngddynt. Yn y diwedd, roedd angerdd cerddi *Samiwel* yn drech na deallusrwydd pryfoclyd *Dyn bach gwyrdd*, ac rwyf felly'n gwbl gytûn â'm cyd-feirniaid mai *Samiwel* biau Coron Eisteddfod Ceredigion 2022.

BEIRNIADAETH GERWYN WILIAMS

Afraid dweud nad yr un mo'r byd y cyfansoddwyd y cerddi hyn ynddo yn ystod y naw mis rhwng 29 Mehefin 2019 – dyddiad cyhoeddi Eisteddfod Ceredigon a lansio ei *Rhestr Testunau* – ac 1 Ebrill 2020 – dyddiad cau'r gystadleuaeth hon – a'r byd sydd ohoni bellach. Bron nad ofnwn, felly, y byddai'r amlen hirddisgwyliedig o Swyddfa'r Eisteddfod yn bochio ag epistolau o'r cynfyd. Ond er ei bod hi'n ddwy flynedd yn hwyrach na'r disgwyl arnaf yn cael mynd at y cyfansoddiadau hyn, buan y sylweddolais gydag i mi agor yr amlen a dechrau bodio drwy ei chynnwys nad oedd disgwyliadau dyn wedi dyddio. Hynny yw, chwilio yr oeddwn ymhlith y cyfanswm o 24 pryddest (P) neu gasgliad o gerddi (C) a ddaeth i law – 8 pryddest ac 16 casgliad – am sicrwydd crefft a thechneg, saernïo cadarn, dweud celfydd a hoeliai sylw, defnydd meddylgar o iaith, ôl meddwl dychmygus a delweddol, ymgeisydd a'm perswadiai fod ganddo lais gwerth gwrando arno a rhywbeth gwerth chweil i'w ddweud. O osod testun penodol fel 'Gwres', roeddwn hefyd yn chwilfrydig i wybod sut yr aed ati i'w ddehongli.

Dyma'r pedwerydd tro i mi brofi'r fraint o feirniadu'r gystadleuaeth arbennig hon, ac mi ddywedwn mai digon cyffredin oedd ei hansawdd at ei gilydd y tro hwn gyda nifer helaeth o gerddi diddrwg didda yn clystyru at ei chanol. Ond at y brig ac yn y Dosbarth Cyntaf – fy nosbarth teilyngdod – bu'n gystadleuaeth safonol a'm plesiodd yn arw.

Dosbarth 3

Gareth y Basdich (P): Ai teg galw pedwar pennill pedair llinell yr un ar fydr ac odl, h.y. cyfanswm o 16 llinell, yn bryddest? Ceir ganddo awgrym o destun addawol sef y tanau a anrheithiodd ardaloedd yn Awstralia rhwng Rhagfyr a Ionawr 2019-20, ond ni fedda eto ar yr adnoddau ieithyddol na chreadigol i wireddu ei uchelgais greadigol.

Gwdihŵ (P): Syniad diddorol, sef hanes arhosiad gwraig a mam sy'n byw yn Lloegr ym Mhrifwyl Sir Conwy yn 2019. Darlunia'r bryddest ymgais i ymgysylltu'n ddiwylliannol. Fe'i cefais yn ddigon gwastad a digyffro fel cerdd, ond tybed nad oes ynddi ddeunydd addawol ar gyfer ysgrif yn archwilio thema hunaniaeth a pherthyn?

Blas (C): Pryder am hynt y blaned a gorgynhesu byd-eang yw testun cerddi amserol *Blas*. Cyfathreba'n ddigon rhwydd ac eglur, ond gall arthio braidd yn ddiawen a digyffro. Un cywir ei gymhellion, felly, ond gwastad ei fynegiant.

Ceibo gered (C): Cerddi cymysg am yr etifeddiaeth Anghydffurfiol, cerddi teyrnged, clod i'r Eisteddfod a Iolo Morganwg. Llac, haniaethol a phrosäig yw'r mynegiant i'm chwaeth i, e.e. 'Bregus fu ein hunaniaeth wleidyddol / rhwng Cilmeri ein Llyw Olaf yn un dau wyth dau / a dryllio'r argae yng Nghaerfyrddin'. Mae angen tynhau'r dweud, ac efallai'n arwyddocaol, 'Yr Eiliad' yw ei gerdd fwyaf llwyddiannus sef un o rai byrraf y casgliad. At hynny, methais â chanfod llinyn cyswllt rhwng y cerddi na dyfais amlwg i'w gweu ynghyd fel casgliad.

Nwy yn y Nen (P): Rant yn erbyn cynhesu byd-eang, difrod i'r blaned a rhan feius dyn yn hyn oll – er y gwelir rhyw obaith at ran ola'r gerdd mewn ynni adnewyddadwy. Nid oes wadu ei chynnwys amserol ond er bod ynddi rai darnau delweddol digon effeithiol, ofnaf i mi laru ar hefru a blagardio'r gerdd ymhell cyn ei diwedd.

Milddail (C): Cyfres o gerddi bogailsyllol na lwyddais i weld fawr o ddatblygiad ynddynt o'u dechrau i'w diwedd. Tipyn o ferddwr teimladol a brofir, felly – rhyw deimlad o droi yn yr unfan heb ddringo i unrhyw uchelfannau a'm cyffrôdd fel darllenydd. Cerddi mwll a'u hawyrgylch yn llethol o felancolaidd.

Cuawg (P): Pryddest sy'n gwneud defnydd o ddyfais ryngdestunol drwy sefydlu perthynas rhwng 'Claf Abercuawg' – y truan a bortreadir mor gofiadwy yn ein barddoniaeth fore, yn ogystal â rhai o'r cerddi englynol eraill a gasglwyd ynghyd yn *Canu Llywarch Hen* – gyda chymeriad nain mewn cartref gofal y cysyllta ei phlentyn â hi drwy Facetime. 'Hon yw oes y cwarantin a'r cwestiynu,' dywedir, ac ymdrechir i leoli dioddefaint y pandemig diweddar o fewn cyd-destun oesol. Ond er bod y cysyniad yn un diddorol a'r bryddest yn cynnwys rhai cyffyrddiadau llwyddiannus, fe'i cefais yn gerdd wastad na wnaeth fawr o argraff arnaf.

Dosbarth 2

Cwmgarw (P): Pryddest a weddai'n well i deitl fel 'Arwr' am ymosodiadau Twm Carnabwth a Merched Beca yn 1839-43 ar y tollbyrth. Efallai fod y deunydd braidd yn dreuliedig a'r naws rywfaint yn flinedig, ond bu'n werth ei darllen pe na bai ond er mwyn profi'r cyfoeth o dafodiaith Sir Benfro a arferir ynddi.

Aran (C): Cyfres o gerddi a seiliwyd ar wyliau haf yn Sir Benfro, rhai sy'n dathlu serch yn hedonistaidd braf. Cerddi pur gymen eu gwneuthuriad at ei gilydd ond heb lawer iawn o uchafbwyntiau cofiadwy yn eu plith.

Melpomene (P): Egyr yn bur addawol gydag ymweliad â siop lyfrau ail-law ac mae'r bryddest ar ei hyd yn ddigon darllenadwy. Mae'r mynegiant yn 'onestach' ac yn llai ymhonnus na sawl cynnig chwyddedig ei iaith sy'n ymdrechu i greu sŵn barddoniaeth. Marwnad i'r hyn a fu a geir yn y diwedd, cyfeirio'n ôl yn hiraethus at orffennol tybiedig symlach, ac nid yw'r cyswllt â 'Gwres' yn amlwg. Hynny yw, fel yn achos cynifer o gerddi'r gystadleuaeth, teimlwn fod y teitl wedi ei impio ar y bryddest yn hytrach na'i bod wedi ei hysbrydoli ganddo.

Mab Mabon (C): Cyfres o ganeuon, h.y. 'Cân y Dechreuad', 'Cân yr Hynafiaid', ac yn y blaen. Un o'i gryfderau yw'r amrywiaeth fydryddol a nodwedda'r casgliad: gall amrywio hyd ei gerddi a'i linellau er cynnal diddordeb y darllenydd. Gall hefyd greu rhai effeithiau llwyddiannus; byddai wedi bod yn dda wrth fwy o'r sylwgarwch penodol a amlygir gan y cyfeiriad at arogl 'mor gyfoethog â bara brith Nain newydd ei phobi [*sic*]' yn 'Cân y Gwanwyn'. Ond braidd yn ddiffocws a digyswllt yw'r argraff gyffredinol ac mae gwaith cywiro ar y mynegiant, e.e. 'Penlinia gwraig mewn adfeilion ei thŷ' a 'Tyrd yn ôl atom mewn ein hawr o angen'.

Lotws (C): Syniad arall diddorol, sef casgliad o gerddi'n darlunio gwahanol agweddau ar fywydau merched ledled y byd, eu trallod a'u gobaith o India i Fiet-nam, o Seland Newydd i Gymru. Er bod yna gryn le i rymuso'r mynegiant, hoffais yn arbennig y gerdd glo, 'Saith einioes nain' – 'Does gan ein llên ddim lle i neiniau – / ni wyddom hanes gwraig Llywarch Hen' – a'r ysbryd rhempus rhydd sy'n ei nodweddu.

Coch yr hwyr (C): Cyfres o gameos o fywyd gwledig ac amaethyddol, e.e. 'Sied Wair', 'Wyna', 'Mwyara'. O gymharu ag ambell un anaemig ei fynegiant, mae tipyn o haearn yng ngwythi hwn, e.e. 'Te padi yn bisho gwidw yng nghwpan fy llaw'. Gall ei fynegi ei hun drwy gyfrwng amryw ddelweddau diriaethol a chreu darluniau penodol. Ond mae gwaith golygu ar y mynegiant, e.e. 'i un na fin ei gynhesu' neu 'Fynnu fri', a gwallau elfennol o'r fath yn tarfu ar fwynhad darllenydd. Diddorol, serch hynny, os ychydig yn anuchelgeisiol.

Gwydion (P): Bardd a chanddo adnoddau ieithyddol cyfoethog a'r gallu prin yn nhermau'r gystadleuaeth hon i gynnal ei weledigaeth mewn cerdd estynedig. Ymddengys bod elfen hunangofiannol gref iddi, hanes '[c]rwt ar ei brifiant' sy'n llawn hunanamheuon yn ei chael hi'n anodd credu ynddo ef ei hun. Gan dynnu ar drwch o gyfeiriadaeth chwedlonol, mae'n galw yn ei henaint ar ddawn drawsffurfiol fel un Gwydion er mwyn ein cael ni'r Cymry i gredu ynom ein hunain a mynnu annibyniaeth. Gwres gwladgarwch, gwres creadigrwydd, gwres credu – dyna wres y bryddest hon. O ran ei thestun, mae iddi naws bur 'gyfarwydd' a byddwn wedi croesawu un ai dehongliad neu idiom fwy annisgwyl a ffres. Braidd yn rhethregol a hirwyntog yw'r mynegiant ar adegau – byddai'n dda torri ambell adran yn ei blas – ond mae'r arddeliad gwleidyddol sy'n ei gyrru yn esgor mewn mannau ar ymadroddi grymus iawn.

Phoebus Unllygeidiog (P): O ddarllen y ffugenw cyfeiriadol, bron nad oeddwn yn ymbaratoi ar gyfer gweledigaeth ddychanol gan fardd cwsg cyfoes – a byddai wedi bod yn dda wrth gnwd o gerddi o natur felly eleni. Ond yr hyn a gafwyd – o leiaf fel rwyf fi'n ei darllen – yw cerdd o bersbectif cymar yn hiraethu am gariad coll, un a'i taflodd ei hun dan gledrau trên. Wele gerdd amlhaenog sy'n llithro'n gyson rhwng y llythrennol a'r chwedlonol. Ac erbyn gweld, onid ein hymbaratoi ar gyfer hynny a wna'r cyfeiriad clasurol yn y ffugenw ynghyd â'r cyfeiriad at Arberth a'r awgrym o Riannon ledrithiol o ferch yn ogystal â'r cyfeiriadau mytholegol at Ariel a Harlecwin? Mae'r cyfeiriadau hanesyddol at y Sgwâr Coch a'r Brandenburg yn yr adrannau clo yn ychwanegu dimensiwn cyfanfydol at y cymeriad a'r berthynas a ddarlunnir. Efallai fod y gyfeiriadaeth wedi ei gorweithio, ond apeliodd y llais hwn ataf.

Aquila (C): Cyfres o gerddi am ryfel a lladd a Lidice, y pentref bach ger dinas Prag a ddilewyd gan y Natsïaid yn 1942, yn ganolbwynt iddo. Unwaith eto, ni'm hargyhoeddwyd ynghylch testunoldeb y casgliad a synhwyraf mai ymateb i deitl arall a wnaethant yn y lle cyntaf. Ond ar ei orau, gall y bardd hwn ddefnyddio'r iaith yn rymus i greu effeithiau cofiadwy.

Milwr bychan (C): Cynhesais at y gyfres hon o gerddi am brofiadau'r traethydd a'i atgofion, yn ôl a gasglaf, am ei lencyndod ac yna ei gyfnod yn y fyddin yn ystod yr Ail Ryfel Byd. Mae yma lawer i'w ganmol, e.e. manylrwydd y dweud mewn pennill fel hwn: 'Yr awel mor brin â chiosg ffôn / wrth yrru trw Saint-y-brid / hibo wal gerrig wegia fel meddwyn.' Ceir awgrym yn y dyfyniad hwn hefyd o afael yr ymgeisydd ar iaith dafodieithol y de-orllewin. Mae cyfeiriadau at berthynas garwriaethol rhwng dau yn rhedeg fel llinyn arian drwy'r cerddi yn ogystal ag awgrym at y diwedd o ddrwgeffaith rhyfel ar iechyd meddwl dyn. At ei gilydd, llwyddir yma i grynhoi profiadau mewn delweddau diddorol ac er na chynhelir yr un safon ar hyd y casgliad a bod y cyswllt â'r teitl yn bur fregus, cefais gryn foddhad yng nghwmni hwn.

Glasffrwd (C): Bardd eironig, cynnil a sych ei hiwmor y cefais bleser yn ei gwmpeini. Mae'n llawn consýrn am hynt y blaned a chamdriniaeth dyn ohoni, ond ni fynega hyn mewn ffordd bregethwrol 'amlwg'. Yn 'Anthroposcene', gair sy'n arwyddo effaith ddynol ar ecosystemau'r ddaear, mae'n arddangos dyfeisgarwch geiriol wrth gyfeirio at '[b]lasgodyn' yn nofio'r afon. Hoffais ffraethineb 'Mynd gyda'r llif' sy'n agor yn ddatganiadol hyderus, 'Erbyn hyn mae'n gas gen i'r glaw' ond yn cloi mewn modd tafod-yn-y-foch. At ei gilydd, dyma gasgliad o gerddi digon gwreiddiol a chlyfar er bod angen tocio a thynhau rhai ohonyn nhw sy'n ymestyn yn rhy hir.

Claude (C): Casgliad gan artist gweledol a gynhwysodd gopïau o'i luniau ei hun i gyd-fynd â'r cerddi. Mae gwedd ecffrastig i'r rhain, felly, a'r cerddi'n frith o gyfeiriadau at artistiaid fel Monet, Renoir, Kyffin a Van Gogh. A theithio dramor wedi mynd yn beth diarth, roedd hi'n braf cael torheulo'n ddychmygol yng ngolau a gwres cyfandirol de Ffrainc yn rhai o'r cerddi hyn. Roedd hi hefyd yn dda wrth ddelweddu trawiadol y gerdd bros sy'n cyfeirio at 'Arenig' Euros Bowen. Cefais flas hefyd ar 'Trwydded Artistig' sy'n dod ag ymweliad ag amgueddfa Picasso a refferendwm yr Alban ynghyd yn ddireidus o fewn yr un gerdd. Diolch hefyd am y joch o hiwmor hunanddifrïol sy'n nodweddu'r cardiau post sylwgar hyn o gerddi. Ond mae'n rhyfedd gweld un sy'n cymryd celfyddyd o ddifri mor esgeulus â phaent ei eiriau, e.e. y ffurf wallus 'Rwyn' sy'n agor y casgliad, 'disgynodd', '[c]orach', 'am cysgod' yn lle 'a'm cysgod', 'cynwrf', a 'Hiraerth' mewn teitl. Hawdd y gallesid cael gwared o bethau fel hyn sy'n bwrw hyder darllenydd ac yn mennu ar ei bleser drwy olygu'r gwaith a'i brawfddarllen yn fanylach.

Haf Bach Mihangel (C): Gwerthfawrogais wres y cerddi hyn a ddeilliai o'r golygfeydd o fywyd domestig a ddarlunnir ynddyn nhw. Dyma gerddi cynnil a sensitif am blentyndod a henaint a'r cyfan sydd yn y canol rhwng y ddau begwn hynny. Da oedd anwyldeb 'Mam' ac felly hefyd y disgrifiad o'r pâr oedrannus 'yn dal i eistedd ochr yn ochr / fel y ddau fwji oedd ganddynt / ers talwm'. Roedd hi hefyd yn dda wrth y gerdd ar fydr ac odl sy'n dathlu perthynas dau, enghraifft brin o gerdd ar fesur rhydd yn y gystadleuaeth hon. Drwy ddewis a dethol cyfres o olygfeydd dadlennol, cynhaliodd y bardd hwn fy niddordeb ar hyd y casgliad a mwynheais ei gwmni.

Awst (C): Cyfres o gerddi ac ynddyn nhw unoliaeth a dilyniant, rhai sy'n cyfathrebu â'i gilydd. '[G]wres y Gorllewin' a gwyliau'r haf o ddinas Caerdydd yw'r ddyfais sy'n testunoli'r casgliad hwn ac mae pob cerdd unigol, a adroddwyd o bersbectif mam a gwraig, yn gofnod o brofiad neu leoliad yn hanes teulu ifanc o dri. Gwyddwn o'r cychwyn diwastraff ac uniongyrchol fy mod yng nghwmni bardd medrus a phrofiadol a chanddo reolaeth ar y dweud: 'Mis Awst, ac mae sglein y ddinas / yn gafael fel calch llasar.' Mae ffresni anffurfiol yn nodweddu'r mynegiant a dynoliaeth gynnes yn llenwi'r cerddi. Dyfrliwiau yw'r rhain, cerddi tryloyw a naïf eu harddull, a theimlwn weithiau y byddai'n dda wrth ragor o drwch a dyfnder. Wedi dweud hynny, ychwanegir haen o arwyddocâd pellach at y casgliad gan y cyfeiriad yn y gerdd glo at '[w]awr arall. // Y strydoedd a'u llygaid ar gau, / llyfrgelloedd lle nad oes siffrwd, / oerfel dynnai waed o'r gwynt, cloddiau mud, / a chaeau o wellt mud'. Darlun o ddiboblogi cefn gwlad, efallai, ond rhagargoel hefyd o gymdeithas gyfan dan warchae pandemig? Mae'r ddolen gydiol deuluol weithiau'n llacio a thwtsh o flas cerddi llanw ar 'Aur y Byd', er enghraifft, a 'Rheol Gyntaf Cadwraeth Egni'. Ond dyma'n bendifaddau lais gwerth gwrando arno, un taer a thywyllodrus o syml ar adegau a'm swynodd a mynnu fy sylw, sydd am y ffin â'm Dosbarth Cyntaf.

Dosbarth 1

A dyma gyrraedd Dosbarth Teilyngdod. Dyma ddosbarth dethol y tri y teimlwn yn fwyaf cyfforddus a hefyd yn fwyaf cynhyrfus yn eu cwmni'r un pryd. Gallwn ymlacio yng ngŵydd y rhain – bron na allwn gymryd sicrwydd eu crefft yn ganiataol – a chollodd yr un ohonyn nhw'r un cyfle. Roedd gan bob un rywbeth i'w ddweud, ffordd o'i ddweud a'u gosodai ar wahân yn ogystal â'r gallu prin hwnnw ar adegau i'm gwefreiddio.

Dyn bach gwyrdd (C): Dyma ddeallusyn y gystadleuaeth ac fe gafwyd ganddo gasgliad clyfar iawn o gerddi. A'i ddychymyg nid yn drên ond yn roced – a chan fy atgoffa am *Zero Gravity,* Gwyneth Lewis – ehedodd i blaned Mawrth ac oddi yno gofnodi cwrs y byd. Fel Ellis Wynne yn ei *Weledigaethau*, techneg ddieithrio yw honno i 'weled pell yn agos' a sylwebu ar hynt cymdeithas gyda gwrthrychedd miniocach a mewnwelediad ffres. Ac mae'n dal ysbryd ei oes, ei *zeitgeist*, gan fod y pellhau gofodol y cyfeiria ato yn drosiad am y pellhau cymdeithasol a brofodd pob un ohonom yn ystod y ddwy flynedd ddiwethaf. Darlunia mewn ambell gerdd fyd tra chyfarwydd inni:

> Mi fyddwn yn ôl cyn hir,
> daw petha i drefn mewn dim
> mi welwn ein tai a'n swyddfeydd eto
> a phopeth yno fel gadawson ni o.

Enillwyr Prif Wobrau
Eisteddfod Genedlaethol Cymru
Ceredigion 2022

Dyma gyfle i ddod i adnabod
enillwyr gwobrau mawr
yr Eisteddfod

Cyflwynir y Gadair eleni am awdl neu gasgliad o gerddi mewn cynghanedd gyflawn, ar fwy nag un o'r mesurau traddodiadol, hyd at 250 o linellau, ar y testun 'Traeth'. Y beirniaid yw Idris Reynolds, Emyr Lewis a Twm Morys.

Noddir y Gadair gan Gylch Cinio Aberystwyth, a rhoddir y wobr ariannol er cof annwyl am Eluned ac W. Ambrose Bebb, gan eu plant a'u hwyrion.

Rees Thomas, Bow Street, sydd wedi cynllunio a chreu'r Gadair eleni. Yn gyn-athro gwaith coed yn Ysgol Gyfun Penweddig, Aberystwyth, dywed, 'Cefais fy ysbrydoli gan batrymau llif afon Teifi wrth iddi ymdroelli o fryniau Elenydd drwy'r sir ac i'r môr ger Aberteifi. Yn ogystal â chreu Cadair sy'n cymryd ei lle ar lwyfan ein Prifwyl, ro'n i hefyd yn awyddus i greu dodrefnyn sy'n addas ar gyfer y cartref.'

Bu Rees yn gweithio ar y cynllun gyda'i wraig, Mary, a chafodd y ddau gymorth gan un o'i gyn-ddisgyblion, Aled Richards, i blaenio'r pren a thorri'r morteisi. Mae'r Gadair ei hun wedi'i chreu o goedyn derw, ac meddai Rees wrth drafod y cynllun ar ei chefn, 'Rydw i wedi benthyg y syniad o gynnwys y nod cyfrin ac enw Ceredigion yng Nghoelbren y Beirdd o Gylch yr Orsedd yng Nghastell Aberystwyth. Mae'r rhain wedi'u gwneud o bren derw'r gors o Gors Fochno ger y Borth yng ngogledd y sir. Yn ôl arbenigwyr, mae'r gors yn dyddio'n ôl o leiaf bedair mil o flynyddoedd.'

Mae'r barcud coch hefyd yn cael lle amlwg ar gefn y Gadair, ac yn ôl Rees, mae'r ddelwedd yn seiliedig ar baentiad gan ei gyfaill, Wynne Melville Jones. 'Ro'n i am ddathlu llwyddiant ysgubol yr ymgyrch i achub a datblygu'r rhywogaeth, yn arbennig yn yr ardal yng nghanolbarth y sir o amgylch Tregaron, a pherthnasedd yr ymgyrch gadwraeth honno o safbwynt ein brwydr ni heddiw i sicrhau dyfodol ein hiaith.'

Ymateb yr Archdderwydd Myrddin ap Dafydd i'r Gadair

I Rees Thomas
i ddiolch am gelf Cadair Eisteddfod Genedlaethol Ceredigion 2022

Tyfwn, fel afon Teifi – o hanes
Bryniau man ein geni:
Mawn y waun sydd ynom ni.

Wedi'r hesg a brwydr y rhyd, – mi godwn
Yma gyda'r barcud;
Lledwn, aberwn i'r byd.

Daw derw o'n daearau, – o wreiddiau
Daw rhuddin ein geiriau:
Hen enaid ein gŵyl ninnau.

LLŶR GWYN LEWIS
ENILLYDD Y GADAIR

Mae Llŷr Gwyn Lewis yn byw yng Nghaerdydd ac fe'i magwyd yng Nghaernarfon, lle cafodd ei addysg yn Ysgol y Gelli, Ysgol Syr Hugh Owen, ac Ysgol Glanaethwy hefyd. Bu'n astudio yng Nghaerdydd a Rhydychen, ac ar ôl cyfnod fel darlithydd yn Abertawe a Chaerdydd, mae ar fin dod i ddiwedd cyfnod hapus dros ben yn olygydd adnoddau gyda CBAC.

Mae Ceredigion eisoes yn agos at ei galon, gan iddo ennill Cadair yr Urdd am y tro cyntaf yn Llanerchaeron yn 2010 cyn ennill drachefn yn Abertawe yn 2011. Daeth yn ail am Gadair yr Eisteddfod Genedlaethol yn 2017 ac yn drydydd yn 2018. Yn Eisteddfod AmGen 2020 ef oedd enillydd y Stôl Ryddiaith. Mae wedi cyhoeddi dwy gyfrol o farddoniaeth a dwy gyfrol ryddiaith, ac yn ddiweddar bu'n golygu detholiad o gerddi T. Gwynn Jones gyda Chyhoeddiadau Barddas.

Mae wrth ei fodd yn perfformio'i gerddi yn fyw, a'i addysg farddol fwyaf fu talyrna, stompio, ymrysona a bragu yng nghwmni beirdd llawer gwell nag o'i hun. Mae rhai o'r dylanwadau pennaf ar ei ganu caeth ymysg y beirniaid a'r Archdderwydd eleni, ond maen nhw hefyd ymysg ei gyfeillion triw ar dimau'r Ffoaduriaid a'r Penceirddiaid, a chriwiau Bragdy'r Beirdd a'r edefyn.

Does gan Llŷr ddim syniad ymhle i ddechrau diolch, gan fod ei ddyled mor aruthrol i gynifer o wahanol bobl. Mae'n mawr obeithio eu bod i gyd yn gwybod pa mor ddyledus ydy o iddyn nhw. Ond mae'n ddiolchgar am gefnogaeth gyson criw'r Gyfnewidfa Lên a Llenyddiaeth ar Draws Ffiniau, ac o ran y gynghanedd yn benodol, rhaid iddo ddiolch am y seiliau cadarn a gafodd gan Dafydd Fôn Williams, Llion Jones ac Emyr Davies. Yn bennaf oll ac yn fwy na neb arall, mae ei ddiolch a'i ddyled i'w deulu ac yn enwedig i'w rieni, ei nain a'i daid, ei frawd a'i chwaer, ac i Lowri, Math a Gwern am bopeth.

Rhoddir y Goron eleni gan Fridfa Ryngwladol Cobiau Cymreig Derwen. Cynlluniwyd a chynhyrchwyd y Goron gan yr artist, Richard Molineux.

Fe'i cyflwynir am bryddest neu gasgliad o gerddi heb fod mewn cynghanedd, hyd at 250 o linellau, ar y testun 'Gwres'. Yn ogystal â chyflwyno'r Goron ei hun, mae'r wobr ariannol o £750 hefyd yn cael ei rhoi gan Ifor a Myfanwy Lloyd o'r Fridfa. Y beirniaid yw Cyril Jones, Glenys Mair Roberts a Gerwyn Wiliams.

Mae'r Goron yn ddathliad o ddiwylliant yr ardal a Chymru mewn cyfres o ddeuddeg o ffasedau gwydr lliw o amgylch y pen. Mae'r elfennau diwylliannol yn cynnwys Castell Aberteifi, Cors Caron, y barcud coch, afon Teifi, Abaty Ystrad Fflur a Llyfrgell Genedlaethol Cymru.

Gan ddefnyddio ei ddyluniadau gwreiddiol, paentiodd y crefftwr wydr wedi'i chwythu â cheg yn ofalus gydag ocsidau, ei staenio â staen arian a'i enamlo â ffrit lliw cyn ei danio sawl gwaith yn yr odyn.

Defnyddiodd dechneg ffoil copr a arloeswyd gan Louis Tiffany ar ddiwedd y 1800au i greu cyfres o ffasedau 3 dimensiwn. Yna, gosododd y gwydr ar fand pen copr wedi'i wehyddu â llaw, yn debyg i arddull gwehyddu basged, er mwyn cynrychioli basged gynhaeaf, a'r creadigrwydd sy'n cael ei gynaeafu yn yr Eisteddfod.

O fewn y band pen ceir cap ffelt coch llachar, wedi'i frodio â chord aur gan yr artist tecstilau, Elinor McCue mewn patrwm clymwaith Celtaidd. O amgylch y band pen mae'r geiriau Eisteddfod Genedlaethol Ceredigion 2022 wedi'u gosod, gyda phob llythyren wedi'i thorri â laser yn unigol o len gopr cyn cael ei enamlo gyda graddio gwyrddlas dau dôn mewn odyn enamlo cyn eu gosod ar y Goron.

Ymateb yr Archdderwydd Myrddin ap Dafydd i'r Goron

I Richard Molineux
i ddiolch am gelf Coron Eisteddfod Genedlaethol Ceredigion 2022

I'r lle y bydd adenydd i'r doniau;
Lle nad yw hi'n job i ganfod cobiau;
Lle y gân ifanc; lle'r holl gynaeafau –
Awn a thynnu ar y delyn a'i thannau,
Gwefru'r ŵyl drwy gyfrolau'n llenyddiaeth,
Rhoi ar go' olyniaeth o'r gors i'r glannau.

ESYLLT MAELOR
ENILLYDD Y GORON

Un o Harlech, Meirionnydd yw Esyllt ond yn Abersoch, Llŷn y cafodd ei magu a'i haddysgu cyn mynd ymlaen i'r Brifysgol ym Mangor a graddio yn y Gymraeg. Mae dylanwad ei rhieni, Brenda a Gareth Maelor, a'i hathrawon wedi bod yn bwysig iddi a bu'n ffodus o fod yng nghwmni addysgwyr blaengar fel T. Emyr Pritchard ac R. Arwel Jones tra'n ddisgybl yn Ysgol Botwnnog.

Cafodd yrfa ym myd addysg gan arwain prosiectau a gwneud gwaith ymgynghorol ond doedd dim yn rhoi mwy o bleser iddi na chydweithio gyda phlant a phobl ifanc a'u hannog i siarad yn gyhoeddus ac i sgwennu. Braint oedd cael mynd yn ôl i'w hen ysgol ym Motwnnog i weithio fel Pennaeth Adran y Gymraeg ac mae ei dyled yn enfawr i'w chyn-ddisgyblion yn Mrynrefail, Edern a Botwnnog am ei hysbrydoli ac am ddangos pa mor bwysig yw geiriau. Mae'n credu fod yna sgwennwr ymhob plentyn ac mae'n ymfalchïo yn llwyddiannau ei chyn-ddisgyblion sydd wedi dal ati i sgwennu a chyfrannu i'w cymunedau.

Esyllt oedd y ferch gyntaf i ennill Cadair Eisteddfod yr Urdd nôl yn 1977 yn y Barri. Rhwng magu plant a dilyn gyrfa, cyhoeddodd *Edith Cwm Cloch, Telynores Eryri* (Gwasg Gwynedd) a chyfrolau i blant a phobl ifanc, a hi oedd golygydd y gyfrol *Galar a Fi* (Y Lolfa). Cyhoeddodd *Dewch i Mewn* (Y Lolfa) sef cyfrol o straeon ar gyfer dysgwyr eleni – cyfrol sy'n ffrwyth cydweithio hapus rhyngddi hi a grŵp o ddysgwyr y Gymraeg yn ardal Nefyn.

Mae ganddi hi a'i gŵr, Gareth, dri o blant – Dafydd, Rhys a Marged. Y mae ôl dylanwad Dafydd, ei mab, ar y cerddi hyn – ef yn y bôn fu yno'n gefn iddi ac ef a'i gyrrodd i sgwennu. Mae'n hynod ddiolchgar i bobl ardal Morfa Nefyn am eu cynhaliaeth a'u hanogaeth, i ffrindiau arbennig fu'n glust iddi, i'w theulu am eu cefnogaeth ac i Aled Jones Williams a chriw y grŵp darllen yn Llanystumdwy am ei symbylu â'u hegni positif.

MEINIR PIERCE JONES
ENILLYDD GWOBR GOFFA DANIEL OWEN

Merch â'i thraed yn nhir Llŷn a bodiau'i thraed yn nŵr y glannau o'i gwmpas yw Meinir Pierce Jones. Cafodd ei magu ar fferm ar gyrion Nefyn ac ar ôl crwydro dipyn daeth adref, ac yno y mae hi a'i chymar, Geraint, yn byw ers chwarter canrif a mwy. Aeth y plant, Math, Casia, Efa a Sabel dros y nyth ond maen nhw, a'r wyrion Caio a Deri, yn dal i fwynhau dod yn ôl i Tacho am dro.

Addysgwyd Meinir yn Ysgol Nefyn, Ysgol Glan y Môr, Pwllheli a Choleg Prifysgol Cymru, Bangor. Ei swydd gyntaf oedd swyddog golygyddol gyda'r Cyngor Llyfrau yn Aberystwyth ac ar hyn o bryd mae'n gweithio fel golygydd creadigol gyda Gwasg y Bwthyn yng Nghaernarfon. Yn y blynyddoedd rhwng hynny bu'n ennill ei bara menyn fel awdur a chyfieithydd a sgriptwraig yn bennaf. Ond bu tro ar fyd rhwng 2011 a 2019 pan fu'n gweithio fel rheolwr prosiect i ailagor a rhedeg Amgueddfa Forwrol Llŷn, ac yn ystod y cyfnod prysur a phur heriol hwn y dechreuodd y syniadau ar gyfer *Capten* gyniwair.

Mae Meinir wedi cyhoeddi nifer o lyfrau ar gyfer plant dros y blynyddoedd, yn cynnwys *Y Cwestiwn Mawr, Modryb Lanaf Lerpwl, Bargen Siôn* ac, yn fwyaf diweddar, *Cnwcyn a'i Ffrindiau*. Cyhoeddodd ddwy nofel flaenorol ar gyfer oedolion sef *Y Gongl Felys*, a gyrhaeddodd Restr Hir Llyfr y Flwyddyn yn 2005 a *Lili dan yr Eira*. Ysgrifennodd *Capten* dros gyfnod COVID-19 pan ddaeth cyfnod o saib oddi wrth bwysau gwaith bob dydd ac ar adeg pan oedd yn dda wrth fyd arall i ddianc iddo weithiau.

Yn ei hamser sbâr, mae Meinir yn mwynhau stwna yn yr ardd, mynd am dro, darllen, hwylio bwyd, treulio amser yng nghwmni ei theulu a'i ffrindiau a chynllunio ei nofel nesaf!

SIONED ERIN HUGHES
ENILLYDD Y FEDAL RYDDIAITH

Mae Erin yn 24 mlwydd oed ac yn byw ym Moduan, ger Pwllheli. Graddiodd mewn Cymdeithaseg a Chymraeg ym Mhrifysgol Bangor, cyn dilyn cwrs Meistr mewn Ysgrifennu Creadigol dan arweiniad yr Athro Gerwyn Wiliams. Daeth yn fuddugol am y Goron yn Eisteddfod yr Urdd Brycheiniog a Maesyfed yn 2018, a daeth yn ail am y Fedal Ddrama yn Eisteddfod yr Urdd Sir Ddinbych eleni. Hi oedd golygydd a churadur y gyfrol *Byw yn fy Nghroen*, a oedd ymhlith y buddugwyr yng Ngwobrau Tir na n-Og yn 2020. Ysgrifennodd ei llyfr cyntaf i blant, *Y Goeden Hud*, yn ôl yn 2021, ar ddechrau'r Clo Mawr cyntaf.

Mae hi bellach yn gweithio'n llawrydd ar lond llaw o brosiectau cyffrous. Ei gobeithion at y flwyddyn sydd i ddod yw troi ei llaw at fyd y ddrama a barddoniaeth, gan ei bod hi'n boenus o ymwybodol mai dim ond blwyddyn sydd ganddi'n weddill cyn iddi fod yn rhy hen i gystadlu gyda'r Urdd! Wedi dweud hyn, mae'n awyddus iawn i bwysleisio mai rhyddiaith, yn anad unrhyw beth arall, sydd wedi cipio ei chalon.

GRUFFYDD SIÔN YWAIN
ENILLYDD Y FEDAL DDRAMA

Er iddo fyw gyda chwlt o lysieuwyr yng ngorllewin Affrica, goroesi cystadleuaeth ddawnsio llinell mewn bar amheus yn Tecsas a chreu hufen iâ blas neidr gyda chanlyniadau trychinebus, ennill y Fedal Ddrama yn sicr yw camp fwyaf Gruff hyd yma.

Magwyd Gruffydd Siôn Ywain ym Mhenybryn, Dolgellau, gyda'i ddau frawd a'i chwaer. Er iddo astudio yn Ysgol Gynradd Dolgellau, Ysgol y Gader a Choleg Meirion Dwyfor, yr addysg fwyaf oedd y Sesiwn Fawr flynyddol ble cymerodd ei gamau cyntaf fel dylunydd ifanc.

Yn dilyn ei Lefel A treuliodd gyfnod yn Ghana yn addysgu, profiad bythgofiadwy a ddangosodd iddo nad oedd dyfodol iddo ym myd addysg. Treuliodd flwyddyn yng Ngholeg Menai ar Gwrs Sylfaen Celf lle cafodd gyfle i arbrofi â gwahanol dechnegau celfyddydol cyn penderfynu mai dylunio graffeg ac animeiddio oedd ei faes. Symudodd i Goleg Chelsea, Llundain i astudio dylunio a chyfathrebu ac mae wedi byw yn Llundain ers 15 mlynedd erbyn hyn. Fel aelod o Gôr Llundain mae'n rhan o gymdeithas Gymraeg glòs y ddinas.

Mae'n gweithio fel Cyfarwyddwr Creadigol yn y BBC, yn gyfrifol am ddyluniad systemau cynhyrchu a chreadigol y gorfforaeth. Mae hefyd yn parhau i greu gwaith creadigol llawrydd, gan gydweithio'n ddiweddar gyda Sŵnami, Hansh a'r Urdd.

Mae ei ddiddordeb mewn drama a chyflwyniadau theatrig o bob math wedi cael ei faethu yn ystod ei gyfnod yn Llundain ond dyma'r tro cyntaf iddo gystadlu am y Fedal Ddrama.

EDWARD RHYS-HARRY
ENILLYDD TLWS Y CERDDOR

Mae Edward yn gweithio ar draws y DU ac yn rhyngwladol fel hyfforddwr llais, beirniad, cyfansoddwr, trefnydd ac arweinydd.

Dilynodd ei astudiaethau israddedig mewn cyfansoddi (gyda Dilys Elwyn-Edwards a William Mathias ymhlith eraill) a llais ym Mhrifysgol Cymru, Bangor ac astudiaethau ôl-raddedig mewn Technoleg Cerddoriaeth a Recordio Sain, TAR a gradd MMus mewn cyfansoddiad ar gyfer y theatr o Goleg Cerdd Llundain, lle bu'n astudio gyda Francis Pott, Terry Davies a Laurence Roman. Yn 2006 daeth yn aelod o Orsedd Cymru.

Gadawodd swydd addysgu llawn amser i astudio arwain corawl gyda Simon Halsey (LSO), Adrian Partington (BBCNOW) a Neil Ferris (Corws Symffoni'r BBC) yng Ngholeg Brenhinol Cerdd a Drama Cymru, Caerdydd. Yno ef oedd y cyntaf (a'r ail) i dderbyn Ysgoloriaeth Arwain Glynne Jones a graddiodd gyda gradd MA. Ef hefyd oedd y Cymro cyntaf i dderbyn cymhwyster cydnabyddedig mewn arwain corawl.

Ar ôl derbyn Ysgoloriaeth Elphinstone am y tro cyntaf, ynghyd ag Ysgoloriaeth Derek Ogston mewn cyfansoddi, astudiodd am radd PhD mewn cyfansoddi corawl gyda Phillip Cooke a Paul Mealor ym Mhrifysgol Aberdeen.

Cyhoeddir ei gerddoriaeth gan Universal Edition (Vienna), Boosey & Hawkes (UK), Chester Novello (UK), Banks Music Publications (UK), Chichester Music Press (UK) a Curiad Cyf. (Cymru) ac fe'i perfformir yn rheolaidd ar draws y byd. Enillodd disg *Chasing Shadows* o'i weithiau ar gyfer côr meibion ganmoliaeth feirniadol, a bydd ail albwm yn 2022.

Yn dilyn ei waith fel hyfforddwr lleisiol i Gorws Tŷ Opera Volgograd yn Rwsia, cafodd Edward y fraint o fod yn Gyfarwyddwr Artistig Eisteddfod Gerddorol Ryngwladol Llangollen.

Heb fod yn ddieithr i waith cyfryngol, mae Edward wedi cyfarwyddo perfformiadau ar gyfer S4C, Sky Sports, hysbysebion ITV, cerddoriaeth 'union' ar gyfer BBC 1, 2, 3, 4 a'r holl sianeli radio, yn ogystal ag ymddangos ar raglenni fel *The Apprentice* ar BBC 1, *Dr Who*, Sioe Nadolig Rob Brydon (yn arwain Syr Bryn Terfel), *This Morning* ar ITV, *Euro Express* (rhan o Football Euros 2016) a *Sports Relief*. Mae ei drefniadau lleisiol yn ymddangos ar y trac sain ar gyfer cynhyrchiad FOXTV/BBC o *A Christmas Carol*

(2019) gyda Guy Pearce yn serennu. Yn 2021 daeth yn gyfansoddwr cyswllt yn Theatr Genedlaethol Llundain ar y Southbank, gan wneud ei ymddangosiad cyfansoddiadol cyntaf trwy ysgrifennu cerddoriaeth ar gyfer y cynhyrchiad o *Under Milk Wood* a gyfarwyddwyd gan Lyndsey Turner, lle bu'n gweithio'n agos gyda Michael Sheen a'r Fonesig Sian Phillips. Mae ei gonsierto sacsoffon, 'The Ballad of Lady Barham', i'w rhyddhau ar y label Cerddoriaeth 360, a berfformir gan Max Goldberg ar ei ddisg *Reflections.*

Edward yw Cyfarwyddwr Artistig Côr Siambr Cymru, yn ogystal â 'The Harry Ensemble'.Mae wedi arwain mewn gwyliau cerdd ym Melbourne, Awstralia, Trevelin ym Mhatagonia, a Pennsylvania, Boston, Philadelphia ac Efrog Newydd yn yr Unol Daleithiau.

Ar hyn o bryd ef yw Cyfarwyddwr Cerddorol rheolaidd Corale Cymry Llundain a Chorws Harlow yn ogystal â bod yn Gyfarwyddwr Cerdd a Phrif Arweinydd Côr Meibion Cymry Llundain. Mae hefyd yn Arweinydd Anrhydeddus Sandgrenska Manskören – côr meibion yn Karlskrona, Sweden, y mae'n gweithio gydag ef bob mis Awst.

Yn 2020 cydnabuwyd Edward am ei ymrwymiad i gerddoriaeth Cymru drwy dderbyn 'Gwobr Glanville Jones am gyfraniad eithriadol i gerddoriaeth yng Nghymru', gan Urdd Cerddoriaeth Cymru.

Ym mis Mai 2022, llofnododd Edward ei gontract awdur cyntaf gyda Llyfrau Cambria Cyf.: mae ganddo set o bedwar llyfr i'w cyhoeddi yn ystod 2022 a 2023 sy'n canolbwyntio ar y grefft o arwain corawl (ynghyd â phodlediad!), canu corawl, iechyd lleisiol i gantorion corawl a chynllunio a rheoli corau yn effeithiol yn yr oes fodern.

Yn ogystal â bod yn ddychmygus dros ben mae hefyd yn dra digri ar adegau; y darlun hunanymwybodol hwn o'r bardd, er enghraifft, sy'n gallu uniaethu ag unigrwydd y gofod:

> Ond ar y ddaear
> mi fûm am gyfnod yn fardd o Gymro.
> Arferais, felly, dalm yn ôl
> â'r amau hwnnw yng nghraidd, yng ngherdd, fy nghylla,
> y diffyg awyrgylch.

Mewn 22 o gerddi unigol – llwythodd ei gasgliad â mwy o gerddi na'r un ymgeisydd arall gydag ambell gerdd cyn fyrred â phedair llinell yn unig – mae'n cynnig golwg eironig – *quirky* yw'r ansoddair Saesneg – ar natur perthynas dau a'n byw domestig. Dyma gwmnïwr hynod sy'n meddu ar ei idiom hyderus ei hun a dychymyg byw, bardd toreithiog ei adnoddau sy'n llawn haeddu gwobr y Goron.

Kairos (C): Sefydlodd hwn ei awdurdod a'i berthnasedd o'r ffugenw *Kairos* ymlaen, hen air Groeg am amser. Ac mae'r rhain yn gerddi amserol. Cyfeiria'r gerdd gyntaf '37.8' at y modd y cwyd tymheredd y corff i dir peryglus – a dyna gadarnhau testunoldeb y casgliad ar unwaith yn ogystal â chyflwyno thema gyfredol iechyd. Mae'r cyfeiriad at Dr Li yn yr ail gerdd yn ein hatgoffa am y meddyg druan hwnnw yn China a rybuddiodd yr awdurdodau gyntaf am y feirws ymledol a enwyd yn y man yn Goronafeirws. Ac yna mewn cyfres o gerddi cyflwynir cip ar fyd ymbellhau cymdeithasol, gwagio swyddfeydd ac ysgolion, ysu am fynd am dro beunyddiol, canu pen-blwydd hapus wrth olchi dwylo – mewn gair, y normal newydd y bu'n rhaid ymaddasu iddo dros nos ym Mawrth 2020. Gwnaeth hynny mewn dull clyfar a ffraeth ond sylweddol a chan ddefnyddio cywair llafar, sgwrsiol ac agos atoch. A gwnaeth hynny hefyd, mae'n rhaid, mewn cyfnod byr oherwydd cyfeiria'r gerdd glo at Ddydd Ffŵl Ebrill, sef y dyddiad cau ar gyfer derbyn cyfansoddiadau'r Brifwyl y bwriedid ei chynnal yn y mis Awst dilynol yn 2020. Rwy'n amau y buasai *Kairos* yn enillydd poblogaidd gan ei fod yn cyflwyno'n gofiadwy ac yn gelfydd yn ei gerddi gynifer o brofiadau y gallwn oll eu hadnabod ac uniaethu â nhw. Mi fyddwn innau wedi bod wrth fy modd yn ei goroni; ei anlwc ef yw fod un ymgeisydd arall yn y gystadleuaeth.

Samiwel (C): 'Rwy'n ddieiriau!' – dyna'r union sylw a rois ar bapur ar ôl darllen casgliad *Samiwel* gyntaf. Cyfeiriais ar ddechrau'r sylwadau hyn at ddisgwyliadau beirniad. Wel, mae gan gelfyddyd weithiau'r grym i herio disgwyliadau a diarfogi dyn yn feirniadol. Profiad felly oedd darllen gwaith *Samiwel* ac ymollwng i wefr yr annisgwyl. Drwy rym ei ddychymyg a'i fedrusrwydd ieithyddol, aeth â fi ar siwrnai greadigol ac emosiynol. Dyma feistr ar drin iaith yn argraffiadol fyw. Meistr corn hefyd ar rythmau'r Gymraeg yn ei gogoniant, ei chyfoeth a'i hysblander: fe'm cefais fy hun yn darllen y cerddi hyn yn uchel er mwyn sawru eu sŵn. A chyda hyder dramodydd â'i glust wedi ei diwnio i ffurfiau'r iaith lafar, mae weithiau'n tynnu'n groes i reolau orgraff – ond mae hynny eto'n gweddu i'r bersonoliaeth yr ymdeimlir â hi, un sy'n meddu ar yr hyder i wneud pethau yn ei ffordd ei hun a chan wybod bod rhaid torri'r rheolau weithiau.

Dyma fardd dirfodol, ymchwilgar a gonestrwydd ei holi ysbrydol yn fy atgoffa am R. S. Thomas: onid ymgais i ganfod 'duw' neu 'Dduw' – defnyddir y ddwy ffurf yma – ym mhethau a digwyddiadau dyddiol, materol, cyffredin bywyd a arwyddir gan deitlau fel 'gras', 'puro', 'adnod', 'cymun'? Ond does dim awgrym o ymgysuro mewn unrhyw grefydd gyfundrefnol, gonfensiynol neu sefydliadol. Nid un i fodloni ar atebion rhwydd mo hwn ond meidrolyn aflonydd yn chwilio ei ffordd. Ac mae'n gwbl gyfoes a chyfredol yn yr ystyr ei fod wedi diriaethu amheuon, ofnau, cwestiynau'r bod dynol yn nelweddau'r dwthwn hwn. Mae'r cerddi'n llawn cynhesrwydd cadarnhaol byw a bod a lonnodd fy ysbryd a'm llenwi â gwres a chyffro creadigrwydd wrth eu darllen. At hynny, ar ôl holl heriau digynsail y blynyddoedd diwethaf, dyma gerddi sy'n cadarnhau gwytnwch a goroesiad yr ysbryd dynol. Efallai y gellid dadlau bod gwres testunol amryw gerddi eraill yn y gystadleuaeth hon yn amlycach a bod gwres y rhain yn chwarae mig â'r darllenydd, ond mae gwres i'w gael ynddynt dim ond i rywun ei adnabod a'i gydnabod – yr un fath â Samiwel, proffwyd yr Hen Destament, nad adnabu lais Duw yn galw arno tan y trydydd tro? Dyna'r math o gerddi yw'r rhain, rhai cyfoethog ac amlhaenog i'w darllen a'u dehongli ac yna'u hailddehongli, rhai y gallwn ysgrifennu llithoedd amdanyn nhw. Mewn cystadleuaeth hefyd a nodweddir gan ddefnydd o wers rydd ddiamrywiaeth, diolch am yr amrywiaeth fydryddol, e.e. *vers libre* gymharol fyr ei llinellau, cerddi pros neu baragraffaidd ynghyd â rhythmau salmaidd y llinellau hirion yn y gerdd glo loriol.

Diolch i dri deiliad arbennig y Dosbarth hwn am godi'r gystadleuaeth i dir uchel. Ond bu'r dewis terfynol yn fater reit syml a chlir yn fy meddwl i gan fod y profiad o ddarllen ei waith o'r cychwyn cyntaf yn un mor fagnetaidd a meddiannol. Am gerddi a'm gadawodd dan deimlad, cyflawniad eithriadol y bu'n werth gorfod aros mor hir amdano, coroner *Samiwel*.

Englyn unodl union: Cantre'r Gwaelod

CANTRE'R GWAELOD

Diachubiaeth yw'r traethau – o'r tywod
I'r tai ger y tonnau,
Byr eu hoes wrth in barhau
Yn arglwyddi'r morgloddiau.

arglwydd y morglawdd

BEIRNIADAETH DONALD EVANS

Roedd i destun cystadleuaeth englyn unodl union y Brifwyl hon gryn botensial barddol a ddenodd 58 o geisiadau, a rannwyd yn bedwar categori, efo'r mwyafrif o ddigon ohonynt yn ei ddehongli fel symbol o fygythiad morlif y twymo byd-eang a achoswyd lawn cymaint gennym ni, ei gyfoeswyr, â thrasiedi Cantre'r Gwaelod gan Seithenyn gynt.

Dosbarth 4

Edifar, Trychineb, Y Meirwon, Sycharth (1,2,3,4), *Deudraeth* (1,2,3,4,5), *Caerdroea* (1,2).

Mae cynigion pob un o'r rhain yn cynnwys gwallau iaith a chynghanedd mewn ymadroddi rhyddieithol, fel y dengys un o englynion enghreifftiol *Deudraeth* sy'n debyg iawn i'r lleill i gyd:

Rhywfodd fu rhyfedd foddi – eu dinas.
Ai dyn wnaeth achosi
Storom a'i ddiystyri?
Dyna ei lle, dan y lli.

Dosbarth 3

Cofiwch, Neifion, Dan(1,2), *Dennis, Rhy hwyr, boddi byddwn, duw'r don, Clulian, Splash, Claerwyn, Ofer, Bwi, Moelynys, Plant y Pla, crib dibyn, Yr Heniaith, Clychau'n Canu* (1,2,3), *Tyntyla, Greta Thunberg* – 'Pob senedd wedi meddwi', *Gwleidyddion.*

Mae cynigion yr uchod oll yn gywir o ran dull mynegiant, ond eto'n brin o rin awen drwodd a thro. Does yma fawr iawn o wefr barddoniaeth o gwbwl ar gyfyl y geiriogi. Mae'r ddau englyn isod, gan *Ofer* a *crib dibyn*, yn cynrychioli'r hyn a olygir yn ei grynswth:

Gwelwaf! Mae Cantre'r Gwaelod – yn nesu
    Â'i fysedd annatod
  Yn arf i'n tranc anorfod
  A dim lle bu mynd a dod.

Safwn ar grib y dibyn – yn y storm,
    Nid oes dim ond derbyn
  Â lli y môr lle y myn
  Awn ninnau fel Seithenyn.

Dosbarth 2

Bwrw'n bedwar, Ciara, Greta Thunberg – 'Gwelaf ail Gantre'r Gwaelod', *Cowlyd, Un funud fach, Cloch, Merch yr Enfys, Cynfelyn, Ynys-las, ies, Rhosfair, Aberdyfi, Greta, Helig, Beti, Boncyffion Ynyslas.*

Mae atyniad y deunydd fel natur ei eirio'n codi'n ddiamheuol yng nghynnyrch englynwyr y Dosbarth hwn. Ceir mwy o fywyd yn y delweddau a threiddgarach nerth yn yr awgrymusedd. Mae gan y cyfan ohonynt yr adnoddau i ragori ar eu cynigion y tro hwn. Adlewyrchir y cwbwl hyn gan gynhyrchion *Cloch*, *Ynys-las* a *Greta*:

Os galw'r cam ysgeler – a wna hon,
    ni chlywn hi o'r pellter
  heibio i lach y moroedd blêr
  â'i rhybudd dros yr aber.

Mae'r llifddor ar y gorwel – ar agor
    i'r eigion yn dawel,
  ond ar draeth daw'r dŵr i hel
  a'r lli'n uwch na'r llanw uchel.

Hen goel yw Cantre'r Gwaelod, a honna
    Rhyw hen esgeulustod,
  Heddiw, ond pwnc rhyfeddod,
  Daw'r dydd, pan y bydd yn bod.

Dosbarth 1

Mae pum cystadleuydd yn haeddu cael eu gosod ar y brig oblegid eu safon amgenach:

Cloch Disberod:

O'r dyfnder cloch disberod, – a glywaf
o gloeon y tywod,
yn dweud am helbul sy'n dod
i lastir esgeulustod.

Dyma englyn go ddiwastraff ei arddull drwyddo sy'n cyflwyno ei genadwri gyda min cyrhaeddgar, gan orffen efo llinell rymus o gyferbyniol ei chynghanedd. Ond efallai bod mymryn o wendid mynegiant yn y llinell flaenorol.

Cloch Gwyddno:

O gwmwd aceri'r gwymon – un gloch
seinia'n glir o'r eigion,
a'i chnul dwys a'i chynnil dôn
yn edliw rhybudd prydlon.

Mae hwn eto'n arddangos yr un nodweddion â'r uchod: glendid cyflead, difrifoldeb neges a chynildeb o ddatguddiad i gloi. Ac eto, synhwyrir ychydig bach o ailadrodd gydol y tair llinell gyntaf.

Naamah:

Heno daw llanw i'n hannedd – â'i lid
i ledu dialedd
yn fôr dros ein hoferedd,
i daro'i lach wedi'r wledd.

Ymglywir â difrifwch cyffelyb o feddylwaith drwy'r ymgais hon drachefn, gydag awgrymusedd pellgyrhaeddol o ddirmyg yn hydreiddio'r llinell olaf. Ond fel yn y cynnig uchod ni ellir llai na theimlo peth ailfynegi yn cyrchu drwy'r llinellau eraill.

Mab yr Enfys:

Rhyw ias od sy'n f'arswydo, – ni all ton,
ni all teid, alltudio
o'm cof y noson honno
y bu byrhau einioes bro.

Dyma'r unig greadigaeth sy'n gwir ymwneud ag awyrgylch yr hen hanesyn ei hunan, ac yn wir mae i'w rhan gyntaf gydnawsedd odiaeth o apelgar. Ond gwaetha'r modd ceir disgynneb reit chwithig yn y llinell olaf. Ni ellir llai na chwestiynu cymhwyster geiriad fel 'byrhau einioes bro' i gyfleu brad ac aruthredd dinistr tiriogaeth fel Cantre'r Gwaelod. Yn sicr, roedd y fath drychineb yn gofyn am fwy priodol a grymusach ffordd i'w gyflwyno. Collwyd cyfle. Yn dra anffodus ni ellir anwybyddu'r llithriad.

arglwydd y morglawdd:

Diachubiaeth yw'r traethau – o'r tywod
I'r tai ger y tonnau,
Byr eu hoes wrth in barhau
Yn arglwyddi'r morgloddiau.

Mae i'r cynhyrchiad hwn fwy o gyfuniad naturiol o orffennedd crefft a chelfyddyd fel ei gilydd drwyddo nag un o'r lleill yn yr adran hon, gyda phob gair, gan gynnwys tymer y sylwadaeth 'byr eu hoes' sy'n dra effeithiol yn ei chyd-destun cyferbyniol fan yma, yn solet gymen o amrywiol yn ei setin wrth ddirwyn at uchafbwynt ias watwarus y llinell derfynol sy'n ei goroni. Felly, am i'w awdur symboleiddio'r testun mewn modd mor gwbwl gaboledig dyma englyn y wobr yn ddibetruster.

Englyn crafog: Banc

BANC

Aeth un. Aeth dau. Fe'u caewyd. – I ni daeth
 Bendithion y rhyngrwyd.
Wedyn, fe'u cyfnewidiwyd
Am un banc, sef y banc bwyd.

Catrin

BEIRNIADAETH EMYR DAVIES

Daeth 29 englyn i'r gystadleuaeth hon. Byddai beirniad gwreiddiol y gystadleuaeth wedi bod yn hynod falch o'r nifer ac o'r safon. Gresyn nad yw Dai Rees Davies, ac yntau'n dalyrnwr ac yn englynwr o'r radd flaenaf, gyda ni bellach i rannu'i sylwadau ffraeth yn ei ffordd wylaidd arferol.

Rhennir y cynigion yn dri dosbarth. Mae englynion y Trydydd Dosbarth yn cynnwys gwall neu wallau cynghanedd neu wallau iaith a fyddai'n tarfu ar y gynghanedd o'u cywiro. Dim ond llond llaw sydd yn y Dosbarth hwn. Mae englynion yr Ail Ddosbarth yn gywir, ond heb daro ar syniad neu ergyd wreiddiol a fyddai'n eu codi i dir y goreuon. Mae englynion y Dosbarth Cyntaf wedi dweud rhywbeth gwreiddiol, crafog – a'i ddweud yn dda.

Dosbarth 3

Mae llinellau anghywir yn englynion *Cymro*, *Rhag Llwgu* a *Siom* ac mae'n debyg mai'r un bardd sydd biau'r tri. Nid yw'n bell ohoni, ac mae paladr englyn *Cymro* yn dda: 'Seren y blodau cynhenid yw'r grug / Ar greigiau yn gwrlid.' Mae *Methdalwr* yn agos ati hefyd, ond bod yr orffwysfa yn y llinell gyntaf a'r olaf yn gorfodi pwyslais mewn lleoedd sy'n groes i bwyslais naturiol y frawddeg. Anghywir hefyd yw eiddo *Glaslanc hen* – y cyrch yn anghywir a dwy linell ddiacen yn yr esgyll, yn anffodus.

Dosbarth 2

Mae'r englynion hyn yn gywir eu cynghanedd, ond heb allu troi'r gynghanedd yn syniad trawiadol neu grafog. Tueddir i gymhlethu'r mynegiant, a hynny'n golygu bod yr ystyr neu'r ergyd ar goll weithiau, ond eto, mae ambell linell wirioneddol dda yma a thraw. Ymhlith y rhai lleiaf llwyddiannus yn y Dosbarth hwn y mae englynion *Tlotyn, Eigiau 1* ac *Eigiau 2, Ianki dwdl, Slumberland, Tlawd wyf, Afradlon, ugain miliwn, Aber-gofiant, £Dafad Ddu, Tregaron* ac *O diar.* Mae *Diwedd y Gân 1* a *Diwedd y Gân 2* wedi taro ar drawiad da: ''Rôl hatric yn y lotri' – ond efallai nad yw'r gweddill cystal. Felly hefyd eiddo *Mathew 6 (24)*: 'A'u Beibil yn gyrbibion' – llinell dda sy'n haeddu englyn gwell yn arwain ati.

Mae sawl cynnig arall yn curo ar ddrws y Dosbarth Cyntaf:

Ceiniog a dima': Dyma englyn cryf i'r banc bwyd. Efallai y gellid cryfhau'r drydedd linell er mwyn arwain at linell glo dda: 'y llog sydd ar y llwgu.'

Dyledus: Y drydedd linell sydd wannaf yma eto, a thalfyrru anffodus ar ddechrau'r llinell glo: ''n oludog o ddyledion.' Pe gallai *Dyledus* weithio'r llinell hon i englyn gwell, gallai fod yn ardderchog. Ei ergyd yw bod y banciau wedi dod yn oludog ar draul dyledion eraill.

dy gymar del: Mae hwn yn englyn trawiadol, sy'n delweddu cariad cymar fel banc. Wrth heneiddio mae'r banc hwn yn talu'n hael – 'yn eilwynt o gynilion'. Mae'n syniad gwych ac yn drosiad gwreiddiol, ond heb fod yn englyn crafog, gwaetha'r modd.

Christine Legarde: Dyma un o nifer sy'n cyfeirio at Fanc y Ddafad Ddu, banc Cymreig a sefydlwyd yng Ngheredigion ddechrau'r bedwaredd ganrif ar bymtheg. Mewn cyfnod o ddirwasgiad, mae'r bugeiliaid hyn yn rhoi 'Eu golud dan y gwely'. Mae'n englyn cymen ond efallai heb fod yn ddigon crafog.

Dosbarth 1

Dyma oreuon y gystadleuaeth i mi, gan feirdd sy'n gallu adnabod llinell dda ac yn gallu ei defnyddio i hoelio'r englyn i'w le. Maen nhw'n haeddu eu dyfynnu'n llawn.

0.0002%: Mae clyfrwch y gynghanedd sain yn y llinell glo yn gweithio'n dda. Byddai'n well pe gellid cryfhau'r ail linell ond mae hwn yn englyn gwahanol a gwreiddiol:

> Cant y cant y mae'r banc 'di cau – ar y we
>   Mae'r oes ar ei gorau,
>   Mae'n llog yn werth ceiniogau
>   Sef dim pwynt dim dim dim dau.

PPI: Fel yr uchod, mae ergyd y llinell glo yn gofiadwy ac yn grafog, ond efallai fod angen ei gwnïo'n well wrth weddill yr englyn:

Ein llog cryn dipyn yn llai – ni welwn
Ddim elw, 'run ddimai,
Na iawndal o'r ariandai
Pw-pwio pawb: PPI.

Ffosfelen: Mae'r englyn yn agor fel hen bennill ac yn cloi mewn ffordd derfynol iawn. Mae'n chwarae'n grefftus ag enwau lleoedd sy'n cynnwys 'banc' er efallai heb fod mor grafog â rhai eraill yn y Dosbarth hwn.

Ffarwél i Fanc Ffosfelen – cau y banc
I bawb yn Neiniolen,
Yn ddi-aur Banc y Dderwen
Cau y mae pob banc, Amen.

Iolo: Ceidw *Iolo* ei ergyd tan y llinell glo, ac mae'r eirioni'n gwbl foel a diamwys. Daeth yr englyn hwn yn agos iawn at ennill:

Dygwyd ef o'r gymdogaeth; – er addo,
Ni roddwyd achubiaeth;
A nawr, am yr hyn a wnaeth,
Bonws a haedda'i bennaeth.

Catrin: Yr englyn mwyaf crafog o ddigon yw eiddo *Catrin* a dyma'r un sy'n dod i'r brig. Mae eironi cau'r banciau arian yn gyfnewid am agor banciau bwyd yn ddeifiol.

Aeth un. Aeth dau. Fe'u caewyd. – I ni daeth
Bendithion y rhyngrwyd.
Wedyn, fe'u cyfnewidiwyd
Am un banc, sef y banc bwyd.

Llongyfarchiadau i *Catrin* a diolch i'r englynwyr oll am eu gwaith.

GWLÂN

ma' popeth ar ei hanner:
bŵts babi heb ei eni;
maneg yn ymbalfalu am frawd;
siwmper ar goll heb ei breichiau.

pellenni a gweill
wedi'u hwpo i gwdyn
wrth droi i weithio dished,
neu ateb y drws,
neu godi'r ffôn,
a'u gadael,

deg ar hugain
o aeafau yn ôl.

Maeshyfryd

BEIRNIADAETH TERWYN TOMOS

Derbyniwyd 22 ymgais amrywiol o ran diwyg a safon ar gyfer y gystadleuaeth hon. O ran mesur, mae deg ohonynt yn y wers rydd, rhai ohonynt yn gryno iawn, ac eraill yn hwy. Cryno bron i gyd yw'r cynnyrch mewn mydr ac odl.

Y diffygion a welir yn y rhai llai llwyddiannus oedd ysgrifennu rhyddieithol, ynghyd â darluniau a chystrawen dreuliedig. Hefyd, mae nifer o'r cerddi yn llawer rhy uniongyrchol eu natur, nad ydynt yn creu delweddau sy'n cyffwrdd â'r rhai sy'n eu darllen.

Dosbarth 3

Gosodais wyth o'r cerddi yn y Dosbarth hwn. Dyma rai sylwadau, heb fod mewn unrhyw drefn.

Un Droed yn y Bedd: Anfonodd un bardd, *Un Droed yn y Bedd,* bum ymgais i'r gystadleuaeth: pum telyneg mewn mydr ac odl. Canolbwyntia pob un ohonynt ar y diwydiant gwlân a'i ddirywiad yn sgil trychineb y Rhyfel Byd

Cyntaf. Mae'r ysgrifennu ym mhob un yn rhy uniongyrchol a disgrifiadol ac er bod y mydr ar ei orau'n gadarn, mae llyfnder y mesur yn cael ei dorri'n rhy aml.

Gan y gwirion ...: Jôc, a honno'n jôc wael, ar ffurf dau bennill byr nad ydynt wedi eu mydryddu'n gywir, yw'r ymgais hon.

Berwyn: Mae'r delyneg hon yn cynnwys tri phennill pedair llinell mewn mydr ac odl nad ydynt yn rhedeg yn gyson esmwyth. Mae'n cyfleu darlun uniongyrchol o wragedd fferm flynyddoedd yn ôl yn casglu gwlân o'r llwyni a'r cloddiau er mwyn gwau sanau i'r bugeiliaid.

Ger y Môr: Cerdd yn y wers rydd sydd gan *Ger y Môr* sy'n hel meddyliau am ei ddyddiau'n byw yn y wlad mewn cymdeithas amaethyddol. Mae yma ymgais i gyferbynnu'r dyddiau hynny gyda bywyd y ddinas heddiw, ond rhyddieithol ar y cyfan yw'r dweud, yn arbennig tua diwedd y gerdd.

Dosbarth 2

Saith o gerddi sydd yn yr Ail Ddosbarth, sydd yn dangos mwy o ymdrech i saernïo cerddi gorffenedig. Mae'r cerddi penrhydd ar y cyfan yn eithaf tyn, ac mae'r cerddi mydr ac odl yn rhedeg yn esmwyth.

Sam: Ymgais sydd gan *Sam*, yn ei gerdd wers rydd, i gyferbynnu tlodi'r rhai a fu '... yn lloffa pob tusw rhaflog / o'r gwrychoedd a'r llwyni' er mwyn crafu byw, gyda'r rhai mewn tlodi heddiw'n casglu eu maeth o fanciau bwyd. Er cystal y syniad, mae'r dweud yn rhy uniongyrchol, a rhai llinellau yn rhyddieithol.

Jonem: Tebyg yw neges *Jonem* yn ei gerdd fydr ac odl yntau. Mae'n dilyn patrwm traddodiadol o ddau bennill cyferbyniol i'w gilydd. Er cystal y curiad, mae ambell drawiad treuliedig yma megis 'cymorth parod', 'unigrwydd prudd', a *dweud* ei neges mae'r bardd, nid *awgrymu*.

Corn Du: Mae telyneg *Corn Du* yn debyg iawn i eiddo *Jonem* o ran ffurf a chynnwys. Unwaith eto, mae'r dweud yn rhy uniongyrchol, er fy mod yn hoff iawn o'r ddwy linell glo: 'Maent ar drugaredd mympwy'r hin, / Fel darnau gwlân ar ddraenen.'

Ap Dingo: Olrhain y newid yng nghymdeithas cefn gwlad y mae *Ap Dingo*. Wedi ei lleoli mewn ardal benodol, cawn ganddo ddarlun o brysurdeb ffermio defaid o'r golchi, trwy'r cneifio ac ymlaen i'r ffatri wlân. Ond wedyn, erbyn hyn, mae tawelwch ar y llechwedd, ac nid oes ond twristiaid ac 'unigedd gwyllt'. Mae deunydd crai da iawn yn y gerdd, ond nid yw'n ddigon cynnil ac mae ei neges yn rhy uniongyrchol.

Mynyddog: Yn y delyneg hon cawn ddarlun o Dei Dol Frwynog yn cneifio a thrin defaid ar ei fferm, tra bod perthynas neu ffrind yn prynu 'cardigan acrylig' o Amazon yn anrheg Nadolig iddo. Mae rhai trawiadau effeithiol yma rhwng y ddau gymeriad, ac eironi'r sefyllfa'n amlwg. Er hynny, mi allai'r dweud fod yn fwy cynnil.

San Steffan: Yn ei gerdd fydr ac odl yntau, mae *San Steffan* yn ceisio darlunio dirywiad y diwydiant gwlân, a'r modd mae 'stocks and shares yw'r cyfoeth nawr / a phris y gwlân sydd ar y llawr'. Mae strwythur y gerdd yn gadarn, a'r dweud yn dda, ond braidd yn niwlog yw union natur ei neges.

Y Tymhorau: Treigl amser gaiff sylw *Y Tymhorau*, ac mae'r mesur mydr ac odl yn rhedeg yn esmwyth iawn. Hoffais y darlun a grëodd, gyda'r garthen a wehyddwyd oesau yn ôl yn parhau i roi cynhesrwydd hyd heddiw: 'Pan ddisgyn llwydrew'r oriau mân / Trysoraf innau'r garthen wlân.' Yn anffodus, mae ambell drawiad treuliedig yma, ac ambell ymadrodd braidd yn hen ffasiwn: '... gyda'i ddwylaw cain', '... y garthen dlos'.

Dosbarth 1

Daeth saith o gerddi i'r Dosbarth hwn. Maent i gyd wedi eu saernïo'n dynn, ac wedi anelu at ddeffro synhwyrau'r rhai sy'n darllen. Mae eu cynnwys ar y cyfan yn fwy uchelgeisiol, ac mae'r pwyslais ar awgrymu, yn hytrach na'r dweud.

Jac: Mae gan *Jac* esboniad ar frig ei delyneg yn sôn am ei nain yn gwisgo 'ffedog fras' wrth adrodd straeon wrth ei hwyrion. Yn dilyn cawn dri phennill sy'n cyfleu darluniau hyfryd o waith y ffermwyr defaid pan oedd y bardd yn blentyn. Mae strwythur y gerdd yn gadarn, a hoffais yr ailadrodd effeithiol, gydag amrywiadau bach, ar ddiwedd y penillion: 'Rhin y cof yn nyfn y cnu / Ddiwrnod cneifio'n Hendre Ddu.' Llwyddodd y bardd i greu naws y cyfnod yn effeithiol iawn.

Gwâl y cadno: Er nad yw'r delyneg hon yn esmwyth ei mydr o'r dechrau i'r diwedd, efallai bod hynny'n fwriadol oherwydd natur ei chynnwys. Pedwar darlun gwahanol o oen a'i fam a gawn, y tri chyntaf yn rhai delfrydol: oen bach cyntaf y tymor yn wyn fel yr eira; oen yn sugno ei fam, ac yna'n prancio'n heini ar y caeau. Ond yna, yn y pennill olaf, mae'r oen yn gelain o ganlyniad i 'rhyw sgarmes'. Er gwaethaf ambell drawiad treuliedig, mae'r gerdd wedi llwyddo i gyfleu ystyr ehangach na bywyd yr oen.

Brethyn Cartre': Mae *Brethyn Cartre'* wedi defnyddio'r testun i olygu llawer mwy na gwlân a'r dillad a wneir ohono. Mae darlun o gymuned yma. Er i'r dilledyn ddirywio dros amser, mae'n dal yn werthfawr, a '... codwyd ei goler / yn erbyn pob storm a'i sgrech'. Mae ambell gameo trawiadol yma: 'botymau coch cyfeillgarwch', 'a'n nyddu o naws y cwm'. Telyneg lwyddiannus.

Merched Tregaron: Aiff y delyneg hon â ni i gartref hen bobl, lle mae hen ŵr yn 'darganfod cof' am ddiwrnod cneifio. Mae mesur y wers rydd yn llifo'n rhwydd, ac nid oes gwastraff geiriau yma. Mae ambell ddweud trawiadol, megis: '... mor esmwyth ag amser yn oedi / yng nghwmnïaeth ddoe.' Cerdd hyfryd.

Y Gadair Siglo: Yr un yw neges *Y Gadair Siglo* yn ei gerdd yntau, ond hen wraig yw'r gwrthrych y tro hwn. Gynt bu'r wraig yn gwau 'ar aelwyd gymen' a'i chadair 'yn siglo i gytgan y gweu'. Erbyn ail ran y gerdd mae'r hen wraig, fel y defnydd y bu'n ei wau, wedi breuo 'a llacio pwythau ei blynyddoedd / fesul un ac un'. Mae'n gerdd gynnil, a luniwyd yn ofalus, a heb wastraff.

Pen y Dalar: Mae *Pen y Dalar* hefyd wedi dewis cyfleu hen wraig ar ddiwedd ei hoes mewn cartref, ar ôl byw ei bywyd ar 'dair acer gyndyn .... yn llibino byw / ar lethrau'r Foel'. Caiff ei gadael mewn ystafell fach ar bedwerydd llawr y cartref henoed, gyda'r cyfarwyddyd 'Cofiwch gadw'n gynnes'. Ni ddaw geiriad y testun i'r amlwg tan bron diwedd y gerdd: 'Mae ei dyfodol bellach / fel cnu / ar wifren bigog ei blynyddoedd.' Trist a hyfryd ar yr un pryd.

Maeshyfryd: Telyneg *Maeshyfryd* oedd yr un fwyaf gwahanol o ran ei thestun. Ynddi, ceir rhestr o dasgau gwau nad ydynt wedi eu cwblhau dros y blynyddoedd, am iddynt gael eu rhoi o'r neilltu oherwydd galwadau eraill: 'pellenni a gweill / wedi'u hwpo i gwdyn / wrth droi i weithio dished, / neu ateb y drws.' Dyma i chi ddarlun o fywyd – faint o bethau a adawyd ar eu hanner gennym oherwydd i'n sylw gael ei ddenu i gyfeiriadau eraill? Mae'n delyneg fer, yn ymddangosiadol syml, ond sy'n cyfleu llawer mwy na'r geiriau sydd ynddi.

Mae telynegion y Dosbarth Cyntaf i gyd yn rhai llwyddiannus, ond rhwng *Pen y Dalar* a *Maeshyfryd* y bûm yn pendilio wrth geisio penderfynu ar enillydd. Mae'r ddwy delyneg yn gynnil a diwastraff, ac wedi llwyddo i greu darluniau effeithiol, gan awgrymu llawer mwy nag y maent yn ei ddweud. Oherwydd symlrwydd y dweud a'r delweddu, dyfarnaf y wobr i *Maeshyfryd*.

Cywydd, heb fod dros 30 o linellau: Miliwn

MILIWN

Clywn glebran â'r teganau
efo'r ŵyr ar fore Iau,
yna i sŵn y deinosôr
yr hogyn sy'n dweud rhagor;
Cymraeg Sam Tân amdano
ac oriau Cyw'n gyrru'r co'.

Mae'n dod â'i lais mewn dwy law
a'i ystum hawlio distaw,
a chwerthin ei gyfrinach
mewn cynghanedd bysedd bach;
wedi hyn yn ara' deg
arwyddion sy'n troi'n frawddeg.

Yn agos o'r bocs lego
mae'n rhoi rhes at res bob tro,
gyda dweud, i godi wal
â'i uniaith yn ei chynnal;
fesul sws a fesul sill
ein heniaith ddaw i ennill.

Â'i haf yn llawn ystafell
Peppa yw ei orwel pell,
cerbydau a geiriau'n gân
yn ifanc gyda'i gyfan,
o hyd â'i wên, a daw hwn
i falio am un filiwn.

Yn damaid â'i idiomau
geirfa hwn ddaw i gryfhau,
a'i dreiglo e'n troi'n dir glas
oedd unwaith yn y ddinas;
chwarae fferm ar ochrau'r ffin,
gerllaw y mae'r gorllewin

Sam Tân

BEIRNIADAETH ANWEN PIERCE

Chwe bardd a roddodd gynnig ar lunio cywydd – nifer braidd yn isel yn fy marn i, o ystyried bod cynifer wrthi mewn dosbarthiadau a thimau barddoni. Cefais flas ar y cerddi, gydag ambell un wedi mynd ar drywydd annisgwyl wrth ddehongli'r testun. Mae'r chwech yn cynganeddu'n ddiymdrech, ac er bod ambell linell yn chwithig ar y glust ac yn niwlog o ran ystyr, rhaid canmol, ar y cyfan. Dyma ychydig frawddegau am bob un.

Dau Lais: Trafod y nod o gael miliwn o siaradwyr Cymraeg ymhen 30 mlynedd a wna'r bardd. Mae 'llais' y penillion cyntaf yn sicr y gellir cyrraedd y nod, ond bod rhaid gwneud hyn 'heb Ddewi' a'r 'ofergoelion' fu'n rhwystr yn y gorffennol, a chefnu ar yr hen werthoedd er mwyn symud ymlaen. Ceir newid tua'r diwedd gyda'r ail 'lais' yn mynnu mai 'oferedd' yw ceisio achub yr iaith heb y gwerthoedd traddodiadol, Cristnogol. Cywydd twt ar y cyfan ac mae'r gynghanedd yn gywir, ond bod ystyr ambell beth braidd yn aneglur.

mil mil: Roedd rhaid diystyru'r gerdd am ei bod yn rhy hir; gobeithio'n fawr y bydd hon yn gweld golau dydd, naill ai drwy ei chyhoeddi neu wrth gystadlu. Mae'n haeddu cael ei rhannu. Mae'r ddelwedd sy'n rhedeg drwyddi'n drawiadol dros ben a'r dweud yn slic a chofiadwy. Cywydd crefftus. Hen dro, wir.

Y golled: Byddai brawddeg fer yn esbonio cefndir y cywydd wedi helpu; bu'n rhaid i mi ddyfalu beth oedd yr hanes. Aeth *Y golled* ar drywydd gwahanol i'r beirdd eraill, gan chwarae ar yr elfen 'Mili' o'r testun. Awgrymir mai cerdd am dad-cu Mili yw hon, a deithiodd i Awstralia, Alaska, Seland Newydd ac i'r Yukon i wneud ei ffortiwn – cymeriad tebyg i Joseph Jenkins, Trecefel, Tregaron. Mae'r celc bellach yng ngofal Mili'r wyres ac mae'r bardd am wybod mwy o'r hanes. Eto yn y gerdd hon mae ambell beth yn niwlog, ond fe hoffais ei gwreiddioldeb, ac edmygaf ddewrder y bardd am adrodd y stori mewn cynghanedd.

Cornicyll: Cerdd sinigaidd ar y cyfan yn sôn am y Gymraeg yn mynd i'r 'goedwig fud ddigidol', gan gefnu ar ei gwreiddiau traddodiadol, gwledig. Trodd yn 'glebraniaith' wrth adael ei chadarnleoedd yng nghefn gwlad. 'Caerdyddyddiaeth' sydd ar fai, yn ôl y bardd. Wn i ddim a yw cynnwys geiriau tafodieithol wedi talu am eu lle ('y Gwmrâg', 'whilia'), ac mae ambell linell glogyrnaidd yma o ran rhythm, o'u dweud yn uchel. Er hynny, mae hefyd elfennau trawiadol a gwreiddiol drwy'r cywydd.

Sam Tân: Taid a'i ŵyr bach sydd yma. Wrth reswm, cynrychioli'r her o gael miliwn o siaradwyr y mae'r bychan, wrth i'w eirfa yntau dyfu 'fesul sws a fesul sill'. Nid yw'r gynghanedd na'r eirfa'n ymdrechgar na chymhleth. O fod yn bedantig, mae angen twtio'r atalnodi, ceir un llinell wyth sillaf, a theimlaf fod y bardd wedi colli'i ffordd fymryn mewn mannau. Mae'r taid am i'r ŵyr ddod o 'ochrau'r ffin' tua'r 'gorllewin' – ac mae gan bawb ei ddehongliad ei hun o'r ddelwedd honno. Cynhesrwydd naturiol y delyneg a'i dweud di-ffws sy'n apelio ataf, ac i mi, yn ei symlrwydd y mae ei chryfder.

Alaw: Trafod y gair 'miliwn' wna'r bardd. Noda ei fod yn rhif y tu hwnt i bob amgyffred, o ran y sêr, o ran treigl amser a phellter, a hyd yn oed o ran enillion y Loteri. Efallai fod gormod o bwdin yma, a bod angen symud y gerdd yn ei blaen, ond mae'n cynnwys sawl syniad diddorol a nifer o drawiadau gwreiddiol – hoffais 'a chysurus chwe sero'! Mae'r diweddglo'n hyfryd o obeithiol, ac yn clymu'n daclus iawn â'r dechrau.

Rhoddaf y wobr i *Sam Tân*.

PORTHMYN

Cychwynnaf yn gynnar ar fore dydd Llun
o ardal Llaniestyn ym Mhenrhyn Llŷn,
gyda thrichant o wartheg, pob brid a phob maint,
i'w gwerthu mewn ffeiriau yn Llundain a Chaint.
Caf gymorth i'w hebrwng bob milltir o'r daith
gan hogia' o'r pentra' sy'n deall y gwaith:
Siôn Ifan, Bryn Eithin, a Dafydd ei frawd
sydd yn falch o gael dianc o ardal mor dlawd.

Rhys Dafis, Tudweiliog, a Morus o'r Sarn,
– dau arall y medraf eu trystio i'r carn –
a ddônt pan fo'r angen i warchod y gyr,
pan fo'r meistr yn blino, a'i wynt o yn fyr.
Rhaid gwneud rhyw drefniada' cyn myned o'r fro,
a'r gwartheg, wrth reswm, sy'n bwysig bob tro;
bu i of Efailnewydd eu pedoli i gyd
cyn cychwyn y siwrna' o 'ben draw y byd'.

Rhaid eu bwydo a'u dyfrio, i'w cadw yn iach,
mewn mannau penodol, ac mae hynny yn strach
ar boced hen borthmon, os yw'r prisiau yn wael
ym marchnadoedd de Lloegr, a finna' mor hael.
Rwy'n gofalu bod ychydig o bres yn y pwrs
cyn cychwyn fy nhrafals am Loegr, wrth gwrs;
rhaid talu y chweugain i'r hogia', 'flaen llaw,
iddynt brynu rhyw lasiad neu ddau, fel y daw.

Dilynaf hen lwybra' fy nheidia' gynt
wrth hysio'r da byw drwy'r wlad ar fy hynt;
cawn aros am noson yn 'Stiniog, rwy'n siŵr,
lle caiff y gwartheg ddadflino, a chael digon o ddŵr!
Ailgychwyn yn gynnar y bore drachefn,
gan droi am Benmachno dros ffriddoedd Pen-cefn;
fe awn heibio hen dafarn hynafol Tanrhiw,
a chael tamaid i'w fwyta gan Siân Elin driw.

Ac wedi ein porthi, a thalu am y pryd,
rhaid casglu ac anfon y gwartheg ynghyd
i gyfeiriad Ysbyty, ac yna ymlaen
dros frynia' Hiraethog, sy'n dipyn o straen.
Arhoswn am noson rhwng cyfnos a gwawr
mewn 'sgubor – dim ond rhywle i roi'n penna' i lawr,
cyn ei throi am Amwythig, a dyma y dre'
y byddwn yn cyrraedd ymhen deuddydd yntê.

Ac yno cawn drafferth, wrth geisio ymdrin
â iaith ryfedd y Saeson, wedi croesi y ffin;
rhaid gyrru y gwartheg hyd lwybrau y wlad
tua Llundain, neu'r ffeiriau yng Nghaint, neno'r tad.
Ac wedi tair wythnos o deithio fel hyn,
yn hynod flinedig, cawn orffwys, a'n ffyn
gaiff eu cadw, a'r gweision a'r cŵn
i gyd wedi dychryn gyda'r bwrlwm a'r sŵn.

Mor brysur yw Llundain, yn ddinas mor fawr,
nad yw'n gorffwys o'r machlud hyd doriad y wawr,
a'r miloedd o bobol sy'n cerdded pob stryd,
y cyfan, fel arfer, yn ein cyfarch o hyd.
Dywedaf yn aml, a hynny yn glir,
na fu marchnad Pwllheli mor brysur, yn wir;
gobeithio daw'r bidio yn fuan i'n clyw,
a ffarmwrs de Lloegr yn hoff o'n da byw.

Gyda lwc, bydd y gwartheg wedi'u gwerthu cyn hir,
mae arwerthwyr y Smithfield yn hynod, yn wir,
a phrisia' ardderchog i'w cael yn y man
wedi taro bargeinion gyda phorthmon y Llan.
Bydd y sêl wedi gorffen cyn diwedd y pnawn,
a'r gwerthwr yn fodlon, a'r waled yn llawn;
mae tafarnau yn Llundain yn lle i fwynhau
a chael cyfle i ymlacio am ddiwrnod neu ddau.

Ni fydd Dafydd, Siôn Ifan, na Morus na Rhys
na finna', wedi'r cyfan, mewn llawer o frys
i ddychwelyd i Gymru; a phawb yn gytûn
am gael blas ar y ddinas cyn mynd 'n ôl i Ben Llŷn.

Ond gorfod ymestyn ein camau fydd raid
i gyfeiriad Llaniestyn, tra bo'r tywydd o'n plaid;
fe gawn groeso, rwy'n gwybod, ym 'mhen draw y byd'
'r ôl dychwelyd o'n teithiau, fel y cawn ni o hyd.

Pyrs y Porthmon, 1830

BEIRNIADAETH HUW CEIRIOG

Mae'r gefnogaeth i gystadleuaeth y faled yn Eisteddfodau Cenedlaethol y blynyddoedd diwethaf wedi bod yn ansicr, ond braf oedd gweld fod saith baled wedi dod i'r gystadleuaeth yn yr Eisteddfod hon, ac roeddynt i gyd yn ddifyr i'w darllen.

Y mae'r testun 'Porthmyn' yn addas i ardal yr Eisteddfod eleni gan fod y porthmyn yn bwysig yn hanes cymdeithasol y dref. Fel y dywedodd y porthmon, Jenkin Williams, Tregaron:

Mae Tregaron fach yn mwgu,
Nid oes fater ta hi'n llosgi.
Os bydd newydd drwg ar gerdded
Yn Nhregaron cewch ei glywed.

Un Droed yn y Bedd, 'Baled y Pastard Mul': Baled fodern, neu gân ysgafn, sydd yma, yn adrodd hanes bywyd trist ac anffodus Dafydd Goronwy, Bryn Gro. Yr unig gyfeiriad at borthmyn sydd yma yw fel dosbarthwyr cyffuriau.

Dychweledig, 'Porthmyn': Cerdd yn trafod dylanwad ein bryniau a chrwydriadau ein 'teidiau slawer dydd' ac effaith y bryniau. Baled wahanol i'r gweddill.

Hwsmon y Talbot, 'Baled y Porthmyn': Baled yn adrodd hanes y porthmyn olaf, o'r ganrif ddiwethaf, sef Bois y Crown, Bili, Ifan a Ben y tad. Teimlaf fod y mesur yn afrwydd ar adegau. Mae'r bardd yn credu petai Ifan y Crown yn fyw y buasai'n Is-Lywydd yr Eisteddfod hon.

Pyrs y Porthmon, 1830, 'Porthmyn': Cawn yma adrodd hanes y bardd ar daith borthmona o Laniestyn ym Mhen Llŷn i Lundain. Medraf glywed y faled hon yn cael ei chanu wedi iddo ddychwelyd adref.

Eli, 'Porthmyn': Dyma faled lwyddiannus arall, yn adrodd hanes y porthmon yn gadael bywyd undonog Tregaron am Loegr bell cyn dychwelyd i'r Talbot â phres yn ei boced.

Ifan, 'Porthmyn': Baled ddifyr yn rhoi hanes y porthmyn gan gyfeirio at Fanc y Ddafad Ddu, y Ficer Prichard, Twm o'r Nant, ac Edward Morus, Perthi Llwydion a fu farw tra ar daith borthmona. Cyfeiria yn ei bennill olaf at Dafydd Jones o Gaeo yn cael tröedigaeth yn ystod ei daith.

Fflei, 'Baled Rhys Morgan': Mae'r faled hon yn cael ei hadrodd yn agos atoch, gyda thafodiaith Ceredigion yn amlwg. Mae Rhys Morgan yn mynd i Lundain, ac yn adrodd am y croeso a gafwyd yno. Hoffais ailadrodd y llinell 'Ymlân bois bach, ymlân'.

Nid oedd yn hawdd dewis rhwng y baledi. Gellid bod wedi gwobrwyo nifer ohonynt, ond credaf mai *Pyrs y Porthmon, 1830* sy'n adrodd y stori orau; felly, ef sy'n cael y wobr.

AUR

O iet y clos mae'r byd i gyd yn glir,
Holl fynd a dod y sêr a phlant y llawr,
Pob machlud fu erioed yn euro'r tir,
Pob gwlithyn fu'n ariannu toriad gwawr.
Daw'r deryn-du-pigfelen yn ei dro,
Â'i gân uwchben yn adlais yn y dail
O ddoniau'r haul a'r glaw'n tylino bro
A gwyrthiau'r haf a'r gaeaf am yn ail.
Ac er nad oes i'r iet mwy nag i mi
Na'r cantor cudd ond balchder gwerin gwlad,
Yng ngrym a sicrwydd ein cyfamod ni
Dyrchefir fi yn frenin fy ystâd.
Cans gwn pwy wyf ac a yw'n ddydd neu'n nos
Yng nghwmni'r deryn du yn iet y clos.

i fi

BEIRNIADAETH ELIN MEEK

Roedd 'Aur' yn destun cyfoethog a ysgogodd y beirdd yn y gystadleuaeth i ddilyn sawl trywydd gwahanol. Roeddwn yn chwilio am gyfuniad o gynnwys diddorol a mynegiant llyfn ac roedd elfennau i'w hedmygu yng ngwaith pob un. Dyma nhw'r 21 ymgais gan 17 bardd, yn y drefn y'u cyflwynwyd i mi.

Un Droed yn y Bedd, 'Baw Isa'r Domen': Buchenwald yw'r testun, a disgrifir sut y tynnwyd yr aur o ddannedd yr Iddewon a hil-laddwyd, cyn symud ymlaen i ofyn 'A gyfyd eto'r fath atgasedd pur?' gan fynegi'r ofn bod hynny'n bosibl yn y clo. Mae'r mynegiant yn eithaf cymhleth mewn mannau, e.e. 'Cludeirol deulu dyn yn llenwi'r ffald' a chyflwynir sawl syniad o fewn ychydig o linellau, e.e. y pedair llinell o 'Amheus yw cyfoeth Iddew, fel ei air …' Mae yma ambell wall trwsgl; eto i gyd, mae'n llwyddo i gyfleu arswyd yr hyn a ddigwyddodd ac a allai ddigwydd eto, ym marn y bardd.

Un Droed yn y Bedd, 'Tir y Cwmwd': Soned delynegol sy'n dathlu dyfalbarhad byd natur ac sy'n ymgais i godi calon: 'drwy aeaf didrugaredd, oer a thamp /

Rhaid cofio y daw eto haul ar fryn.' Mae'n rhaid canmol sut mae'r bardd yn ein cyflwyno i'r wylan sy'n codi 'ar ei hadain uwch y lli' ac yn gweld y wawr yn torri, 'y llinyn aur sy'n llamu dros y môr.' Efallai nad yw'r diweddglo mor llwyddiannus: 'Ar wely porffor hydwyth grug y mêl / Tyf eithin ar y comin, doed a ddêl' ond hoffais ysbryd gobeithiol y soned. Hon oedd ymgais orau'r bardd hwn yn y gystadleuaeth, yn fy marn i.

Un Droed yn y Bedd, 'Rhannu'r Baich': Yma, mae dau gariad, sy'n briod, ond nid â'i gilydd, yn cerdded o dan Dresi Aur Bodnant. Y baich a rennir yw eu priodasau anhapus. Er bod sawl cyffyrddiad hyfryd, '"Sut wyt ti'r aur?" medd un, wrth agosáu / At fainc ble [*sic*] medrant orffwys dan r'un to [*sic*]', nid yw mynegiant y clo mor llwyddiannus wrth gyfleu'r ffaith mai dwy ddynes sydd yma mewn gwirionedd, neu felly y deellais i: 'Ei phriodas nawr ar chwâl, a'i gŵr o'i go', / Ei adael am Myfanwy fyddai'n ddoeth.'

Un Droed yn y Bedd, 'Clefyd Aur Aberdâr, 1862': Stori sydd yma am weithwyr o Aberdâr a adawodd eu swyddi er mwyn mynd i Columbia i chwilio am aur, ond a gafodd siom 'Serch gaddewidion *Y Gwladgarwr*'. Mae'r mynegiant yn drwsgl yn y cwpled olaf, e.e. 'Yn llawn o dalpiau bras madfelen mwyn', ac nid wyf yn siŵr mai'r ddihareb 'Gwell 'deryn bach mewn llaw na dau mewn llwyn' yw'r un orau i grynhoi neges y soned.

Un Droed yn y Bedd, 'Rhodd Mam': Mae'r bardd yn dychwelyd i Buchenwald eto i gyflwyno hanes Otto Goldschmidt, yr 'eurych hanner-dall' sy'n gorfod creu modrwy i Frau Ilse Koch, gwraig Kommandant y gwersyll crynhoi, a hynny o'r aur 'A garthwyd, ar ôl dioddef bedydd tân, / O enau meibion Israel ...' Er gwaethaf ambell wall, e.e. 'Rhaid Otto Goldschmidt weithio ...', mae'r soned yn cyflwyno'r stori'n ddigon effeithiol hyd at y cwpled olaf; ni welaf fod hwnnw'n cyplysu'n dda â'r llinellau blaenorol: '"Nid aur yw popeth melyn," meddai [*sic*] fam, / A fyntau 'mond yn blentyn bach di-nam.'

Un o'r Cwm, 'Aur': '"Nid aur yw popeth melyn," meddai 'nhad' yw llinell gyntaf y soned hon, ac mae'r bardd yn sôn sut roedd ei dad 'Na fu erioed yn chwennych mynd yn bell' yn defnyddio'r ddihareb hon er mwyn esbonio bod gwerthoedd da yn bwysicach nag arian. Roedd rhai yn y Cwm wedi ceisio ymgodi a chaffael cyfoeth, ond ni welai'r tad ei fod yn well 'Na gwaeth na'r un o'r rhai breintiedig gynt, / Fu'n lordio'i hyd y strydoedd yn y Cwm'. Yn y clo, mynegir eu bod 'Yn gwybod pris pob dim, a gwerth dim byd'. Mae'r bardd yn amlwg wedi ysgrifennu'r soned ar sail atgof personol ac wedi llwyddo i raddau helaeth iawn.

Pererin, 'Aur': Bardd sydd wedi colli ei ffydd wrth heneiddio yw *Pererin*; fe'i dallwyd gan y 'goleuni aur' (Cristnogaeth) 'pan yn iau' [*sic*], ond erbyn hyn, 'atgof yw gwawrddydd wrth i'r nos nesáu.' Mae wedi dod i'r casgliad mai 'un castiog' yw Duw 'â holl weddïau f'oes tu hwnt i glyw, / ar goll fel cri'r gylfinir ar y bryn'. Er bod y thema 'aur' wedi'i phlethu'n ddigon effeithiol mewn rhai llinellau yn yr wythawd, gyda'r cyfeiriadau at y 'goleuni aur' a'r 'trysor', mae'n diflannu erbyn y chwechawd, fodd bynnag. Mae teimladau negyddol y bardd yn amlwg yn llinell gyntaf y clo, ond mae'r ail yn fwy amwys: 'Tywyllach ydyw'r nos o 'mlaen i nawr / o gofio tragwyddoldeb byr y wawr.'

Siôn Berw, 'Aur': Stori 'plentyn aur' ei fam sydd yma, rhywun a allai fod wedi ymddyrchafu yn ei fro ond a ddewisodd 'ddilyn arall nôd [*sic*] / Mewn berw llawer ddinas [*sic*] yn eu tro' ac yn y pen draw yn Llundain, 'A'i disglaer oleu [*sic*] melyn.' Yma, llithrodd ar ei phalmant aur, a sylweddoli, 'mewn bocs ar y stryd', 'Nad aur y'w [*sic*] popeth melyn sy'n y byd'. Nid yw'r syniad yn arbennig o wreiddiol, na'r mynegiant yn ddi-fai, ond mae rhywbeth sy'n fy nghyffwrdd am y llinellau cyntaf yn enwedig.

Dryw, 'Aur': Portread o hen ddynes sydd yma; mae hi wedi hen anghofio 'cyfaredd ei hieuengoed', a chollodd ei llygaid 'yr hudoliaeth fu o'r blaen / Yn deffro llanciau o'u mudandod llwm'. Eto i gyd, mae 'yn ei llaw agored gu / Rhyw rym haelioni sy'n gorchfygu loes'. I'r bardd, mae 'aur diddiffyg ei dwy fodrwy gain' yn gysur. Mae'r mynegiant yn llai llwyddiannus mewn llinellau fel 'A'i gafael fregus ar yr hyn a fu / Sy'n dysteb gadarn i lwyddiannau oes', ond at ei gilydd, mae hon yn soned afaelgar.

Crafnant, 'Aur': Cyferbynnu trysorau'r Eifftiaid a'r Asteciaid â chyfoeth byd natur y mae *Crafnant*. Yn yr wythawd cyntaf, mae'n sôn am y trysorau 'bydol' hyn: 'Fe ryfeddasom at gywreinder cudd / breichledau ac eurdlysau gwycha' fu ...' ond yna yn y chwechawd, dywed mai byd natur sydd â'r cyfoeth mwyaf: 'Ond mwy rhyfeddol yw'r friallen hardd ... neu'r dant-y-llew, efallai, yn fy ngardd.' I gloi, cawn y ddihareb y mae sawl bardd wedi troi ati: '"Nid aur yw popeth melyn," meddan nhw; / ond gwn i beth sy'n aur, af ar fy llw.'

Clondeic, 'Aur': Mae'r bardd yn mynd â ni i hen weithfeydd Cwm Heisian a'i 'hen wenithfaen ffals' ac yn ymhyfrydu bod natur yn llwyddo i oroesi yno. Yn yr wythawd, disgrifia'r 'offer trwm yn rhydu yn y glaw', yr 'holl domennydd yn bentyrrau llaith', ac yn effeithiol iawn 'Twneli fel penglogau gweithwyr gynt / Segurdod llonydd lle bu unwaith waith'. Ynghanol hyn i gyd, yn y chwechawd, 'ffrwydrodd gwanwyn dros y tir / A phwytho gwyrddni dros y creigiau'i gyd'. Yn y cwpled clo, cyflwynir ni i'r aur: 'Roedd un friallen felen yno'n sglein, / Yn fflach o drysor ar yr hen inclein.' Mae'r soned yn apelio'n fawr at y synhwyrau, rhwng 'gwich cadwynau', y pentyrrau 'llaith' ac yn y blaen. Mae'r mynegiant yn gyfoethog a'i neges yn ddengar iawn, er nad yw'n arbennig o wreiddiol.

Petrus, 'Aur': Dyma un o sonedau mwyaf personol y gystadleuaeth. Rwy'n tybio mai merch sy'n llefaru, er na allaf gymryd hynny'n ganiataol, wrth gwrs. Yn yr wythawd, sonia'r bardd, yn y person cyntaf, sut na chafodd fodrwy gan ei chariad erioed, ac, 'er i stormydd bywyd yn eu tro / Roi ergyd galed i'n perthynas ni', nad yw diffyg modrwy wedi bod yn ofid iddi oherwydd 'Mae'r cariad eto yn ei lygaid o, / A'r hen frwdfrydedd yn fy nghalon i'. Ond yn y chwechawd, a hithau erbyn hyn yn ganol oed, a 'llygaid mam yn herio eto'n glir / A'i siom yn amlwg ar ei gruddiau gwynt', mae'n llai sicr wrth i amheuaeth ddod eto 'I aflonyddu'n gyndyn ar fy myd'. Mae'n soned gyfoethog iawn ei syniadaeth a chynnil ei mynegiant.

Orffiws, 'Aur': Yn y soned hon, mae *Orffiws* yn canu am golli ei gymar. Cofia'r eiliad gyntaf y gwelodd yr un a ddaeth yn gymar iddo:

> Un eiliad berffaith oedd yn llawn o hud
> Pan syllais gyntaf i dy lygaid di
> A gweled yno rhywbeth [*sic*] oedd yn fwy
> Na rhin prydferthwch a chelwyddau serch.

Yn y chwechawd, cawn wybod, er i 'angau powld wahanu dau', fod 'sglein fy modrwy drwy'r eiliadau llwyd, / yn dal yn atgof o bleserau nwyd'. At ei gilydd, mae'n soned sy'n apelio, er bod rhai llinellau gwannach: 'Fe wybu ninnau ar funudau brau / Y wefr sy'n cuddio dan holl haenau'r graith.'

Er Cof, 'Aur': Cofio'r rhai y mae aur wedi eu denu i'w marwolaeth y mae'r bardd yn y soned hon. Yn yr wythawd, sonia am yr un a gafodd ei ddenu 'dros ddiddymdra'r paith' i 'dir yr aur'. Yno, mae'n 'ildio'n fud i gynddeiriogrwydd cryd / A'i gladdu'n llwm heb enw ar ei fedd'. Yn y chwechawd, cofia long y *Royal Charter* a suddodd 'Yn drwm gan aur yng ngafael môr a'i wanc'. Yn y clo, daw i'r casgliad mai 'I rith yr aur ysglyfaeth oeddynt hwy, / Yn ddim ond ebyrth brau i'w gledd a'i glwy'. Mae'n soned sy'n cloriannu tynfa pobl at aur yn effeithiol.

Elsi, 'Aur': Cerdd i ddiolch i Dduw am flodau'r gwanwyn sydd gan *Elsi*. Mae 'sofrenni cywrain' y briallu'n dod 'I harddu'r gwely blodau ger fy nrws', a chawn ddisgrifiadau wedyn o'r cennin Pedr, y banadl, yr eithin a'r gwyddfid. Yn y clo, cawn y diolch: 'Rhoi diolch wnaf i'm cymwynaswr hael / Am gyfoeth ddaw bob blwyddyn yn ddi-ffael.' Mae hon yn soned daclus gyda chyffyrddiadau hyfryd iawn: 'I lathru'r fron daw'r banadl a'r eithin, / A'u melyn tanbaid yn goreuro bryn' ond nid oes yma newydd-deb mawr o ran ei neges.

Y Tlawd Hwn!, 'Aur': Prif neges y soned yw ein bod i gyd yn ymgyrraedd at '[f]ywyd hawdd, cysurus', ond mai ofer yw'r freuddwyd yn y pen draw. Mae'r soned yn dechrau drwy adleisio'r emyn 'Calon Lân' yn effeithiol. Oherwydd bod yma symud rhwng tri pherson y ferf – 'ni' yn y pedair llinell gyntaf, 'ef' yn y pedair llinell ddilynol yn ymlafnio wrth chwilio'n llythrennol am aur, a 'fi' yn y chwechawd – mae yma ddiffyg undod rywsut. Eto i gyd, mae yma gyffyrddiadau hyfryd, fel 'Gobeithio dod o hyd i'r crochan hudol / Dan fwa'r enfys, wedi cawod haf', ac mae'r syniad yn y bôn yn un sy'n apelio.

Gwynfynydd, 'Aur': COVID yw testun y bardd hwn a ysgrifennodd y soned ar ddechrau'r pandemig cyn dyddiad cau'r gystadleuaeth ar 1 Ebrill 2020. Yn yr wythawd, disgrifir sut daeth y feirws a'i effaith arnom ac mae'r chwechawd yn dathlu gwaith ymchwilwyr a gweithwyr y Gwasanaeth Iechyd. Mae'r mynegiant yn yr wythawd yn lletchwith ar adegau, o bosibl er mwyn cynnwys cyffyrddiadau cynganeddol, e.e. 'Pitw afrwysg heb rwysg a'n gwnaeth yn brae, / Govid gwir ar groen ir a'r esgyrn hyn'. Hoffais y ddelwedd yn y chwechawd yn fawr iawn, sef bod y meddygon a'r ymchwilwyr 'cyn ddewred a [*sic*] chloddwyr mwyn / Yn brysur wrth dyllu'r wythïen dynn ... lle cuddir y swyn' wrth chwilio am ateb i'r pandemig. Eto, mae'r mynegiant braidd yn afrosgo yn y llinellau clo: 'Er blino ânt â'u rhofiau'i balu'n is / I'r du i brynu elicsir am bris.'

Cyfle, 'Aur': Soned wedi'i seilio ar lun Dürer, 'Betende Hände' – y 'ddwy law yn erfyn' – yw hon. Mae'r gerdd yn adrodd stori Albrecht Dürer ac Albert ei frawd yn gweithio mewn chwarel i gloddio am aur, gyda'r brawd yn aberthu ac yn parhau i 'naddu'r graig' er mwyn hwyluso gyrfa Albrecht fel artist. Gan fod y ffeithiau yn y gerdd yn ddi-sail (yr un yw'r enw 'Albrecht' ac 'Albert', a gofaint aur digon llewyrchus oedd aelodau teulu Dürer), mae hi'n colli ei grym, yn enwedig wrth sôn am ddwylo'r brawd 'yn greithiau i gyd'.

i fi, 'Aur': Myfyrdod ar fywyd sydd gan *i fi*, a hynny wrth bwyso ar 'iet y clos'. Mae'r 'byd i gyd yn glir' iddo, gwêl 'Pob machlud fu erioed yn euro'r tir, /

Pob gwlithyn fu'n ariannu toriad gwawr'. Yn hynny o beth, caiff gwmni'r 'deryn-du-pigfelen', ac mae'n gwerthfawrogi ei gân a adlewyrchir ym myd natur. Gwêl y bardd, er mai dim ond 'balchder gwerin gwlad' sydd ganddo, ei fod, drwy'r 'cyfamod' sydd ganddo â'r aderyn du, yn 'frenin fy ystâd'. Mae'r clo yn crynhoi ei neges yn effeithiol dros ben: 'Cans gwn pwy wyf ac a yw'n ddydd neu'n nos / Yng nghwmni'r deryn du yn iet y clos.'

Gwersyllwr, 'Aur': Yn y soned hon, mae *Gwersyllwr* yn edrych yn ôl ar gyfnod o gyni ariannol pan oedd yn rhaid i'r pâr wersylla ynghanol gwynt a glaw mis Awst, yfed dŵr yn y bar, gyda'r storm yn dwyn eu pabell, hyd yn oed. Eto i gyd, roedd yno hapusrwydd, 'cyneuem goelcerth fach / o eiriau ac o gariad yn lle pren ...' Yn y chwechawd, deallwn i bethau newid ac mae'n amlwg erbyn y cwpled clo fod y berthynas a oedd rhwng y ddau y pryd hwnnw, er gwaetha'r prinder arian, wedi dirywio. Gallai'r llinellau clo, 'Roedd gennym ddealltwriaeth a dyna i gyd / sydd angen [*sic*] ar ddau berson yn y byd' fod wedi bod yn fwy grymus.

gwerth, 'Aur': Hanes Gwen, gwraig y mae ei gŵr wedi mynd 'i Galiffornia'r ras' i chwilio'n ofer am aur a gawn yn y soned hon. Mae rhannau o'r stori'n aneglur i mi:

> Troi profiad, cylch y bys oedd syniad Gwen ...
> a hawlio'r nod i wirfoddoli'r weithred yn ei phen
> a bod yn gefn i drefnu'r mynd a dod
> i'r pentre bach gael ffynnu dan ei llaw.

Cyn i'w gŵr ddychwelyd o'i siwrne seithug, mae'n ymddangos i Gwen gael ei denu at ddyn arall, os wyf yn deall yn iawn: 'daeth newid byd / o'r winc at Gwen, o fodrwy'n nŵr y rhyd.' Digon posibl mai fi sydd ar fai, ond mae gormod o amwysedd yn y mynegiant i mi allu deall y soned hon yn llawn.

Ar ôl tafoli'r cerddi i gyd, dyma ffugenwau'r rhai a oedd yn dod i'r brig, eto yn y drefn y darllenwyd y sonedau: *Clondeic, Petrus, i fi*, a *Gwersyllwr*. Er bod cynnwys cerddi *Petrus* a *Gwersyllwr* yn apelio'n fawr, a bod *Clondeic* wedi cynnig ymgais raenus dros ben, teimlwn mai *i fi* a ysgrifennodd y soned fwyaf cyflawn. Mae gan y bardd hwn allu amlwg i greu darluniau ac i drin geiriau, ac mae ei neges, yn enwedig yn sgil cyfnod y pandemig, yn apelio'n fawr.

i fi sy'n cael y wobr, felly.

CYFANDIR

Fe gadwodd gwmni imi gydol nos,
y glaw;
heb osteg,
heb ddiffygio chwaith,
gan ddrymio'i *jazz* byrfyfyr ar y gwydr,
a riffio'i rythm digyswllt ar y to.
Parti drwy'r nos,
ar lwyfan berw'r stryd.

Mae'r goeden fawr ddienw yn y cefn,
bron iawn wedi ei blingo erbyn hyn,
fel prin y gweli, bellach, gwymp ei dail,
dim ond eu gweld,
bob bore,
yn prinhau.

Mae Tachwedd yn troi'r *brownstones* bron yn ddu,
a'r gwyngalch ar y *condo* mawr yn llwyd.

Mae *jet* yn dringo'i ffordd o JFK,
gan rygnu drwy'r cymylau at yr haul;
dihangfa neu ddychweliad,
'dwn i ddim.
Roedd hwnna'n eglur unwaith,
oes yn ôl,
pan ddaethom yma gynta.
Ond nid nawr.

Bu newid ar yr echel fesul dydd,
nes i ganolbwynt fy nisgyrchiant droi
a dewis rhwng y ddeufyd ar fy rhan.
Mae'r sŵn yn cilio yn y llwyd uwchben,
fel un drws arall yn y cof yn cau.

Ond gwers pob ymadawiad ydyw hyn,
bob tymor,
sef i wneud y dewis iawn:
nid heulwen bell
ond cariad yn y glaw.

Alltud Brooklyn

BEIRNIADAETH SIAN NORTHEY

Derbyniwyd wyth ymgais. Diolch i'r beirdd i gyd – am lunio cerddi, am fentro cystadlu ac am eu hamynedd.

Dyma ychydig sylwadau am y cerddi yn y drefn y daethant allan o'r amlen.

Alltud Brooklyn: Dyma fardd sydd yn mynd yn agos at ffiniau ond heb eu croesi. Mae'n agosáu at fod yn sentimental wrth sôn am gyfandir newydd yn dod yn gartref dros gyfnod o flynyddoedd. Mae hefyd yn mynd yn agos iawn at fydr os nad odl. O edrych arni ar y dudalen, mae'n edrych yn gerdd *vers libre* ddigon cyffredin ond o'i darllen yn uchel mae iddi sŵn rhyw soned hir ddi-odl sydd yn swyno darllenydd. Dyma fardd sicr ei grefft.

Retsina: Gall y bardd hwn dynnu llun â geiriau – rwy'n gallu gweld y caffi. Heblaw am rai yn gweiddi tu allan i'r caffi, awyrgylch eithaf hamddenol sydd yna, a dw i ddim yn hollol siŵr a yw'r llinellau byrion yn cyd-fynd â hynny. Erys y diweddglo, lle mae'r bardd yn sylwi ei fod 'yn boenus o lawen', yn y cof.

Ffarwél i'r Sorbonne: Yr hyn a geir yma yw perthynas yn dod i ben ar ôl dychwelyd wedi treulio haf yn ffawdheglu o amgylch Ewrop. Mae'n sefyllfa addawol, ac er bod darnau o'r gerdd ychydig yn rhy ryddieithol i fy chwaeth i, rwy'n hoff iawn o'r ddelwedd yn y diwedd o fod wedi cael cipolwg ar y tiroedd eang yn nrych y lori.

Gwenithfaen: Darlunnir plentyn yn dysgu am 'Iwrop' anghyfarwydd yn yr ysgol ddegawdau yn ôl, ond bellach mae 'Iwrop yn hen gyfarwydd' ac yntau'n gwybod dim am hanes ei gynefin. Efallai bod y neges, er yn un sydd isio'i phregethu, yn rhy amlwg, ond mae yna ddeud da ar adegau megis 'mor bell â'r Nadolig'.

Meudwy: Roedd hon yn gerdd a oedd yn apelio mwy a mwy ataf o'i hailddarllen. I mi, mae yma amwysedd a ydy'r llanc yn cofio'r noson ym Mharis neu yn ei dychmygu wrth edrych ar y llun yn y Mwmbwls, ac rwy'n mwynhau'r amwysedd hwnnw.

Beti: Cerdd yw hon am Batagonia ac am holl hanes coloneiddio'r cyfandir hwnnw. Efallai bod ceisio cwmpasu hyn oll mewn un gerdd yn uchelgeisiol a bod y gerdd, a'm denodd gyda'i llinell gyntaf syml, yn dioddef o'r herwydd.

sŵn y gwynt: Er ei darllen sawl gwaith, rhaid cyfaddef nad yw ystyr y gerdd hon yn glir i mi; rwy'n ansicr pwy yn union sy'n llefaru. Mae'n brofiad rhwystredig gan fod yna ddelweddau cofiadwy a fedra i ond ymddiheuro wrth y bardd bod y beirniad hwn o leiaf angen rhyw un cliw bach arall.

Pererin: Mae 'Mawrth 2020' wedi'i osod fel isbennawd i'r gerdd hon, sef y Cyfnod Clo cyntaf. Ac er nad oedd popeth yn hollol eglur i mi ar y darlleniad cyntaf (wyddwn i ddim am James Pantyfedwen a'i sinemâu, er enghraifft) y cyfnod od hwnnw a ddarlunnir yma ac ar y diwedd dyfala'r bardd sut fydd pethau ar ôl misoedd o gaethiwed: 'bydd mesur / yr oriau / fesul gwên / yn gwneud y tro.' Dyma gerdd y dychwelais ati sawl tro wrth drio penderfynu pwy i'w wobrwyo.

Weithiau yr ysfa i rannu cerdd efo ffrindiau a chydnabod sydd yn dangos i feirniad pwy ddylid ei wobrwyo, ysfa nad oes posib gweithredu arni ar y pryd, wrth gwrs. A cherdd *Alltud Brooklyn* wnaeth danio'r ysfa honno ynof fi. Llongyfarchiadau mawr iddo fo neu hi.

Cerdd gaeth neu rydd i gystadleuwyr dan 25 oed: Gwastraff

BEIRNIADAETH OSIAN RHYS JONES

Gyda nifer o feirdd ifanc yn dod i'r amlwg yn gyson mewn amryfal eisteddfodau a chystadlaethau, siom o'r mwyaf oedd derbyn dim ond un ymgais ar gyfer y gystadleuaeth hon. Ni wn ai diffyg diddordeb, neu ddiffyg hyrwyddo, sydd wrth wraidd hyn. Gan fod nifer o gystadlaethau eraill yn cael eu cynnal i feirdd o dan 25 oed – mewn eisteddfodau neu gyhoeddiadau – tybed a oes angen i'r Eisteddfod Genedlaethol feddwl beth yn union yw nod cystadleuaeth fel hon oddi mewn iddi? A fyddai elwach o fagu partneriaeth gyda sefydliadau neu gyhoeddwyr sy'n gweithio gyda phobl rhwng 16 a 25?

Lotto oedd yr un cystadleuydd a fentrodd. Diolch i'r bardd am ymddiried yn y beirniad. Gwrthrych y soned hon – os wyf yn darllen y cliwiau yn iawn – yw Brenhines Lloegr. Mae'r bardd yn ei chyfarch, gan ddefnyddio'r ddyfais hon i gyflwyno gwastraff y bywyd brenhinol – y plas, y goron, y pres. Yn y chwechawd olaf down at wastraff gwahanol, lle nad yw 'wyneb ofalus' y gwrthrych yn cael – oherwydd ei swydd – fynegi ei gwir deimladau. Mae'r bardd yn haeru bod mwy iddi na'r 'wên ddiduedd'; synhwyrwn fod ganddo gydymdeimlad â hi yn hynny o beth. Nid yw'n hollol glir i mi pwy yw'r Dafydd a gyflwynir inni yn y gerdd: 'ac nid fel Dafydd, ni wnawn gymodi ...' Dafydd ap Llywelyn efallai? Os hynny, ni wn a oes mwy i hynny na dyfais i gyflwyno llais gweriniaethol y bardd.

Gyda thestun mor hyblyg, yr hyn yr oeddwn i yn chwilio amdano oedd bardd â rhywbeth cyffrous i'w ddweud am y byd sydd ohoni; bardd sydd â dawn dweud amheuthun. A deimlais hynny yng ngherdd *Lotto*? Yn anffodus, wnes i ddim. Gallai'r bardd fod wedi palu'n ddyfnach yn y tir llwyd hwnnw rhwng bod yn weriniaethwr a theimlo mymryn o biti dros y brenhinol rai. Nid cyfoeth yw popeth, wedi'r cyfan. O ran crefft, mae'r bardd yn gallu cynnal soned yn llwyddiannus, er gwaethaf y cam-odli rhwng llinellau 6 ac 8, ac nid wyf i yn bersonol yn rhy hoff o odli geiriau diacen â rhai acennog mewn soned Shakespearaidd. Braidd yn rhyddieithol hefyd yw'r dweud, gyda gormod o'r llinellau yn gofyn am ddelwedd i'w cydio ac i ddod â'r darllenydd i mewn i'r darlun yr oedd y bardd am ei greu. Os gall *Lotto* fyfyrio ar ei destun ychydig yn hirach, a chraffu ar bosibiliadau delweddau fel y te cryf/gwan, yna bydd cyfle iddo/i ddatblygu'r grefft a chystadlu eto.

Nid yw ymgais *Lotto,* felly, heb ei rinweddau. Ond nid yw wedi fy narbwyllo mai dyma'r gorau o'r goreuon o blith ein beirdd o dan 25 oed. Dyna, i mi, yw'r safon y dylid ei chyrraedd yn yr Eisteddfod Genedlaethol.

Gyda chalon drom, felly, rwy'n atal y wobr.

Chwe Epigram,

caeth neu rydd, ar ffurf cwpled: Y Dyfodol

Y DYFODOL

Rwy'n ymbil, cofia ddilyn
Draciau maith dy daith dy hun.

Ni welwn rownd corneli
Pwy gyffro sy'n aros ni.

Nid ein gwaith ydy gweithio
I amserlen trên bob tro.

Yr un fath â'r hyn a fu
Yw oriau trac yfory.

A i B, dyna yw byw;
Na, hud y teithio ydyw!

Dylai fod lein i'w dilyn
Wedi'r orsaf olaf un.

choo choo

BEIRNIADAETH PEREDUR LYNCH

Ffaith ddiddorol ar gyfer anoraciaid y *Cyfansoddiadau* yn gyntaf oll. Mae'n ddathliad 'platinwm' yn hanes y gystadleuaeth hon eleni. Yn Eisteddfod Genedlaethol Aberystwyth 1952 y gosodwyd gyntaf gystadleuaeth o'r fath. 'Pymtheg o Gypledau Cywydd Epigramatig' oedd y gofyniad bryd hynny a daeth 23 cynnig i law i'w tafoli gan y Parchedig William Morris. Ond yn achlysurol iawn y gosodwyd y gystadleuaeth ers hynny (1955, 1959, 1971, 1973, 1975, 1981, 1985, 1986, 1991, 1995, 1999, 2002 a 2022). I un a faged ynghanol ystadegaeth ryfeddol Eglwys Bresbyteraidd Cymru, amhosibl fu osgoi'r demtasiwn i gynnig rhai ffeithiau dathliadol pellach. Yn hanes y gystadleuaeth hyd yma (1952-2022) daeth cyfanswm o 239 o gynigion i law a gynhwysai gyfanswm o 2,702 o epigramau. Cafwyd y nifer mwyaf o gynigion yn 1955 (42) a'r nifer lleiaf yn 1991 (8). (A'r fath ddanteithion ystadegol wedi eu harlwyo ger dy fron, onid gwych o beth, ddarllenydd annwyl, fu i ti brynu'r *Cyfansoddiadau* eleni?)

'Cynildeb yw hanfod epigram': felly y nododd Tegwyn Jones yn ei feirniadaeth yn 2002. 'Ac os priodir hynny â mynegiant sy'n peri i rywun ddal ei wynt,' meddai ymhellach, 'dyna epigram llwyddiannus.' Mae'r cwpled cywydd, wrth reswm, yn gyfrwng effeithiol ar gyfer y dweud cofiadwy hwn. O ran y canu rhydd wedyn, ceir naws epigramatig yn yr hen benillion telyn a thribannau a gwelwyd hynny yn y mesur rhigwm a fabwysiadwyd gan T. H. Parry-Williams. Ond, wrth anelu at yr hyn sy'n gofiadwy ac yn 'peri i rywun ddal ei wynt', gwendid y bardd Cymraeg yn rhy aml yw ymroi i ganu'n stroclyd a cheir olion hynny yn y gystadleuaeth hon.

Daeth 11 ymgais i law, a thri yn unig a gyflwynodd gwpledi caeth.

Un Croes ei Gyswllt: Dyma ddychanwr mawr y gystadleuaeth. Y 'dyfodol' a ddeisyfir ganddo yw un heb lyffetheiriau'r gynghanedd! Ond er mor grafog yw'r dweud, prin y gellir honni bod cwpledi fel 'bydd Canu Aneirin, y Gododdin *et al* / fel cerddi'r beirdd eraill, ochr arall i'r wal' yn rhai epigramatig eu natur. Cerdd ddychan gydlynus sydd yma mewn gwirionedd yn hytrach na chyfres o chwe epigram.

Nostradamus: Ceir gwell syniad ganddo o'r hyn yw epigram er bod yma gloffni mydryddol yn yr ail gwpled a bod y traethu, ar y cyfan, braidd yn rhagweladwy. Ei gwpled olaf yw'r cryfaf: 'mae mwy yn y fantol yn nhroad y rhod / na phoeni am 'fory, a'r hyn sydd i ddod.'

Esaiah: Mae'n agor gydag ymdrech aflwyddiannus i lunio cwpled cywydd ac yna'n rhoi cynnig ar gwpled cywydd heb gynghanedd cyn troi at gwpledi amrywiol eu hyd sy'n cynnwys odlau diacen. Cafodd wir afael ar y grefft o lunio epigram erbyn y cwpled clo: 'Haws darogan bywyd y ganrif nesa / Na rhagweld sut le 'mhen mis fydd yma.' Ond o ran cystadlu â goreuon y gystadleuaeth, gadawodd bethau braidd yn hwyr.

Siencyn: Cwpledi caeth cwbl gywir a'r un mwyaf gorffenedig o ddigon yw'r cyntaf: 'Pob cyngor am yfory / Ddaw i fod o'r dyddiau fu.' Petai *Siencyn* wedi llwyddo i gynnal yr un safon drwy'r holl gyfres byddai'n gystadleuydd peryglus. Ond llinell dda ochr yn ochr ag un wannach yw'r patrwm yn y pum cwpled arall. Ystyrier 'Fe deimlir eli'r alaw; / Hithau ddwg obaith a ddaw'. Llinell ardderchog yw'r gyntaf, ond nid yw'r ail, nac adeiladwaith y cwpled cyfan, yn gwneud unrhyw gyfiawnder â hi.

Un Droed yn y Bedd: Traethwr glân a mydryddwr rhwydd, ond fel yn achos *Siencyn* rhyw ogwyddo rhwng y da a'r cyffredin a wna, fel y dengys ei ddau gwpled cyntaf:

> Yfory a ddaw, 'nôl y rheini a ŵyr,
> Er na fedr neb f'argyhoeddi yn llwyr.
>
> Peth ffug yw'r holl syniad a grëwyd gan ddyn,
> Sydd angen gwneud synnwyr o'i fympwy ei hun.

Mae'r cwpled cyntaf yn un sy'n argyhoeddi a rhyw amwysedd Parry-Williamsaidd yn perthyn iddo. Prin y gellir dweud hynny am y cwpled sy'n dilyn.

Brynglas: Cynganeddwr gorau'r gystadleuaeth. Ond mae gennyf un gŵyn bur sylfaenol yn ei erbyn, sef y ffaith ei fod wedi anwybyddu'r testun gosodedig i bob pwrpas. Gellid dadlau bod y cwpled cyntaf – 'Un olwyn sy'n dwyn y daith, / un olwyn heb un eilwaith' – yn driw iddo. Ond beth am y cwpledi hyn?

> Mae elwa ar bob un funud
> Yn rhoi gwerth i'r oriau i gyd.
>
> Ar bob lôn mae Mistar Blaidd
> Yn herio bywyd gwaraidd.
>
> Er perthyn i fyd uniaith
> Rhowch chi barch i bawb a'i iaith.
>
> Ar awr wan fy oriau rhad
> Oes awr gen ti i siarad?

Cwpledi da bob un, ond ym mha fodd y gellir dweud eu bod yn ymateb i'r testun 'Y Dyfodol'?

Arwr Arlein: Bardd cynnil ac eironig ei gywair sy'n gwneud defnydd effeithiol iawn o gwpledi cywydd digynghanedd (er ei fod yn amrywio hyd traddodiadol y mesur mewn dau fan). Mae'n agor yn addawol iawn: 'Mynnaf gymdeithas well, / heb fyth adael f'allweddell.' Ond, unwaith eto, o ddarllen gweddill y cwpledi mae gennyf amheuon sylfaenol ynghylch testunoldeb y gwaith. 'Os dibwys ydyw'r drosedd, / nid llai parod yw 'nghledd,' meddai *Arwr Arlein* yn ei drydydd cwpled. Da iawn, yn wir, a da hefyd yw'r cwpled clo: 'Penllanw democratiaeth / yw dewis aros yn gaeth.' Ond beth am y testun gosodedig? Pa oleuni ar hwnnw a geir yma?

Llugwy: O gofio amodau'r gystadleuaeth, rhaid wynebu problem wahanol yn achos y cystadleuydd hwn, sef ei epigram agoriadol (sy'n seiliedig ar sylw o eiddo John F. Kennedy): 'Oni rydd dyn ddiwedd ar ryfel, / fe rydd rhyfel ddiwedd ar ddyn.' A ellir ystyried y llinellau hyn yn gwpled? Wrth ddiffinio'n dechnegol beth yn union yw cwpled, hwyrach yn wir y gellir dal nad yw odl ddiweddol yn gwbl angenrheidiol, ond fe ddisgwylir i'r ddwy linell fod yn uned fydryddol. Ai gwir hynny yn achos y llinellau hyn? Mae gweddill cynigion *Llugwy* yn odli'n rheolaidd a gwelir mai ef yw'r mwyaf metaffisegol o'r ymgeiswyr – 'Mae bod yn fyw yn anfarwoldeb, / tra bydd marw'n dragwyddoldeb' – a'r un sy'n ymboeni fwyaf am effaith ddinistriol dyn ar ei amgylchfyd. Wele'r ddau gwpled olaf:

> Fe ddaw y dydd â'r byd wedi cloi
> Efo ffyrdd i osgoi ffyrdd osgoi.
>
> Pan chwyth y ddynoliaeth ei phlwc,
> Daw trefn ar y byd, gyda lwc.

Jac: Mae gwreiddyn y mater gan *Jac* a chredaf, ar sail arddull (a thystiolaeth deipograffegol!) mai'r un bardd hefyd sy'n llechu y tu cefn i'r ffugenw *Menna Lili*. Mae'r hyn y gellir ei nodi am y naill ymgais yn gwbl berthnasol yn achos y llall hefyd. Ceir yma iaith lân ac ystwyth sy'n briodol i'r deunydd, ambell sylw difri a chryn dipyn o draethu dychanol. Mae dau gwpled cyntaf *Jac* yn adlewyrchu ansawdd gyffredinol y ddau gynnig fel ei gilydd:

> Paid poeni am 'fory a'r bywyd a ddaw
> Tra bo heddiw fel tywod yn mynd drwy dy law.
>
> Yn gaeth i'r ffôn, mae meidrolion byd
> Yn cyflym droi'n feidrolion mud.

Da cofio mai erbyn 1 Ebrill 2020 y cyflwynwyd y gwaith i Swyddfa'r Eisteddfod ac mae blas hen frwydrau bellach ar rai pethau a grybwyllir, er y dylwn bwysleisio na fu hynny'n ystyriaeth feirniadol gennyf wrth dafoli'r cynigion hyn. Sonnir am Brexit yn y ddwy gyfres a bu'n rhaid i mi, yn wir, chwilota ar lein er mwyn f'atgoffa fy hun am gefndir y cwpled 'Yn fuan, fe fyddai'r gŵr yn "Syr Alun", / Ond gwnaeth hwchfa go iawn, a diflannodd yn sydyn' (*Menna Lili*). Ie, at ymddiswyddiad Alun Cairns fel Ysgrifennydd Gwladol Cymru yn Nhachwedd 2019 y cyfeirir yma. Mae'n rhyfedd, onid yw, pa mor anghofiedig yw troeon gyrfa ambell wleidydd?

choo choo: Anelodd *choo choo* at undod delweddol yn ei epigramau, a hynny – a defnyddio iaith Oes Victoria – drwy gyfres o drosiadau o fyd y march haearn a'r gerbydres. Anogaeth a chyngor i rywun ifanc sydd ar gychwyn i'r byd mawr sydd yma, ac mae'r cwpledi caeth hyn yn sefyll fel creadigaethau unigol yn ogystal ag fel rhan o gyfanwaith. Fodd bynnag, os caf fenthyca un o eiriau *Menna Lili* uchod, fe wnaeth 'hwchfa' o'i ail gwpled. O safbwynt cystrawen yr iaith lenyddol, mae angen y rhagenw o flaen y ferf yn yr ail linell ('sy'n *ein* haros ni') ac o'i gynnwys aiff y llinell yn rhy hir.

O ran dewis gwaith buddugol, rhoddais ystyriaeth i *Llugwy*, *Jac*, *Menna Lili* a *choo choo*. Ni allaf ddweud i'r un ohonynt fy nghyffroi â'r mynegiant hwnnw 'sy'n peri i rywun ddal ei wynt'. Gan *Jac* a *Menna Lili* y cafwyd y cynigion mwyaf gwastad. Ond, er gwaethaf ei gwymp yn yr ail gwpled, rhaid cydnabod bod *choo choo* wedi arddangos mwy o wreiddioldeb o ran cynllun, idiom a chynnwys ac i'r ymgeisydd hwn y dyfernir y wobr.

Cerdd yn addas i'w chanu: Dal dy dir [Dylid nodi'r alaw]

DAL DY DIR
(Alaw 'Dancing Queen', ABBA)

Rwyt ti 'ma,
Dal yn dynn
Cyn bo dy heddiw 'di mynd.
Lle yr wyt
Fel erio'd
Yw y lle gorau i fod.

Yn ffawd-heglu dy ffordd drwy'r byd,
Dy stori yn drydar i gyd
A phob cusan yn freuddwyd.
Cydia 'mhob gwên
Cyn i'r denim droi'n hen,
Cyn i'r chwerthin ddydd a ddaw
Fynd am byth 'da chwifiad llaw.
Mae 'na gân 'mhob eiliad,
Cydia'n dy awr
A bydd pelydrau yr haul
Yna i ti yn hael
Yn y lle gorau i fod.
Dal dy dir
A cherdda'n hy,
Herio'r llu,
Waeth mae'r hawl i fyw'n eiddo i ti.
Rwyt ti 'ma,
Dal yn dynn
Cyn bo dy heddiw 'di mynd.
Lle yr wyt
Fel erio'd
Yw y lle gorau i fod.

Rwyt ti'n dwlu ar ddysgu byw,
Bod yn ifanc a bod yn driw,
Cadw'th hunlun at fory,
Trysori y cof,

A bydd pelydrau yr haul
Yna i ti yn hael.

Yn y lle gorau i fod.
Dal dy dir
A cherdda'n hy,
Herio'r llu,
Waeth mae'r hawl i fyw'n eiddo i ti.
Rwyt ti 'ma,
Dal yn dynn
Cyn bo dy heddiw 'di mynd.
Lle yr wyt
Fel erio'd
Yw y lle gorau i fod.

Yw y lle gorau i fod.

Alexander Scott

BEIRNIADAETH GRUFFUDD OWEN

Daeth tair ymgais i law. Er nad ydy'r gystadleuaeth yn gofyn yn benodol am barodi, roedd gen i ddiddordeb mawr i weld pa alawon roedd y beirdd wedi eu dewis ac i ba raddau, os o gwbwl, y byddai'r dewis hwnnw yn cyfoethogi geiriau'r beirdd ar y testun 'Dal dy dir'.

Credadun: Penderfynodd osod ei eiriau ar y dôn 'These Are My Mountains', cân draddodiadol o'r Alban. Mae'r gerdd yn diolch i rywun am eu hanogaeth i 'ddal ei dir' drwy bob anhawster:

Mewn awr o dywyllwch
Ddaeth i styrbio fy myd,
Fe ddois ti i rannu
'nheimladau i gyd.
Rwy'n cofio dy eiriau
hyd heddiw yn glir
mewn llais mor ddiffuant
yn dweud 'dal dy dir'.

Mae rhuglder *Credadun* yn profi ei fod yn hen law ar y math yma o ganu. Mae'r briodas rhwng yr alaw a'r geiriau yn un ddigon llwyddiannus ond byddwn yn ei annog yn y dyfodol i geisio canu yn fwy penodol ac i chwynnu'r llinellau stoc hynny a ddaeth i'w law fymryn yn rhy hawdd.

Jac: Dewisodd osod ei gerdd ar yr alaw 'Hawl i Fyw' gan Dafydd Iwan. Mae pob pennill yn cynnig cyngor penodol i'r darllenydd 'ddal ei dir' yn wyneb holl heriau'r byd, boed hynny'n iselder, rhagfarn eraill, temtasiynau bydol neu wrth-Gymreictod:

> Efallai y daw rhywrai i ddilorni
> Dy fro a'th iaith a'th etifeddiaeth di,
> Gan boeri sen ar hanes a thraddodiad
> Y wlad ddigymar hon sy'n eiddo i ni.
> Amddiffyn hi yn wrol rhag pob gelyn.
> Saf yn yr adwy rhag tanseilio'r mur;
> Anwyla'r hyn a gefaist yn gynhysgaeth
> Heb ildio fodfedd wrth it ddal dy dir.

Mae cerdd *Jac* yn dangos ôl meddwl ac roedd hi'n braf gweld gwahanol themâu yn cael eu harchwilio ym mhob pennill. Efallai bod ambell linell fymryn yn rhyddieithol ac weithiau mae'r alaw yn gorfodi rhywun i roi pwyslais annaturiol ar ambell air anarwyddocaol, ond ar y cyfan dyma ymgais ddigon derbyniol.

Alexander Scott: Dyma'r ymgais sy'n sicr yn mynd â'r wobr gyntaf am y dewis mwyaf annisgwyl o alaw, sef 'Dancing Queen' gan ABBA!

Yn ei gerdd mae *Alexander Scott* yn cyfarch rhywun ifanc ac yn eu cynghori i wneud y gorau o bob eiliad:

> Yn ffawd-heglu dy ffordd drwy'r byd,
> Dy stori yn drydar i gyd
> A phob cusan yn freuddwyd.
> Cydia 'mhob gwên
> Cyn i'r denim droi'n hen.

Defnyddia'r bardd gytgan anthemig 'Dancing Queen' i atgoffa'r darllenydd, fel Williams Parry gynt, 'nad oes dwthwn fel y dwthwn hwn':

> Rwyt ti 'ma,
> Dal yn dynn
> Cyn bo dy heddiw 'di mynd.

Lle yr wyt
Fel erio'd
Yw y lle gorau i fod.

Gosododd *Alexander Scott* dipyn o her iddo'i hun gan fod mydr 'Dancing Queen' yn un digon anodd i'w efelychu.

Efallai nad ydy pob llinell o eiddo'r bardd yn gwbwl ramadegol gywir ac efallai bod y mynegiant fymryn yn chwithig ar brydiau, ond does dim dwywaith mai cerdd *Alexander Scott* oedd dehongliad mwyaf gwreiddiol, mentrus a difyr y gystadleuaeth.

Gwobrwyir *Alexander Scott.*

Ysgoloriaeth Fentora Emyr Feddyg
Er Cof am Dr Emyr Wyn Jones, Cymrawd yr Eisteddfod

Sefydlwyd yr Ysgoloriaeth flynyddol hon i gynnig hyfforddiant i lenor neu fardd na chyhoeddwyd cyfrol o'i (g)waith eisoes. Ar gyfer Eisteddfod 2022 fe'i cynigir i fardd. Gofynnir i'r cystadleuwyr anfon hyd at 20 o gerddi sydd yn waith gwreiddiol a newydd gan y bardd

---

Gwe ac Anwe'r Gyflafan

Daeth oes euraid i Dre-fach Felindre
O ddau gymer a'u plethwyd ynghyd,
Olwyn ddŵr drodd ei brethyn yn lifrai,
Brethyn llwyd rhyfel mawr cynta'r byd.

Bu gwynt carthen John Williams, Brynsiencyn,
Yn perswadio sawl crwt fynd i'r gad,
Codi arfau dros achos cymydog,
Y cymydog a reibiodd ei wlad.

Yna, unwaith y cafwyd cadoediad,
Hoelen wyth iaith y pulpud a'r gwn
I Oen Duw rhoes y clod a'r anrhydedd,
Nid i'w braidd, a bydrasant yn bwn.

Unig Blentyn

Ar weiren bigog oes a fu
Chwaraea talp o waedlyd gnu
Rhyw oen colledig aeth ar dro
I'r Rhyfel Mawr, ymhell o'i fro.

Ie, swllt y Brenin wnaeth, ar gam,
Ei hudo, unig blentyn mam,
O fro ei febyd, gwlad y gwlân,
I Mametz Wood ac uffern dân.

Y fraint o wisgo'r brethyn llwyd
A roddodd iddo'r ffasiwn nwyd,
Ond talwyd pris am ennyn parch:
I orsaf Henllan cludwyd arch.

Gorffwysfa

Gyferbyn coedlan Mametz,
Lle gynt bu gweiddi croch,
Yn cydio weiran bigog
Mae cofeb y Ddraig Goch.

Ac ar y weiran waedlyd
Ei lliw mae talp o gnu
Oen gwirion yn cyhwfan,
Er cof am hyn a fu.

Rhwng genau'r ddraig a'r goedlan
Cyflafan dorrodd gŵys,
Ond wedi mwy na chanrif
Ni welir fawr o bwys.
Y brethyn llwyd a bydrodd
Yn briddgalch cyn bo hir,
Ond erys esgyrn Cymry
Yn gaeth mewn estron dir.

Ym mlodau eu hieuenctid,
Cwympasant oll mewn rhoch.
Gorweddant nawr yn dawel
Ble tyf y pabi coch.

Rhannu'r Baich

Y bwa tresi aur a ddaw yn ôl
Ar ddiwedd Mai ym Modnant gyda'r hwyr,
Byrhoedlog wyrth o liw sydd bêr fel cwyr
Y gwenyn mêl a grwydra perth a dôl.
Dwy ffrind a ddaw bob gwanwyn yn eu tro

A cherddded dan y bwa, fraich ym mraich,
Y ddwy yn briod; dwy yn cario baich
Dirgeloedd cudd nad oes mo'i ddianc o.
'Sut wyt ti'r aur?' medd un, wrth agosáu
At fainc ble medrant orffwys dan 'run to
O felyn euraid uwch eu pennau noeth.
'Sut ydw i?' medd y llall. 'O, digon brau.'
Ei phriodas nawr ar chwâl, a'i gŵr o'i go',
Ei adael am ei chariad fyddai'n ddoeth.

Rhodd Mam

Er mwyn cael byw – goroesi fyddai'r gair –
Er mwyn osgoi ei dynged yn y pair,
Ym Muchenwald mae eurych hanner-dall
Yn craffu, dan orchymyn plant y fall.
Rhaid Otto Goldschmidt weithio ddydd a nos
I greu ei gampwaith olaf: modrwy dlos,
Ar gyfer annwyl wraig y Kommandant,
Frau Ilse Koch, Yr Ast o gnawdol chwant.
Ond defnydd crai y fodrwy loyw lân
A garthwyd, ar ôl dioddef bedydd tân,
O enau meibion Israel er mwyn budd;
Sef iachawdwriaeth Otto, eurych prudd.
'Nid aur yw popeth melyn,' meddai'i fam,
A fyntau 'mond rhyw blentyn bach di-nam.

Ffoadur

Gŵyr, gŵyr y gwae,
estron ystrae.
Di-lais, di-lyw,
adyn ydyw
heb wraidd, heb wres;
lwch diloches
ym medd broc môr
celfi'n culfor.

Boris Johnson

Jôc ar ran dy Jac yr Undeb yw hwn
    sy'n honni mai'r ateb
  yw egin pob trychineb:
  Prydain Fawr, sydd nawr yn neb.

Steve Bray
Y gŵr o Aberafan sy'n ddraenen yn ystlys y Torïaid

Un deifiol, plaen ei dafod, – a geidw
    i godi hen grachod
  heb wadu: nadu yw'r nod,
  â Boris ar ddisberod.

Y Gwyddel Anrhydeddus

Mae'n bryd cymeryd Rees-Mogg – a'i osod
    o'n nes i'r newynog
  er ei les, tra'n byw ar log
  rhyw ynys werdd ariannog.

Desmond Tutu

Un praff, hwn ydoedd proffwyd tro ar fyd;
    trwy arf iaith trodd freuddwyd
  yn ogoniant, a ganwyd
  enfys wiw pob lliw ond llwyd.

Norman Thomas
Cymro Cymraeg olaf Cwm-yr-Eglwys

Dan warchae'r plasau pleser, – ac, ar fainc,
    gŵr a fu'n ddibryder
  am artaith mamiaith ein mêr
  yn ymson, wrth ladd amser.

Mewn Dwylo Da

Ai dy rin, lif oedrannus, a bery
'ti bara mor raenus,
ai'r ddau frawd sydd mor ddi-frys
â derwen mewn lle dyrys?

Dau Frawd

Tyr er budd y torrwr beddau, – nafi'r
Tad Nefol, fel yntau –
â chaib a rhaw hen lawiau
fedd a fydd, ryw ddydd, i ddau.

Dim Troi'n Ôl

Yn y drych ciledrychodd yn ei hôl
ar ei haelwyd. Cofiodd
mai trwy glais pob trais y trodd
dyn yn elyn. Erthylodd.

Yr Anweledig

Ar adain chwim y rhed un chwa o wynt
Wuhan draw o Tseina,
Fel nwy i'n plwy' y daw pla
Ein gwanwyn. Ein Gehenna.

Gwenoliaid

Ymadael, ond cyn mudo – am y de,
Y mae dau tan fondo
Ael-y-Bryn wêl olau bro,
A'n atal ennyd eto.

Gadael

Â'r aros bellach drosodd, – rhy egwan
Fu'r egwyl a gafodd;
O grafangau'r ffau hi ffodd;
O'i gwely, Ef a'i galwodd.

Cadoediad

Ar ôl clywed Twm Morys ar BBC Cymru Fyw yn cyfeirio at Eisteddfod Boduan, 2023 fel 'Eisteddfod Eifionydd a Llŷn'

Eifionydd, rho lonydd i Lŷn, – ei lloi'n
Un llu sy'n gwarafun
Ymyrryd dybryd un dyn
Yn tarfu ar hedd terfyn.

Byddin Beics Llŷn ac Eifionydd

Er cof am W.S. Jones, Rhoslan gynt

Hoen difaddau dy fyddin,
William Sam? Di-limosîn!
Dwy olwyn sydd 'di elwa
O stad plwyf yn ystod pla.
Myrdd o ffyrdd i fynd ar ffo –
Ffarweliwn! Cawn ffri-wîlio!
Arwain gôr y werin gudd
Yn un afon anufudd
Ar lonydd llonydd y llan
Yn unllais drwy dy winllan!

Un Droed yn y Bedd

BEIRNIADAETH KAREN OWEN

Dau fardd sy'n ymgiprys am y wobr hon eleni. Dau ddigon tebyg i'w gilydd; yn wastad a chywir eu dweud ac yn daclus eu darlunio. Dau saff. Heb fod yn beryg o fod yn ddadleuol. Nac yn annisgwyl, yn hwyl nac yn gofiadwy (am y rhesymau gorau neu'r gwaethaf). Ond cyn rhoi'r argraff anghywir fod hon yn gystadleuaeth wan, rhaid cofio mai cael ei fentora y bydd enillydd y wobr, ac rydw i'n chwilio â llygaid a meddwl agored am sbarc y bardd a all weld y gwirioneddau mawr ym mhethau bychain y bywyd hwn.

Gallwn gredu mai'r un person ydy *Dilys* ac *Un Droed yn y Bedd*. Mae'r naill a'r llall yn ofalus iawn ei eiriad, a braidd yn ofnus rhag defnyddio ansoddeiriau neu dro ymadrodd ymfflamychol. Mae'r ddau fel petaen nhw'n profi bywyd o'r tu draw i haenen denau o fwslin, heb orfod cael ei frifo gormod na'i greithio.

Dilys: Casgliad *Dilys* ydy'r mwyaf ceidwadol ('c' fach) ac mae'r teimlad hwnnw yn cael ei sefydlu gan y teitlau ungeiriog, braidd yn hyd braich, sydd i'r cerddi unigol. Er nad oes methu ar fydr *Dilys*, y mae ei benderfyniad i ganu mewn penillion pedair llinell yn darllen ac yn swnio'n undonog, yn enwedig yn ei gerddi hwyaf. Ac yna, wrth benderfynu torri'n rhydd o staes y mydr sefydledig, mae'r tair cerdd wahanol yn dod yn rhy ddiweddar i mi, a'r amynedd wedi'i wisgo braidd yn denau. Mae'r casgliad yn cloi, eto fyth, gyda phenillion pedair llinell, ac mae'n feichus.

Un Droed yn y Bedd: Mae *Un Droed yn y Bedd*, hefyd, yn hoff o benillion pedair llinell, ond mae'n fodlon ymadael â'r patrwm yn amlach na'i wrthwynebydd. Mae yna fymryn mwy o awgrym yn ei waith ef/hi y gallai gael ei berswadio i arbrofi â'i d/defnydd o fiwsig a beiddgarwch geiriau. Mae ar ddarllenydd a gwrandäwr angen cliwiau gan fardd cyn ei fod yn gallu ymrwymo i ddelwedd a gwir deimlo yr ystyr oddi mewn i ddisgrifiad o sefyllfa. Mae angen i fardd gomitio trwy grio ei ddychymyg ar bapur, cyn disgwyl i eraill fentro teimlo. Dyna pam y mae barddoni yn brifo.

Dw i'n synhwyro bod y ddau fardd yn gwybod beth ydy brifo, a'u bod nhw angen eu mynegi eu hunain mewn cerddi darluniadol. Yn ystod y broses fentora, hoffwn i'r bardd buddugol fwynhau sŵn a sinigiaeth, caledwch, chwerthiniad a cherddorfa yr holl eirfa sydd ar gael iddo/i. Mwynhewch, meimiwch a mwythwch eich dewisiadau, a gwneud sioe o'u rhoi ar dudalen.

A'r bardd buddugol ydy *Un Droed yn y Bedd*, gyda diolch i'r ddau gystadleuydd am gael darllen eu gwaith.

Adran Llenyddiaeth

RHYDDIAITH

Gwobr Goffa Daniel Owen

Nofel heb ei chyhoeddi gyda llinyn storïol cryf a heb fod yn llai na 50,000 o eiriau

BEIRNIADAETH MANON STEFFAN ROS

Anrhydedd mawr oedd cael bod yn un o feirniaid y Wobr hon eleni, yn enwedig â minnau'n cael cwmni Ioan Kidd ac Emyr Llywelyn ar hyd y daith. Roeddwn i'n benodol yn chwilio am nofel a fyddai'n deilwng o Wobr sy'n cario enw Daniel Owen, un o'r awduron mwyaf medrus, synhwyrus yn hanes Cymru. Roedd fy nisgwyliadau felly'n uchel!

Mewn cystadleuaeth a oedd, yn fy marn i, o safon uchel iawn, mae hi'n amhosib i mi ddidoli'r ymgeisiadau i dri dosbarth. Mae'r Trydydd Dosbarth yn wag! Roedd hi'n ddigon anodd didoli'r gwaith yn ddau ddosbarth, ond rydw i wedi cael ymgais ar wneud hynny, er mai dim ond trwch amrant gwybedyn sydd rhwng yr Ail Ddosbarth a'r Cyntaf.

Fe ddechreuaf gyda'r **Ail Ddosbarth**.

Argraffydd, 'Gwasg Mathrafal': Hanes busnes teuluol ydy 'Gwasg Mathrafal' a holl gymhlethdodau gweithio gyda theulu ar ôl colli patriarch. Mae'r testun yn ddifyr a'r plot yn gyffrous, ac ambell esiampl o arddull hardd a hyderus o drin iaith. Byddai wedi bod yn braf cael dod i adnabod y cymeriadau yn well, heb fod y plot yn carlamu yn ei flaen mor sydyn, a chael ychydig o fanylion bychain bywyd neu leoliad neu gymeriad yn hytrach na dilyn manylion mawr y stori yn unig.

Iorwg, 'Hedfan y Nyth': Cyfres o lythyron ydy 'Hedfan y Nyth' ac fe gefais flas mawr ar ddod i adnabod y cymeriadau drwy eu geiriau eu hunain, ac ar afael yr awdur ar bortreadu cyfnod yr Ail Ryfel Byd. Mae'r awdur wedi rhoi sialens iddo'i hun drwy sgwennu nofel drwy gyfrwng llythyron, am ein bod ni fel darllenwyr yn gorfod penderfynu pa bethau mae'r cymeriadau yn dewis *peidio* â'u dweud wrth eraill. Rydw i'n meddwl fod hyn yn gryfder, ac er i mi boeni rhyw ychydig i ddechrau y byddai'r darllen yn mynd yn llafurus o fod yn darllen cymaint o lythyron, mae'r awdur yn ddigon medrus i sicrhau na ddigwyddodd hynny. Efallai y byddai'n syniad ystyried amrywio hyd ac arddull ambell lythyr er mwyn cael ychydig o amrywiaeth.

Myfanwy, 'Bod a Byw': Mae'n amlwg fod llawer o waith ymchwil wedi cael ei wneud cyn creu 'Bod a Byw' ac mae hynny'n cael dylanwad mawr ar y saga ddifyr hon: mae'r portread o'r cyfnod yn grefftus dros ben. Roeddwn i'n hoff o'r cymeriadau, a byddwn wedi hoffi cael dod i'w hadnabod nhw fymryn yn well wrth gael gwybod mwy am eu meddyliau preifat, a sut efallai y mae'r rheiny yn gwrthgyferbynnu gyda'r hyn y maen nhw'n fodlon ei ddatgan i'r byd. Un o gryfderau mawr yr awdur hwn ydy'r ffordd y bydd weithiau yn craffu ar fanylion bychain: y ffordd y mae rhywun yn dal sigarét, efallai, neu'r ffordd y mae'r awel yn gwneud i sgarff ysgafn ddawnsio yn erbyn gwddf yr un sy'n ei gwisgo. Roedd rhai o'r disgrifiadau hyn yn wirioneddol arbennig, a byddai'n hyfryd gweld mwy ohonyn nhw o fewn y nofel.

Camados, 'Gwreiddiau Gwasgaredig': Mae hon yn nofel ddifyr sy'n stori ffilmig gyda chymeriadau cryfion a llinyn storïol cryf. Mae'r arddull syml, clir o adrodd y stori yn gryfder mawr; dydy arddull syml ddim yn gyfystyr â phlot syml, ac mae hyn yn arbennig o wir am 'Gwreiddiau Gwasgaredig'. Mae'r themâu yn ddyrys ac yn emosiynol gymhleth, a'r awdur yn trin y cyfan gyda sensitifrwydd a gofal am y cymeriadau. Er bod rhai rhannau ychydig yn ystrydebol, a bod angen mymryn o olygu, mae hon yn nofel sy'n llawn addewid. Byddai'n braf gweld mwy o nofelau fel hyn yn cael eu cyhoeddi yn y Gymraeg, sy'n hawdd i'w darllen ac yn cynnwys llinyn storïol cryf.

Goleuni, 'Arwyddion': Fel ffan o ffuglen wyddonol, mae 'Arwyddion' yn union y math o nofel sy'n apelio ataf fi. Yn wir, does dim nofel debyg yn bodoli yn y Gymraeg. Mae'r themâu yn gymhleth ac yn ddiddorol, ond mae'r paragraffau'n tueddu i fod yn hirfaith ac yn llawn gwybodaeth, ac felly braidd yn drwm. Mae hyn yn wir iawn o ddechrau'r nofel pan fo'r awdur yn ceisio sefydlu'r sefyllfa a'r cymeriadau, ond mae'n ystwytho ychydig wrth i'r stori ddatblygu. Gan fod cymaint yn digwydd yn y nofel hon, byddai'n braf dod i adnabod y cymeriadau ychydig yn well, a threulio amser gyda nhw yn eu cyfnodau tawelach. Mae'r Gymraeg angen y math yma o nofel, sy'n ffuglen wyddonol afaelgar, difyr a thraddodiadol. Fe wnaeth i mi feddwl, yn enwedig pan fyddaf yn edrych i fyny i'r wybren ar nosweithiau serog ...!

Y Dinesydd, 'Caerdydd': Dyma nofel sy'n carlamu drwy fywyd dinesig, ac mae rhyw sglein i'r cyfan, ac ôl ariangarwch ar y rhan fwyaf o'r cymeriadau. Cefais fwynhad o'r elfen hon o'r nofel, gan suddo i'r byd o foethusrwydd sy'n llawn cymhlethdodau a pherthnasau anodd. Cryfder mawr y nofel hon ydy'r ddeialog, sy'n llifo'n naturiol a bron yn darllen fel sgript ar brydiau. Byddai'n fuddiol cael llygad golygydd dros y gwaith hwn, gan fod un neu ddwy ran braidd yn hen ffasiwn o ran cynnwys ac ieithwedd, ac efallai yn ymylu ar fod ychydig yn ansensitif. Wedi gweithio ar y nofel, rydw i'n sicr y byddai darllenwyr yn mwynhau hanes y cymeriadau hyn sy'n bodoli tu ôl i sglein dosbarth canol Caerdydd.

Tintin, 'Amser drwg fel heddiw': Deialog naturiol a chymeriadau hyfryd o gyfarwydd ydy cryfder mawr 'Amser drwg fel heddiw'. Mae rhywbeth yn annwyl iawn am y nofel hon, er bod y plot yn symud yn sydyn iawn weithiau. Mae cyffyrddiadau bychain o fanylion bob dydd yn cynhesu'r nofel hanesyddol hon, ac yn help mawr i greu portread real a chyfarwydd o gyfnod a lleoliad. Mae llawer iawn o ddeialog yma, a hynny'n braf i'w ddarllen gan fod yr awdur yn sgut am greu sgyrsiau realistig rhwng cymeriadau – ond roeddwn i'n teimlo weithiau y byddai'n braf cael gwybod mwy am eu meddyliau preifat a'r pethau nad ydyn nhw'n cael eu dweud. Serch hyn, cefais flas ar y nofel hon ac fe lwyddodd yr awdur i gyflawni un o'r gorchestion pwysicaf wrth lunio stori afaelgar: roeddwn i'n malio'n fawr iawn am hynt a helynt y cymeriadau.

Brengain, 'Penllechwedd': Gall nofelau trosedd deimlo'n oeraidd ac yn amhersonol, ond mae rhywbeth cynnes a theimladwy iawn am 'Penllechwedd'. Mae'r gymuned yn gymeriad yn y nofel. Yn wir, gallaf weld potensial trosi 'Penllechwedd' yn gyfres ddrama – ac nid yn unig o achos poblogrwydd *genre* trosedd a ditectif, ond am fod y ddeialog yn llifo mor rhwydd. Nid hawdd ydy cyflwyno cymeriadau yn siarad mewn ffordd sy'n naturiol ond yn afaelgar, ond mae *Brengain* yn llwyddo yma. Mae angen ychydig o olygu yma ac acw, a rhaid gochel rhag ystrydebau. Weithiau, ym momentau mwyaf emosiynol y nofel, teimlwn ein bod yn symud ymlaen o'r sefyllfa ychydig yn rhy gynnar, ac nad ydym yn cael gwybod beth oedd gwir deimladau'r cymeriadau, neu sut yn union roedd dau gymeriad yn ymddwyn yng nghwmni ei gilydd. Ond rhaid cyfaddef, fe arhosodd y nofel hon yn fy meddwl am yn hir.

Fe symudaf ymlaen i drafod y **Dosbarth Cyntaf**.

Ffleisawr, 'Y Castell ar y Dŵr': Mae *Ffleisawr* wedi llwyddo i greu byd cyfan yn y nofel hon. Teimlaf fod Elwedd yn un o gymeriadau mwyaf trawiadol y gystadleuaeth i gyd: roeddwn i'n malio amdani bob cam o'r ffordd. Byddai'n braf gweld mwy o eiliadau tawel, llonydd Elwedd, heb deimlo fod y plot yn symud ymlaen mor sydyn. Cefais fwynhad mawr o'r ffordd roedd y cymeriadau'n rhyngweithio, a chynildeb y perthnasau rhyngddynt. Mae cymaint o'r teimladau a'r emosiynau yn yr hyn *nad* ydy'r cymeriadau yn eu dweud, ac mae hynny'n waith awdur hyderus a meistrolgar. Dydy'r lleoliadau ddim wedi eu saernïo mor ofalus, ac weithiau doeddwn i ddim yn siŵr sut le yn union roedd y cymeriadau cryfion hyn yn bodoli ynddo. O weithio ychydig ar hyn, a rhoi'r un sylw i'r lleoliad ag y mae'r awdur wedi ei roi i'r cymeriadau, byddai 'Y Castell ar y Dŵr' yn chwip o nofel.

Anthropos, 'Gwynfyd': *Dystopia* dychrynllyd ydy thema 'Gwynfyd' ac mae'r byd wedi ei saernïo'n ofalus. Gyda phob cam, mae'r plot yn datgelu realaeth ofnadwy, a thra bod y stori'n wych, byddai arddull fymryn yn llai blodeuog efallai'n gweddu'n well, ac yn rhoi cynildeb pwerus i'r *dystopia* hwn. Gan fod byd cwbl newydd yn cael ei greu yma, byddai hefyd yn werth gwneud yn siŵr fod amrywiaeth yn hyd y paragraffau (mae ambell baragraff sy'n ddim mwy na brawddeg yn gallu gwneud nofel yn llawer iawn haws i'w darllen.) Mae 'Gwynfyd' yn nofel ddifyr a dychrynllyd, ac *Anthropos* yn awdur sy'n gwybod sut i dynnu darllenydd i mewn i fyd stori.

Hwnt ac Yma, 'Y Llwybr Aur': Gwirionais ar goethni tafodiaith 'Y Llwybr Aur'. Mae yma saga deuluol afaelgar, ac ambell ddarn sydd wir yn cyffwrdd calon darllenydd, ac yn dilyn traddodiad bendigedig nofelau fel *Chwalfa* gan T. Rowland Hughes a *Teulu Lòrd Bach* gan Geraint Vaughan Jones. Mae lleisiau nifer o gymeriadau'n cael eu clywed yn y nofel hon, sydd wedi ei hysgrifennu yn y person cyntaf, ond roedd gwahaniaethau bach ond pwysig rhwng y lleisiau yn effeithiol iawn. Er bod yr arddull yn teimlo braidd yn drwm weithiau, rydw i'n meddwl y byddai torri'r paragraffau maith yn rhai llai yn gwneud byd o wahaniaeth. Gydag ychydig mwy o graffu ar y cymeriadau, rydw i'n ffyddiog y byddai 'Y Llwybr Aur' yn nofel boblogaidd iawn ymysg darllenwyr Cymru.

Hiraethog Jones, 'Hei Fidel!': Nofel sy'n plethu'r byd go iawn â byd breuddwydiol, ffantasïol ydy 'Hei Fidel!'. Gwibiais drwy'r nofel hon a chael mwynhad mawr o'r hiwmor a'r portread cynnes o gymuned. Bu cryn drafod ar 'Hei Fidel!' rhyngom ni, feirniaid, gan fod y tri ohonom wedi cael mwynhad o suddo i fyd od ac unigryw y prif gymeriad. Mae arddull yr awdur yn ddarllenadwy iawn, yn hyfryd o lafar ac ystwyth. Wedi dweud hynny, doedd y tameidiau ffantasïol ddim yn gweithio cystal i mi, ac roeddwn i'n teimlo ar brydiau fel petai'r awdur yn trio'n galed i wneud pwynt gwleidyddol yn hytrach na dweud stori. Yn ogystal â hynny, byddai'r nofel yn elwa o gynnwys cymeriadau benywaidd cryf sydd â'r un dyfnder â'r cymeriadau gwrywaidd. Gan fod y pytiau ffantasïol yn cynnwys mawrion hanes a diwylliant, teimlwn fod lle i lawer iawn mwy o fenywod: roedd eu habsenoldeb yn amlwg yn y tameidiau hyn. Cryfder mawr y nofel hon yw'r momentau tawel, cynnil – yn enwedig y rhai sy'n digwydd rhwng y prif gymeriad a'i wraig. O gynnwys mwy o'r rhain, byddwn wedi mwynhau teimlo fel petawn i wedi dod i adnabod y wraig, a deall yn well holl gymhlethdodau'r berthynas. Mae'r tameidiau tawel, cynnil sydd yn y nofel yn wefreiddiol o emosiynol.

Cwlwm, 'Y Cylch': Awdur cynnil, naturiol a thalentog ydy *Cwlwm,* ac mae ei nofel yn gyfareddol ac yn tynnu'r darllenydd i mewn i'w fyd. Mae'r ddeialog yn llifo'n naturiol a'r arddull yn grefftus, gyda'r awdur yn gwybod sut i ymdrin â rhythm a barddoniaeth geiriau. Mae'n sgìl go brin i awdur feddu ar y gallu i gydbwyso plot a datblygiad cymeriad i'r fath raddau; yn wir, roedd arddull yr ysgrifennu mor agos at berffaith ag mae'n bosib iddi bod. Os oes ffaeledd (ac mae'n rhaid i mi gyfaddef, pigo beiau ydw i!) dydy'r portread o ferched a'r rhyngweithio rhyngddynt ddim wastad yn taro deuddeg i mi, ac mae ambell un yn ymylu ar fod yn ystrydebol weithiau. Ond yn sicr, mae'r awdur hwn yn hynod dalentog, a'r nofel yn fwy na haeddu gweld golau dydd.

Polly Preston, 'Capten': Gwirionais fy mhen yn syth â'r nofel hyfryd hon, a methais â'i rhoi i lawr. Mae'r arddull yn gynnil ond yn hardd; y cymeriadau yn gwbl real o'r dechrau un; y stori'n crisialu cyfnod sydd wedi mynd heb fod yn teimlo'n sentimental nac yn hiraethus. Mae'n anodd meddwl am unrhyw nofel debyg i hon, ond teimlaf fod cryfder y cymeriadau a'u perthynas nhw gyda'u cymunedau yn fy atgoffa o grefft Kate Roberts. Does dim amheuaeth gen i mai 'Capten' ydy nofel orau'r gystadleuaeth eleni. Mae hi'n hyfryd, hyfryd, hyfryd o nofel.

Er i'r tri beirniad gytuno i ddechrau mai *Polly Preston* oedd enillydd haeddiannol Gwobr Goffa Daniel Owen eleni, ar ôl i ni'n tri gael un cip olaf, golygodd ailddarlleniad fod ailfeddwl, a bu trafodaethau pellach. Ni fu penderfyniad unfrydol. Fe ddarllenais sylwadau fy nghyd-feirniaid ar y nofelau, gan ganolbwyntio'n arbennig ar 'Capten', ac er i mi roi ystyriaeth deilwng i bob sylw, rydw i'n gwbl bendant mai hon ydy nofel orau'r gystadleuaeth. I mi, mae'r defnydd o'r iaith yn dangos sgìl a gallu'r awdur. Mae'n wir fod defnydd o'r Saesneg yn y nofel, ond nid blerwch na diffyg safon sy'n gyfrifol am hynny – mae'n cael ei defnyddio'n ofalus ac yn anaml, a hynny er mwyn dangos dieithrwch y cymeriadau sy'n crwydro'n bell oddi cartref, neu'r chwithdod o ddychwelyd i'r hen fro gyda llond ceg o eiriau dieithr. Caiff hyn ei wneud gyda'r cynildeb a'r clyfrwch sydd i'w gweld drwyddi draw yn y nofel arbennig hon. Rydw i'n meddwl fod y defnydd o iaith i adlewyrchu newidiadau cymdeithasol yn feistrolgar.

Er ei fod, wrth gwrs, yn drueni na allodd y tri ohonom ni, feirniaid, gytuno ar enillydd, rydw i'n gwbl hyderus fod *Polly Preston* yn gwbl haeddiannol o Wobr Goffa Daniel Owen eleni, ac y bydd y nofel yn cael ymateb gwresog gan ddarllenwyr Cymru. Mae'n chwip o nofel. Llongyfarchiadau fil i *Polly Preston*, ac i'r holl gystadleuwyr eraill.

BEIRNIADAETH IOAN KIDD

Daeth 14 ymgais i law a'r rheiny ar destunau amrywiol iawn. Pleser o'r mwyaf fu cael fy nhywys trwy ddychymyg byw yr awduron, gan ymweld â llefydd a sefyllfaoedd pur anghyfarwydd. O ffraethineb themâu cyfoes i ysblander nofelau hanesyddol, bu'n siwrnai heb ei thebyg. Mae yma ambell berl.

Argraffydd, 'Gwasg Mathrafal': Daw'n amlwg o'r cychwyn cyntaf fod gan yr awdur wybodaeth fanwl o waith argraffdy. Os nad yw'n ysgrifennu o brofiad, rhaid ei ganmol am ei ymchwil drwyadl. Dylid canmol yn ogystal safon ei Gymraeg drwyddi draw a'i afael sicr ar ymadroddion a phriod-ddulliau. Ar adegau, fodd bynnag, ceir gorddefnydd o briod-ddulliau, yn enwedig pan gaiff nifer eu pentyrru yn yr un frawddeg neu baragraff. Llafurus braidd yw'r ailadrodd a'r gorddisgrifio yn gyffredinol. Mae presenoldeb yr awdur yn rhy amlwg trwy'r testun a gresyn nad yw'n gadael i'r plot ddatblygu trwy'r hyn a wna'r cymeriadau neu drwy eu hymateb i ddigwyddiadau.

Camados, 'Gwreiddiau Gwasgaredig': Mae'r nofel hon yn dechrau ar garlam a buan y caiff y darllenydd ei dynnu i'w chanol. Ceir yma stori ddigon difyr a dylid canmol yr awdur am fynd i'r afael â phwnc anodd, sef trais yn y cartref. Er hynny, mae'r ymdriniaeth yn anghynnil a braidd yn gyfleus ac annhebygol yw'r digwyddiadau canolog sy'n gyrru'r plot yn ei flaen. Mae hynny'n drueni am fod elfennau digon cadarnhaol yn perthyn i'r testun, megis y cywair ieithyddol naturiol a'r dafodiaith gyfoethog yn ogystal â gallu'r awdur i ddarlunio golygfa.

Myfanwy, 'Bod a Byw': Un o bleserau'r nofel hon yw ei hiaith gyfoethog a'r disgrifiadau byw sy'n llifo trwy'r testun. Mae yma fôr o ymchwil i'r cyfnod dan sylw, sef y blynyddoedd yn union wedi'r Rhyfel Mawr. Nofel draddodiadol yw hon sy'n ymagor yn dawel a di-frys. O dipyn i beth y daw'r darllenydd i ddysgu am gymeriad Myfi: ei dyheadau, ei rhwystredigaethau a'i pherthynas ag eraill yn y teulu. Ambell waith, mae tueddiad iddi ymdroi'n rhy hir yn ei meddyliau ac, o'r herwydd, gall y stori ymlusgo mewn mannau. Gwendid arall yw'r diffyg cynildeb yma a thraw, sy'n galluogi'r darllenydd i rag-weld llawer o'r datblygiadau ymhell cyn iddynt ddigwydd.

Tintin, 'Amser drwg fel heddiw': Ceir yma gofnod byw o amser a lle ar adeg arwyddocaol yn ein hanes, sef blynyddoedd cyntaf yr Ail Ryfel Byd. Llwydda'r awdur i ddenu'r darllenydd i ganol y mynd a dod beunyddiol yn ardal Llanrwst tra'n ei atgoffa'n barhaus o fygythiadau'r rhyfel ymhellach i ffwrdd. Casgliad o gymeriadau brith, a digon annymunol ar adegau, sy'n brodio'r testun ac mae'n anodd i ni heddiw dderbyn llawer o'r hyn a ddaw o geg ambell un. Yn yr epilog ceir ymgais gan yr awdur i esbonio ymddygiad rhai ohonynt. Eto i gyd, mae perygl i hyn ddod drosodd fel ymyrraeth, a daw'r un ymyrraeth i'r amlwg yng nghorff y nofel ar brydiau gyda phresenoldeb yr awdur a'i agenda bersonol yn gwthio'i gymeriadau i'r cefn. O bryd i'w gilydd, mae arddull y traethu'n troi braidd yn ffeithiol ac mae hynny i'w weld yn mynd yn groes i arddull gweddill y nofel. Trafodir themâu go annisgwyl a beiddgar, yn enwedig o gofio'r cyfnod, ac mae'r portread o'r cylch o bobl freintiedig, soffistigedig yn hynod ddeheuig.

Iorwg, 'Hedfan y Nyth': Unwaith eto, yr Ail Ryfel Byd yw'r cyfnod dan sylw. Adroddir y stori gyfan trwy gyfrwng cyfres o lythyron yn ymwneud â Frances ar y naill law ac Elizabeth ar y llaw arall: dwy fenyw ifanc, annibynnol a chryf. Perthyn y ddwy i fydoedd cwbl wahanol gyda'r naill yn anymwybodol o'r llall am dalp mawr o'r nofel, ond daw eu dwy stori gyfochrog yn nes ac yn nes. Trwy eu gohebiaeth caiff y darllenydd ei gyflwyno i griw o gymeriadau crwn a chredadwy. Llifa'r llythyron yn rhwydd ac mae dawn dweud a gallu amlwg gan yr awdur. Ceir ymchwil fanwl i'r cyfnod ac i rôl menywod ym myd awyrennau. Mae yma ddelweddau a chymariaethau trawiadol a sylwadau difyr am foesau a disgwyliadau'r cyfnod, ac mae'r dadleuon ffeministaidd yn taro deuddeg at ei gilydd er bod tueddiad i orliwio a phregethu ar adegau. Ychydig yn anghredadwy yw'r tro tua hanner ffordd trwy'r nofel lle mae Elizabeth yn cofrestru'r babi fel ei phlentyn hi a chyfeiria'r awdur at hyn fwy nag unwaith fel petai'n ceisio ei gyfiawnhau. Mae 'na lawer i'w ganmol am y nofel hon ond bod angen gwaith golygu mawr arni i gywiro'r gwallau iaith sy'n britho'r testun.

Hwnt ac Yma, 'Y Llwybr Aur': Cymru'r bedwaredd ganrif ar bymtheg yw cefnlen y nofel hon ac, yn fwy penodol, ardal y llechi. Ar un olwg, byddai Brenhines ein Llên wedi cael modd i fyw yma yng nghanol y tlodi affwysol, y mynych gyfeiriadau at swper chwarel a thon ar ôl ton o ddioddefaint ... eto, dim ond ar un olwg. Yn ddi-os, mae yma glamp o stori deuluol sy'n llawn i'r ymyl o ddigwyddiadau, nid yn unig yn Arfon ond hefyd yn British Columbia. I'r rhan honno o'r byd y mae un o'r prif gymeriadau a'i frawd yn penderfynu mynd yn y gobaith o ddod o hyd i aur a chan roi i'r nofel ei theitl. Stori draddodiadol, felly? Mae'n ddigon posib mai dyna ydyw, ond tua hanner ffordd trwyddi dechreuais amau mai parodi oedd hi a hynny oherwydd y datblygiadau gorgyfleus ac anghredadwy. Os mai parodi sydd yma, mae gofyn bod yn amlycach er mwyn osgoi gadael i'r nofel syrthio rhwng dwy stôl. Os nad parodi ydyw, mae gofyn bod yn fwy cynnil o dipyn. Mae ôl ymchwil fanwl ar y nofel a dyma un o'i chryfderau pennaf.

Ffleisawr, 'Y Castell ar y Dŵr': Mae'r nofel hon yn ennyn chwilfrydedd o'r dechrau'n deg, o'r agoriad enigmataidd a'i awgrym o berygl. Pery'r chwilfrydedd wrth i'r darllenydd gael ei gyflwyno i fyd sy'n ymylu ar fod yn etheraidd ddeuddeng mlynedd yn ddiweddarach. Croeso i Frycheiniog y ddegfed ganrif ac i fywyd llys a llond gwlad o gymeriadau diddorol! Ond ai alegori sydd yma ynteu ffantasi neu stori hanesyddol? Mae'n debyg bod ychydig o bob un o'r disgrifiadau hyn yn berthnasol. Perthyn rhywbeth arallfydol i'r stori, yn rhannol oherwydd y cyfnod a'r lleoliad: ynys fach ar ganol llyn. Llwydda'r awdur i blethu dychymyg a ffeithiau hanesyddol ynghyd yn effeithiol iawn er mwyn creu golygfeydd clir a chofiadwy. Mae chwilfrydedd y darllenydd yn tyfu o dipyn i beth wrth i fwy a mwy o gelwyddau a chyfrinachau'r gorffennol gael eu datgelu. Ar adegau, daw ambell air anghydnaws fel 'sori' i darfu ar y byd llesmeiriol a grëwyd. Diolch byth bod digon o enghreifftiau o ysgrifennu trawiadol yn y testun hefyd. O ran pynciau, mae yma ychydig o bopeth: gormes merched, herio'r drefn, brad a chyfrifoldeb i enwi ond rhai. Mae gwleidyddiaeth y ddegfed ganrif yn berthnasol hyd yn oed heddiw.

Goleuni, 'Arwyddion': Mae 'na lawer i'w ganmol am y nofel hon. Yn un peth, enghraifft brin ydyw o ffuglen wyddonol yn y Gymraeg. Ynddi ceir llond bydysawd o wybodaeth a therminoleg arbenigol a thrafod manwl. Ei gwendid ar adegau yw'r traethu trwsgl, ac mae hynny'n drueni, yn enwedig o ystyried bod y pwnc yn un dyrys. Mewn mannau, mae tueddiad i'r trafod hwnnw droi braidd yn feichus ac ailadroddus ond, at ei gilydd, mae'r awdur yn ymwybodol o natur astrus y pwnc ac aiff ati i amrywio'r arddull a gweu elfennau mwy cyffredin a chyraeddadwy i'w stori er mwyn cadw diddordeb y darllenydd. Prif gymwynas y nofel yw'r modd y cyfyd gwestiynau mawr amdanon ni, drigolion y Ddaear, wrth inni geisio cysylltu â phlaned arall. Mae'r nofel yn pryfocio wrth ofyn cwestiynau sylfaenol am ein hymddygiad, ein credoau a'n rhagfarnau a'n gallu i gydweithio. Mae yma gwestiynau athronyddol, moesol a gwleidyddol sy'n gwbl berthnasol heddiw wrth i'n planed wynebu difancoll.

Y Dinesydd, 'Caerdydd': Byd dosbarth canol Cymraeg y brifddinas yw canolbwynt y nofel hon, ond byd ystrydebol, dros ben llestri ydyw, un sy'n llawn cyfryngis a chymeriadau'n byw yn fras ar gorn y sefydliad. Unwaith mae dyn yn derbyn taw darlun eithafol sydd yma gall roi caniatâd iddo'i hun fwynhau'r helyntion – ac mae 'na lawer i'w fwynhau. Mae ffraethineb yr awdur yn heintus a'i allu i ddychanu yn taro i'r dim. Mae'n anodd peidio â chwerthin yn uchel wrth ddarllen ambell ddarn o ddeialog lle mae'r ergydion yn llifo, un ar ôl y llall, ac erys tipyn go lew o wirionedd wrth wraidd y rhagrith a bortreadir. Mae'r awdur yn feistr ar greu golygfeydd byw a chymeriadau difyr, gan eu gosod yn llwyddiannus yng nghyd-destun amser a lle. Os oes gwendid yn y nofel hon, y plot canolog yw hwnnw. Go brin y byddai'r bygythiad sylfaenol wedi digwydd a phrinnach fyth fyddai'r gyfres o ddigwyddiadau dilynol. Er hynny, mae'r nofel yn un hynod ddarllenadwy a llwyddir i ddod â'r prif elfennau ynghyd, sef delwedd, cydwybod a chyfrifoldeb am yr hyn a wnawn.

Anthropos, 'Gwynfyd': Croeso i'r Weriniaeth Orseddol! Dyma fyd dystopaidd sy'n llawn cyfeiriadau hanesyddol a llenyddol tafod-yn-y-boch a chymeriadau hollol gofiadwy fel Maldwyn Tanat, newyddiadurwr ifanc nad yw'n fodlon plygu glin i'r Drefn ond eto nad yw'n orbarod i godi yn ei herbyn. Trwyddo ef yn bennaf y down i ddeall ei hyd a'i lled hi yn y Weriniaeth orthrymus. Mae yma ddychymyg a dychan o'r radd flaenaf. Caiff y darllenydd ei hudo i ganol byd o erchylltra gwleidyddol a hwnnw wedi'i greu â hyder chwareus. Llifa ffraethineb iach trwy'r testun ac mae'r traethu'n aml yn amharchus o ddoniol. Weithiau swynir y darllenydd gan yr arddull glasurol cyn i ddelwedd neu gymhariaeth drawiadol neu glyfrwch geiriol chwalu'r cyfan a gorfodi gwên. Er gwaethaf y doniolwch, peidied neb â meddwl mai nofel ysgafn yw hon. Daw sawl pwnc dan y lach: difaterwch gwleidyddol, Brexit, y natur ddynol ac annhegwch cymdeithasol. Mae angen i olygydd fwrw golwg dros y testun ac nid drwg o beth fyddai i bâr o lygaid cyfreithiol wneud yr un fath ... rhag ofn! Ond mae'r nofel wreiddiol hon yn haeddu gweld golau dydd.

Cwlwm, 'Y Cylch': Ar un olwg, mae'r nofel hon yn wahanol i unrhyw beth arall yn y gystadleuaeth ... eto, dim ond ar un olwg. Y thema ganolog sy'n wahanol, sef gwrachod cyfoes. I lawer, byddai pwnc o'r fath yn gwbl annhebygol ond, diolch i allu ysgrifennu'r awdur, llwyddir i berswadio'r darllenydd i dderbyn y naid i fyd sy'n gymysgedd o realiti a ffantasi. Mae'r stori'n symud ar garlam ac mae'r plot a'r strwythur yn hyderus gyda chymeriadau cofiadwy. Prif ogoniannau'r nofel yw naturioldeb yr iaith a'r modd y portreadir bywyd bob dydd. Caiff iaith lafar y ddeialog ei chyfosod yn ddeheuig ag iaith safonol y traethu ac mae cynildeb y mynegiant, ffresni'r trosiadau a'r cymariaethau yn eithriadol. Mae yma ffraethineb, tristwch, ysgafnder a dwyster a'r cyfan wedi'i weu ynghyd yn broffesiynol.

Caiff y darllenydd ei sugno i ganol yr helynt gan boeni am fywydau'r prif gymeriadau wrth i'r stori droi'n fwy sinistr. Nid oes dim byd hunandybus ynghylch y nofel hon, dim ond ysgrifennu da mewn *genre* arbennig: math poblogaidd y mae mawr ei angen yn y Gymraeg.

Brengain, 'Penllechwedd': Ar yr olwg gyntaf, nofel draddodiadol yw hon ond wedi'r rhagymadroddi araf mae 'na newid annisgwyl o ddramatig yn plymio'r darllenydd i ganol dirgelwch, ac o'r eiliad honno – bant â ni! Mae yma nofel hynod ddarllenadwy sy'n llwyddo i bortreadu bywyd cefn gwlad yn ei holl ogoniant a'i holl ffaeleddau tra'n mynd i'r afael â'r dirgelion sydd wedi siglo'r gymuned hyd at ei seiliau. Yr hyn sy'n ei dyrchafu o fod yn stori dditectif gyffredin yw'r cymeriadau cyfoethog a'u hanesion personol sy'n gefnlen i'r cyfan. Llifa'r ddeialog yn rhwydd a hynny mewn Cymraeg cyhyrog a naturiol heb i'r iaith droi'n fratiaith. Mae'r arddull yn bwrpasol, a rhydd yr awdur sylw arbennig i'r manion fel bod y cyffyrddiadau bach dynol yn cyfrannu i'r darlun ehangach. O dipyn i beth, dysgir digon am wahanol gymeriadau'r stori i ddechrau amau bron pawb, fel sy'n weddus mewn stori dditectif dda ... ac mae hon yn un dda! Mae'r datblygiadau a'r troeon yn y plot yn gwbl gredadwy. Perthyn hon i'r Dosbarth Cyntaf a gellir yn hawdd ei dychmygu'n cael ei ffilmio. Dyma gyfres deledu ar blât i S4C.

Hiraethog Jones, 'Hei Fidel!': Ffantasïwr yw Jones, breuddwydiwr hoffus, dyn teulu annwyl ac athro poblogaidd. Dyna'r math o linell y byddai disgwyl ei gweld yng ngholofnau rhyw bapur newydd wrth dalu teyrnged i'r ymadawedig, ond mae calon prif gymeriad y nofel hon yn curo'n iach drwy gydol y testun. Arwr modern ydyw. Fel yr arwyr hanesyddol a llenyddol sy'n britho'r stori, mae Jones yntau'n ennill ei le ochr yn ochr â'r mawrion ym meddwl y darllenydd. Cyfres o hanesion neu anturiaethau ymddangosiadol ddigyswllt sy'n dal y nofel ynghyd wrth i Jones encilio i fyd cynyddol swreal. Weithiau atgof a ddarlunnir a thro arall antur ffantasïol sy'n mynd â'i fryd cyn i realiti bob dydd chwalu'r breuddwydio a'i dynnu'n ôl i'r presennol. Un o ogoniannau'r nofel yw'r ffordd y mae'n pendilio rhwng y llon a'r lleddf, rhwng digrifwch pur a difrifwch dwys. Jones a'i iaith lafar lifeiriol sy'n adrodd y cyfan ac mae'r dweud yn hollol wych. Mae'r ffraethineb a'r dychymyg o'r radd flaenaf. Felly hefyd y dychan a'r sylwadau crafog am gyflwr y genedl ac am gymdeithas a phwysigrwydd teulu a rôl yr unigolyn. Mae yma lond trol o gymeriadau crwn a doniol, neb llai na Jones ei hun, ac mae'r darlun o'i deulu ac ohono yn ei waith yn fyw a naturiol. Mae'r strwythur, yr arddull a'r ddeialog yn taro i'r dim a gafael yr awdur ar ei stori'n ddi-feth.

Polly Preston, 'Capten': Dyma glamp o nofel hanesyddol sydd hefyd yn deyrnged i fro arbennig ar adeg arbennig. Pen Llŷn ym mlynyddoedd olaf y bedwaredd ganrif ar bymtheg a ddarlunnir, ond nid rhyw hanes bach lleol, confensiynol a geir yma. I'r gwrthwyneb. Mae dylanwad y môr a'r diwydiant llongau yn drwm ar yr ardal ac, ochr yn ochr â'r caledi gwledig, mae'r mynych gyfeiriadau at borthladdoedd pellennig yn dod â chefnlen ecsotig a rhyngwladol i'r nofel. Difyr iawn yw'r cyferbynnu rhwng cynfas cymharol fach y fro ac ehangder y môr. Un o'r pethau cyntaf sy'n taro'r darllenydd yw'r iaith fendigedig, gyhyrog a ddefnyddir i adrodd y stori. Wedyn y manylder a'r wybodaeth drylwyr am y pwnc dan sylw ac am yr ardal a'r cyfnod a byd masnach.

Nofel sy'n ymagor yn araf bach yw hon. Mae'n gynnil ac yn ddi-ruthr ac mae gan yr awdur reolaeth lwyr ar y gwaith. Mae yma gymeriadau cyfoethog a chrwn a golygfeydd byw sy'n gwneud i ddyn deimlo ei fod yno yng nghanol y cyfan. Gall un gair neu un sylw ddweud mwy na pharagraff hir. Mae'r arddull a'r mynegiant yn hollol feistrolgar. Does dim rhodres yn agos i'r nofel hon ac mae hynny'n gweddu i'r gymdeithas a bortreadir. Oes, mae yma gyfrinachau a drama a chymylau bygythiol ond ni chaniateir iddynt byth gael lle ar ganol y llwyfan. Cynildeb sy'n mynnu'r lle amlycaf. Pleser pur oedd darllen hon a byddwn yn rhuthro'n ôl i ailafael ynddi bob cyfle. Dyna pam mae'n cyrraedd y brig gennyf. Dyma gampwaith!

BEIRNIADAETH EMYR LLYWELYN

Braint i mi oedd cael beirniadu cystadleuaeth un o brif wobrau ein llên.

Hiraethog Jones, 'Hei Fidel!': Dyma lenor sy'n dal ein sylw o'r cychwyn cyntaf. Mae'n mynd â ni ar ras wyllt mewn cerbyd ffair o'r cychwyn a'r naratif yn ein tynnu ymlaen ar ruthr gwyllt. Mae ganddo'r gallu prin hwnnw i wneud i'r darllenydd deimlo-ei-fod-yno.

Mae ganddo feistrolaeth lwyr ar iaith ac ystyriai T. H. Parry-Williams hynny'n hanfodol i lenydda. Dywedodd fod raid i bob llenor sydd o ddifrif

> ... [ei] drwytho ei hun yn ein hiaith a'i llên nes bod yr iaith yn ei waed, yn rhan o'i gyfansoddiad, nes ei fod yn gallu ieithweddu'n buredig a rhywiol. Rhaid iddo aeddfed adnabod ei hathrylith, synhwyro'i moddau, ymwybod â'i thymherau a gwybod ei hadnoddau posibl.

Y deyrnged uchaf y medraf ei thalu i *Hiraethog Jones* yw dweud, pe byddwn o hyd yn athro ac yn dymuno dal sylw fy nosbarth Cymraeg, y byddwn yn darllen darnau o'i waith i'r plant i'w difyrru a'u haddysgu am foddau'r iaith a'i hadnoddau yr un pryd.

Rheidrwydd yw ysgrifennu i'r nofelydd hwn ac – os rwy'n dyfalu'n iawn – rheidrwydd ingol. Trist yw bod ei angerdd, ei grefft, ei ddychymyg a'i hiwmor yn ofer gan iddo yn ail hanner ei nofel fynd yn ormodol i fyd ffantasi a cholli elfen hanfodol o gymeriadaeth gredadwy a gofalu dethol a chysylltu golygfeydd yn undod llyfn caboledig. Pan fydd wedi dysgu crefft anodd tocio a strwythuro datblygiad y nofel, bydd yn sicr yn un o'r sêr yn ffurfafen y nofel Gymraeg.

Polly Preston, 'Capten': Gelyn mawr safon mewn rhyddiaith Gymraeg gyfoes yw defnydd diangen o eiriau Saesneg. Y rheswm am hyn, wrth gwrs, yw grym niweidiol iaith dorfol fwyafrifol ar iaith leiafrifol sydd dan warchae. Does dim esgus o gwbl dros gynnwys geiriau Saesneg diangen yn y nofel Gymraeg.

Camgymeriad mawr yw credu y gellir ysgrifennu deialog dim ond drwy drawsysgrifio deialog llafar i bapur. Ond nid atgynhyrchu iaith lafar sy'n llawn talfyriadau a thafodiaith a bratiaith a geiriau iaith estron ddylai fod mewn deialog unrhyw nofel waeth pa iaith fo cyfrwng y nofel honno. Yn y nofel Saesneg safonol fe welwn mai Saesneg llafar safonol a geir yn eu deialog ac mae'r un peth yn wir am ein prif lenorion ninnau. Dywedodd

Stephen King yn ei glasur o lyfr am ysgrifennu nofel: 'Mae deialog yn iaith wedi'i saernïo'n ofalus gyda'i gramadeg ei hun.' Mae'r frawddeg yn y nofel yn greadigaeth lenyddol fwriadol; felly hefyd dylai'r deialog fod yn ffurf gaboledig o'r iaith lafar yn ei phrydferthwch.

Dylai pob nofelydd fod yn ymwybodol o effaith pob gair a brawddeg a chymal i greu gwead sy'n gyfanwaith hardd heb ei anharddu gan eiriau anghydnaws sy'n dinistrio cyfanwaith ei gyfansoddiad.

Mae'r awdures hon yn feistres lwyr ar iaith ond yn dewis yn fwriadol ddefnyddio dyfais annerbyniol, sef rhoi gair Saesneg yn y frawddeg wedi'i sillafu yn y Gymraeg. Mae hyn yn britho'r nofel. Dyma rai enghreifftiau: '*jest* nhw eu dau'; 'cyrraedd yr *entri*'; 'rheini wedi'u *bildio*'; 'Mae'r Capten yn *sbotio* rhywbeth draw'; 'a *thwincl* bach yn ei llygad'; 'gael ei *berins*'; '*slap-yp* o ginio'; 'cario *niws*'; 'yn *howndio*'r hogyn'.

Mwy difrifol o lawer, ar wahân i ddefnydd helaeth o frawddegau a deialog Saesneg, yw ei bod yn rhoi tudalennau cyfan o Saesneg yn ei nofel. Ni fyddai unrhyw nofelydd mewn unrhyw iaith yn y byd yn cynnwys darnau o iaith estron yn ei ddeialog a'i naratif heb sôn am wneud hynny mewn tudalennau cyfan o'r nofel. Bydd llygru ein hiaith yn ein llên yn arwain at ei thranc.

Byddai gwobrwyo'r nofel hon, fel rhodd Roegaidd farwol o geffyl pren Caerdroia i fyd y nofel Gymraeg, yn arwain at ddiwedd nofelau yng ngwisg hardd ein heniaith ac yn arwain at gynhyrchu clytweithiau hyll dwyieithog a diwedd y nofel Gymraeg.

Llawenydd mawr oedd darllen y nofelau eraill a'u cael yn safonol ac addawol iawn.

Y Dinesydd, 'Caerdydd': Dyma nofelydd yn meddu ar yr holl ddoniau i greu nofel dda. Hoffwn ychydig mwy o ddyfnder yn y cymeriadau. Gallaf weld *Y Dinesydd* yn ennill un o brif wobrau ein llên yn y dyfodol.

Argraffydd, 'Gwasg Mathrafal': Nofelydd caboledig y mae'n bleser bod yn ei gwmni. Mae safon uchel i'r nofel drwyddi ac mae'n un o'r goreuon yn y gystadleuaeth.

Tintin, 'Amser drwg fel heddiw'. Nofelydd â graen ar ei ddeialog a'r gallu i greu cymeriadau. Tuedda i or-wneud y cefndir hanesyddol ar draul symud y naratif yn ei flaen yn gyflym. Llenor galluog.

Myfanwy, 'Bod a Byw': Nofel hanesyddol ddarllenadwy iawn mewn iaith safonol syml a deialog da. Teimlaf fod rhoi'r cefndir hanesyddol weithiau'n arafu'r naratif yn ormodol ond mae yma allu ac ymroddiad i ddringo i'r brig yn y gystadleuaeth hon.

Hwnt ac Yma, 'Y Llwybr Aur': Defnyddiodd yr awdur fonologau nifer o gymeriadau a theimlaf fod dewis y dull hwn yn amharu ar gyflwyniad y stori a datblygiad y cymeriadau. Llenor yn haeddu ei le gyda'r goreuon.

Goleuni, 'Arwyddion': Nofel am deithio i'r gofod sy'n trafod agweddau moesol ac ymarferol teithio'r gofod a darganfod planed debyg i'r byd. Ei gasgliad rhesymegol yw gofyn: 'Ydyn ni'n ddigon aeddfed i archwilio'r Bydysawd? Fyddwn ni'n allforio'r genfigen a chasineb rhwng gwledydd ... i blaned arall?' Llawenydd mawr i mi yw fod gwyddonydd mor ddeallus ac athrylithgar yn gymaint meistr ar yr iaith Gymraeg. Pleser i mi fydd ailddarllen eto y gwaith hwn gan un sy'n caru a chyfoethogi ein hiaith ac a fedr ysgrifennu'n syml a dealladwy.

Ffleisawr, 'Y Castell ar y Dŵr': Mae llafur mawr tu ôl i'r nofel hon o ran cefndir hanesyddol ac iaith. Hoffais fod yng nghwmni un sy'n caru ei fro, ei daearyddiaeth, ei hanes a'i llên yn angerddol.

Camados, 'Gwreiddiau Gwasgaredig': Ymdrech dda a llawer o addewid; gallaf weld y nofelydd hwn yn gwella ac aeddfedu o dreulio amser yn ei drwytho ei hun yng ngwaith ein prif lenorion fel Islwyn Ffowc Elis er mwyn dysgu sut mae llunio deialog safonol.

Anthropos, 'Gwynfyd': Rhaid rhoi sylw i hanfodion sylfaenol nofel dda, sef cymeriadau a strwythur. Heb yr elfennau hyn nid yw hiwmor a dychan ond geiriau gwag, didestun. Arferai Dickens wrth lunio ei nofelau, a gyhoeddwyd fesul pennod mewn cylchgrawn, wneud nodiadau manwl i sicrhau datblygiad boddhaol y nofel ac mae'n werth i *Anthropos* eu darllen. Wedi dweud hyn, rwy'n ystyried bod *Anthropos* yn meddu ar ddoniau disglair – hiwmor, dychymyg a chariad at yr iaith – a allai ei roi ar frig y gystadleuaeth.

Iorwg, 'Hedfan y Nyth': Nofel ar ffurf llythyron. Gwaith glân a chaboledig ond mae'n anodd creu dilyniant a chymeriadaeth drwy gyfrwng y ffurf hon. Hoffwn eich gweld yn canolbwyntio ar y prif gymeriadau a dweud y stori yn y dull confensiynol. Dyma lenor galluog.

Brengain, 'Penllechwedd': Nofel dditectif yn ymdroi'n ormodol gyda deialog a disgrifiadau diangen. Dyma lenor aeddfed a graenus ei arddull.

Cwlwm, 'Y Cylch': Tristwch mawr i mi yw cael ymgeisydd am Wobr Goffa Daniel Owen yn defnyddio deialog fel *'Ffycs's Sake'* a *'Waste of space'*. Credaf fod gan y nofelydd hwn yr ymroddiad a'r ddawn i lunio nofel deilwng o'r Wobr hon.

Y Fedal Ryddiaith

Cyfrol o ryddiaith greadigol heb fod dros 40,000 o eiriau: Dianc

BEIRNIADAETH MEG ELIS

Daeth 17 ymgais i law: nifer teilwng, ac arwydd, efallai, bod y Cyfnod Clo wedi rhoi mwy o ryddid ac amser i ysgrifennu, a da hynny. Ond nid bob tro, fel y daw'n amlwg. Gosodaf y cyfansoddiadau mewn pedwar dosbarth.

Y Dosbarth Isaf Un

Yn y dosbarth hwn mae 'Dewch i Ddianc' gan *Clebren*, 'Egwyl i Ddianc' gan *Ffoadures*, a 'Dianc dros Banad o De' gan *Dihangwraig*. Casgliadau o ysgrifau gan yr un awdures, rwy'n tybio ac yn gobeithio. Tybio, oherwydd mai'r un natur lwyr ddi-fflach a diawen sydd i'r tair cyfrol, sy'n hen ffasiwn eu naws ac yn palu ystrydebau hollol anarbennig heb ddweud dim newydd. Gobeithio, am fy mod yn arswydo meddwl bod mwy nag un awdur ar gael sy'n ystyried mai deunydd mor chwerthinllyd o ferfaidd fel hyn sy'n deilwng o un o'n prif gystadlaethau rhyddiaith.

Rwy'n amau mai'r un awdur hefyd yw *Ar Ffo* ('Dianc') a *Wan-Defi* ('Helynt Gelli Aur'): dwy ymgais at ysgrifennu storïau cyffro neu dditectif. Y peth mwyaf caredig y gellir ei ddweud amdanynt yw eu bod yn anghredadwy, a dweud y lleiaf, ac yn datgelu anwybodaeth affwysol am brosesau'r heddlu (heb sôn am eu cyllidebau!) Un o'r gwersi sylfaenol i unrhyw un a fyn ysgrifennu ffuglen yw 'dangos, nid dweud'; gwers na ddysgwyd gan *Ar Ffo* na *Wan-Defi*.

Mae gan y tri sydd yn y Dosbarth nesaf ryw grap ar ysgrifennu, ond maent yn arddangos gormod o feiau i'w dyrchafu'n uwch.

Pryderi, 'Calon y Gwir': Mae 'Calon y Gwir' yn dechrau'n iawn, gydag ymgais i gyfleu gwrthdaro teuluol, ond buan y syrth yr awdur i fagl adrodd yn hytrach na chyfleu; mae yma hefyd lawer o ymadroddi anystwyth. O ddifri, peidiwch byth â chynnwys brawddeg fel yr isod mewn stori sydd i fod i symud: 'Diwrnodiau uffernol hir, er bod rhaid cyfaddef nad yw pwysedd y gwaith mewn siop fferyllydd i'w gymharu â bod yn seiciatrydd ymgynghorol yn ysbyty athrofaol y ddinas.' Mae'r stori yn arwynebol, ac nid yw'r ffugathronyddu yng nghanol y dweud yn gwneud dim ond arafu hanes sydd yn ei hanfod yn rhy simplistig a diniwed. Ac nid yw'r gwallau iaith a theipio yn ennyn hyder, chwaith.

Sibrwd, 'Ffoi': Gwallau iaith difrifol sy'n nodweddu 'Ffoi' hefyd: buaswn yn ei gondemnio am Gymraeg carbwl sy'n gyfieithiad llythrennol o'r Saesneg – pethau fel 'un newid o ddillad', 'y pwerau sydd', ac 'yn obeithiol' (sydd, i bedant hen ffasiwn fel fi, yn ddefnydd anghywir o'r adferf yn yr iaith wreiddiol sut bynnag). Ond does chwaith ddim cyffro yn y dweud; ac ydy, mae deialog yn bwysig mewn nofel, ond nid yw hynny'n golygu cyfleu manylyn diflas pob sgwrs, fel sy'n digwydd yma.

Godot, 'Welisc': Mae pwnc 'Welisc', sef hynt Dafydd, brawd Llywelyn Ein Llyw Olaf, yn addawol: nid felly'r ymdriniaeth ohono, gwaetha'r modd. Byddai dweud ei fod yn darllen fel llyfr hanes i blant yn gwneud cam â'r cyfrolau da ar hanes Cymru a gynhyrchwyd dros y blynyddoedd ac yn enwedig yn ddiweddar. Trueni am hynny, oherwydd mae angen addysgu oedolion, yn ogystal â phlant, am ein hanes.

Y Trydydd Dosbarth

Mae ambell fflach i'w weld yng ngwaith y ddau sydd yn y Dosbarth hwn.

Reca, 'Môr-Tir': Dawn *Reca* i gyfleu tafodiaith gwaelod Sir Aberteifi a'm denodd at y nofel hon; hynny, ac ambell enghraifft o ddweud bachog fel lle mae Nel yn tybio y 'dylsai fod wedi ymfalchïo yn y cyfle prin i gynnal sgwrs yn y Gymraeg ar draeth yng ngorllewin Cymru'. Neu'n gweld '"Mêl pur Cymraeg". Doedd hi erioed wedi styried bod mêl yn medru siarad. Roedd y gwenyn hwythau dan warchae.' Mwy o awgrymu fel hyn sydd ei eisiau, yn hytrach na'r duedd i bregethu a mynd yn gatalogaidd ynghylch sefyllfa'r tai haf, sydd yn fuan iawn yn troi'n syrffedus a di-bwynt. Hoffais yr elfen o ffantasi sy'n rhedeg trwy'r gwaith. Hyn a'r dafodiaith yw cryfder 'Môr-Tir', a chyda thocio llym a chael gwared â'r athronyddu, gallai hwn fod yn waith o wir werth.

Rachel, 'Papur Tene': Cyfrol o ddarnau micro a gawn yn 'Papur Tene' a gwelwn fod yma ymgais at greu llinyn sy'n rhedeg trwy'r gwaith i gyd – ond ymgais yn unig, mae arna i ofn. Mae'r cyfan yn rhy bytiog, yn peri i rywun ofyn tybed a ddewisodd Rachel y *genre* anghywir i adrodd y stori. Oherwydd y mae yma stori, o fyfyrdodau'r ferch fach, trwy'r ysgol a'r coleg a'r bywyd fel actores, y dirywiad a'r dadrithiad. Yn anffodus, mae gormod o'r darnau fel petaent yn hongian mewn gwagle. Does dim o'i le ar wneud i'r darllenydd weithio, ond mae angen rhyw fath o sylwedd i weithio arno, a dyma sydd ar goll yn y gyfrol hon. Dyw'r cerddi, chwaith, ddim yn ennill eu lle.

Yr Ail Ddosbarth

Gyda 'Tŷ a godaf' gan *Mymryn*, 'Un foment fach ...' gan *Harri*, 'Cyrchu Canaan' gan *Celyn* a 'Wilia' gan *Neli Johnson*, yr ydym ar dir uwch. Mae yma ysgrifennu da a syniadau gwreiddiol, sydd wastad i'w groesawu. Y beiau sy'n golygu nad ydynt yn cyrraedd y brig y tro hwn yw syniadau llachar nad ydynt yn cael eu gwireddu i'r eithaf, neu ddiffyg gwreiddioldeb neu hygrededd sydd yn amharu ar stori dda. Ond y mae i'r pedwar rinweddau pendant.

Mymryn, 'Tŷ a godaf': Yn y casgliad hwn o ddarnau micro, cawn ysgrifennu cain a chyffyrddiadau celfydd. Hoffais gynildeb storïau bychain fel 'Yr Wythnos Newydd', 'Y Wrach' a 'Milwr Eira', oherwydd bod yma ddawn i weld llawer mewn digwyddiadau ymddangosiadol ddibwys. Mae gan yr awdur hefyd y gallu i amrywio ei llais, ac y mae hyn yn bwysig mewn unrhyw waith estynedig. Er hynny, o fynd yn ôl eilwaith a thrachefn at y cynhyrchion, y teimlad a arhosodd gyda mi oedd nad yw'r gwaith yn ei gyfanrwydd yn gofiadwy, a bûm yn pendroni ynghylch hyn, oherwydd bod yma enghreifftiau o ysgrifennu gwirioneddol dda. Ond y drafferth yw bod gormod o'r darnau yn rhy argraffiadol a digyswllt. Ai bai'r ffurf yw hyn, tybed, neu a arweiniwyd y sawl a ddenir at lên micro i gredu mai un math o arddull yn unig sy'n gweddu i'r ffurf? Oes, mae yma gymariaethau trawiadol, ond yn rhy aml, daw teimlad annifyr o orchest, o dynnu sylw, er nad yn rhy amlwg, at glyfrwch y dweud. Yn y pen draw, mae yma ormod o gowlaid, lle gellid bod wedi cael cyfanwaith sy'n boddhau.

Harri, 'Un foment fach ...': 'Plethiad o Straeon' yw'r is-deitl a roddodd *Harri* i'w waith, ac oes yn wir, mae yma blethu a llinyn cyswllt diamheuol. Symudwn rhwng hanes Gloria a Huw ar fordaith, y cymeriad Nia sydd yn y cefndir, at frodorion yn Burma yng nghyfnod yr Ymerodraeth Brydeinig, eu hymlyniad hwy at eu chwedlau a'u traddodiadau, a brwydr yr Iddewon i feddiannu Gwlad yr Addewid yn sgil erchylltra'r Holocost. Mae yma ysgrifennu pwerus a gafaelgar, yn enwedig yn y disgrifiad o'r ymosodiad gan y grŵp o Iddewon, ac y mae'r adrannau am hynt y llwyth yn Burma hefyd yn rymus ar brydiau, ac yn amlygu tensiynau mewn ffordd sydd ymhell o fod yn ddu a gwyn, drwg a da, ac y mae hyn i'w groesawu.

Gyda'r plethiad mor agos, y cwestiwn sy'n codi gyda'r gwaith hwn hefyd yw a fuasai'n gweithio'n well fel nofel? Byddai angen dod â'r cyfan at ei gilydd yn well, cywiro'r gwallau gramadegol sydd i'w gweld yma a thraw, a hepgor rhai o'r elfennau sydd heb fod yn gweithio cystal. Ond y mae yma addewid, yn ddiamau.

Celyn, 'Cyrchu Canaan': Aiff *Celyn* â ni i fyd y frwydr yn erbyn caethwasiaeth yn yr Unol Daleithiau, gan olrhain hanes y cymeriad Miriam, a ymfudodd i 'wlad well'. Caiff ei dwyn i mewn i fod yn rhan o'r ymdrech honno, ac yn raddol, mae ei hanes hi a Kit y caethwas yn cael eu plethu at ei gilydd i greu hanes sydd yn ddiau yn gyffrous, ac sy'n cael ei adrodd yn grefftus ar y cyfan, ar wahân i ambell fan lle dylid, eto, fod wedi 'dangos nid dweud'. Gwendid sylfaenol y gwaith hwn yw mai hanes ydyw sydd eisoes wedi ei adrodd, mewn ffuglen a ffilm, ac yng ngwaith ymchwil Jerry Hunter ar gysylltiadau Cymreig yr ymgyrch yn erbyn caethwasiaeth. Nid na ddylid ailymweld â'r hanes, ond o wneud, byddai mwy o angen fyth am newydd-deb neu wedd wahanol, ac nid dyma a geir yma, er gloywed y gwaith mewn mannau. Byddai hefyd ar ei ennill o hepgor y darnau ar y dechrau a'r diwedd; nid ydynt yn ychwanegu dim at y naratif.

Neli Johnson,'Wilia': Dyma ni yn bendant yn ôl yng Nghymru, a gwrthdaro sydd gennym yma eto. Y tro hwn, beth a gyflwynir yw tafodiaith gyfoethog ar ddibyn difancoll, ochr yn ochr â'r byd cyfoes, egr, gyda'i rym masnachol ymddangosiadol lwyddiannus a'r byd mwy llwm a thlodaidd sy'n llechu dan yr wyneb, gyda gweithredoedd a symudiadau yn cael eu cyfleu mewn sloganau slic ac mewn negeseuon testun.

Rhaid i mi gyfaddef mai'r darnau yn nhafodiaith yr hen Forgannwg a'm swynodd i ac sy'n dal i 'nghyfareddu o ddychwelyd at y gwaith hwn. Ac i ddechrau, yr oedd y stori antur am Gwyn a'i gwmni hefyd yn denu, wrth ddarllen am ei ymdrech i gael ei ddwylo ar gofnod o'r iaith goll. Mae yma gyffro, oes, ond yr hyn sy'n tanseilio'r cyfan yw'r cysyniad gwaelodol: a fyddai trigolion isfyd Trealaw a ddarlunnir yma yn wir yn gweld gwerth yn y silindrau gwêr sy'n dal llais llefarwr y dafodiaith ddiflanedig? Heb gredu hynny – a daw'n gynyddol anodd gwneud hynny – mae sylfaen y stori yn cwympo'n ddarnau, sydd yn drueni, oherwydd y mae yma wir ddawn dweud, a gallu hefyd i amrywio tempo ac i gyfleu cymeriadau gwahanol yn ddeheuig.

Y Dosbarth Cyntaf

Mali, 'Ninefe': Cyfrol o storiau byrion sydd gan *Mali*, a chyfrol ydyw sydd wedi ei chynllunio'n grefftus, fel bod yma gysylltiad rhwng y storïau, er mor amrywiol ydynt. Cysylltiad ydyw sy'n cael ei ddatgelu'n raddol bach ac yn grefftus o gynnil. Mae cyffyrddiad *Mali*'n un sicr, ac mae'n meddu ar y ddawn i gyfleu cymeriad mewn ychydig eiriau, fel yn y disgrifiad hwn yn y stori gyntaf un, 'Y Bioden': 'Yn ôl Colin, se'n i'n tynnu *selfie* se'n i ddim yn y llun.' Gall fod yn gywir grafog hefyd, fel pan sylwir ar 'Arwydd ger drws y capel yn dweud "Dilynwch ni ar Facebook a Twitter". Dilynwch ni i'r nefoedd oedd hi ers talwm.' Y storïau sy'n sefyll allan i mi yw '#Janus' iasol, a 'Memento Mari', gyda'i hadlais o un o berlau *Talking Heads*, Alan Bennett.

Beth yw'r dinc o amheuaeth, felly? Er bod yma gyfanwaith, a chysylltu clyfar rhwng y storïau a'r cymeriadau, mae yna hefyd fymryn o undonedd yn y dweud – bron na fuaswn i'n ei ddisgrifio fel naws oeraidd. Oes, mae yma gymeriadau cofiadwy, ond allwn i ddim osgoi'r teimlad ambell waith mai cael eu harddangos y maen nhw, bron fel pypedau yn cael eu trin gan awdur sy'n ddiamheuol ddawnus, ond sy'n cadw gormod o bellter. Amheuaeth, fel y dywedais, ond tinc yn unig, oherwydd mae yma gasgliad graenus sydd, o chwynnu'r mân frychau, yn haeddu ei gyhoeddi ac a ddylai apelio.

Ac yn awr, fel maen nhw'n dweud, am rywbeth hollol wahanol:

Gwraig, 'Sut i ddofi corryn': Beth sydd yma? Ffantasi; hwyl; diniweidrwydd; ofn a realaeth lem – a'r cyfan rywsut yn dod ynghyd. O ie, mae yna'r hyn sy'n cael ei ddweud ar y tun, hefyd, sef cyfarwyddiadau ar sut i ddofi corryn. Efallai y dylid cynghori unrhyw un sy'n arachnoffobig i beidio â darllen y gwaith, ond wir, hwy fyddai ar eu colled.

Haenau sydd yn y gyfrol hon: haen o realaeth, ar un wedd – gallwch ei ddarllen fel cyrch penderfynol gwraig: 'Muriel. Y Gymraes ag enw Saesneg. Y Gymraes ifanc ag enw hen ddynes.' Cyrch i ddarganfod yr hyn a all wella ei gŵr Ken a gafodd ddiagnosis o ganser, cyrch sy'n ei dwyn yn ôl at 'Lyfr Corynnod y Mwmbwls' oedd yn perthyn i fam-gu ei mam-gu, ac sydd yn y pen draw yn mynd â hi i bellafoedd byd, i fod ar goll mewn jyngl i geisio gwyrth. Myfyrio wnaiff Muriel am wyrthiau, ac am gorynnod, gan gredu yn y naill a'r llall, a dyma ran o swyn y gyfrol.

Mae'n amlwg fod yma waith sy'n berwi o ffresni ac o ddychymyg: elfennau hanfodol i unrhyw ffuglen o safon, a diolch am hynny. Elfen arall sydd i mi yn hanfodol i waith llwyddiannus felly yw'r gynneddf feirniadol sydd gan awdur i ailedrych dro ar ôl tro ar y gwaith gorffenedig, gan chwynnu, mireinio a thynhau yn ddidrugaredd. Cyngor anodd, mi wn, yn enwedig felly dan amodau a therfynau amser cystadleuaeth – ond cyngor sy'n talu ar ei ganfed. Petai gan *Gwraig* y ddisgyblaeth a'r amser i fod wedi gwneud hyn, rwyf yn eithaf sicr mai iddi hi y dyfarnwn y Fedal. Ond delio yr ydym â'r hyn a gyflwynwyd i ni fel beirniaid, nid â'r ddelwedd berffaith sydd yn ddichonadwy. Yn y gwaith fel y saif, y mae yma beth ysgrifennu fflat; fe fu yna flerwch wrth brawf-ddarllen – ond beiau yw'r rhain sy'n ddigon hawdd eu cywiro. Yn anffodus, mae bai gwaeth yn 'Sut i ddofi corryn', sef y darn go faith o ymson y corynnod. Er bod elfennau ffantasïol sy'n gweithio'n dda ac yn cyfoethogi'r gyfrol, nid yw'r darn hwn yn un ohonynt. Nid yw hwn yn haeddu ei le, mae'n taro nodyn anghydnaws, sy'n drueni, ac yn tynnu oddi wrth ysgrifennu gwirioneddol ddiddorol.

Mesen, 'Rhyngom': Gyda 'Rhyngom' dyma ddychwelyd i fyd mwy cyfarwydd, gyda chyfres o storïau arbennig o raenus sy'n ymdrin â pherthynas rhwng pobl, ac yn llwyddo ar lefel uwch o lawer na sawl ymgais yn y gystadleuaeth hon i wneud yr un peth. Bywydau ffaeledig sydd yma, a rhyw siom yn llechu neu'n disgwyl rownd y gornel i bob un o'r cymeriadau, bron, fel yn stori 'Haul Llwynog' a 'Rhwng Dau'. Mae cymaint o'r storïau yn mynnu aros yn y cof, o ebychiad Elen yn 'Elen ac Eirian' ('Mi faswn i wedi medru saethu'r haul heddiw') i glyfrwch 'Adferiad' yn y defnydd crefftus o'r diffyg dealltwriaeth rhwng dau, er eu bod nhw'n ymddangosiadol yn siarad yr un iaith:

> *Reit, ocê. A beth am eich plentyndod cynnar, rhywbeth arwyddocaol wedi digwydd yr adeg honno?*
> Arwyddo-be?
> *Arwyddocaol, rhywbeth yn sefyll allan.*
> Got it. Dw i'n cofio lot o betha efo Taid ia, mynd i sgota a ballu ...
> *Allwch chi ymhelaethu?*
> Ymhel-pwy?

Yn y sgwrs fer hon, mae modd clywed a gweld gagendor, a gwingo. Dyna ddawn llenor. Yr un ddawn sydd ar waith yn y storïau 'Mam-gu' a'r campwaith o stori olaf y gyfres 'Er fy mwyn fy hun': defnydd crefftus o ieithwedd, sydd yn cyfleu gwahanol gymeriadau yn y ffordd iawn: hwy eu hunain, yn hytrach na'r traethydd, sydd yn siarad.

Os oes bai, gellid dweud mai gwastadrwydd y gyfrol yw hwnnw, sydd ar un wedd yn beth od i'w ddweud am waith yr wyf newydd ei ganmol am amrywiaeth naws a lleisiau sydd â gwahanol dôn. Mae'n rhinwedd ac yn fai, a mater o chwaeth unigolyn yw hyn wedi'r cyfan yn y diwedd: a yw'n well gennych binaclau a chynnwrf, hyd yn oed os oes yna hefyd feiau, neu ai mynd a wnewch am waith gorffenedig sy'n rhoi boddhad fel cyfanwaith?

Oes, mae mwy o gyffro yn 'Sut i ddofi corryn', sy'n mynd â'r darllenydd i diroedd gwahanol. Llwyddodd awdur 'Ninefe' i'n cyflwyno i oriel o gymeriadau, a gwneud hynny mewn modd sy'n datgelu dawn ddiamheuol fel llenor. Wedi darllen ac ailddarllen, a mynych drafod, 'Rhyngom' sy'n dod i'r brig am i *Mesen*, trwy roi i ni gyfanwaith mwy gorffenedig na'r un cystadleuydd arall, lwyddo i dreiddio i ddyfnderoedd y cymeriadau a pheri i ni eu gweld fel pobl go iawn. *Mesen*, felly, sy'n teilyngu'r Fedal eleni.

BEIRNIADAETH DYLAN IORWERTH

Pan fydd awdur yn cynnig mewn cystadleuaeth fel hon, mi fydd yn derbyn rhes o amodau a thestun a disgrifiad bras o'r hyn y dylai ei sgrifennu. O'r ochr arall, mi fydd beirniad hefyd yn gorfod parchu'r pethau hynny, er mwyn tegwch; yn fwy na hynny, mi fydd yn tafoli mewn ffordd wahanol i ddarllenydd hamddenol. O'r ddwy ochr, mae hynny, weithiau, yn golygu mynd ychydig yn groes i reddf a chwaeth. O'm rhan i, mae'r ddwy duedd i'w gweld eleni.

Mae yna rai o'r 17 cyfrol eleni na fydden nhw'n bod oni bai am y gystadleuaeth a rhai elfennau o amryw o'r lleill yr un modd. Efo'r darnau gorau, y teimlad ydy eu bod nhw'n gorfod bod, fod yna ysbrydoliaeth y tu hwnt i restr testunau.

Mae'r chwe ymgais gynta yn ôl y drefn y daethon nhw ond, fel mae'n digwydd, dyma eu lle yn y gystadleuaeth hefyd.

Tua'r gwaelod

Dw i'n gobeithio bod *Clebren* ('Dewch i Ddianc'), *Ffoadures* ('Egwyl i Ddianc') a *Dihangwraig* ('Dianc dros Banad o De') wedi mwynhau sgrifennu ac y bydd teulu a chyfeillion yn cael pleser o ddarllen ei hysgrifau byr, cartrefol, didwyll, atgofus am fân, fân droeon bywyd ym Môn ac ar deithiau tramor. Mae hynny'n rheswm dilys iawn dros gyfansoddi ond nid tros gynnig am Fedal Ryddiaith. Does yna ddim arbennig yn y deunydd ac mae'r arddull ychydig yn glonciog.

Oherwydd yr arddull a chyfeiriad at un dref fach ddi-nod yn Ffrainc yn un o'r ysgrifau ac yn nofel *Ar Ffo* ('Dianc'), dw i'n tybio mai'r un ydy hithau hefyd. Yn yr achos hwn, mae enw'r dihiryn – Blondi Blaenau – ynddo'i hun yn ddigon i awgrymu pa mor naïf ac annhebygol ydy'r stori.

Un peth sy'n gyffredin rhyngddi hi a sawl un o'r nofelau eraill ydy'r symud cyflym rhwng golygfeydd gwahanol, yn debyg i doriadau golygu mewn rhaglenni teledu. Mae dylanwad y cyfrwng hwnnw'n drwm ar amryw o'r straeon ... er gwaeth yn amlach na pheidio. Yr hyn fyddai o fudd fyddai dynwared anghenion teledu trwy ddangos yn hytrach na thraethu.

Stori anghredadwy sydd gan *Wan-Defi* ('Helynt Gelli Aur') hefyd am gang o ladron ystrydebol o Lundain yn cael lloches trwy ddal teulu fferm o ardal Pentrefoelas yn wystlon. Yr hyn sy'n ei chodi ychydig yn uwch ydy'r golygfeydd ymladd lle mae yna deimlad o gyffro. Ond rhaid meddwl wrth sgrifennu, 'Ydy hyn yn debygol? A fyddai hwn yn gwneud hyn? Wir?'

Mae arna i ofn nad ydy 'Calon y Gwir' gan *Pryderi* yn argyhoeddi chwaith. Un peth ydy sgrifennu y tu allan i gylch eich profiad, peth gwaeth ydy sgrifennu y tu allan i gylch eich dychymyg hefyd. Mae'r dianc yn gryf – rhag amgylchiadau, i ddechrau, a chyffuriau wedyn – ond y cymeriadau'n brennaidd a'r sgrifennu'n rhy draethodol.

Mae'n bosib mai bwletinau newyddion oedd wedi ysbrydoli *Sibrwd* ('Ffoi') i sgrifennu am gerddwr llawn-dirgelwch yn cyrraedd tafarn mewn pentre sy'n cael eu dal mewn llifogydd, a hynny yng nghysgod argae fregus. Fel efo llawer o'r nofelau dydy manylion y stori (fwy na'r argae) ddim wastad yn dal dŵr ac mae'r arddull a symudiad y stori'n glogyrnaidd. Mae'r iaith yn swnio, bron, fel pe bai wedi ei chyfieithu.

Ym mhob un o'r nofelau hyn, mae yna ormod o esbonio yn hytrach na chyfleu.

Tir mymryn uwch

Celyn, 'Cyrchu Canaan': Stori ail-law sydd yma. Nid yn yr ystyr o lên-ladrad ond am mai byd wedi'i fenthyg o ffilmiau a llyfrau eraill ydy o – hanes merch o Gymraes sy'n ymuno â'r ymgyrchu gwrthgaethwasiaeth yn yr Unol Daleithiau, wedi'i chyfochri, ond fawr mwy, â stori dau gaethwas ifanc sy'n dianc. Dydy'r awdur ddim digon agos at ei byd i ddod â fo'n fyw.

Godot, 'Welisc': Mae gan *Godot* gynfas addawol: hanes Dafydd ap Gruffudd (brawd y Llyw Olaf) yn y carchar cyn ei ddienyddiad ac yntau'n cofio am ddigwyddiadau ugain a deugain mlynedd ynghynt. Mae pwysau'r esbonio hanesyddol yn llawer gormod i'r arddull lafurus a'r digwyddiadau heb eu hidlo i greu golygfyedd cofiadwy.

Reca, 'Môr-Tir': Efo 'Môr-Tir' mi ddaeth yna fflach o oleuni ar lun cwpl o dudalennau cynnar o ddeialog bywiog yn nhafodiaith gref de Ceredigion. Mae'n greadigaeth hynod, yn gymysgedd o ddadansoddiad (go iawn) o dai haf Tresaith, yn stori ffantasi sy'n cynnwys Cranogwen a llamhidydd siaradus a rhyw fymryn annigonol o stori antur a beirniadaeth ar S4C. Mi allai'r ymchwil arwain at erthygl newyddiadurol-gymdeithasol ac mae yna fflachiadau lliwgar, da, ond dydy llinynnau'r gwahanol elfennau brin yn cyffwrdd, heb sôn am glymu yn ei gilydd.

Harri, 'Un foment fach ...': 'Plethiad o straeon' ydy disgrifiad *Harri* o'r gyfrol hon ac mae'n mynd i'r afael â rhai o bynciau mawr canol y ganrif ddiwetha yn yr Israel newydd, ac yn India a Burma. A dweud y gwir, maen nhw'n rhy fawr i'r cynllun ysbeidiol, yn enwedig o ychwanegu dadleuon am foesoldeb, heddychaeth a Duw. Mae yna uchelgais fan hyn a darnau addawol o ran deialog ac arddull.

Neli Johnson, 'Wilia': Mi lamodd fy nghalon wrth ddechrau 'Wilia' efo disgrifiad o'r academydd T. J. Morgan ar ei daith enwog i ardal Grwyne Fechan i recordio siaradwr ola'r dafodiaith leol. Mi lamodd wedyn wrth ddarllen y tudalennau hudolus cynta o'r dafodiaith ei hun. Ond, yn hytrach nag ailgread ffuglennol o'r achlysur hwnnw a'i holl oblygiadau, mae'r darnau tafodiaith cyfareddol yn cael eu hieuo â stori antur ddiangen, annhebygol. Mae'r darlun o'r hen fyd yn teimlo'n llawer mwy dilys na'r portread ystrydebol, doji, o fyd busnes a chyfathrebu ac, yn sicr, na'r darlun o droseddwyr cyfoes. Mi ddylai *Neli Johnson* chwilio eto am ffordd arall o ddefnyddio fframwaith yr hanes go iawn a'r darnau tafodieithol.

Ac uwch eto

Rachel, 'Papur Tene': Mae yna ddwy gyfrol o lên micro a 'Papur Tene' yn un stori sydd wedi ei chreu o ddarnau byr o ymsonau, pytiau o lythyrau, ambell nodyn a, hyd yn oed, gerddi. Mae'r sgrifennu'n aml yn dda, yn fywiog a bachog ac, weithiau, yn gofiadwy. Dyma ddisgrifiad o fam y prif gymeriad: 'Ei chalon hi withe fel oergell ond pan o'dd hi'n rhoi cwtsh, o'dd hi'n gwasgu gormodd.' Er bod llawer o'r darluniau pytiog yn gelfydd wrth roi argraffiadau o fywyd plentyn yn ardal Abertawe, wedyn bywyd myfyrwraig yn Aberystwyth ac, yn ola, bywyd actores lwyddiannus, dryblus, maen nhw hefyd yn ein hatal rhag dod i nabod y prif gymeriad yn iawn a rhag poeni o ddifri amdani.

Mymryn, 'Tŷ a godaf': Mae'r gyfrol hon yn llên micro mwy confensiynol. Ac i mi, confensiwn ydy'r broblem bellach efo'r dull hwn o sgwennu. Mae'r rhuddmau a'r triciau'n dechrau mynd yn rhy gyfarwydd. Amwysedd ydy un o gryfderau'r arddull ond, weithiau, does yna ddim ond amwysedd, does yna ddim ond y tric. Mae gan *Mymryn*, er enghraifft, stori un gair: 'Sori.' I ddechrau, mae'n ymddangos yn syniad da, ond mae'r argraff yn diflannu fel blas synthetig ar dafod. Wedi dweud hynny, mae *Mymryn* yn dangos cryfderau'r teip o sgrifennu; mae'r amseru'n dda, mae yna adeiladu gofalus; mae yna amrywiaeth rhyfeddol o leisiau a sefyllfaoedd wedi'u cyfleu, fel rheol, yn gynnil a chelfydd. Yn y darnau gorau, mae'r amwysedd yn talu'n llawn am ei le a hon ydy'r gyfrol gynta o'r pentwr y byddwn i'n argymell ei chyhoeddi, efo tipyn o docio ac ychydig ailsgrifennu i osgoi strôcs rhy amlwg.

Er hynny, y tair cyfrol nesa sy'n ymrafael go iawn am y Fedal.

Y tri gorau

Gwraig, 'Sut i ddofi corryn': Yn dawel bach, o dipyn i beth, heb i chi sylwi, y bydd pry copyn yn creu gwe ac felly y cydiodd 'Sut i ddofi corryn' ynof finnau, efo'i harddull ddi-ffrils, ddiemosiwn, ymddangosiadol ddiniwed. Nid peth gwreiddiol, bellach, ydy creu amwysedd rhwng yr hyn sy'n stori 'go iawn' a ffantasi ond mae *Gwraig* yn gwneud hynny bron yn ddiarwybod i ni. Nid peth newydd chwaith ydy sgrifennu am bŵer stori ond mae *Gwraig* yn gwneud hynny'n gynnil a Muriel, y prif gymeriad, yn byw'r syniad. Yr elfen sy'n rhoi esgyrn i gnawd y stori honno ydy manylion am gorynnod ac un math yn arbennig, corryn ffidil peryglus o Dde America. Hwnnw sy'n cynnig gobaith – a thaith – i Muriel wedi i'w gŵr gael diagnosis o ganser. Mae yna sgrifennu celfydd a hynod o deimladwy ar adegau a rhyw deimlad o dangnef a doethineb yn treiddio'r gwaith. Mae symbolau – fel perthynas y gŵr â cherddoriaeth – yn cael eu defnyddio'n ddeheuig a manylion bychain yn taro. Petai *Gwraig* wedi cadw at ei stori ganolog, mi fyddai'n nes fyth at ennill ond, am ryw reswm, tua'r diwedd, mi benderfynodd gynnwys cyfres fach o ymsonau gan gorynnod, yn sôn am eu rhan yn hanes 1282 neu stori Blodeuwedd, er enghraifft. Alla i ddim gweld eu bod yn perthyn o ran thema nac ysbryd chwaith.

Mali, 'Ninefe': Dyma waith mwya clyfar y gystadleuaeth (mewn ffordd dda) ac i mi, y mwya deniadol hefyd. Cadwyn gron o straeon efo cyfarfyddiadau a chyd-ddigwyddiadau'n cysylltu pob un, gan glymu'n dwt ac awgrymog ar y diwedd. Mae yna bleser mawr o sylwi ar y cysylltiadau slei hynny a'r cyfan wedi'i drwytho â hiwmor sych, pryfoclyd. Dyfyniad apocalyptaidd o Lyfr Nahum am ddistrywio Ninefe dwyllodrus, ladronllyd, sy'n ceisio sefydlu'r syniad o ddianc: 'Mae Ninefe fel argae wedi torri; mae pawb yn dianc ohoni.' Ar y cyfan, dychan ysgafn ond miniog sydd yma ar sawl agwedd ar ein ffordd o fyw, gydag ambell fflach mwy tywyll. Mae'r cyfan yn ddyfeisgar iawn ac weithiau'n garlamus – o stripogram eisteddfodol i adolygydd angladdau – a thwyll yn sail i amryw o'r straeon. Llithrig iawn ydy'r tir moesol o dan draed amryw o'r cymeriadau a dyna, am wn i, ydy ein Ninefe ni heddiw. Duw dialgar sydd yn Nahum ac mae ffawd yn dial yn 'Ninefe' *Mali* hefyd.

Dau beth a oedd yn fy atal rhag ymladd i'r pen dros wobrwyo *Mali*. Yn gynta: gwendid y gwaith ydy fod pob un o'r ymsonau yn swnio'n debyg, er eu bod yn dod o enau pobl wahanol iawn. Llais yr awdur sydd yma – yr un amseru, yr un math o hiwmor, yr un arddull i raddau helaeth. Er bod hynny'n cynyddu'r eironi a'r teimlad mai pypedau ydyn ni i gyd, mae hefyd yn tueddu i fynd yn undonog ac yn sicrhau nad ydyn ni'n teimlo fawr ddim dros yr un o'r cymeriadau. Mi fyddai ychydig o amrywiaeth yn cynyddu'r *bathos* a'r *pathos* yr un pryd, yn dyfnhau pob cwymp a dwysáu'r teimladau. Yn ail: y ffaith fy mod i'n cytuno â llawer o sylwadau Meg ac Eurig am yr un cystadleuydd sydd ar ôl.

Mesen, 'Rhyngom': Straeon – ymsonau eto – mwy confensiynol sydd gan *Mesen* a'i dyfyniad agoriadol hi gan Rilke yn awgrymu mai canolbwyntio ar fyw – a bodloni ar fyw – ydy'r ddihangfa rhag anawsterau bywyd ei hun. Ar hyd yr wyth darn, mae yna sgrifennu praff a *Mesen* ar ei gorau yn disgrifio a chrisialu teimladau ... yr awydd am fabi 'fel rhyw gacimwci ar fy meddwl', 'Galar ydy cariad heb unlle i fynd', 'a'r awyrgylch yn groen gwydd drosto'. Straeon am berthynas ydy'r rhain ac am fyw, a cheisio byw, er gwaetha popeth. Weithiau, mae'r optimistiaeth yn cael ei siomi ond teimlad gobeithiol sydd gryfa yn y gwaith, hyd yn oed yn y stori dywylla a mwya pwerus, 'Haul Llwynog'. I mi, dyma uchafbwynt y gystadleuaeth gyfan, efo'i dyfais o adrodd y stori mewn sawl llais a gan weithio yn ôl trwy amser. Ail agos ydy 'Er mwyn fy hun', stori am ganser, efo clo annisgwyl, rhyfeddol o gredadwy. Ymsonau yng ngenau plant a phobl ifanc oedd yn fy argyhoeddi leia. Mewn straeon o'r fath, mae yna broblem yn aml rhwng dal y llais diniwed a chyfleu gwybodaeth a syniadau a fyddai y tu hwnt iddyn nhw. Stori-o-bell ydy'r un am ffoadur ifanc o Affganistan hefyd, un wedi ei hysgrifennu, o bosib, efo llygad ar y gystadleuaeth. Ond mae yna bethau i'w hedmygu ym mhob un o'r darnau, ac ambell ddywediad yn eich taro chi yn eich talcen. Ar draws y straeon, mae yna gynhesrwydd a thynerwch ym mherthynas pobl â'i gilydd ac mae cyfleu hynny mor syml a chynnil â hyn yn gamp.

Roedd fy chwaeth bersonol yn fy nhynnu'n ôl o hyd at *Mali* ond, dan het y beirniad, roedd yna ystyriaethau eraill hefyd. Dyna pam fy mod i'n fwy na hapus i gyd-fynd â dewis Meg ac Eurig ac i weld *Mesen* yn cael y Fedal am gasgliad crefftus, craff ac am sawl stori sy'n dyfnhau efo pob darlleniad.

BEIRNIADAETH EURIG SALISBURY

Gellid mynd i ddadl ynghylch a ddylai neb sy'n cystadlu am wobr lenyddol wneud ei orau i blesio'r beirniad ai peidio. O'm rhan i, dylid anfon gwaith i gystadleuaeth mewn ffydd y bydd y beirniad, ni waeth beth yw ei chwaeth bersonol, yn ddigon meddwl agored i ymglywed â rhinweddau pob math ar lenyddiaeth. Ond peth arall yn llwyr yw gofyn a ddylai neb sy'n cystadlu wneud ei orau i hwyluso gwaith y beirniad. Dylai, siawns! Gair i gall, ddarpar gystadleuwyr oll: tosturiwch, da chi, wrth feirniad truan mewn cystadleuaeth ryddiaith, a cheisiwch sicrhau fod y darllen ei hun, os dim arall, yn bleser. Does neb yn ennill y Rhuban Glas â gwm cnoi yn ei geg.

Defnyddiwch destun maint 12 neu 14, rhowch ychydig o fwlch rhwng y llinellau a dewch ag ymylon y ddalen i mewn. Mae rhesymau da pam nad yw'r testun mewn cyfrol gyhoeddedig yn drychfilaidd o fân nac wedi ei ymestyn fel cyflaith ar draws y ddalen – am fod y wasg eisiau i'r llyfr werthu. Ceisiwch wneud i'ch gwaith edrych mor debyg â phosib i waith wedi ei argraffu'n ddestlus, a bydd pob beirniad nid yn unig yn ddiolchgar i chi ond, yn bwysicach, yn dechrau dychmygu'r gwaith eisoes fel y peth gwych hwnnw y gallai fod: llyfr glân, agored yn nwylo'r darllenydd.

Y Trydydd Dosbarth

Cyfresi o atgofion a gafwyd gan *Clebren*, *Ffoadures* a *Dihangwraig* ac, er mor ddifyr ydynt mewn mannau, anodd eu hystyried yn 'rhyddiaith greadigol'. Gellir annog y tair i docio'r casgliadau, i dynhau'r arddull ac i anfon y gwaith at gystadleuaeth wahanol, pan ddaw'r cyfle.

Er mor wahanol i'w gilydd yw gwaith *Ar Ffo*, *Wan-Defi*, *Pryderi* a *Sibrwd* o ran eu cynnwys, yr un yw eu gwendidau. Ni waeth ym mhle nac ym mha gyfnod y mae darn o waith wedi ei osod – o'r blaned Mawrth i gastell Harlech i siop gornel – rhaid i'r awdur argyhoeddi'r darllenydd fod yr hyn y mae'n ei ddarllen yn *digwydd*. Mae'r hygrededd hollbwysig yn eisiau yn y gweithiau hyn, er bod y syniad gwreiddiol yn aml yn un addawol. Criw o ladron o Loegr yng nghefn gwlad Cymru? Dyna gnewyllyn syniad y gellid ei ddatblygu'n ffars neu'n gomedi dywyll neu'n ffantasi Lwyd Owenaidd ond, ysywaeth, daeth i'r gystadleuaeth eleni ar ffurf stori gonfensiynol heb iddi owns o eironi. Ailfeddwl amdani.

Yr Ail Ddosbarth

Mae gwaith y Dosbarth hwn fymryn yn fwy credadwy, ond y mae'n dal i fod yn brin o'r hud hwnnw sy'n galluogi i'r darllenydd atal ei anghrediniaeth a chamu'n llwyr i fyd arall.

Aeth *Celyn* â ni i'r Unol Daleithiau ac i ganol ymgyrch wrthgaethwasiaeth, ond nid yn llwyr chwaith. Gwylio o bell a wneir, yn hytrach na sefyll yn yr union fan yn teimlo'r ofn a'r cyffro.

Felly hefyd *Godot*, y bu'r ymdrech i gyfleu gwleidyddiaeth y goncwest Edwardaidd yn drech nag ef wrth ddarlunio Dafydd ap Gruffudd yn aros ei dynged erchyll yn 1283. Nid yw'r syniad heb addewid. Mae pawb yn gwybod beth yw diweddglo *Titanic* ymhell cyn gwylio'r ffilm, ond y mae hefyd yn gyffrous gwylio'r cyfan yn digwydd a rhyw hanner credu, dro ar ôl tro, y tu hwnt i reswm, y gellir osgoi'r drychineb. Rhaid wrth ryw elfen o obaith hefyd ar y diwedd – fel Rose yn ailddechrau ei bywyd ar gyfandir newydd – er mwyn dod â'r hanes yn fyw a'i wneud yn werth ei ddarllen. Nis cafwyd gan *Godot*, ond tybed yn wir a yw'n gofyn gormod dod o hyd i obaith ym myfyrdod olaf dyn sydd ar fin cael ei grogi a'i ddiberfeddu'n fyw?

Rhoddodd *Reca* inni ormod o bwdin, cybolfa o Granogwen, ffantasi, S4C a'r argyfwng tai haf. Gallai'r cynhwysion, o'u cymysgu yn y drefn gywir, gydweithio'n llwyddiannus iawn ond, ar hyn o bryd, mae'r cyfan yn rhyfedd o ddigyswllt.

Troi'n ôl ati yw'r cyngor, ac felly hefyd yn achos *Harri* a *Neli Johnson*. Aeth y cyntaf â ni i Israel, India a Burma heb ddim i wreiddio'r stori mewn bywyd pob dydd, a'r ail i ardal Grwyne Fechan ym Mannau Brycheiniog ac yna ar daith antur na ellir rhoi rhyw lawer o goel arni. Yng ngwaith y ddau, fodd bynnag, gellir edmygu'r uchelgais a'r gallu i lunio deialog.

Mae'r uchelgais yn amlwg yng ngwaith *Rachel* hefyd, a luniodd gasgliad rhyfeddol o lythyrau, ymsonau, nodiadau a cherddi. Buasai'r casgliad ar ei ennill, fodd bynnag, o'i gyfyngu i un neu ddwy ffurf lenyddol er mwyn creu darlun cliriach o'r prif gymeriad. Mae gan *Rachel* y gallu i ysgrifennu'n fywiog ac yn gynnil, ac rwy'n edrych ymlaen at ddarllen mwy ganddi.

Gorgynildeb, ar y llaw arall, sy'n llesteirio casgliad *Mymryn* o lên micro. Collodd y ffurf ei phoblogrwydd er dechrau'r ganrif, efallai am fod ei natur gryno'n rhwym o fynd yn ailadroddus ac yn stroclyd, fel darllen cannoedd o englynion gefn wrth gefn. Buasai'n rhaid dod o hyd i ongl wahanol, rhyw dechneg neu weledigaeth newydd, er mwyn ei hailgodi heddiw, a dyma annog *Mymryn*, sy'n amlwg yn feistr ar ysgrifennu'n fachog ac yn grafog, i ddilyn y trywydd hwnnw.

Y Dosbarth Cyntaf

Enillodd nofel *Gwraig* le yn y Dosbarth Cyntaf am ei bod ar brydiau'n llwyddo i ddenu'r darllenydd i'w byd. Drwy gyfrwng llais myfyrgar y prif gymeriad – y wraig – y gwnaeth hynny, wrth gyfleu ei pherthynas â'i gŵr sy'n marw o ganser a gweu gwybodaeth am gorynnod yn llinyn sidan drwy'r cyfan. Gall *Gwraig* ysgrifennu'n hudolus ond, yn rhyfedd iawn, gall orysgrifennu hefyd. Fe'm cefais fy hun wrth ddarllen yn dod i ddeall yr hyn a oedd yn digwydd nid drwy ddarllen pob gair ond drwy sgimio paragraffau, arwydd clir y byddai'r testun ar ei ennill o'i docio'n chwyrn mewn mannau. Ceir darn abswrd tua diwedd y nofel lle siarada'r corynnod, cam annisgwyl o'r neilltu a'm hatgoffodd, rywsut, am ddwy olygfa mewn ffilmiau lled ddiweddar, y naill tua diwedd *La La Land* lle dangosir ar garlam dychmygus realiti cwbl wahanol, a'r llall ar ddiwedd *Anchorman 2* lle ymleddir brwydr gynyddol ynfyd rhwng catrodau o griwiau teledu. Er mor wahanol yw'r tri pheth, gallaf eich sicrhau mai'r un oedd yr argraff a gawsant arnaf i! Yn hynny o beth, gallaf weld sut y gallai'r rhan honno o'r nofel fod wedi llwyddo ond, fel ag y mae, nid oes digon o ffantasi yng ngweddill y nofel i alluogi i'r gwyriad dalu ffordd.

Lluniodd *Mali* gylch o straeon Tarantinoaidd sy'n cysylltu'n foddhaol ac yn argyhoeddiadol â'i gilydd ac sy'n llawn hiwmor tywyll a dychan brathog. Ar lawer cyfri, dyma waith mwyaf diddorol y gystadleuaeth, am ei fod yn creu darlun o gymdeithas yng ngorllewin Cymru nad yw'n aml yn gweld golau dydd. Darlun annymunol o gymdeithas dlodaidd a digyfeiriad ydyw'n aml, ac nid yw'r cymeriadau'n rhai hawdd eu hoffi. Yn hynny o beth, nid yw'r gwaith at fy nant i, ond ni allaf lai nag edmygu gallu'r awdur i gymell y naratif yn ei flaen ar redeg ac i greu cymeriadau byw. Eto i gyd, bu'n rhaid dyfalbarhau'n arw â'r stori gyntaf, sy'n dechrau mewn ffordd bur anaddawol: 'Rwy'n un o'r bobl hynny nad oes neb yn sylwi arnyn nhw. Mae gen i'r fath o wyneb fyddai'n anodd ei ddisgrifio [...] Rwy'n bodoli ond does dim byd amdana i'n aros yn y cof. Edrychwch arna i. Beth welwch chi? Dim byd.' Y cwestiwn mawr, felly, yw pam yn y byd y dylwn i barhau i ddarllen am yr unigolyn dinod hwn nad oes ganddo fawr o feddwl ohono'i hun? Darllenais ymlaen o ddyletswydd, wrth reswm, a dod i weld fod y cymeriad yn un gwerth ei adnabod wedi'r cyfan. Ond ni allwn lai na theimlo, o'i gyhoeddi, y buasai neb a godai'r llyfr ar antur yn ei roi'n ôl i lawr yn o handi ar ôl darllen y cyflwyniad hwnnw, a'r wasg ar ei cholled. Ymdrech barhaus i gadw sylw'r darllenydd yw pob darn o ryddiaith, wedi'r cwbl, ffaith y byddai llawer o'r cystadleuwyr ar eu hennill o'i chadw mewn cof.

Ceir rhai gwendidau eraill. Un cymeriad crwn sydd y tu ôl i'r cyfan, mewn gwirionedd, gan mai'r un llais sinigaidd a'r un bydolwg gwyrdroëdig sydd gan bob un o'r cymeriadau, ac mae hynny'n wendid sylfaenol. Wrth ddarllen, daeth i gof rai o wehilion ac adar brith straeon byrion Islwyn Ffowc Elis yn y casgliad *Marwydos*, ond y mae gan bob un o'r cymeriadau hynny ryw lun ar rinwedd sy'n eu gwneud yn fwy apelgar ac, yn y pen draw, yn fwy real na'r un cymeriad hwnnw yn straeon *Mali*. Ac fel ei chymeriad, gall *Mali* fod yn frawychus o ddi-hid weithiau o bynciau mawr bywyd, a hynny'n fwyaf problematig pan ddefnyddia hunanladdiad yn wamal o ddidaro fel dyfais i symud y stori yn ei blaen heb ystyried yn llawn ei achosion na'i oblygiadau. Mae'r ddawn gan *Mali*, mae'n amlwg, ond bu'r uchelgais yn drech na hi'r tro hwn.

Anelodd *Mesen* ychydig yn is na *Mali*, ond trawodd y nod yn ei ganol. Cododd i'r brig bron yn syth, yn un peth am iddi weld yn dda gyflwyno'r gwaith yn lân ac mewn ffolder sy'n ei gwneud yn hawdd troi'r tudalennau. Mae'n bleser darllen gwaith *Mesen*, nid yn unig oherwydd y diwyg, ond am ei bod yn awdur hyderus sy'n medru trin iaith yn gwbl naturiol. Yn ei chwmni hi'n unig y gallwn ymlacio'n llwyr a chanolbwyntio ar ddarllen y stori yn hytrach na gorfod cadw llygad ar y stori am yn ail â chywiro'n dawel yr iaith a'r gystrawen. Lluniodd gasgliad o ymsonau sy'n cyfleu gwahanol fathau ar adnabod rhwng dau unigolyn, a chefais flas mawr ar bob un ohonynt.

Mae'n gasgliad confensiynol, ar un olwg, ond y mae cynnal sylw'r darllenydd drwy ysgrifennu mor ddiwastraff â hyn yn gamp. At hynny, nid yw *Mesen* yn ddiangen o greulon yn y modd y mae'n ymdrin â'i chymeriadau, yn wahanol i lawer un arall yn y gystadleuaeth, a chaiff y darllenydd ei wobrwyo'n aml am roi ei ffydd ynddi. Yn hynny o beth, mae'n awdur aeddfed iawn sy'n hapus i ddod â stori i ben ar nodyn anffasiynol o obeithiol, camp arall y mentraf ddweud i rai cystadleuwyr eraill ei hosgoi rhag ymddangos yn naïf. Mae cyfleu gobaith mewn ffordd gredadwy, fodd bynnag, yn sgìl anodd y mae *Mesen* yn ei medru. Hi'n unig, yn fy marn i, sy'n deilwng o'r wobr eleni heb orfod oedi yn y felin olygyddol ar y ffordd i'r wasg. Gyda'r melfed a'r Fedal, coded *Mesen*, derwen dal.

Gwobr Stori Fer Tony Bianchi, hyd at 3,000 o eiriau: Craith

Craith

'Water?'

Edrychodd yr hen wraig ar y ferch ifanc gyda dirmyg er y gwyddai nad oedd bai arni hi, druan fach. Gwyddai hefyd y dylai yfed digon er mwyn gwella; er mwyn gadael yr ysbyty; er mwyn cael mynd adref. Ond y cyfan fedrai hi ei wneud y munud hwnnw oedd edrych ar y dŵr. Doedd hi ddim eisiau ei yfed. Fedrai hi ddim ei yfed.

'You have to drink,' meddai'r nyrs eto fel pe bai hi'n darllen ei meddwl hi a sodrodd y gwydryn ar y bwrdd olwynion oedd fel cyffion ar droed y gwely.

'Water?' ailadroddodd y nyrs wrth lusgo ei thraed at y claf yn y gwely nesaf.

Gwrandawodd ar wich troli'r nyrs yn sgrechian ei gŵyn wrth ailgychwyn rhwng y gwlâu a phob claf arall yn ufuddhau ac yn drachtio neu'n sipian y dŵr. Edrychodd draw at y wraig arall o Gymru oedd yn y gwely gyferbyn â hi. Roedd honno wedi sbriwsio drwyddi ac ar fin galw arni hi i'w hannog hi i yfed ei diod. Ond ffugiodd yr hen wraig gwsg. Byddai ceisio cynnal sgwrs yn fwrn rŵan. Hyd yn oed sgwrs Gymraeg. Roedd hi eisiau mynd adref. Gyda lwc, byddai ei mab yn dod i Lerpwl fory i'w hebrwng hi adre os oedd y pwysedd gwaed wedi dod i lawr ddigon, curiad ei chalon wedi sefydlogi a'r graith wedi mendio.

Trodd ar ei hochr a'r pwythau ble torrwyd y cnawd i geisio cael gwared â'r drwg yn tynnu. Edrychodd ar y dafnau glaw ar y ffenest yn gymysg â phelydrau haul gwan y bore yn creu dawns ar wyneb y dŵr yn y gwydryn.

Dŵr glân. Dŵr pur. Dŵr oer.

Caeodd ei llygaid a gadawodd i'w meddwl grwydro. Gwyddai i ble byddai'r crwydradau'n arwain. Yn ôl dros y degawdau. Yn ôl i'r un lle. Yn ôl dros erwau'r cwm ac at yr afon. Ildiodd i'r cofio.

*

Gwelodd ddŵr yr afon wedi ei gloi gan rew a'i bysedd hithau'n bibonwy wrth daro'r fwyell i geisio torri drwy'r wal oer. Gallai glywed rhu'r peiriannau mawr y tu ôl i'r ysgol. Roedden nhw wedi cychwyn ar eu gwaith yn fuan y bore hwnnw yn turio am rafel ym mhen uchaf y cwm.

Crac.

Holltodd y rhew fel craith a gwelodd y dŵr yn deffro o'i gwrlid oer. Trodd i edrych ar y peirianwyr oedd wedi bod yn ciledrych arni hi o safle uchel eu loriau. Wnaeth yr un ohonyn nhw gynnig ei helpu hi i ryddhau'r dŵr. Roedden nhw'n rhy brysur yn adeiladu'r argae, a wnâi hithau ddim ymostwng i ofyn am gymorth chwaith.

Gadawodd y loriau am waelod y cwm a thraciau eu holwynion mawr yn troi'r eira gwyn yn llanast llwyd ar hyd y ffordd. O leiaf roedd tywydd oer y misoedd diwethaf wedi golygu nad oedd y loriau'n tasgu'r cymylau o lwch a fu'n bla drwy'r cwm yr haf cynt. Ond glaw neu hindda, fe fynnai'r loriau adael eu hôl ar y tir.

Gollyngodd y bwcedi i'r dŵr gan gymryd gofal i gydbwyso ei thraed yn ofalus rhag llithro. Llenwyd y bwcedi a theimlodd bwysau'r dŵr yn tynnu ar ei breichiau wrth iddi gario'r bwcedi'n ofalus o lan yr afon, croesi'r sarn a throi am yr ysgol.

'Dw i wedi cael mwy o'r priciau bach!' Clywodd lais Geraint Tŷ Nant yn galw arni hi wrth iddo redeg o fuarth y fferm ac allan i'r lôn. Dyma'r priciau bach gwynion a lifiwyd ac a osodwyd mor ofalus ar hyd y cwm gan syrfewyr y tir wrth fesur a chyfrifo rai misoedd ynghynt.

'Da iawn ti, Geraint. Mi gawn ni dân braf yn y man i gynhesu'r dwylo bach 'ma cyn cychwyn ar ein gwaith.' Gosododd yr athrawes y ddau fwced ar lawr ac estyn am oriad drws yr ysgol o boced ei chôt frethyn.

'Dos o 'mlaen i ac agor y drws, wnei di?' Gwasgodd y bachgen bach y priciau bach gwynion o dan ei gesail a chymerodd y goriad gan ei athrawes a gwên lydan yn lledu ar draws ei wyneb gwelw. Doedd o erioed wedi cael y cyfrifoldeb o agor y drws cyn hyn. Dyna un fantais o fod yn un o'r olaf i adael. Rhaid oedd gwneud yn fawr o unrhyw fanteision gan mor brin fyddai'r rheiny y dyddiau hynny. Rhedodd yn ei flaen a chodi ar flaenau ei draed i roi'r goriad yn y twll clo. Cafodd drafferth i agor y drws. Arafodd yr athrawes ei cham. Doedd dim diben gwneud gormod dros y plentyn bach. Buan y deuai'r amser y byddai'n rhaid iddo sefyll ar ei draed ei hun. Fyddai hi ddim yn gallu ei helpu o na'r un o'r disgyblion eraill pan ddeuai'r chwalfa fawr. O'r diwedd, gydag un ymdrech fawr olaf, llwyddodd Geraint Tŷ Nant i agor drws yr ysgol.

Cyrhaeddodd yr athrawes a mynd ar ei hunion i gynnau'r tân. Roedd Geraint wrthi'n gosod y priciau bach gwynion rhwng y lle tân a'r stof enamel lliw llefrith. Diolch i'r drefn, roedd hi wedi paratoi tân oer brynhawn Gwener ac wedi cael cymorth Geraint a phlant fferm y Gelli i wasgu'r hen bapurau newydd yn rhaffau fyddai'n cydio wrth iddi danio'r fatsien. A dyna pryd y gwaeddodd Rhiannon y Gelli: 'Miss! Miss! Mae eich llun chi yn y papur!' Diolchai'n ddistaw bach nad oedd y plant yn gallu darllen digon o Saesneg i ddeall yr erthygl am foddi'r cwm. Roedden nhw'n dioddef digon o hunllefau bob nos fel roedd hi. Bu'r ysgol yn brysur efo ymwelwyr yn dod i ofyn i ble roedd pawb am fynd. Beth oedd pawb am wneud? Pryd ddeuai'r dŵr? Doedd yr holl gwestiynau'n ddim help i leddfu ofnau'r plantos bach. Cafodd ei llun a hanes y cwm fynd at y rhaffau papur eraill.

Wrth weld y fflamau'n cydio, aeth yr athrawes ati i ddiosg ei chôt a'i thaflu ar y giard. Buan iawn y byddai'r gôt yn stemio gan greu ager ar y ffenestri fyddai'n troi'n rhaeadrau bychain yn y man. Aeth ati i arllwys y dŵr i'r sosbenni.

Prin y gallai deimlo ei bysedd. Roedd Geraint wedi ymgolli erbyn hyn yn ei fyd bach wrth rowlio'r dympar mawr oedd yn y gornel deganau. Doedd ganddi hi ddim y galon i ddweud wrtho am estyn ei lyfr dosbarth. Roedd dwylo'r bachgen hefyd yn goch gan yr oerfel. Doedd dim syndod a'r cwm wedi ei baentio â haen denau o eira dros y penwythnos.

Ai dim ond Geraint oedd am fynychu'r ysgol y diwrnod hwnnw, tybed? Bu presenoldeb yn yr ysgol yn isel iawn y gaeaf hwnnw. Bu'n aeaf caled, ac anodd oedd i rai o'r plant o ben draw'r cwm dramwyo'r pedair milltir drwy'r eira a'r rhew a chyrraedd y ffordd fawr. Roedd ambell deulu wedi gadael y cwm eisoes gan fod y Gorfforaeth yn awyddus i ddiboblogi'r cwm cyn gynted â phosib er mwyn parhau â'u gwaith. Ond roedd ambell deulu styfnig yn dal i fynnu aros, fel pe baen nhw'n cydio'n dynn yng ngodre'r cwm gan wrthod gadael fynd. Ond mynd fyddai'n rhaid. Fe wyddai pawb hynny er na hoffai'r un o'r trigolion gydnabod fod pob drws bellach wedi cau iddyn nhw. Byddai hi'n dri mis arall eto cyn y bydden nhw'n cael clywed yn swyddogol fod yr ysgol yn mynd i gau ddiwedd tymor yr haf. A buan iawn, llawer rhy fuan, y sleifiodd y diwrnod hwnnw'n gysgod du ar eu traws.

Erbyn tymor yr haf roedd peipiau dŵr yr ysgol wedi eu trwsio. Roedd llawer o Wyddelod ymhlith gweithwyr yr argae a rhaid cydnabod eu bod yn hogiau digon clên. Waeth heb ag edliw dim iddyn nhw. Gwaith oedd gwaith. Ond canlyniad eu diwydrwydd a'u trafnidiaeth trwm ar hyd y cwm oedd taflu gorchudd o lwch o'r pyllau tywod oedd yn cael eu cloddio ymhobman. Byddai hi'n cyrraedd adref bob prynhawn a'i gwallt yn gardbord o sych a'i hewinedd yn fudr.

Cofiai i bedwar ar ddeg o blant fynychu'r ysgol ar y diwrnod olaf, ganol Gorffennaf '63 a'r cwm o'u cwmpas yn anghyfannedd. Daeth y bobl telefision yno eto fyth. Cyrhaeddodd y ffotograffydd o'r dre yno hefyd, i dynnu lluniau'r disgyblion olaf ar riniog yr ysgol. Safodd yr athrawes fel caer o'u cwmpas. Anogodd y ffotograffydd y plant i wenu i'r camera. Ufuddhaodd y plant i gyd. Ond fedrai'r athrawes ddim. Hi oedd yr unig un yn y llun nad oedd yn gwenu.

Cafodd pob plentyn ddarn o gacen i fynd gartref efo nhw ar ddiwedd y diwrnod er mwyn ceisio lliniaru'r loes. Cofiai'r athrawes fel y ceisiodd ewyllysio'r cloc i oedi'r diwrnod hwnnw; i roi mymryn mwy o amser iddyn nhw. Mymryn mwy o addysg iddyn nhw. Mymryn mwy o wroldeb iddi hithau. Ond wnaeth y cloc ddim tosturio wrthyn nhw. Roedd hi'n benderfynol o beidio dangos i'r plant pa mor affwysol o drist oedd hi, na pha mor gynddeiriog o flin oedd hi. Rhaid oedd gwarchod y plant rhag y chwerwedd oedd yn bwyta ei hymysgaroedd hi.

Cydadroddwyd y bader am dri o'r gloch a gofynnodd yr athrawes i'r plant gadw eu cadeiriau'n dwt o dan eu desgiau ac i gerdded allan o'r ysgol, fel pob diwrnod arall, yn dawel a pharchus. A dyna wnaed. Casglodd hithau ei basged a chloi drws yr ysgol am y tro olaf a'i stumog yn glymau; y clymau na fu datod arnynt wedyn. Digwyddodd rhywbeth iddi hi yn yr eiliad hwnnw wrth droi'r goriad yn y drws. Teimlodd ei hun yn crebachu. Diffoddodd y golau yn ei llygaid. Heneiddiodd yn y fan a'r lle.

Doedd hi na'r plant bach ddim wedi cyrraedd fferm Tŷ Nant cyn i beiriannau mawr Tarmac ddechrau chwalu muriau'r ysgol. Stopiodd y plant i gyd ac edrych yn ôl mewn anghrediniaeth ar yr ymosodiad ar eu hysgol. 'Peidiwch ag edrych yn ôl!' gorchmynnodd hi gan eu hannog i gerdded yn eu blaenau.

'Peidiwch ag edrych yn ôl!' Chafodd y plant druan ddim hyd yn oed gyfle i ddychwelyd i'r ysgol i nôl eu lluniau oddi ar y waliau na'u llyfrau o'u desgiau.

*

'You still haven't drank your water!' meddai'r llais ceryddgar. Agorodd ei llygaid. Nyrs arall oedd yno'r tro hwn. Nyrs hŷn a'i llygaid fymryn yn groes fel nad oedd yr athrawes yn hollol siŵr pa lygad i edrych arno. Nyrs y tabledi oedd hon. Nyrs o statws. Roedd ganddi oriad mawr yn hongian ar ruban o gwmpas ei gwddf. Ai hongian fel cosb neu fel gwobr oedd y goriad hwn? Goriad y cabinet meddyginiaeth.

Caeodd ei llygaid eto. Cofiodd am y llythyr a dderbyniodd, fisoedd ar ôl i bawb adael y cwm. Llythyr Corfforaeth Lerpwl. Roedd y llythyr yn gorchymyn iddi hi ddychwelyd darn o'u heiddo nhw. Cofiodd fel y darllenodd y llythyr gydag anghrediniaeth. Roedd y Gorfforaeth yn gofyn am oriad drws yr ysgol. Drws ysgol y cwm. Y cwm oedd bellach o dan ddŵr. Doedd y drws ddim yn bodoli bellach. Doedd yr ysgol ddim yn bodoli. Pa ddefnydd fyddai i oriad heb ddrws? Gwrthododd gais y llythyr hwn a'r ail lythyr a gyrhaeddodd yn fuan wedyn. Gwrthododd yn lân â dychwelyd y goriad.

'You need to take your tablets.' Agorodd ei llygaid. Ie'r tabledi. Roedd rhaid iddi wella. Oedd gwella iddi hi bellach? Wyddai hi ddim. Ond fe wyddai un peth, doedd hi ddim yn mynd i fedru gwella ym mynwent ward yr ysbyty yma. Byddai'n rhaid iddi ffugio gwella. Gwella er mwyn gadael y ddinas a chael mynd adref. Torrodd llais y nyrs ar draws ei meddyliau eto.

'Dr Hutchinson will be around on Monday to assess your condition, and to make sure the wound has healed. In the meantime you need to take your tablets.'

'Monday?' ebe hithau'n syfrdan a'i chalon yn suddo. Roedd pum diwrnod arall tan hynny.

'Yes. We need to stabilize your condition. Please sit up so I can administer the tablets for you.'

Cododd ar ei heistedd, gan geisio peidio griddfan wrth i'r graith ei hatgoffa o'r llawdriniaeth hegar a dderbyniodd. Cymerodd y dabled ac estynnodd y nyrs y gwydr dŵr iddi hi. Yn groes i'r graen, bu'n rhaid iddi lyncu'r dabled a'r dŵr. Gwenodd y nyrs arni hi a pharhau ar ei rhawd. Edrychodd yr athrawes ar y gwydr gwag. Gwthiodd y bwrdd olwynion oedd ar droed y gwely er mwyn ei rhyddhau ei hun o'i chaethiwed. Cododd o'i gwely ac edrychodd y nyrs arni hi o'r gwely nesaf.

'Where are you going now?'

'To the toilet.'

'OK. Ring the bell if you need assistance.'

Gwenodd yr athrawes arni hi ac wedi i'r nyrs droi ei chefn, estynnodd am ei chôt a mynd i gyfeiriad y toiledau. Sibrydodd iddi hi ei hun, 'Peidiwch ag edrych yn ôl. Peidiwch ag edrych yn ôl.' Pasiodd y toiledau a cherdded i lawr y coridor hir at y drws ac wedyn at brif fynedfa'r ysbyty. Agorodd y drws a dianc i'r awyr agored gan deimlo'r dafnau glaw yn cosi ei gwar. Stwffiodd ei dwylo'n ddwfn i bocedi'r gôt a synhwyro'r gorffennol yn tynnu eto wrth deimlo hen oriad ym mhlyg yng ngwaelod y boced dde. Gwasgodd ei llaw amdano'n dynn. Doedd hi ddim am adael fynd. Efallai i'r Gorfforaeth ennill brwydr y cwm, ond hi enillodd frwydr y goriad. Ei buddugoliaeth fach hi. Dwysaodd y glaw, dwysaodd y boen, ond roedd llygedyn o haul yn ceisio wincio arni o ymyl un o'r cymylau. Dechreuodd gerdded a cherdded a cherdded.

Martha

BEIRNIADAETH BLEDDYN OWEN HUWS

Profiad a roddodd gryn foddhad a difyrrwch oedd darllen y 12 stori a ddaeth i law. Er bod rhai yn fwy gafaelgar na'i gilydd, nid oedd yr un ohonynt heb ei rhinweddau. Braf yw dweud i mi weld mwy o bethau i'w canmol nag i'w beirniadu. Serch hynny, pe bai gofyn i mi nodi ambell wendid cyffredinol, fe nodwn yn gyntaf y duedd i draethu'n uniongyrchol ffeithiol yn hytrach nag yn awgrymiadol gynnil, ac, yn ail, y duedd i adrodd stori mewn ffordd gwbl ragweladwy, yn lle meddwl am ffordd fwy creadigol a dychmygus o gyfleu profiad a digwyddiad. Nid af ar fy llw fod pob cystadleuydd yn sylweddoli beth yw'r gwahaniaeth rhwng stori arferol a'r stori fer fel ffurf lenyddol.

Trafodaf y straeon yn y drefn y derbyniwyd hwy.

Potel Sos Coch, 'Yn Ddistaw yn y Crud': Hanes disgybl ysgol sy'n piso yn ei drywsus un noson yn aelwyd yr Urdd a geir yn hon. Er mwyn cilio rhag y gwarth a'r cywilydd, mae'n ei throi hi am adref, ond nid yn rhy gynnar rhag i'w fam ddod i wybod am ei anffawd. Er mwyn rhoi cyfle i'w drywsus sychu, aiff am dro ar hyd y rhostir lle mae hafn o dir sy'n arwain i ryw gors ac ynddi bob math o dyfiant gwyllt. Yn sydyn, mae twll yn ymddangos o'i flaen a syrthia'r bachgen i grombil y ddaear. Ac yntau bellach mewn ogof danddaearol, mae planhigion ffyngaidd yn araf grafangu amdano fel petaent am ei draflyncu, ac mae'n ymddangos mai dyna'n union a wnânt gan nad oes sôn amdano'n dianc. Anodd gweld sut y mae a wnelo'r stori fel ag y mae â'r thema 'craith'.

Dylai'r awdur geisio arbrofi ag arddull lai blodeuog wrth adrodd stori a cheisio cynllunio plot mwy pwrpasol. Mae'n dda gweld defnydd o eirfa dafodieithol yma, er enghraifft 'pwdlacs' am bwll o ddŵr budr; 'pibsan' am wawdio neu wneud hwyl am ben rhywun; 'sliffio' am sleifio ymaith; a 'gwillmera' am grwydro o gwmpas.

Aber, 'Craith': Stori yw hon am gariad newydd mam ifanc weddw sydd, yn ddiarwybod iddi hi, yn cam-drin ei merched yn rhywiol. Pan fo Meg, y ferch hynaf, yn cyrraedd ei glasoed, mae cariad y fam yn colli diddordeb ynddi, a thry ei sylw wedyn at y ferch ieuengaf, Sara. Wedi i'r chwaer hŷn ladd y cariad ag ergyd i'w ben, caiff ei charcharu. Nid oedd neb yn ei chredu pan ddywedodd mai ceisio amddiffyn ei chwaer rhag pedoffeil yr oedd. Wedi i Meg gyflawni hunanladdiad, derbynia ei mam lythyr gan chwaer ei chariad yn dweud iddi hi gael ei cham-drin yn rhywiol gan ei brawd pan oedd yn blentyn, ond nad oedd ganddi'r dewrder i adrodd ei phrofiad wrth neb. Dyna'r graith y bu'n rhaid iddi ei chario weddill ei hoes.

Llwyddodd yr awdur i lunio stori gymen wedi ei mynegi'n raenus, ac mae'r diweddglo campus yn cynnwys y math o gynildeb y gellid bod wedi ei ddefnyddio yn y stori drwyddi draw. Gall awgrymu pethau'n gynnil weithiau fod yn llawer mwy effeithiol na thraethu ffeithiau.

Afradlon, 'Craith': Hanes mab sy'n mynd yn ysglyfaeth i'r cyffur heroin a geir yn y stori hon a adroddir gan y tad. Dros gyfnod o amser, caethiwir y mab gan y cyffur ac mae'n datblygu'n ddeliwr cyffuriau er mwyn gallu bwydo ei ddibyniaeth ei hun. Dirywia ei gyflwr a'i berthynas â'i rieni, ac yn y diwedd mae'n marw yng nghanol ei enbydrwydd. Y graith y sonnir amdani yn y fan hon yw euogrwydd y rhieni am na fyddent wedi gallu estyn cymorth i'w mab ymhell cyn i'w gyflwr ddirywio.

Tueddu i adrodd ffeithiau heb adael lle i'r dychymyg a wneir. Gan fod cymaint o elfennau ystrydebol i'r stori, mae'r cyfan mor rhagweladwy. Byddai wedi bod yn well meddwl am ffordd fwy dyfeisgar a chreadigol o gyfleu'r stori.

Lolan, 'Annwyl Erin': Stori afaelgar gan lenor medrus yw hon sy'n canolbwyntio ar fyfyrdod gwraig yn sgil y graith ar ôl i'w gŵr a hithau wahanu. Mae dwy amlen a'u cynnwys cyferbyniol a ddaw yn y post yn rhoi her i Erin ac yn peri iddi simsanu. *Decree Nisi* sydd yn y naill amlen, a llythyr gan y gŵr sydd yn y llall. Awydd Erin am derfynu'r berthynas a gymhellodd y papurau ysgariad, ac awydd y gŵr i ddychwelyd at ei wraig am ei fod yn dal i'w charu a ysgogodd y llythyr. Defnyddir y graith ffigurol yn gelfydd i gyfleu cyfyng-gyngor ac ansicrwydd teimlad a phenderfyniad. Diweddir y stori ag amwysedd cynnil sy'n gadael y darllenydd yn chwilfrydig. Dyna'r math o gynildeb ac awgrymusedd y gwelwn ei eisiau yn rhai o straeon eraill y gystadleuaeth.

Martha, 'Craith': Stori gelfydd wedi ei saernïo'n ofalus yw hon am gymeriad hanesyddol, sef Martha Roberts, athrawes olaf ysgol Capel Celyn. Ceir yma ddwy olygfa mewn dau leoliad: Martha yr hen wraig mewn ysbyty yn Lerpwl ar ôl derbyn llawdriniaeth yn cael ei chymell gan nyrs ifanc i yfed llymaid o ddŵr, ac yn sgil hynny yn ail-fyw ei phrofiad fel athrawes ifanc. Cofia'r diwrnod olaf yn hanes yr ysgol cyn i'r peiriannau chwalu'r adeilad wrth greu'r argae yn Nhryweryn. Cadwodd Martha oriad drws yr ysgol ar ôl ei gloi am y tro olaf, ac mae'r goriad yn dod yn symbol o herfeiddiwch yn wyneb gormes ac yn symbol o'r goffadwriaeth am archoll Tryweryn. Mae yma lenor sicr iawn ei drawiad.

Tylluan fach, 'Craith': Hoffwn yr agoriad bachog a ffraeth sy'n gyflwyniad i stori am gwpl priod ar wyliau yn Llydaw. Mae'r ddau'n ymholi am gyflwr y Llydaweg ac yn cyfarfod ag Olivier, y gwerthwr olewydd yn nhref farchnad Guilvinec. Dônt i wybod mwy am ei gefndir a deall natur yr anaf a ddioddefodd yn blentyn ac a'i creithiodd am weddill ei oes, sef iddo gael ei amddifadu o'r cyfle i siarad Llydaweg am na throsglwyddodd ei rieni'r famiaith iddo. Roedd yr iaith a'i diwylliant yn fyd caeedig iddo, er bod ei rieni yn siaradwyr rhugl. Serch bod yma stori, mae'n darllen yn debycach i hanesyn hunangofiannol nag i stori fer.

Jac, 'Craith': Mae gan yr awdur ddawn i ysgrifennu'n afaelgar. Lluniodd stori am berthynas tad a mab gan esbonio sut y cafodd y mab graith ar ei foch. Ac yntau ar lan y bedd yn angladd ei dad, mae'r mab, sy'n gyn-filwr, yn dwyn i gof ei fagwraeth anodd ar law tad creulon a gormesol. Ffermwr oedd y tad a oedd wedi gobeithio y byddai ei fab hynaf yn dod adref i ffermio er mwyn diogelu dyfodol y fferm deuluol. Ond gwrthod yr etifeddiaeth a wnaeth y mab am ei fod am dorri ei gŵys ei hun. Buan y sylweddolir bod arwyddocâd dyfnach i'r graith ar y foch.

Nanw, 'Dim Byd Anghyffredin': Cyfarfyddiad rhwng dau o hen gariadon coleg ar daith mewn trên yw canolbwynt y stori hon. Mae Rhodri Dafydd bellach yn aelod o Senedd Cymru ac mae Nanw yn wraig i newyddiadurwr, yn fam i dri o blant mân, ac yn gyfieithydd rhan-amser. O safbwynt Rhodri yr adroddir y stori, ac mae'r sgwrs rhyngddo a Nanw yn gyfle i godi cwr y llen ar hen ddelfrydau gwleidyddol y ddau pan oeddynt yn fyfyrwyr. Amyneilir golygfeydd rhwng ddoe a heddiw, a dysgwn fwy am eu perthynas gynt ac am gefndir y graith ar fraich Rhodri. Atgoffa honno ef o'r adeg pan deimlai fod Nanw'n fregus a bod arni eisiau ei amddiffynfa ef. Yn eironig ddigon, mae'r diweddglo annisgwyl yn profi fod arni eisiau cael ei hamddiffyn yn fwy nag erioed. Rhan o gryfder y stori yw'r ddeialog realistig.

Pot Jam, 'Y Tŷ Ger y Parc': Y comisiwn a gafodd yr artist Dylan Malcolm gan weddw artist o'r enw Iona Lewis i baentio murlun i goffáu ei wraig yw canolbwynt y stori ddeniadol hon. Er mwyn cael ysbrydoliaeth, bodia Dylan trwy bapurach a adawodd Iola Lewis ar ei hôl a dod i ddysgu mwy am ei chwaeth a'i thueddiadau artistig, yn arbennig felly ei diddordeb mewn chwedloniaeth. Mae'r ffin rhwng y byd hwn ac Annwfn yn un sy'n gysgod dros y comisiwn. Cyfoethogir y stori gan y gymysgedd o'r dylanwadau celfyddydol a fu ar Iona Lewis ar y naill law, ac ar y llaw arall un digwyddiad trist, sef marwolaeth ei mab, Simon, a foddwyd yn bumlwydd oed. Arweinia hynny at ddirgelwch arallfydol wrth i'r murlun gael ei greu. Mae ysbryd aflonyddol Iola Lewis yn dal yn y tŷ ac yn rhwystro Dylan rhag cwblhau'r murlun. Yr unig ffordd o dawelu'r ysbryd yw llosgi llwch Simon mewn cawell helyg ar ddŵr y Foryd. Mae hon yn stori soffistigedig a dyfeisgar yn null rhai o straeon Mihangel Morgan.

Eiry, 'Craith': Cysgodion tywyll y gorffennol sy'n dal i fyny yn ddirybudd ag un a fu'n ddarlithydd mewn meddygaeth a geir yn y stori hon. Mae cyn-fyfyrwraig i'r gŵr, sydd bellach yn uwch-ymgynghorydd meddygol uchel ei barch, yn ymweld ag ef yn ei gartref dan yr esgus ei bod am ei gyfweld ar gyfer cylchgrawn. Wrth ei holi, mae hi'n ei dywys at ei ddyddiau fel darlithydd ac, yn gyfrwys iawn, yn dangos iddo lun o un o'i hen ddosbarthiadau. Daw'n amlwg mai un o'r merched yn y llun oedd y gyn-fyfyrwraig hon a gafodd ei threisio ganddo dros ugain mlynedd ynghynt. Gwadu popeth a wna'r uwch-ymgynghorydd, ond mae'r graith a adawyd ar fywyd y gyn-fyfyrwraig yn peri ei bod yn ei gwneud hi'n eglur nad oes modd iddo wadu ei bechodau. Er bygwth datgelu'r trosedd yn gyhoeddus er mwyn dial, mae'r gyn-fyfyrwraig yn ailfeddwl ar ôl cyfarfod â gwraig ei hen ddarlithydd. O garedigrwydd tuag ati hi y penderfyna beidio â datgelu dim wedi'r cyfan. Dyna'r tro annisgwyliadwy ar ddiwedd y stori, ond byddai'n well stori petai'r awdur wedi llwyddo i adeiladu mwy o densiwn fel nad oedd y cyfan sy'n digwydd cyn y diweddglo mor rhagweladwy.

Lleiniog, 'Craith': Lluniodd yr awdur stori ddiwastraff a thra gafaelgar am gyn-yrrwr tacsi mewn arddull ac idiom gwbl gyfoes. Mae tipyn o sensitifrwydd yn y portread o'r gyrrwr sy'n gorfod byw â'i euogrwydd am ladd merch 17 oed yn ddamweiniol â'i gar ar noson brysur. Er mai damwain oedd hi, dialodd dau ddyn meddw yn giaidd arno drwy ei gicio yn ei ben a thrywanu ei goes. Daeth yn amlwg yn yr achos llys a ddilynodd y ddamwain nad oedd bai o gwbl ar y gyrrwr: fe'i cafwyd yn ddieuog am i ffrind yr eneth a fu farw dystio mai arni hi yr oedd y bai am gerdded yn syth i lwybr y tacsi heb edrych.

Llwyddwyd i ddal awyrgylch noson allan wyllt mewn tref nodweddiadol cyn y Nadolig wrth araf ddatgelu profiad y gyrrwr tacsi ac fel y cafodd ei greithio gan euogrwydd am weddill ei oes.

Llys, 'Craith': Sgwrs holi ac ateb gredadwy a thipyn o hiwmor yn perthyn iddi rhwng cyfreithiwr a chleient sydd wedi ei ddal yn dwyn cig o'r siop sy'n cynnal ffrâm y stori hon. Nid oedd y lladrad hwnnw yn ddim ond un mewn cyfres yn hanes y cleient a oedd yn gaeth i gyffuriau. Yr hyn y mae'r cyfreithiwr am gael ei wybod yw pam y mae'r cleient yn mynnu dwyn pethau o hyd. Mae'r ateb yn syml, sef er mwyn cael arian i brynu cyffuriau ac i dalu am docyn trên yn ôl adref 'i'r ynys'. Ond y rhwystr pennaf rhag mynd adref yw fod ganddo 'broblem'. Dengys ei fraich a'i goes i'r cyfreithiwr. Mae ei fraich yn llawn tyllau a chreithiau pigiadau nodwydd, ac mae ei goes 'wedi chwyddo fel *drumstick* cyw iâr ben i waered, efo gwaelod y goes yn bochio fel balŵn nes teneuo o amgylch yr asgwrn wrth ymuno â'i wast'. O dipyn i beth, ar ôl ceisio amddiffyn ei gleient yn y llys, sylweddola'r cyfreithiwr na fu'n ddigon trylwyr wrth baratoi at yr achos drwy ofyn y cwestiynau iawn i'w gleient, a mynd at wraidd yr amgylchiadau a achosodd iddo ddifetha ei fywyd drwy 'agor briwiau na chafodd gymorth i'w cau'.

Mae mwy nag un o'r straeon hyn a allai fod wedi hawlio'r wobr gyntaf, yn arbennig eiddo *Lolan* a *Lleiniog*, ond nid oes yr un sydd mor orffenedig a meistrolgar ei gwead a'i mynegiant â stori *Martha*. Llongyfarchiadau mawr iddi hi.

Ysgrif, hyd at 2,000 o eiriau: A470

A470

Mae ein perthynas ni â'r A470 yn un ddigon rhyfedd. Dyma lôn yr oriau hirfaith, y nosweithiau hwyr a'r boreau cynnar, y Mansel Davies, y methu goddiweddyd, a'r prinder llefydd call i oedi am baned unrhyw bryd ar ôl pump y pnawn. Dyma daith y mae gofyn paratoi ar ei chyfer: penderfynu ymlaen llaw beth fydd y rhaglen radio, y gerddoriaeth neu'r *podcast*, llenwi'r tanc â phetrol cyn cychwyn a sicrhau bod potel o ddŵr a bag o fferins wrth law cyn cymryd anadl ddofn, tanio'r car a throi blaen y trwyn am y tarmac.

Dydy rhywun byth yn picio i lawr yr A470. Mae'n achlysur. Ac yn un sy'n cymryd bore, pnawn neu noson o wneud y siwrnai rhwng de a gogledd. Er ei bod yn destun un o'n hoff gwynion, mae hi wedi esgor ar ganeuon a cherddi, wedi rhoi ei henw i gylchgrawn llenyddol *A470: Beth sy' 'mlaen yn llên Cymru* a hyd yn oed wedi ysgogi cyfrif Twitter er mwyn gallu rhannu teithiau ar yr adegau niferus hynny lle nad yw trafnidiaeth gyhoeddus yn gyfleus. Dyma lôn, er gwaetha'r troadau a'r tywydd, sy'n cipio'r dychymyg ac sy'n chwedl yn ei hawl ei hun, yn edefyn sidan tenau yn rhwymo'r wlad at ei gilydd fel cortyn yn clymu parsel.

Un nod sydd i daith hir fel hon fel arfer, a hynny yw cyrraedd yr ochr arall. Gall y daith fod yn un bwrpasol, ymarferol neu gall fod yn un i chwilio am antur ar borfa lasach neu i ddianc rhag undonedd bywyd. Bydd croeso a drysau mawr ar agor 'yn bellach i lawr y lôn', fel y dywed Steve Eaves, a ninnau wastad ar ras i gyrraedd rhyw linell derfyn anweledig. Mae Iwan Llwyd yntau'n mynnu fod y 'lôn 'ma'n arwain i rywle boi' yn ei gân 'Eldorado', a phawb yn bererinion yn eu ceir yn chwilio am yr aur. Ond ar y lôn lydan honno o San Francisco i Eldorado, does dim pen draw i'r daith a dechreua'r teithiwr golli stêm cyn sylweddoli mai'r 'lôn ei hun ydy'r freuddwyd, y lôn ydy'r ddinas goll'. Hawdd yw i ninnau weithiau yrru'n awtomatig er mwyn cyrraedd pen y daith, heb sylwi mor hardd ydy'r siwrnai ei hun, a'r tymhorau'n gwrido'r dolydd bob ochr. Haws gwibio heibio'r tafarndai deiliog a'r pentrefi cysglyd. Haws peidio â phendroni gormod am yr enwau tlws sy'n britho'r map, a haws peidio â chymryd troad ar fympwy i weld y machlud dros lynnoedd Cregennan ar noson o haf.

I'r rhai ohonon ni sy'n teithio hyd y lôn yn lled gyson, mae'r A470 yn hen ffrind. Ac fel pob hen ffrind gwerth ei halen, mae hi'n dal gwerth blynyddoedd o atgofion. Mae hi'n sicr wedi fy ngweld i drwy hindda a phnawniau Sul stormus, wedi fy nghlywed i'n canu ac yn crio. Mae'r siwrnai, os y gadawaf iddi, yn deffro'r cof a daw geiriau a phrofiadau i fflachio o flaen y windsgrin mewn llefydd penodol, fel arwyddion ffordd yn ymrithio drwy'r glaw.

Dyma'r ffordd at ryddid dyddiau coleg yn Aberystwyth a'r Fiesta bach ffyddlon yn addo bod adre yn ddim ond dwy awr a chwarter i ffwrdd o hyd. Y ffordd yn ôl ac ymlaen at gariad cyntaf dros yr haf, a blas persawr yn cosi gwefus wrth roi troed i lawr heibio Dolgellau. Mae hi'n daith heulog yn ôl i ddathlu penblwyddi a phriodasau yn Mwyty Mawddach a Nant Gwrtheyrn, ac yn daith hir i fynychu angladdau. Dyma'r lôn ddu sy'n fy aros, minnau'n y dafarn a'r ddiod yn feddal. Yn hanner gwrando ar sgwrs, fy ngwên yn ffals a'm llygaid yn mynnu crwydro at fy ffôn bob munud rhag ofn fod neges frys wedi cyrraedd yn dweud fod Nain yn yr ysbyty. Y lôn i nôl brawd o'r coleg yng Nghaerdydd ar noson o Ragfyr oer ar ôl colli Taid. A phenderfynu'r noson honno fynd i gig hudolus mewn eglwys yn Nhreganna. Mae hi'n lôn i'w gyrru'n droednoeth yr holl ffordd o Lanelwedd i'r gogledd dan chwerthin ar ôl gwlychu at groen yn y sioe, ac yn lôn sy'n goffa da am ginio mewn tafarn ym Maentwrog â ffrindiau sydd wedi cilio. Mae hi'n lôn sy'n arwain at hoff le yn y byd, ac yn lôn tor calon hefyd.

Gall A470 pawb ddechrau a gorffen mewn llefydd gwahanol ar y map. I mi, mae hi'n dechrau yng Nghaerdydd, ger y gylchfan rhwng Pentre-poeth a Chastell Coch. Yn fuan ar ôl symud i'r brifddinas a hithau'n ddiwedd Tachwedd, rhaid oedd dod i adnabod yr ardal a mynd am dro yn y car i ymgyfarwyddo â'r lonydd. Minnau'n mwynhau'r dieithrwch na ddaw fyth yn ôl ac yn sylwi'n slei bach ar yr arwyddion am goed Nadolig yn lle canolbwyntio ar ddysgu sut i gyrraedd yr archfarchnad heb *sat nav.*

'Dyma fydd y ffordd am adre,' meddet tithau wrth inni weld y gylchfan yn borth i'r gogledd, a minnau'n dal i chwilio am goed Nadolig ar gyfer yr 'adre' newydd.

Ac wrth ffarwelio â Chaerdydd am y tro a dechrau ar gam cyntaf y siwrnai bedair awr a hanner, tybed sawl gwaith mae olwynion y car wedi llyncu'r draffordd heibio Pontypridd, Abercynon a Merthyr Tudful nes cyrraedd yr awyr iach a signal y radio'n gwegian? Ddegau ar ddegau o weithiau ers byw yn y ddinas, yn sicr, ond byddwn i'n dod y ffordd hyn cyn hynny hefyd – ar yr adegau hynny pan fyddwn i'n dod i Gaerdydd i aros gyda'm chwaer mewn tai myfyrwyr tamp ar Harriet Street, Miskin Street a Woodville

Road. Y troeon cyntaf mae'n debyg inni'n dwy dreulio penwythnosau yng nghwmni'n gilydd fel oedolion, heb rieni i'n tynnu ynghyd nac i gynnig talu am ein cinio. A hithau'n ddiwrnod cyntaf y flwyddyn a'r glaw'n ddi-baid, dyna lle roedden ni'n swatio yn nhafarn y Mochyn Du yn magu paneidiau poeth a'r byd tu hwnt i'r ffenestri niwlog ymhell. Mor gysurlon oedd cael darn bach o adre mewn dinas ddiarth nes mai artaith oedd meddwl am adael a gyrru'n ôl i Aberystwyth i fflat gwag.

Erbyn hyn, mae'r A470 yn lôn sy'n fy arwain i'n ôl adre i Fôn, am benwythnos hir, neu wythnos dros yr haf neu'r Nadolig. Er yr edrych ymlaen at gyrraedd pen y daith, mae yno gysur yn y daith ei hun hefyd wrth i olion hen siwrneiau liwio'r siwrneiau newydd yn barhaus, gan ychwanegu haen ar ben haen o ystyr bob tro. Ac ymhlyg yn nhroadau'r lôn, mae'r siwrneiau sydd heb eu gwneud eto, a'r gynfas mor lân â'r gwynt sy'n sgubo dros y Bannau neu ucheldir Mawddwy.

Brycheiniog

BEIRNIADAETH LYN EBENEZER

O ystyried y testun, bûm yn amau fy nilysrwydd a'm hawl i feirniadu o ystyried y ffaith nad wyf yn yrrwr. Ond os na wnes i erioed yrru ar hyd y briffordd droellog sy'n cysylltu de a gogledd, credaf fod fy mhrofiadau o dramwyo'r ddyrys daith droeon fel teithiwr anfoddog yn caniatáu i mi wneud.

Da yw medru cyhoeddi na dderbyniwyd yr un ymgais wael. Yn wir, byddwn yn fodlon gwobrwyo unrhyw un o'r 11 a dderbyniwyd. Yr unig siom yw'r canfyddiad fod y mwyafrif mawr wedi cadw at ganol y ffordd, fel petai, gan ddewis y daith ddisgrifiadol dopograffig, ddaearyddol a hanesol. Roedd hynny, mae'n debyg, i'w ddisgwyl.

Yr anhawster o ddewis y fformat hwn yw bod yna berygl o fynd yn gatalogaidd. Prin yw'r rheiny sydd wedi defnyddio'r A470 fel cefndir i rywbeth amgenach. Dyma sylwadau cryno am yr 11 ysgrifwr yn nhrefn y rhifau a bennwyd ar eu cyfer.

Rhaeadr Gwy: Diolch iddo am fod yn wahanol. Cawn ganddo bedwar lleoliad ar hyd y ffordd lle mae'n oedi i ystyried taith y Gymru Rydd: Clwb

Ifor Bach, Caffi Carys ym Mallwyd, Caffi Culture, Llandudno a Maes y Sioe yn Llanelwedd.

Ben: Cawn ein gosod ar ben y ffordd gan *Ben*, sy'n *sat nav* o gig a gwaed. Mae'n ein hysbysu fod y briffordd yn cysylltu Llandudno a Chaerdydd ac yn mesur 186 milltir cyn mynd ymlaen i'n goleuo ymhellach. Aeth hwn i lygad y ffynnon am wybodaeth arbenigol sef holi cyn-beiriannydd sifil.

Tryfan: Caiff *Tryfan*, ar y llaw arall, wybodaeth o'r *Gwyddoniadur* sy'n nodi fod hyd y ffordd yn 270 cilomedr. Ymhyfryda yn y ffaith mai ni'r Cymry biau pob modfedd ohoni.

B4405: Hanes y daith adre i Gaerdydd o Steddfod Llanrwst sy'n deffro atgofion yr ysgrifwr hwn. Aiff yn drafodaeth ac yn ddadl dros ginio yn y Llew Coch, Dinas Mawddwy wrth i aelodau o'r teulu a theithwyr eraill gymharu rhagoriaethau'r Brifwyl a'r Sioe Fawr Amaethyddol.

Triumph Dolomite: I'r rhan fwyaf o deithwyr, melltith yw'r goleuadau coch sy'n atal trafnidiaeth byth a hefyd ar hyd y briffordd. Ond i *Triumph Dolomite* mae'r seibiadau hyn yn 'falm i'r enaid' ac yn gyfleoedd i hel atgofion melys.

Bant â fi: Mae'r ysgrif hon yn sylwebaeth fyw, fel petai, o'r daith. Rhwng aberoedd Conwy a Thaf cawn ein cludo ar siwrnai hynod addysgiadol a disgrifiadol. Ar y diwedd cawn esboniad teilwng am reswm y gyrrwr dros falwodi rhwng yr aberoedd. Trannoeth bydd yn 'gwarchod hogyn gorau'r byd': rheswm perffaith dros wynebu'r fath daith.

Jac: Deuoliaeth y briffordd sy'n ganolbwynt i fyfyrdod *Jac*. Mae'n hunllef i'r rheiny sy'n dibynnu arni'n rheolaidd ond yn cynnig golygfeydd sy'n adlewyrchu amrywiaeth dirweddol odidog i'r rheiny sydd ag amser i hamddena.

Un mewn gobaith: Rhyw fath ar Route 66 ffug yw'r briffordd i'r ymgeisydd hwn. Ond cyfeddyf fod iddi ei rhinweddau, ac yn raddol, daeth yn ffrindiau â hi gan gofio geiriau Robert Louis Stevenson, a fynnai bod teithio mewn gobaith yn well na chyrraedd.

John Preis: Mae brawddeg gyntaf *John Preis*, wrth ddyfynnu cyfaill, yn gosod ei safbwynt yn blwmp ac yn blaen: 'Mae yna well lonydd yn Affrica.' Lle llwyddodd y Rhufeiniaid i greu ffordd syth a llydan o'r de i'r gogledd, meddai, bu camp o'r fath y tu hwnt i feddyliau arbenigwyr technolegol a chyfrifiadurol yr oes hon. Dyna'i dweud hi!

Clatsia Bant: Fe wnaeth agoriad yr ysgrif hon ddeffro atgof ynof gyda chyfeiriad at lun lliwgar a grogai yn y parlwr sef 'The Broad and Narrow Way'. Sylweddolodd yn gynnar fod y ffordd lydan yn cynnig llawer mwy o hwyl na'r llwybr cul. Ond mae'n diolch i'r Arglwydd Wyn Roberts a lwyddodd, yn ystod ei dymor fel Gweinidog Gwladol, i unioni sawl tro a gwastodi aml i riw ar yr A470. Ac i *Clatsia Bant*, yng Nghaergybi yn hytrach nag yn Etholaeth Nant Conwy y mae'r briffordd yn cychwyn (neu'n gorffen).

Brycheiniog: O'r cychwyn cyntaf mynnodd hwn hoelio fy sylw. Dyma, meddai, lôn yr oriau hirfaith, y nosweithiau hwyr a'r boreau cynnar, lôn lorïau Mansel Davies, lôn y methu goddiweddyd a lôn y prinder llefydd call i oedi am baned ar ôl pump y pnawn.

Mae taith *Brycheiniog* yn llawn cymaint o daith ymenyddol ag ydy hi o daith ddaearyddol. Ac er ei holl wendidau, mae'r lôn yn medru bod yn ffrind. Mae hi wedi bod yn dyst i deithiau 'drwy hindda a phnawniau Sul stormus, wedi fy ngweld yn canu ac yn crio'. Mae hi'n siwrnai 'sy'n deffro'r cof' gan ddod â 'geiriau a phrofiadau i fflachio o flaen y windsgrin ... fel arwyddion ffordd yn ymwthio drwy'r glaw'.

Mae disgrifiadau *Brycheiniog* yn fflachio yn yr un modd. Mae'n llawn haeddu'r wobr.

Casgliad o naw darn o lên micro: Adeiladu

ADEILADU

Ymyrraeth Mochleudws

Problemau yn y Nant
Pwy yw'r dihiryn yn *Otter's Brook*?
Pwy sy'n teimlo braidd yn glwc
heb fyta ers pythefnos?
NEB OND MOCHLEUDWS.

Mae'n byw yn hir hir ac yn gwledda o'r tir
ar unrhyw ddafad
anffodus sy'n digwydd mentro lawr y bryn i'r nant.

Cyhoeddwyd siars o bennau'r tai ar gyfer plant y pentref i beidio â mentro croesi'r nant wedi canol nos na chwaith pan fo'r lloer a'r haul i'w gweld yn yr awyr ar yr un pryd, achos bod dau gorff nefol ar yr un pryd yn ddigon i ddrysu Mochleudws
druan.

Mae'n gallu meddwl bod plant yn ddefed.

Felly ...

BLANTOS Y PANDY
BYDDWCH EFFRO
MAE MOCHLEUDWS YN CWATO
DAN WYNEB Y NANT
YN BAROD I NEIDIO.

Ifan yn Pendroni
Weles i fe ar y We
fod *Otter's Brook* ar werth.

'Otter's Brook'
feddylies i

lle ddiawl ma *Otter's Brook*?
Chwech a phedwar ucen mlynedd
'wy 'di byw yn y pentre 'ma a glywes i 'rio'd
am *Otter's Brook*.

Dan graig Penbeudy Isaf ma' fe

fynna
yn y pant
ger Nant Ddu

rhywun o bant 'di prynu'r pishyn tir gan feddwl
adeiladu tai
wyth deg mil am bob plot a cha'l arian mowr.

Ond pwy fydde moyn byw fynna'n y dibyn 'da Penbeudy Isaf uwch eich penne chi'n taflu'i gysgod a neud y lle'n dywyll?

Weles i erio'd ddwrgi 'na, chwaith.

Otter's Brook, myn jawl.

Y Ffordd Ma' Amy

Deucen mlyne 'wy 'di bod yn gwitho'r cawl
a 'sneb byth yn gwrthod chimod
ma' nhw'n talu dwy bunt wrth y drws
a ma'r cawl yn rhan o'r peth
felly 'sech chi'n meddwl y bydden nhw'n ddiolchgar
ac yn byta'r cawl ma'r ledis 'di paratoi.

Ond ges i un miwn llynedd, o'dd e'n byw yr ochor draw 'co,
plant yn 'r ysgol.

Gelon nhw'r cawl er bo nhw'n gadel yr erfin ar ôl a fysen i ddim wedi meiddio neud
eu hoedran nhw cofiwch,
ond tabeth,
whare teg iddyn nhw o'n nhw'n byta, ac fe ofynnes iddo fe wedyn a o'dd e'n mofyn
cawl a nath e wrthod fynna o fla'n pawb.

‘Ddim yn byta cig,’ wedodd e,
a wedes i o fla’n pawb ’ed:

‘’Na fachan bach od y’ch chi.’

Cynlluniau Helga
’Na dreni am yr ysgol,
Ond ’na fe, fyl ’na mae.
O’dd y safone ’di cwmpo
a do’dd e ddim cystal â beth o’dd e arfer bod
yn ein hamser ni.

Pa ryfedd fod y plant ’di gadel?

Dal, mae’n gadel bwlch mewn pentre fel hwn,
ma’ nhw’n teimlo’r peth yn eu heneidie.

Allen i ei phrynu hi falle,
ei gwneud hi’n hardd ’to
’neud bach o arian ’ed.
Dyw’r defed ddim wedi bod yn dod miwn â rhyw lawer
rhwng yr iconomic cleimet ’ma a’r dwgyd sy ’di bod yn mynd mla’n.

Cadw’r bunt yn y pentre!

Hoffwn i weld y lle’n dŷ
neu’n gartref crand.
Defnyddio’r ffenestri hardd yna i’w llawn botensial.

Cyffes Gerwyn
Cododd y garreg o’r tir.
A’th hi lan tua’r nef a hofran
fan hyn, uwchlaw Penbeudy Isaf.

Hen beth hynafol o’dd hi ’ed,
cynhanesyddol ma’ nhw’n ’weud,

a nath hi ddigon o ddifrod i'r
patshyn fej a rhoi digon o fraw
i'r gwartheg is bo nhw'n tasgu
a newn nhw ddim lla'th am wthnos
'da'r holl shiglo a'r symud.

Dim carreg fel carreg gei di ar ochr hewl chwaith
ond horwth o beth â gwythïen arian yn rhedeg drwyddi.

Ma' Amy'n styc lan 'na, wedi'i dal tra bo'r peth yn codi.

O'n i'n llawn cenfigen tuag ati
a gweud y gwir, lan fynna'n ca'l
golygfa mor dda o'r pentre.
'Sen i'n joio bod lan 'na.

A fi'n meddwl tybed ... a fysen i wedi neido o'r ffordd pe bai'r garreg wedi codi

tra 'mod i'n sefyll arni?

Nodiadau'r Newyddiadurwr

- Cododd carreg o'r tir a hofran uwchlaw pentref y Pandy ddoe.
- Mae Mrs Amy Nell wedi cael ei dal uwchlaw'r garreg ond mewn hwyliau da ac yn derbyn bwyd a diod gan awyren ddibeilot.
- Dywedodd yr heddlu fod y sefyllfa'n rhy fregus i geisio symud Mrs Nell o'i safle am y tro.
- Mae nifer o selogion ac ymwelwyr wedi dod i astudio'r garreg ac wedi dechrau creu gwersyll yn y caeau cyfagos.
- Dros yr oriau diwethaf mae'r garreg wedi symud o'i safle gwreiddiol uwchlaw Penbeudy Isaf ble mae Mrs Nell yn byw a thuag at yr ysgol, er yn parhau i hofran ryw hanner can metr yn yr awyr.
- Caewyd Ysgol Gynradd y Pandy ychydig o wythnosau'n ôl yn dilyn cwymp yn y niferoedd oedd yn mynychu'r ysgol.
- Ma ishe i fi ga'l sgribin newydd, dyw hwn yn dda i ddim i'n llawysgrifen i.

- Weles i foi yn y dafarn yn byta *doughnuts* gynne – dyle fi ga'l rhai i de, ma Julie'n dwlu ar *doughnuts*.

- Angen mynd i siarad gyda'r fenyw Helga 'ma. Ma' 'na sôn ei bod hi'n fenyw fowr yn y gymuned.

Ifan yn Cofio

Do'dd Helga ddim yn siarad nes bod hi'n bymtheg.
Wel, o'dd hi'n siarad ond dim rhyw lawer.
Un ddywedws o'dd hi.
Fi'n cofio hi'n gweld madfall un tro
a phwyntio ato fe heb ddweud dim a finne'n gofyn cwestiwn a hithe'n gwenu,
dyna i gyd.

Weles i ddim o hi am sbel ac yn sydyn iawn o'dd hi'n fenyw,
yn gneud lot 'da'r ffermwyr ifanc,
mynd â'i fan lan i'r YPV yn Builth.

Mae 'di prodi nawr, a newid enw.

Maniffesto'r Addolwyr

Yr ydym ni addolwyr y Garreg yn haeru
fod ei grym anniddig a'i hurddas
wedi ymweld â ni at bwrpasau
sydd y tu hwnt i'n hamgyffred fel
meidrolion ar wyneb y blaned hon.

Rhaid i ni felly osod ein ffydd yn y Garreg
a cheisio dehongli a dirnad unrhyw neges sydd ganddi i'w dweud wrthym.

Y gyntaf ohonynt yw bod Mrs Amy Nell yn berson dwyfol ac yn llefarydd ar ran y Garreg. Rhaid i ninnau ddilyn ei chredo hi unwaith iddi fedru adrodd ei negeseuon ger ein bron ni, feidrolion.

Gan ei bod hithau'n gwisgo sanau nad ydynt yr un peth, disgwylir i bawb nawr wisgo sanau gwahanol i'w gilydd, ar yr ail ddydd Mercher o bob mis O LEIAF.

Ni fyddwn chwaith yn cael ein henwi bellach yn ôl yr enwau roddodd ein rhieni i ni ond yn hytrach ar ôl meini. Yr ydwyf innau, arweinydd addolwyr y meini erbyn hyn, yn cael fy nabod fel Llechen Borffor, ac mae pob un aelod newydd o Urdd y Garreg yn cael eu henwi wrth i ni ei (d)derbyn i mewn i'n cymuned.

Hir oes i'r Garreg.

'Wel wel,' medde Ifan

Dda'th y garreg i lawr yn ddigon disymwth
a nath Amy aros yn gyfan rywsut,

troi ei phigwrn, dyna i gyd, diolch i'r drefen.

Ond lawr wrth y pant,
ar bwys Nant Ddu?
Pwy a ŵyr beth o'dd hi'n neud lawr 'na amser 'na o'r dydd,

ond nath Helga

wel o'dd Helga lawr 'na

o dan y garreg, pan nath hi gwympo.

Ni'n meddwl tabeth, mae'n amhosib symud y blydi peth.

Mae pawb 'di mynd o'r caeau nawr.
O'dd e fel tase'r hud i gyd 'di mynd o'u llyged
a nelon nhw fynd nôl i fod fel o'n nhw o'r bla'n
nôl i'w gwaith yn y ddinas, i'r bywyd beunyddiol o'dd 'da nhw
cyn iddyn nhw ddachre cael eu galw'n Garreg Ogam neu'n Faen Hir neu'n Garreg Sylfaen.

Ac a'th y Pandy ymlaen â'i dyddie, fel erio'd,
ond bod 'na ddim clyche i'w clywed rhagor
yn canu ar y llethre
yn ystod amser chware.

Mochleudws

BEIRNIADAETH ELINOR WYN REYNOLDS

Daeth naw ymgais i law yn y gystadleuaeth hon, digon i gael fy nannedd i mewn iddo a mwynhau sawl byd mewn ychydig eiriau. Roeddwn i'n chwilio am fynegiant rhwydd a'r gallu i greu darlun cyflawn heb ddweud pob dim. Mi oedd y testun 'Adeiladu' yn cynnig sawl dehongliad a llwybrau gwahanol i'w dilyn; ches i mo'n siomi. Ces fy niddanu, fy synnu a phrofi sawl diléit bychan, bach. Diolch i bawb am gystadlu; dylai pawb fod yn falch o'u clytwaith straeon.

Paid â dweud: Casgliad amrywiol o ficro-straeon a geir yma: rhywun yn teimlo rhyddid i wneud unrhyw beth er ei fod mewn cadair olwyn; merch yn gweld portread ohoni ei hun mewn arddangosfa; ŵyr nad yw'n gweld fod ei daid yn ddall; taith ddi-nod ar fws; y teimlad braf a ddaw wrth redeg; mympwy arwyddo deiseb i achub y llyfrgell leol; symud ymlaen wedi tor perthynas; a rhywun sydd wedi dysgu'r Gymraeg yn holi pam fod pawb yn rhegi yn Saesneg. Casgliad digyswllt yw'r straeon hyn – cipluniau – ond maen nhw'n hyfryd o syml ac yn fy atgoffa i o *haiku*.

Cyw Bach: Straeon o sawl man yn y byd sydd yn y casgliad hwn: carwriaeth swil yng nghysgod Wal Berlin; dyn sy'n ddihidans o ffawd y byd yn dod yn dad ac sy'n sydyn yn clywed gwir ystyr neges Greta Thunberg; monolog gan un o ailadeiladwyr wal 'Cofiwch Dryweryn'; bywyd cudd gŵr sy'n teimlo'n israddol yng nghysgod ei wraig ffroenuchel, sur; diwedd perthynas rhwng dau sy'n cael ei adlewyrchu yn niwedd y berthynas rhwng Prydain a'r Undeb Ewropeaidd; gŵr balch sy'n ceisio cuddio'r ffaith fod ei wraig wedi'i adael rhag y cymdogion; gweddw ifanc sy'n ymdopi â magu ei blentyn ei hun; dyn ifanc a ddihangodd i America 'rydd' dros y wal o Fecsico ond sy'n hiraethu am ei gartref; gŵr sy'n magu plentyn dyn arall ac yn teimlo'r cwlwm perthyn. Dyma gasgliad hyfryd o straeon, sydd ar brydiau'n glyfar ac yn dyner hefyd. Mi fydd sawl un o'r straeon yn aros gyda fi am sbel.

Chwilen: Dyma gasgliad o gameos o fywydau gwahanol: ffansïo rhywun yn yr ysgol; y broses o wisgo colur; dyddiau cynnar carwriaeth; diwedd perthynas; busnesu ar dai pobl eraill ar wefannau gwerthu tai o glydwch y soffa; priodas aur; bywydau perffaith ymddangosiadol pobl eraill; byw yn y ddinas a dyheu am y wlad; darnau bratiog o negeseuon testun. Mae'r darluniau'n rhai byr a bachog, yn dweud llawer mewn ychydig. Ces flas ar y casgliad.

Christa: Mae'r casgliad hwn o straeon yn perthyn i'w gilydd fel mwclis: mae'r straeon caru micro hyn yn dweud stori perthynas rhwng merch o Gymru a bachgen o Berlin. Gwelir bwa datblygiad y berthynas. Mae hi'n gadael Cymru'n betrus, yn llawn ofnau a gobeithion hefyd ac mae eu perthynas yn cychwyn o fan ansad. Cawn olwg ar eu bywydau'n plethu'n raddol i'w gilydd a'r profiadau maen nhw'n eu cael: arddangosfa fan hyn, parti fan draw. Mae hi'n dal i fod yn ansicr ac mae'n amau ei fod yntau'n anffyddlon. Mae'n gofyn a ddaw e i fyw i Gymru; chaiff hi ddim ateb. Rhaid iddi adael a dod yn ôl i Gymru, ac mae'r diwedd yn amwys: a fydd perthynas y ddau'n para? Casgliad eliptig o gipddarluniau o berthynas sydd yma; mae'n teimlo'n Ewropeaidd ei naws, a'r ysgrifennu'n aeddfed a deallus. Mae'r arddull yn un arbennig o effeithiol a theimladwy gan awdur galluog.

Mochleudws: Camais i fyd boncyrs o swreal bywyd yn ardal y Pandy gyda'r casgliad 'Ymyrraeth Mochleudws'. Mae'r straeon dirgel hyn yn clymu i'w gilydd, wedi'u gosod ar ffurf cerddi rhydd ac yn adrodd hanes rhyfedd a ddigwyddodd yno unwaith. Mae Saeson yn prynu tai a thir yn yr ardal ac yn newid yr enwau am hen bethau *twee*, di-ddim – ond ddaw dim da o hynny ac mae'n debyg fod yna felltith o fath yn y tir. Mae sawl llais i'w glywed yn y pytiau: o Ifan sy wedi byw yma ers erioed; Amy sy wastad wedi gwneud pethe ei ffordd hi ac sy'n drwgdybio fejiterians; Helga bwysig sydd â syniadau mawrion ar gyfer yr ardal; a Gerwyn a welodd Amy'n cael ei dal gan garreg a gododd i'r awyr uwchlaw Penbeudy Isaf ... mae'r cyfan yn swnio'n anghredadwy, yn domen o sibrydion a phentwr o hen goel gwrachod, ond fe ddarllenwn nodiadau ffeithiol newyddiadurwr a alwyd i'r ardal i adrodd am y ffenomen. Mae'r cyfan yn wir, ond mae hyd yn oed y ffeithgi hwn yn gadael i'w feddwl grwydro. Mae Ifan yn cofio Helga pan oedd hi'n iau; doedd hi ddim hanner mor bwysig ag y mae hi'n ymddangos nawr. Mae'n amlwg mai cwlt yw cymuned y Pandy a phawb wedi dod o dan ddylanwad arallfydol grym y garreg hud a bod Amy'n greadures ddwyfol. Un diwrnod, daw'r garreg i lawr i'r ddaear yn glatsh, dyw Amy ddwyfol fawr gwaeth ond mae Helga'n fflat oddi tani a mwya sydyn, torrwyd ar yr hud a fu dros y pentre. Anghofiodd pawb yn y Pandy y cwbl am y digwyddiad. Mae'r casgliad hwn yn gomig o ran ei arddull ond yn hynod dywyll hefyd; mae yna elfen o stori arswyd yn y casgliad anniddig hwn o ficro-straeon cyfan gwbl wahanol – bron mai *village of the damned* yw y Pandy. Mi oedd eu darllen yn teimlo rhyw gymaint fel darllen un o straeon Daphne du Maurier pebai hi wedi'i hadrodd gan D. J. Williams. Dydw i ddim yn siŵr 'mod i wedi deall y cyfan yn llawn, ond wedyn ... efallai nad oes yn rhaid ... a phwy neu beth yn y byd yw Mochleudws?

Iolo: Casgliad amrywiol o straeon unigol a geir yma: adeiladu ffens rhwng dau dŷ a thorri cyswllt; tor perthynas yn golygu colli nabod; codi carn o gerrig ar ôl colli cymar; cerdded yr un hen lwybrau dros y blynyddoedd; gwylio'r adar yn nythu a chreulondeb natur; magu perthynas â phlentyn ac ennyn ei ymddiriedaeth; boddi cymuned i greu argae; rhoi ailgyfle i rywun a wnaeth gamgymeriadau yn ei fywyd; symud i fyw i fyngalo moel a threulio henaint yn difaru. Mae'r darluniau'n rhoi golwg i ni ar y natur ddynol, ei ffaeleddau a'i rhinweddau. Mae cyffyrddiadau hyfryd i'w cael yn y casgliad hwn.

Nefain: Stryd o dai yw Bro Heli ac mae stori'n digwydd y tu ôl i ddrws pob tŷ: gŵr gweddw'n adeiladu llongau bychain i'w ddiddanu yn ei oriau unig; ymateb gonest plentyn bychan i bartner newydd ei fam; gwylio erchylltra bywyd adeg rhyfel mewn adroddiadau ar y newyddion o gynhesrwydd cysurlon y soffa gyda gwydraid o win; menyw y mae ei phartner newydd ymadael â hi yn darganfod hapusrwydd mewn man annisgwyl; menyw'n cwrdd â'i mam go iawn am y tro cyntaf ar stepen y drws, heb ddeall ei bod hi'n un o efeilliaid; wyres yn mwynhau cwmni ei nain ond yn ofni mynd adre am fod bywyd yn anodd yno; wedi alltudio ei gŵr i'r sied ar waelod yr ardd, gwraig yn cael sioc ei bywyd o ddeall ei fod yntau wedi cychwyn gamblo ac mai'r beilïod sydd wrth y drws; nain hirben a doeth sy'n gwybod fod rhywbeth yn poeni ei hwyres; ar ôl ymddeol a symud i ardal newydd, menyw'n cwrdd â chymdoges y bydd hi'n darganfod bod ganddi fwy yn gyffredin â hi nag y mae'n ei dybied. Mae'n braf iawn cael crwydro ar hyd stryd Bro Heli a dod i nabod pawb. Mae'n amlwg bod o leiaf ddwy o'r straeon am blethu i'w gilydd yn y dyfodol ac mae hynny'n beth gogleisiol iawn; efallai y byddai plethu gweddill y straeon i'w gilydd, hyd yn oed mewn ffordd hyd braich drwy gyfeirio at ei gilydd yn eu straeon, wedi gwneud y casgliad yn fwy cydlynus ac ystyrlon. Hoffwn ymweld eto â Bro Heli.

Bob: Cyfres o ficro-straeon annibynnol ar ei gilydd yw'r rhain: datgymalu tŷ bach twt a'r atgofion yn llifo'n ôl; taith yn ôl i hen gynefin a chofio am hen greithiau sy'n dal i frifo; merch ifanc yn bysgio ar y stryd yn ddyddiol; codi tyrau sy'n niweidiol i fywyd ac iechyd; golchi dwylo yn ystod cyfnod y pandemig – beth ddaw ar ei ddiwedd; darlun o bry copyn a'i we'n barod i ddal ei brae; llwyddwyd i greu bywyd cymdeithasol drwy'n sgriniau yn ystod pandemig – i rai mewnblyg, dyma fu eu hawr fawr, sut fyddan nhw'n delio gyda mynd yn ôl i'r byd mawr go iawn?; rhiant yn achub cam llythrennol y mab bob tro ond yn sylweddoli ei fod yn caru eithafion ac mai dyna fydd ei fywyd ond na fydd y rhiant yn medru achub pob cam; y cyfarfod dinesig, pan fo pobl yn pasio'r un hen wynebau ar y stryd ar yr un adeg bob dydd heb dorri gair â'i gilydd – a fydd un yn ddigon dewr i ddweud rhywbeth? Mae'r ysgrifennu'n rhwydd a difyr; cawn gip ar fywydau, ar gyfleon coll, ar ofnau a phryderon ac mae'r darnau'n creu darlun o gymhlethdod y cyflwr dynol.

Rhosyn Hedd: Mae'r straeon hyn yn adrodd hanes un tŷ ac yn symud o un ystafell i'r nesaf gan ddweud stori cwpl o'r foment y maent yn prynu'r tŷ ac addewid cychwyn eu bywydau gyda'i gilydd drwy'r blynyddoedd a gweld y dadfeilio a ddigwyddodd. Drwy lygaid y wraig y daw'r stori. Mae'r gŵr yn cam-drin y wraig: mae yntau'n yfed ac yn colli ei dymer yn llawer rhy aml. Mae rhywbeth yn digwydd ymhob ystafell ac er bod y wraig yn ceisio'i gorau, dydy hynny ddim yn ddigon da iddo fe. O ystafell i ystafell yr awn ni gyda'r ddau, yn dystion mud i drasiedi eu bywydau, hyd nes iddo fentro ar y to i drwsio llechen a chymryd cam gwag. Mae'r micro-straeon hyn yn ddarnau o stori fwy, sy'n cydio yn y darllenydd ac yn rhannu hanes trist gyda ni mewn modd deheuig.

Rhof y wobr i *Mochleudws* am ei gasgliad gwallgo, honco bost am drigolion y Pandy a oedd mor wahanol i bob dim arall yn y gystadleuaeth. Mi fuaswn i'n hoffi nodi bod *Christa* yn dod yn agos iawn i'r brig hefyd.

Erthygl nodwedd addas ar gyfer *Golwg*, hyd at 1,000 o eiriau: Agored

BEIRNIADAETH SIÂN SUTTON

Daeth naw ymgais i law. Mae'r byd wedi newid ers gosod y gystadleuaeth ac mae naws cyfnod gwahanol ar yr erthyglau nodwedd gan fod testunau mawr diweddar ar goll. Felly, nid oedd yn hawdd eu beirniadu na phenderfynu a fyddent yn addas ar gyfer *Golwg* heddiw.

Harry Beck, 'O Uxbridge i Upminster: hwyl ar "Her y Tiwb"': Teithio o orsaf i orsaf ar drenau tanddaearol Llundain sydd dan sylw ac wrth ychwanegu sylwadau cyd-deithwyr gallai'r erthygl gynnig darlun mwy bywiog o'r her a'r hanes.

Hash, 'Y defnydd o ganabis': Mae'r awdur yn cyflwyno'r ddadl o blaid cyfreithloni canabis fel meddyginiaeth ac yn ddarn ymchwiliadol diddorol er yn fwy o ddarn barn nag erthygl nodwedd.

Beti, 'Llew Mawr Bechuanaland': Y cenhadwr Roger Price o Gapel Uchaf ger Aberhonddu sydd dan sylw a'i fywyd yn Affrica yn un anturus, treisgar a thrist yn ennill iddo barch drwy'r enw 'Llew Mawr Bechuanaland'.

De La Beche, 'Gwenny Griffiths – O Abertawe i'r Riviera': Geiriau teyrnged i'r artist o'r *Evening Post* yn 1953 sy'n agor yr erthygl. Mae'n ddarlun lliwgar o fywyd y wraig o Abertawe a'i chelf ac yn apêl hefyd am ragor o wybodaeth a thystiolaeth amdani.

Aderyn y Nos, 'Gwir Arwr Heb ei Wir Gofio!': Troi at hanes Brad y Llyfrau Gleision a wna'r erthygl gan alw am gofeb yng Nghaerdydd i Ieuan Gwynedd o'r Brithdir yn Sir Feirionnydd a fu'n cyhoeddi ysgrifau a phamffledi yn dadlau yn erbyn casgliadau'r adroddiad yn 1847.

Meillionen goch, 'Wrth-hiliaeth [*sic*] yng Nghymru wledig – A yw un eithriad yn dderbyniol?': Mae'r erthygl bryfoclyd hon yn mentro i dir dadleuol hiliaeth yng nghefn gwlad Cymru, gan awgrymu bod angen rhoi gwybodaeth am bwysigrwydd enwau tai a gwersi Cymraeg yn hytrach na beirniadu a chyffredinoli am newydd-ddyfodiaid.

Betsan, 'A fydd yma filiwn o siaradwyr Cymraeg yn y flwyddyn dwy fil a hanner cant?': Mae'r darn barn hwn yn amau a fydd y Llywodraeth yn llwyddo i gyrraedd y nod ac mae'n gwyntyllu dadleuon cyfarwydd am werthu tai cefn gwlad, sicrhau dyfodol ysgolion ac addysg Gymraeg a bod angen i bawb wneud ei ran dros y Gymraeg.

Mererid, 'Mae llawer o bethau yn fy ngwylltio o ddydd i ddydd. Tybed a ydynt yn eich gwylltio chwythau [*sic*]?': O ddifa moch daear i faw ci, lladrata i wastraffu bwyd, cau ysgolion ac ysbytai yng nghefn gwlad, mae'r awdur yn dod i'r casgliad ei bod yn byw mewn 'rhyfedd o fyd'. Ddwy flynedd yn ddiweddarach, mae'n siŵr bod hyd yn oed fwy yn gwylltio'r awdur am fywyd bob dydd.

Gwyliwr, 'Troi'r Cloc': Hanes clociau cyhoeddus yng Nghymru a'r penderfyniad i droi'r awr bob gwanwyn a hydref sydd dan sylw mewn ffordd addysgiadol a ffeithiol gyda lluniau niferus a chwis deniadol.

Mae tair erthygl yn y gystadleuaeth yn bortreadau o fywyd a gwaith cymeriadau hanesyddol ac a allai gael eu hystyried i'w cyhoeddi mewn papurau bro. Er bod sawl erthygl a darn barn diddorol, yn anffodus nid oedd un benodol yn taro tant y tro hwn fel erthygl nodwedd addas ar gyfer cylchgrawn materion cyfoes cenedlaethol.

Sgript 'stand-yp', na chymer fwy na 10 munud i'w pherfformio: Agored

Y SGRIPT

Fi'n mynd i ddechre heno drwy chware gêm fach. Enw'r gêm yw 'Beichiog neu Tew?' Dilema oesol pan y'ch chi'n cael eich wynebu gan rywun sy'n edrych fel hyn.

Llaw lan pwy sy'n meddwl mod i'n feichiog?
Pwy sy'n meddwl mod i jyst yn dew?
Pwy sy'n meddwl mod i ddim yn dew na beichiog? (Diolch yn fawr iawn!)
Pwy sy'n meddwl mod i'n feichiog ac yn dew? (Hwn yw'ch cyfle ola chi i bleidleisio. Hwn yw yr opsiwn ola. Cym-on, dyw rhai ohonoch chi ddim wedi pleidleisio o gwbwl!)

Da iawn chi. Dw i'n gwerthfawrogi'ch gonestrwydd chi. Chi sy'n gywir.

'Sdim byd yn gwneud cynulleidfa yn fwy anghyfforddus na gêm fach o 'Beichiog neu Tew?' Dw i tua hanner ffordd erbyn hyn. Gewch chi longyfarch fi nes mlaen. Ar fy meichiogrwydd, nid ar pa mor dew ydw i. Mae hynny wastad wedi dod yn rhwydd iawn, iawn i fi.

Sioned Jones ydw i. Dau enw Cymraeg neis, sy'n grêt, achos dyna beth odw i. Person Cymraeg, neis. 'Sa i'n mynd i ymddiheuro am hynny chwaith. 'Sneb byth yn cael trafferth dweud fy enw i, achos wy'n gweithio mewn swyddfa uniaith Gymraeg, ac mae 'nheulu a'n ffrindiau i gyd yn siarad Cymraeg. Gewch chi gasáu fi am hynny os chi moyn, ond 'sa i'n credu bydde 'na'n deg iawn. Y peth yw, 'sdim angen siarad unrhyw iaith ond Cymraeg pan chi'n byw fan hyn, yn Nhreganna. Roedd gyda fi fab, ond nath e ddod nôl o'r feithrinfa yn siarad Saesneg, felly 'nes i foddi e mewn sach.

Fe ges i fy magu ar ffarm ar bwys pentre o'r enw Ffarmers. Enw grêt am bentre llawn ffermwyr. Rhesymegol. Fi'n lico pan ma pethe yn neud sens. Do'dd dim lot o glem gyda fi wrth helpu gyda gwaith beunyddiol y ffarm felly doedd hi ddim yn ormod o syndod i neb na wnes i briodi ffarmwr a mod i wedi ymgartrefu fan hyn yn Cyfryngis a Chyfieithwyr.

Mae fy nheulu i i gyd yn ffermwyr ond maen nhw yn dod lawr fan hyn i 'ngweld i o bryd i'w gilydd. Dw i wedi bod 'ma ers dros ddeng mlynedd erbyn hyn a 'nes i hyd yn oed llwyddo i berswadio Wncwl Breian yn ddiweddar i ddod lawr i 'ngweld i ar y trên. Mae Wncwl Breian wedi byw yn Ffarmers yn ffermio (*obvs*) drwy gydol ei oes a dyw e jyst ddim yn gallu deall pam y bydde unrhyw un yn dewis byw mewn dinas. Fel gallwch chi ddychmygu, dyw e ddim yn ymdopi'n dda iawn gyda phrysurdeb a sŵn felly o'n i'n meddwl base wac fach i Sain Ffagan yn ddelfrydol. Nostalgia a Natur. Grêt.

Mae 'da fi docyn tymor i Sain Ffagan ac ro'n i'n arfer mynd 'na lot pan oedd fy mab yn fach, yn yr oedran pan oedd e'n cysgu llwyth. Weithie, bydde fe'n cwmpo i gysgu ynghanol amser stori Ti a Fi yn y llyfrgell ac yn dihuno ryw wyth canrif yn ôl, yn Neuadd Ganoloesol Llys Llywelyn.

Ta beth, nôl at Wncwl Breian. Fe joiodd e mas draw, ond o'dd Wncwl Breian ddim yn gweld e fel rhywle dymunol i fynd i dreulio amser gyda'r teulu. O na, o'dd e ishe symud i fyw 'na! O'dd e wedi lico yn enwedig y ffermdy coch 'na o'r ail ganrif ar bymtheg. Ond o'n i'n trial esbonio wrtho fe nad o'dd ffermdy Kennixton ar werth. Os chi rili moyn cysgu mewn cwpwrdd pren bydd rhaid i chi aros nes bo chi wedi marw. Nath e jyst ddim gadel y peth i fynd a bob tro o'n i ar y ffôn 'dag e wedyn o'dd e jyst yn mynd mlaen a mlaen am y peth. 'Jiw, o'n nhw shod yn cael sbort yn yr hen ddyddie!' 'Nago'n, Breian, o'n nhw'n cael TB.'

Ges i fagwraeth wledig, neis iawn. Falle bod hyn yn anodd i chi bobol y ddinas gredu ond o'n i'n ddeg ar hugain pan ges i gynnig drygs am y tro cynta. Wy ddim yn browd o hyn, ond 'nes i gymryd peth. Chwilfrydedd? Na. Diffyg cyfleoedd? Yn amlwg ddim, fi'n byw yn Cyfryngis a Chyfieithwyr! *Bored*? Falle. O'n i wedi bod yn y *delivery suite* ers ugain awr heb ddim byd yn digwydd. *Pethadine* ges i. Stwff grêt. Ddim yr *entry level drug* mwya poblogaidd ac mae hi wedi bod yn eitha anodd cael gafael ar fwy. Ond be 'nes i ddim esbonio ar y dechre, yw bod ambell *anaesthetist* yn byw yn Cyfryngis a Chyfieithwyr hefyd. Sy'n grêt. Nath e jyst neud i fi deimlo mor ymlaciedig, chi'n gwbod. Helpu fi i gymryd cam yn ôl, sylwi ar bethe am y tro cynta, edrych ar y sefyllfa mewn ffordd wahanol. Fi'n cofio syllu'n freuddwydiol ar y gŵr oedd yn iste fyn'na yn y *delivery suite* a gweud pethe fel 'mae clustie ti mor *lopsided*. Maen nhw rili yn. *Urgh*. Gobeithio na ddaw'r babi mas fel 'na' a 'dyw'r ffan 'na ddim yn troelli nad yw e, ond mae e'n dringo lan y wal'. 'Nes i rili fynd yn daer iawn am bethe hefyd. O'n i mor 'yn y foment' chi'n gwbod. Fi 'di trial *mindfulness* o'r blaen a fi wastad wedi ffindo fe mor anodd, ond nawr o'dd e'n rhwydd. Tra mod i yn y tŷ bach o'n i'n gweud 'mae'r sinc 'ma rili yn styc i'r wal whare teg' a 'golchi dwylo nawr, rili pwysig, rili pwysig golchi dwylo ti'n gwbod'. Fi'n credu oedd hyn yn eitha brawychus i 'ngŵr i achos es i o fod yn berson oedd yn galw pwyllgor cyn cymryd *paracetamol* i *addict*, jyst fel 'na, o flaen i lygaid e a chyn hir, rhwng dau *contraction*, o'n i'n sibrwd yn flinedig yn ei glust e: 'Paid gadel i'r troli drygs fynd hibo heb i fi gael rhywbeth, ok.' Jyst fel o'dd e wedi gweld fi'n neud o'r blaen pan o'n i'n desbret am Kit-kat rhwng Craven Arms a Ludlow. Ac wedyn, deg awr arall yn ddiweddarach, pan o'n i wedi deileto dwy centimetr ... DWY centimeter ... 'nes i gyhoeddi wrth bawb ... achos mod i wedi cael fy magu'n dda i fod yn berson cymwynasgar: 'wy'n mynd i Marks and Spencers, oes rhywun moyn rhywbeth?' Es i ddim i Marks and Spencers yn y diwedd (o'dd fy Sparks Card i ddim yn y bag ysbyty am ryw reswm!)

Y peth gore am fod yn feichiog i fi yw'r teits. Maen nhw'n dod reit lan i fan hyn. (*Dal y meicroffon at lastig top y teits a'i dynnu i wneud sŵn*) Ishe i chi glywed y lastig o'n i, dim trio defnyddio'r meicroffon fel *probe*. Rhwng popeth, mae'n eitha tebygol y bydda i'n troi mas yn Fam Steddfod ond 'sa i hyd yn oed yn ddigon *pushy* i drial cael fy mabi ugain wythnos i ddweud rhywbeth ciwt o'r groth. (*Gan ddal y meicroffon wrth fy mol*) 'Cym-on Manawydan, o'r ail bennill. Dy'n nhw ddim yn gallu dy glywed di yn y bac.'

Dw i wedi bod trwy sawl pâr dodji o'dd â'u crotsh yn cwmpo pan o'n i'n cerdded ond o'r diwedd, dw i wedi darganfod y rhai hyfryd hyn. Yr unig beth bach yn od amdanyn nhw yw bod 'na banel sgwâr o ddefnydd llawer mwy tryloyw yn y darn dros y bol a 'sda fi ddim syniad pam. 'Sa i'n gallu gweld mewn a dyw'r babi yn sicr ddim yn gallu gweld mas. Dw i jyst yn disgwyl am wahoddiad i barti gwisg ffansi er mwyn gallu mynd fel y pumed Telitybi. Y broblem yw nad ydw i'n tueddu i gael gwahoddiade i bartïon mwyach, felly yn y cyfamser, dw i jyst yn gorfod gwneud y tric rownd y tŷ. Fi'n stwffo fy Ipad lawr 'na a gweud 'Uh oh' neu 'Big Hugs' ac mae e'n rili *authentic*. Er bod fy mab yn dwlu ar y Teletubbies, dyw e ddim fel 'se fe'n deall y gyfeiriadaeth ac mae e jyst yn rili grac mod i wedi dwyn yr ipad ac mae 'ngŵr i'n fy anwybyddu i, achos dyw e ddim moyn fy annog i.

Ry'n ni'n cael bach o waith wedi ei wneud ar y tŷ ar hyn o bryd, cyn i'r babi gyrraedd, sy'n golygu bod rhaid i fi fod yn ofalus nad yw'r gweithwyr yn gweld fy Nhinci Winci i a dw i'n treulio bob penwythnos yn B&Q. Fy hoff beth i i wneud yw mynd i'r adran baent ac edrych ar enwau'r lliwiau a galla i eich sicrhau chi, po ddruta yw'r paent, mwya stiwpid yw'r enwau. Dyma rai o fy ffefrynnau i: Skimmed Milk, Red Lake, Dead Salmon – a'r gorau yw Elephant's Breath. Pa dwat ymhonnus feddyliodd am hwnna? 'Sa i erioed wedi gweld eliffant yn fflosio, glanhau ei ddannedd na mouthwashio, oni bai am Plwmp, mêt Cyw. Mae e'n (*canu'r gân o'r rhaglen deledu*) 'brwsho i fyny a brwsho i lawr' yn amlach na rhywun sydd â diffyg hyder a *halitosis* cyn mynd i weld y deintydd, ond mae'n anodd 'da fi gredu bod anadl eliffant go iawn yn rhywbeth y byddech chi'n dymuno lledaenu ar hyd eich *guest room*. Ni wedi mynd am Middleton Pink. Neu pinc Angharad Mair fel ni'n lico galw fe. Fi wastad yn gallu ymdopi'n well 'da cyfoethogion Cymraeg.

Un stori fach cyn i ni fynd ...

'Nes i ddweud yn gynharach mai prin ydw i'n siarad Saesneg, ond dw i yn rhagweld ein bod ni yn mynd i ddechre defnyddio'r iaith fain ar yr aelwyd dros y blynydde nesa. Jest er mwyn i'r gŵr a fi allu cyfathrebu heb i'r plant ddeall. Ar hyn o bryd ni'n llwyddo i siarad mewn cod, ond falle bydd rhaid i hynny ddod i ben achos ni yn cael ambell gamddealltwriaeth weithie. Roedd y mab yn cael *meltdown* llwyr y dydd o'r blaen a dyma'r gŵr yn gofyn i fi: 'Ti'n meddwl bod hi'n amser i ni roi'r petha bach *annoying* tew 'na sy'n dawnsio ar y teli?' Y Teletubbies oedd e'n feddwl, ond dim ots, roedd y mab llawn mor hapus gyda Chôr Glanaethwy.

Dyna ni wrtha i. Noswaith dda i chi i gyd. Diolch yn fawr.

Llond bol o chwerthin

BEIRNIADAETH TUDUR OWEN

Daeth 11 ymgais i law. Mae yna amrywiaeth eang o ddeunydd yma, sy'n dangos pa mor heriol yw'r gamp o greu comedi 'stand-yp'. Mi wnes i chwerthin yn uchel gydag ambell ddarn a gwingo'n gynddeiriog gyda rhai eraill, ond rhaid cofio bod comedi yn oddrychol a'r unig sicrwydd yw bod ymateb unrhyw gynulleidfa yn annibynadwy.

Un Droed yn y Bedd, 'Busnas y Dŵr': Dyma sgript a oedd yn f'atgoffa o Ifans y Tryc. Yn y dwylo iawn, o flaen cynulleidfa aeddfed, byddai'n siŵr o godi chwerthin. Mae'r dafodiaith braf yn ymdrin â phynciau cyfarwydd yma, ond os am wneud comedi arsylwi gyda'r cyfarwydd, mae'n rhaid gweithio'n galed i ddod o hyd i ddoniolwch. Mae angen cloi'r straeon yn daclusach gyda *punchline* cyn symud ymlaen i'r edefyn nesa.

Doctor Dre, 'Sgript stand-yp': Dyma rant blin am gadw'n heini, a'r trafferthion gyda phlant mewn pwll nofio. Os am greu darlun llwm fel hyn mae angen gweithio'n galed i sicrhau fod y gynulleidfa yn fodlon ymuno â chi ar y daith. Does dim digon o wobrau doniol i wneud hynny, yn anffodus. Mae'n rhaid bod yn ofalus peidio â gorddibynnu ar ymateb penodol gan y gynulleidfa er mwyn i'r sgript weithio.

Eryr Pengwern, 'Sgript stand-yp': Deunydd am fynd ar awyren gyda ffobia hedfan a llyncu tabledi sydd yma. Daw ambell linell gofiadwy i gloi rhai o'r golygfeydd, ond mae'n gwestiwn a fyddan nhw'n codi chwerthin. Gyda pherfformiad cryf ac mewn dwylo medrus, dw i'n siŵr y byddai'r darn hwn yn codi gwên ond mae angen mwy o syrpreisys i gael ymateb.

Y Dyn Annisgwyl, 'Sgript stand-yp': Cyfres o gyfarwyddiadau ar sut i ymddwyn, ac yn bwysicach, sut i beidio ag ymddwyn mewn cyfweliadau swydd a geir fan hyn. Mae'n rhaid ceisio dychmygu beth fydd ymateb pobol wrth ysgrifennu 'stand-yp' newydd sbon, ac mi fyddai angen bod yn ddewr iawn i fentro cyflwyno'r darn hwn i gynulleidfa.

Elsi, 'Yr Amharchus, Arswydus Swydd': Mae'r darn hwn yn f'atgoffa o ffilmiau *Carry On* a rhaglenni *Benny Hill,* er dw i'n amau y byddai'r rheiny hyd yn oed yn cwestiynu chwaeth ambell stori yn enwedig gan ystyried ei bod wedi'i gosod ym myd addysg plant. Casgliad o atgofion di-chwaeth gan gymeriad sy'n gyn-athro sydd yma. Yn anffodus, mae'r testunau a'r targedau yn peri i unrhyw ddoniolwch gael ei foddi gan deimlad annifyr.

Edwyn Thomas, 'Sgript stand-yp': Cyfres o jôcs yn dilyn hanes gŵr ifanc o'r enw Tomos Edwyn a geir yma. Tra bod y syniad o greu taith drwy fywyd y cymeriad yn cynnig llawer o botensial, yn anffodus mae'r ffaith fod sawl stori yn adrodd hanesion ymddygiad amhriodol gyda merched yn tanseilio unrhyw obaith am chwerthin.

Gaucho, 'Sgript stand-yp': Mae'r rhybudd, ar y dechrau, fod peth deunydd coch yn rhan o'r gwaith hwn yn codi gobeithion am hiwmor agos at yr asgwrn i oedolion yn unig. Ond er bod y testunau yn lliwgar iawn mae'r diffyg diweddglo a syrpreisys doniol yn unrhyw un o'r straeon yn siomedig. Gwnaeth ambell *pun* i mi riddfan ond mae'n rhaid cynnig gwobrau gwell os am fynd â'r gynulleidfa i fyd mor goch (neu las).

John Wyn, 'Sgript stand-yp': *Puns, puns,* a mwy o *puns*. Weithiau mae comedi yn gweithio am resymau cwbl annisgwyl ac mi wnes i chwerthin yn uchel wrth ddarllen y darn hwn – a hynny yn fwy am ei feiddgarwch a'r *chutzpa* na'r clyfrwch geiriau sy'n arfer gwneud i'r math hwn o jôcs weithio. Mae ambell destun heb ddyddio yn dda ers dyddiau'r hen fan A35.

Bob, 'Sgript stand-yp': Comedi arsylwi yn cymharu gwaith tŷ yn ystod Oes y Cerrig a'r oes fodern. Mae yma syniad a thema wreiddiol sy'n llawn potensial. Ond er mwyn codi chwerthin cynulleidfa, mi fyddai angen datblygu mwy ar y thema, ac efallai creu cymeriadau. Byddai hyn yn dod â'r sefyllfaoedd yn fyw ac yn strwythur effeithiol ar gyfer jôcs, e.e. yn hytrach na sôn am ddefnyddio carreg fel sedd toilet, beth am greu sgwrs am yr angen i gofio rhoi'r garreg nôl yn ei lle ar ôl defnyddio'r tŷ bach?

Llond bol o chwerthin, 'Sgript stand-yp': Mi wnes i chwerthin yn iach wrth ddarllen y darn hwn: llinellau doniol yn dod yn aml gyda rhythm da, a defnydd meistrolgar o ddelweddau a sefyllfaoedd i fynd â'r gynulleidfa ar daith hwyliog. Mae yma ambell dro tywyll sy'n ychwanegiadau gwych. Hoffwn weld ymateb y gynulleidfa wrth i'r darn hwn gael ei berfformio gan yr awdur, achos mi fentrwn fod y straeon yn agos iawn at y gwir, sydd wastad yn lle doniol i fod.

Ianto Ffwlpelt, 'Sgript stand-yp': Mi wnes i fwynhau darllen y gwaith hwn. Rhinwedd defnyddiol i unrhyw gomedïwr 'stand-yp' yw'r gallu i uniaethu â'r gynulleidfa ac mi wnes i hynny yn sicr gyda rhai o'r sefyllfaoedd hyn. Mae rhythm da i'r darn, ond teimlaf fod angen gweithio'n galetach i ddod o hyd i *punchlines* cryf yn amlach. Mae'n rhaid cofio mai man cychwyn yw'r sgript a bod set yn esblygu a newid wrth ei chyflwyno i gynulleidfa. Mae'r darn hwn yn fan cychwyn da iawn a gobeithio'n wir y bydd yr awdur yn ei ddatblygu ymhellach.

Rhoddaf y wobr i *Llond bol o chwerthin*.

Rhan gyntaf nofel sy'n addas ar gyfer oedolion ifanc dros 14 oed, rhwng 2,000 a 3,000 o eiriau: Agored

Pennod 1

Roedd trefniannau trosglwyddo Ysgol Garn Goch heb eu hail. Roedd Guto ynghyd â phob un o ddisgyblion eraill ei flwyddyn wedi cael eu paratoi yn drwyadl ar gyfer 'cam pwysicaf eich bywydau ifainc hyd yn hyn' chwedl Mr Coombes, y Pennaeth.

Roedd Guto wedi cymryd at y dyn yn syth wrth gwrdd ag ef am y tro cyntaf flwyddyn neu ddwy yn ôl pan, ychydig wedi iddo gael ei benodi i'r swydd, iddo benderfynu yr hoffai ymweld â phob ysgol gynradd yn nalgylch Ysgol Garn Goch.

Doedd neb wedi clywed am y math yma o beth yn digwydd o'r blaen. Ond roedd Mr Coombes yn bennaeth newydd, ifanc, uchelgeisiol â'i fryd ar sicrhau fod yr ysgol yr oedd wedi ei mabwysiadu yn hafan ar gyfer pob plentyn yn yr ardal. Yn ysgol y byddai ieuenctid yr ardal yn dyheu am gael mynd iddi, yn cyffroi eu meddyliau, yn cyfleu gobaith i'r rhai oedd yn dechrau anobeithio, yn magu hyder y plentyn mwyaf ansicr a chynnig cyfleoedd i'r mes bychain aeddfedu'n goed derw talog â'u dail yn disgyn yn gyfraniadau cyfoethog ledled yr ardal, y wlad a'r byd.

O leiaf, dyna a ddywedodd yn ei gyfweliad. Nid fod Guto yn y cyfweliad hwnnw wrth reswm ond roedd ei dad yn rhiant-lywodraethwr ac yn llafar iawn ei frwdfrydedd wrth fwyta'i *spaghetti bolognese* noson y penodiad.

A'r hyn a ddenodd Guto at Mr Coombes yn fwy na dim oedd ei hoffter o lyfrau. Teg dweud nad oedd Guto yn ymdebygu i'r rhan fwyaf o ddisgyblion ei ddosbarth ac yn sicr felly nid y bechgyn. Tra roedd bryd y rheiny ar gicio pêl (â'i gilydd), chwarae 'copsnrobyrs' a chymharu yr hyn a oedd yn llechu yng nghorneli mwya dirgel eu trwynau, roedd Guto yn hapus i roi ei drwyn yntau rhwng tudalennau'r nofel ddiweddaraf neu ffroeni'r ffeithiau ffieiddiaf yn ei wyddoniadur. Darllenai Guto unrhyw beth a phopeth. Dywedodd Miss Short (oedd yn rhyfedd ddigon bron yn chwe troedfedd o daldra) wrtho unwaith na fyddai'n synnu pe byddai'n ymgolli ei hun mewn pentwr o fwydlenni Chinese pe byddai'n dod â rhai iddo!

Ac oherwydd ei hoffter o ddarllen a llyfrau y cafodd Guto ei swyno gan Mr Coombes pan, yn ystod ei ymweliad â'u hysgol, y penderfynodd sôn wrth y disgyblion wrth gymryd y gwasanaeth boreol am y pum llyfr a oedd wedi bod y dylanwadau mwyaf ar ei fywyd. Eisteddodd Guto ar lawr pren y neuadd fel delw Bwdaidd a'i goesau wedi eu croesi, ei freichiau wedi eu plethu a'i fys ar ei geg am ugain munud cyfan wrth i Mr Coombes eu harwain trwy ei fywyd trwy gyfrwng y campweithiau llenyddol hyn. A gyda chymorth Y Pry Bach Tew, Tim Boswell, Long John Silver ac eraill, felly, y cafwyd mewnweledriad i fywyd y cyn-athro Saesneg.

Chollodd Guto yr un sillaf o'r cyflwyniad wrth iddo gael ei gyfareddu gan frwdfrydedd Mr Coombes at bob un o'r llyfrau. Welodd e ddim mo Dafydd Jones yn sychu'r trysor trwynol diweddaraf ar fandyn gwallt blodeuog Tracey Hughes, na sylwi ar Myfanwy Rees yn ceisio aildrefnu ei nicers newydd nid ansylweddol tra'n parhau i ffugio diddordeb yng nghyflwyniad yr ymwelydd.

Roedd Guto yn un a oedd yn mwynhau yn yr ysgol gynradd beth bynnag ond ar yr adeg honno cofiodd am y wers yn yr Ysgol Sul y penwythnos cynt a theimlodd y gallai uniaethu â Ioan Fedyddiwr a'i benderfyniad i ddilyn Iesu Grist. Ac o hynny ymlaen cymrodd ddiddordeb o'r newydd yn yr hyn a glywai am Ysgol Garn Goch a phan ddaeth llythyron o'r ysgol i'w dosbarthu at ddarpar rieni gweddïai Guto y câi'r cyfle i weld a gwrando ar Mr Coombes eto.

Ym mlwyddyn pump cafwyd deuddydd o ymweliad ag Ysgol Garn Goch er mwyn cyfarwyddo â strwythur diwrnod ysgol uwchradd, y newid dosbarthiadau ac athrawon a gweld pwy allai wneud y 'pop' uchaf gyda'r arbrawf merciwri ac asid heidroclorig yn y labordy gwyddoniaeth newydd. Ym mlwyddyn chwech aethant ar ymweliad preswyl gyda disgyblion blwyddyn saith er mwyn dod i adnabod rhagor o'r disgyblion a'r athrawon y byddent yn ymwneud â nhw yn y mis Medi canlynol. Ac ar ddiwedd tymor yr haf, ar ôl i'r arholiadau TGAU a Safon Uwch orffen, rhagor o ddiwrnodau yn yr ysgol yn dod i adnabod eu dosbarthiadau cofrestru, coginio picau ar y maen, helfa drysor o gwmpas yr ysgol a gemau potes rhwng y tri llys cyn mynychu'r Ffair Haf (a oedd yn esgus i ddenu rhieni i wario'u harian er mwyn cryfhau coffrau'r Gymdeithas Rieni/Athrawon). Teg dweud fod pawb wedi eu trwytho'n llawn yn systemau ac amserlenni'r ysgol erbyn diwedd tymor yr haf, pob un yn gallu gweld map yr ysgol yn glir yn eu meddyliau ac yn hyderus a hapus i gychwyn yn yr ysgol wedi'r gwyliau chwe wythnos.

Ond ... ar nos Lun cyntaf mis Medi, wedi i'r athrawon fod yn rhan o'r diwrnod *INSET* diweddaraf, gwisg Ysgol Bryn Llwyd a orweddai'n daclus ar un o'r bocsys cardfwrdd nad oedd Guto eto wedi cael cyfle i'w dadbacio.

Pennod 2

Ers blwyddyn bellach roedd Llywelyn wedi dod i werthfawrogi effaith yr ergyd a roddai talfyrru enw ei frawd bach. A phan sylweddolodd trwy esblygiad naturiol (yn hytrach nag unrhyw ddawn farddonol) fod Gut a Shit yn odli ryw fis neu ddau yn ddiweddarch fe agorodd llu pellach o bosibiliadau hilariws ar gyfer gallu ei ddiddanu ei hun tra'n tynnu ar y brawd hwnnw.

Roedd Guto yn gyfarwydd â gorfod ateb i bob math o gyfuniadau creadigol bellach, gan gynnwys Guto Shitto, Gitty Shitty, Git Shit ac ar yr adegau hynny pan nad oedd ganddo ddigon o amser i chwarae â geiriau – Shit! Ymfalchïai Llywelyn ymhellach yn y ffaith fod unrhyw gyfeiriad ato yntau yn gwneud iddo swnio fel tywysog – a'r talfyriad yn rhoi enw brenin y jwngwl iddo. Y naill ffordd neu'r llall, roedd y cyfeiriadau brenhinol yn ei blesio. Tipyn mwy addas iddo, tybiai, na rhywbeth i'w sychu oddi ar waelod eich esgid!

Cofiai Guto sgwrs y nyrs ysgol yn ystod hanner olaf tymor yr haf ynglŷn â'r newidiadau a oedd yn digwydd i berson wrth gyrraedd eich glasoed. Ond roedd Nyrs Siân wedi anghofio dweud wrthynt fod pob blewyn newydd dan gesail neu bloryn ar ên a thalcen yn disodli ychydig bach mwy o bersonoliaeth ac empathi o wneuthuriad person bob tro. Bellach roedd natur Llew yn debycach i un y gath fawr wyllt a gwnâi Guto ei orau i gadw allan o afael ei grafangau. Fel antelop ifanc roedd yn dibynnu ar gyfuniad o synhwyrau i'w rybuddio ei fod yn agosáu. Fel arfer roedd sŵn troed ar ris, cysgod mwng allan o gornel ei lygad neu wynt hormonaidd anffodus yn ddigon. Ond fel gyda phob darpar ysglyfaeth 'mond unwaith roedd rhaid i'r canolbwyntio fethu ac roedd hi'n rhy hwyr. Felly y bu y noson honno wrth i'r dillad newydd di-liw o'i flaen hoelio ei sylw a chwyddo ei ofidiau a'i bryderon.

Heb yr amddiffynfa arferol doedd e'n fawr o her i'r heliwr profiadol. Cyn iddo gael cyfle i droi (heb sôn am garlamu ar hyd safana ei ystafell) roedd wedi ei rolio'n bêl ddynol dros droed ei wely. Mewn amrantiad roedd llaw'r Llew wedi cydio ym mandyn lastig ei bants a'r rheiny wedi eu rhwygo'n dlws fuddugoliaethus uwch ei ben. Bu'n hongian yn y fan honno am rai eiliadau cyn iddo gael ei ollwng yn ddiseremoni yn swp syn ar fatras. Roedd y cyfan drosodd mewn dim o dro a'r ddau a fu'n rhan o'r ymrafael heb ddim amheuaeth pwy oedd brenin y jwngwl hwn.

'Ha-ha! *Loser*!' oedd y rhu a ddynododd fod yr ymosodiad ar ben.

Doedd yr antelop ddim yn siŵr pam eu bod nhw yno ond blasai'r dagrau'n hallt.

Pennod 3

Chwythai'r gwynt heli'r môr trwy ei gwallt wrth iddi gerdded yn ansicr ar hyd y ffrynt. Roedd Mam wastad yn dweud bob nos Sul fod halen yn dda ar gyfer glanhau a phuro – dyna a roddai yn y bath slawer dydd. Efallai mai dyna oedd ei angen arni.

Er nad oeddent yn llawn, roedd pwysau'r ddau fag plastig yn tynnu'n drwm ar ei dwylo erbyn hyn. Pwysau ei bywyd gwag.

Roedd wedi cael gwybod fod gan yr ystafell a drefnwyd ar ei chyfer *'sea view'*. Gobeithiai nad oedd ar y llawr gwaelod er mwyn iddi fedru edrych allan ar y weilgi heb deimlo fel pysgodyn aur yn ei phowlen.

Un o'r ddau olau y tu allan i'r drws a weithiai ac roedd edrychiad pŵl yr un hwnnw yn dweud wrthi ei fod yn beth da nad oedd wedi cyrraedd hanner awr yn hwyrach. Roedd angen paent ar yr arwydd a grogai ar y cadwyni bach metal hefyd. 'Trem y Wawr'.

Tybed.

Gobeithio wir ...

Pennod 4

'Fydd hyn ddim yn digwydd bob bore, cofiwch!' eglurodd Dad wrth roi gweddill yr ail ddarn o dost y bore hwnnw yn ei geg, gosod ei gwpan teithio rhwng cadeiriau blaen y car a'i throi hi am waelod eu stryd er mwyn ymuno â phrif ffordd yr ardal.

'Ry'ch chi'n lwcus uffernol fod Mr Jackson wedi cytuno i adael i mi gyrraedd bach yn hwyrach bore 'ma er mwyn bod 'da fi amser i wneud y sgŵl-ryn 'ma.'

Gwyddai'r ddau mai *one-off* oedd trefniant bore 'ma ac y byddai'n rhaid iddynt drefnu eu hunain bob bore o hyn allan gan gynnwys ymrafael â'r daith 1.9 milltir o giât i giât ar hyd strydoedd y dref ddieithr yma ym mha bynnag dywydd ar hyd y flwyddyn. Gwyddai Guto hefyd mai dyma'r unig dro y byddai'r ddau ohonynt yn cyrraedd yr ysgol ar yr un pryd – fyddai Llew ddim am fod o fewn can metr i'r embaras bach pathetig. Yr eiliad y cyrhaeddodd y car yr ysgol y bore hwnnw fe drodd y tri yn ddau wrth i ddrws blaen y car gael ei daflu ar agor a'r hyder ei heglu hi allan heb unrhyw air o ffarwél na diolch.

Eisteddodd Guto yn edrych ar gefn pen ei dad am eiliad cyn i hwnnw droi o amgylch i edrych arno. Mae'n rhaid fod y pryder yn amlwg ar ei wyneb.

'Hei, gwranda. Fi'n gwbod fod hyn i gyd wedi bod yn sioc a sdim un ohonon ni'n gwbod a ydyn ni'n mynd neu'n dod ar hyn o bryd, ond bydd popeth yn iawn, gei di weld.'

Wrth edrych ar ei dad a gwrando ar y geiriau gwag fe wyddai Guto ei fod yn ceisio cysuro ei hun cymaint â'i fab ifancaf.

'Bydd popeth yn iawn,' ailadroddodd wrth neb yn arbennig a throi yn ôl i wynebu'r ffordd fawr er mwyn cuddio lleithder ei lygaid. 'Cer nawr – dwyt ti ddim am fod yn hwyr ar dy fore cynta di. *First impressions and all that* yndife?'

Gyda hynny roedd Guto yn sefyll yn unig ar bafin llwyd Bryn Llwyd a'i dad, y car a'i fag ysgol yn sgrialu i lawr y stryd gan osgoi'r hen fenyw lolipop a cheir moethus y mamau dosbarth canol swnllyd hynny a gymdeithasai'n fileinig wedi chwe wythnos hir o rianta. Pob un yn eu dillad rhedeg ar y ffordd i'r *gym* i gael sylw eu PTs ifainc cyhyrog a chysur *flat white* moethus.

Pennod 5

Welodd e mo'r fenyw lolipop hyd nes ei bod hi'n rhy hwyr wrth i'w ddagrau gasglu'n gymylau trist dros ei lygaid. Dim ond gweld swp aneglur llachar yn symud o'r ffordd ar y funud olaf. Chlywodd e chwaith mo'r bonllefain o regfeydd mwy llachar yn ei gwrso lawr y stryd.

Trodd rownd y gornel rhywffordd a thynnu i ochr y ffordd gan stopio'r car wedi iddo fwrw'r pafin. Rhoddodd ei ddwy law a'i ben ar yr olwyn o'i flaen a gadael i'r dagrau lifo. Roedd y rhain wedi bod yn gofyn am gael eu rhyddhau ers hydoedd ond gwyddai na allai wrando arnynt o flaen y bois. Fyddai hynny ddim yn deg.

Er gwaetha'r hyn oedd wedi digwydd roedd yn rhaid iddo fod yn gryf ar eu cyfer nhw.

Roedd pethau am fod yn ddigon anodd arnyn nhw fel roedd hi heb iddyn nhw ddechrau poeni amdano fe. Doedd e ddim yn gyfarwydd â bod yn fam ac yn dad iddyn nhw ond gwyddai y byddai'n rhaid iddo ddysgu'n gyflym.

Pennod 6

Roedd yr arwydd dwyieithog wrth y giât o'i flaen yn dweud wrth Guto fod angen i bob ymwelydd fynd yn syth i'r Dderbynfa. Ac er mwyn sicrhau fod pob un yn dod o hyd i'r Dderbynfa honno roedd olion traed gwyn wedi eu paentio ar y llawr yn union fel pe bai rhywun wedi ceisio dianc ar hast o ryw argyfwng mewn ffatri Tipp-Ex. Dechreuodd roi ei draed yntau ar y rhai ar y llwybr ond buan y sylweddolodd fod y bwlch rhyngddyn nhw yn hirach na'i gerddediad arferol a phan glywodd floedd 'Hei bois, ma' Buzz Aldrin 'di dod i'r ysgol heddi – drychwch!' yn dod o gyfeiriad y cyrtiau tenis i'r dde iddo, penderfynodd addasu ei gamau rhag tynnu rhagor o sylw ato'i hun ar ei ddiwrnod cyntaf!

Roedd sawl person yn y Dderbynfa yn barod pan gyrhaeddodd a phenderfynodd mai'r peth doethaf iddo wneud oedd aros yn amyneddgar y tu ôl i'r rhai oedd eisoes yn aros eu tro. Un person oedd y tu ôl i'r ddesg ac fe edrychai hynny ar yr olwg gyntaf yn ffigwr rhy isel, yn enwedig ar fore cyntaf blwyddyn academaidd newydd fel heddiw, ond yn ystod yr wythnosau nesaf fe ddaethai Guto i ddeall a gwerthfawrogi effeithlonrwydd y weithwraig honno yn ogystal â sylweddoli na allai unrhyw un gydweithio â hi ac na allai hithau ystyried rhannu ei gofod ag unrhyw un arall chwaith. *One man band* o ysgrifenyddes oedd Mrs Gilbert.

Roedd ei hatebion cynnil, diflewyn-ar-dafod yn chwedlonol. Doedd hi ddim yn un i wastraffu ei geiriau na'i hamser ar unrhyw un. Suai o gwmpas fel gwenynen ar *speed* o 8.00 y bore hyd nes iddi adael yn brydlon am 5.00 bob nos. Ac yn ystod yr amser hynny welai neb hi'n stopio i eistedd na bwyta dim mwy na'r cyflenwad o Fisherman's Friends a gadwai gyda'i gwydryn dŵr wrth ymyl y ffôn. Doedd ryfedd ei bod mor fain.

Gyda gwynt y *lozenge* morwrol a 'Bore da' swta y croesawyd Guto i Ysgol Bryn Llwyd yn swyddogol am y tro cyntaf, felly. Ac ar unwaith atgoffwyd ef o'r unig fenyw arall yr oedd wedi ei chyfarfod a sugnai'r melysion menthol – ei fam-gu. Mam ei fam.

'Cymer un, bachan!' fyddai ei gorchymyn bob tro wrth roi un yn ei law. 'Maen nhw'n rhoi blew ar dy tsiest di!'

Doedd Guto ddim erioed wedi deall pam y byddai hi eisiau blew ar ei tsiest na pham chwaith ei bod am iddo yntau gael y fath dyfiant. Ond penderfynodd fod yn rhaid iddi fod wedi bwyta cannoedd ohonyn nhw yn ystod ei hoes am fod y blew arni hithau wedi ymestyn o'i tsiest i'w gên a'i gwefus uchaf. Yn ffodus bu Guto'n ddigon doeth i beidio cwestiynu hyn ar y pryd. Châi e ddim cyfle rhagor, meddyliodd.

'Ydych chi eisiau rhywbeth neu ydych chi am i mi ddelio gyda rhywun arall wrth i chi brosesu'ch brawddeg?'

Am eiliad swynwyd Guto gan y Fisherman's Friend llaith a ddawnsiai rhwng dau ddant blaen Mrs Gilbert ac oedodd cyn ateb.

'Guto ... Guto Tomos,' mentrodd o'r diwedd.

'Wrth gwrs, rwy 'di cwrdd â'ch brawd yn barod. Tipyn mwy siaradus (a hyderus) os ga i ddweud. Wel 'na fe. Croeso i Ysgol Bryn Llwyd. Ry'ch chi yn nosbarth 7N. Mae'r dosbarth cofrestru ar hyd y coridor i'r cyfeiriad yna,' dywedodd wrth bwyntio gyda'i llaw chwith. 'Mr Roberts yw'ch athro cofrestru. Mi ddylsai fod yna'n barod (ond does dim dal) ac mi fydd ganddo'r holl wybodaeth sydd ei hangen arnoch chi ar gyfer goroesi heddiw. Unrhyw broblem dewch nôl i 'ngweld i. Nesa'!' Cododd ei golygon er mwyn delio gyda'r ymwelydd nesaf a gwyddai Guto mai doethach fyddai dilyn ei chyfarwyddiadau ac edrych am Mr Roberts, y dosbarth a'r disgyblion eraill.

Wrth gerdded allan o'r Dderbynfa, er eu bod nhw yno, doedd Guto ddim yn gallu teimlo llygaid Mrs Gilbert ar ei war. Roedd hi'n ymwybodol o'r hanes ac, o gwrdd â'r ddau frawd y bore hwnnw, roedd hi'n gwybod fod y ddau yn dioddef yn eu ffyrdd eu hunain ac y byddai angen amser a chymorth arnynt yn ystod yr wythnosau nesaf ac i'r dyfodol. Roedd hynny'n anochel.

Pennod 7

Roedd Ysgol Bryn Llwyd wedi cael *facelift* pan agorwyd hi ddegawd ynghynt wrth uno'r ddwy ysgol uwchradd leol – gwariant sylweddol yn ôl y cyngor sir a fyddai'n gymorth i sicrhau ffyniant a datblygiad addysg yn y sefydliad newydd hwn. Ond wrth gerdded ar hyd y coridor tywyll ar ei ddiwrnod cyntaf roedd hi'n amlwg i Guto mai wyneb yr ysgol yn unig oedd wedi elwa o'r buddsoddiad.

Clywsai ddisgyblaeth yr ysgol ramadeg yn atseinio oddi ar y welydd moel di-liw a theimlai lymder Oes Fictoria yn dianc oddi ar flociau pren y llawr. Ymddiheurai'r haul wrth fentro trwy'r ffenestri uchel ond cawsai faddeuant gan bawb nad oeddent am weld mwy nag oedd raid.

Doedd hi ddim yn amlwg i Guto a oedd yr arwydd papur '7N' a lynwyd ar ddrws yr ystafell gan ddarn unig o Blu Tack yno i sicrhau fod y disgyblion yn cyrraedd yn ddiogel neu'n ymdrech i guddio'r ffaith fod angen côt newydd o baent glas ar y pren. Roedd hi'n amlwg o'r plorod a frithai'r drws nad oedd y Blu Tack ac yntau'n ddieithriaid – a'i fod, pan gyrhaeddodd yr ysgol yn y lle cyntaf, wedi bod yn ddrws gwyrdd golau.

Wrth gerdded trwy'r drws hwnnw gwnaeth y delwi a'r tawelwch sydyn iddo deimlo fel cowboi yn mentro i salŵn y Gorllewin Gwyllt. Edrychodd o gwmpas y dosbarth ar y cyfoedion hynny a fyddai'n cyd-droedio ac yn gyfeiliant i'w flynyddoedd nesaf.

Blodyn Blewog

BEIRNIADAETH LLEUCU ROBERTS A PHANEL O DDISGYBLION YSGOLION UWCHRADD CEREDIGION

Pleser oedd cydfeirniadu gyda Betsan Williams, Siôn Evans, Meredydd Davies ac Elin Williams, ac roedd eu sylwadau craff drwyddi draw ar yr ymdrechion yn hynod werthfawr wrth i ni ystyried beth yw'r gymysgedd hudol o elfennau sy'n gwneud i nofel afael mewn darllenydd a gwrthod gadael fynd.

Daeth pedwar gwaith i law, a theimlem fod pob ymdrech yn dangos addewid.

Alexandra, 'Talu'r Pwyth': Stori am Harri'n atal ei frawd hŷn, sy'n dioddef bwlio, rhag ei ladd ei hun. Er y bennod gyntaf ddramatig sy'n ein rhoi 'ar bigau'r drain' (Betsan), a'r 'disgrifiad arbennig o deimladau yn y darn "Dwi isie i bopeth stopio ..."' (Meredydd), 'does dim llawer o wreiddioldeb' (Siôn) a byddai 'dod i adnabod y cymeriadau cyn eu rhoi mewn sefyllfa mor ofnadwy wedi creu mwy o gydymdeimlad' (Elin).

'Sgidie Coch: Nofel am Elen yn darganfod cyfrinach cysylltiad ei mam â'r tylwyth teg, a'r Bwbach sy'n cyd-fyw â nhw. Cafwyd 'cymeriadu da' (Elin) a 'disgrifiadau da o salwch y fam' (Meredydd) ynghyd â 'thensiwn yn y bennod gyntaf' (Siôn), ond mae dechrau'r drydedd bennod, 'Aeth wythnosau heibio', yn taro'n chwithig, a'r teimlad cyffredinol oedd bod 'y thema braidd yn blentynnaidd i'r ystod oedran hwn' (Betsan).

Blodyn Blewog: Mae Guto'n dechrau yn yr ysgol uwchradd, sy'n brofiad digon anodd ynddo'i hun. Ond mae digwyddiadau gartre yn llywio ei fywyd hefyd, ac yntau heb unrhyw reolaeth drostynt, pethau 'y gall llawer o blant uniaethu â nhw' (Elin). Er bod y paragraff cyntaf braidd yn ddi-fflach ac y gallai defnyddio mwy o ddeialog roi cyfle i'r hiwmor anadlu, teimlem fod yr ymgeisydd hwn yn awdur profiadol 'sy'n gwybod sut i chwarae â'r tyndra rhwng hiwmor a thristwch' (Meredydd). 'Cryfder y darn yw ei fod yn defnyddio llawer o ddangos, nid dweud' (Betsan) a 'gall ddisgrifio'r pethau bach bob dydd yn ddiddorol heb orfod pwyso ar ddigwyddiadau mawr dramatig' (Siôn).

Briallu, 'Cewri': Nofel ddystopaidd am griw o bobl yn dianc i gopa'r Wyddfa wedi i ffliw sy'n troi pobl yn dreisgar daro'r ddynoliaeth. Cafwyd 'agoriad diddorol a bachog: "Dw i'n cofio Caergybi yn diffodd, yr olaf i fynd"' (Betsan) ac roedd y bennod olaf 'yn creu ysfa i wybod mwy' (Siôn). Ond mae yma 'oresbonio pethau ar y dechrau heb ychwanegu dim at y stori' (Meredydd) a 'gormod o gymeriadau, heb ffordd o wahaniaethu rhyngddynt' (Elin).

Daethom i'r casgliad unfrydol mai nofel *Blodyn Blewog*, gyda'i chyfuniad deniadol o'r dwys a'r doniol, yw'r un y byddem yn fwyaf brwd i'w darllen ar ffurf derfynol, ac mae'n llawn haeddu'r wobr.

Cystadleuaeth i rai o dan 25 oed

Dau ddarn o ryddiaith ar ddwy ffurf wahanol,

cyfanswm 2,000-3,000 o eiriau: Newid

NEWID

Hen linell bell, a yw'n bod?

Mae 'na fainc yn y porth. Un go gyffredin, dydy hi ddim byd mewn gwirionedd ... yn amlwg o'i golwg wedi gweld cannoedd, os nad miloedd, o gychod a llongau yn hwylio heibio drwy'r dydd. Mae hi'n eistedd yn heddychlon ... yn llonydd, fymryn o afael y tywod a'r tonnau a'i choesau wedi'u hoelio mewn darn bach o wair sydd wedi bod ar fin marw ers blynyddoedd bellach. Mainc sy'n edrych allan ar lesni'r môr yn gwylio'r dŵr, fesul ton, yn tolcio'r garreg gyferbyn. Weithiau, pan fo'r llanw'n teimlo'n ddigon anturus i ymestyn i roi ailfywyd ac ail-liw i'r gwair melynfrown, bydd yn cyrraedd y fainc ac yn cyrraedd blaen fy 'sgidiau. Mi fydda i wedyn, ambell dro, yn tynnu fy 'sgidiau a'n sanau ... yn gadael i ddiferion y dŵr diclo bysedd fy nhraed. Wrth gau fy llygaid, rwy'n teimlo'n rhydd ... rwy'n clywed sisial gwynt y môr fel blanced amdanaf ac rwy'n gweld y gorwel yn dod yn nes ac yn nes.

Mae 'na ryw deimlad hydrefol yn perthyn i bore 'ma. Yr awyr yn lliw llwydaidd, fel bod glaw yn disgwyl ei dro cyn tisian a thagu arnan ni i gyd. Mi ddoish i â chôt i Tedi. Un fach felen, denau â smotia' bach du arni. Mi ddysgais i fy ngwers un dydd yn mynd â Tedi allan am dro a chael ein dal mewn storm, ac ers hynny dw i'n gneud i Tedi wisgo'r gôt lle bynnag yr awn ni, rhag ofn. Mi faswn i'n licio côt fel sydd gan Tedi ... un fwy, fasa'n fy ffitio i wrth gwrs, ond yr un steil. Rhyw hen beth hyll, trwm sydd gen i sy'n debyg iawn i liw y patshyn o wair ar waelod y fainc. Tydw i'm yn ei gwisgo hi'n aml iawn ... mi fasa pobl yn gneud hwyl am fy mhen i. Dw i'n gallu gweld 'i bod hi'n agos i lefel tri bore 'ma, a dw i'n gallu clywed Mam yn barod yn deud y drefn am beidio gwisgo côt.

Dw i 'di dysgu erbyn hyn i fesur y tywydd drwy'r tonnau, dach chi'n gweld ... ac mae 'na bump lefel. Os nad yw'r tonnau i'w gweld a bod y dŵr yn edrych fel rhyw garped tryloyw, lefel un yw hwnnw ac fel arfer i'w weld ganol pnawn ar ddiwrnod poeth o haf. Lefel dau yw pan fydd y tonnau'n dechrau, yn ara' deg bach yn gneud eu ffordd tuag ata i, a bod y dŵr yn dechrau taflu gwymon i ymgartrefu ar greigiau'r traeth. Lefel tri ydy'r trobwynt. Pan fo'r tonnau'n cyrraedd y rheiliau pren fan acw ac yn cadw'r cerddwyr ymhell o'r pier … dyna pryd fydda i'n gwybod bod y gwynt wedi codi ac yn cryfhau yn ei nerth. Pan fo lefel pedwar yn cyrraedd, mae angen côt arnach chi. Dyma ydy pan fo'r glaw yn cael ei gymysgu â'r gwynt ac yn gwagio'r traeth gyda'i ddiflastod. Y tonnau'n dod yn ddi-stop a'r fainc yn cael ei boddi fesul sblash. Unwaith ydw i 'rioed wedi gweld lefel pump. Lefel pump ydy lefel pedwar, ond efo'r glaw yn troi'n stormus a bod y cychod bach sy'n brwydro'n sigledig yn erbyn y tonnau'n dechrau chwilio am eu fflêr a'u rhaff a'u tortsh. Tydw i'm yn hoffi lefel pump, yn enwedig pan na fydd gen i fy nghôt. Ond fel roeddwn i'n 'i ddeud, dw i'n amau mai lefel dau yw heddiw, ond bod ganddi'r potensial i droi yn dri o fewn yr awr. Dw i'n siŵr fod 'na fwy o lefelau 'fyd, ond 'mod i na Tedi ddim wedi bod yma i'w gweld nhw. Pam fyddem ni yma, debyg?

Tydy Tedi na fi ddim yn gallu gweld yr haul bore 'ma. Mae Tedi a fi wedi bod yn dod bob bore ers rhai wythnosau bellach, yn dod i wylio'r haul yn araf godi a thywynnu'n danbaid arnan ni'n dau. Jest yn … rhywbeth i neud, debyg. Rheswm i adael y tŷ a chael awr o seibiant o ffraeo Mam a Dad. Awr fach, lle mae'r haul a dim ond yr haul yn bwysig. Fel arfer, hyd yn oed os mai'r sglein lleiaf erioed sy'n dod allan o gwmwl ydy o, mae i'w weld yn rhywle … ond nid heddiw. Mae 'na naws gwahanol i'r lle … rhyw awel oer, annisgwyl yn yr aer. Roedd Mam wastad yn deud wrtha i, dim ots lle yn y byd ydach chi, yr un haul mae pawb yn ei weld. A bod yr haul hwnnw, hyd yn oed os oes 'na gymylau llwydaidd yn ei guddio am rŵan, yn dal i fod yna trwy'r amser. Rhywbeth parhaol … cylch sydd yn gylch o hyd … yn lliw dibynadwy. Dyna pam mai deud mai methu gweld yr haul mae Tedi a fi, yn hytrach na bod yr haul ddim allan bore 'ma. Rhyw gwmwl siâp bag plastig sy'n ei warchod bore 'ma. Wel, dw i'n deud bag plastig, ond mae Tedi wastad yn gweld rhywbeth gwahanol yn y cwmwl … gweld coeden pan fydda i'n gweld coedwig, neu weld lindysyn pan fydda i'n gweld pilipala yn hofran yn y gwynt. Pethau dros dro ydy cymylau, dach chi'n gweld. Mae gan bob un ei hanes ei hun, tydyn nhw'm yn bethau hawdd i ddallt, a dw i'n licio hynny. Mae ganddyn nhw'u llais eu hunain … maen nhw'n fyw.

Mae'r llanw'n cadw'i bellter bore 'ma, yn gwrthod gadael i mi deimlo'r wefr gynnes o gael ton oer yn cyrraedd ac yn llifo drwy fysedd fy nhraed. Rwy'n trio cau fy llygaid beth bynnag, a 'nhraed yn hanner cicio'r gwair oddi tano sy'n anghyfarwydd o sych wrth i mi gau fy llygaid yn dynnach. Tydy hi ddim mor hawdd dychmygu heddiw. Ddim mor hawdd breuddwydio bod Tedi a fi'n colli ein hunain yn y tonnau sy'n ein harwain yn gyfforddus at y gorwel. Pwysig deud mai 'mreuddwyd i yw hwnnw hefyd, nid un Tedi. Tydy Tedi ddim yn meddwl fod y llinell yn bod … meddwl ei fod yn debyg i gwmwl a'i fod yn dibynnu ar ddychymyg a llygaid y person. Ond dw i'n gwybod bod Tedi'n anghywir, gan 'mod i wedi gweld cychod yn camu drosto, yn mynd ac yna'n gadael eto. Yn cyrraedd, ac yna'n diflannu. Mae 'na le ar yr ochr draw, a phan fyddwch yn ei groesi does dim troi yn ôl. Croesi'r llinell, a does dim ffiniau … mae rhyddid o'ch blaenau ac rydych wedi cyrraedd. Tydw i heb benderfynu'n iawn lle dach chi'n ei gyrraedd eto, ond mi wn i fod rhywle mawr, mawr yn eich disgwyl unwaith y byddwch yn cyffwrdd y llinell. Mi ddaw Tedi i ddallt un dydd, pan ddaw ein hamser ni.

Mae'n fwy swnllyd na'r arfer yn y porth heddiw. Y ceir fel petaent wedi deffro'n fuan a'r garejis wedi gwagio ychydig oriau cyn bod eu perchnogion fel arfer wedi codi o'u gwlâu. Mi agoraf fy llygaid, gan gyfaddef i fi'n hun bod angen teimlo'r dŵr arna i er mwyn gallu gweld fy hun yn camu'n nes. Mae Tedi'n dal i syllu yn ei flaen ar gymylau sydd bellach yr un lliw â'i lygaid duon. Mae'r sŵn yn dod yn nes … y ceir yn dod, yn eu tro, ac yn sefyllian o gwmpas maes parcio'r porth fel eu bod yn disgwyl am rywun neu rywbeth i ddigwydd. Dim ond fi a Tedi sydd yma'r adeg yma o'r bore fel arfer, ac rydym wedi hen arfer bellach â gwynt y môr yr unig gwmni i ni'n dau. Daw haid arall o geir o rywle i ymuno'n amheus o agos at y tywod. Wedi iddyn nhw barcio a'r injans yn dod i stop, am eiliad roedd hi fel petai mai dim ond Tedi a fi oedd yma unwaith eto.

Wedi 'chydig funudau o'r gwynt yn taro'n erbyn ein clustiau, daeth sŵn injan cwch rownd cornel i fyddaru'r distawrwydd. Tedi oedd y cyntaf i weld y cwch, gan iddo ddod o'r union le roedd yr haul yn arfer â'n croesawu. Ar ôl iddo barcio'n gam ychydig droedfeddi o'r lle roedd y tywod a'r dŵr yn cyffwrdd dwylo, daw dyn a neidio allan a chwythu ei chwiban unwaith, ddwywaith, deirgwaith wrth sefyll yn y dŵr yn droednoeth. Clywaf sŵn drysau'n agor a chau fel harmoni o gôr allan o diwn, cyn i ddegau ohonyn nhw ddechrau rhedeg. Rhedeg tuag ata i a thuag at y porth. Y chwiban yn cael ei glywed eto, ac eto, ac eto a gwynt y môr yn ei gario tuag atom. Teuluoedd, rhieni, plant, oll yn rhedeg i fy nghyfeiriad i a thuag at y cwch sigledig, bregus oedd wedi ailgychwyn ei injan ar ôl y degfed chwiban. Am eiliad bach, roedd bywyd yn gyffrous. Digwyddodd rhywbeth. Rhywbeth anarferol yng nghanol yr holl normalrwydd.

Rwy'n codi o'r fainc a Tedi yn dynn, dynn yn fy mreichiau. Mae'r haid wedi cyrraedd ac yn y dryswch a'r cynnwrf a'r sŵn a'r gwynt, rwy'n ymuno. Cyrraedd y dŵr a 'nhraed yn dechrau gwlychu wrth i dyllau mân fy 'sgidiau gael eu hamlygu. Gyda help gan ddyn hen ei olwg, rwyf ar y cwch. Does neb yn deud gair, dim ond gweiddi a thaflu eu bagiau i'r cefn lle maent mewn un pentwr blêr ar dop ei gilydd. Dim ond Tedi sydd gen i, sy'n beth da gan fod dyn y chwiban wedi dechrau taflu bagiau oddi ar y cwch ymhell i'r môr. Rwy'n cael fy ngwasgu i ganol y cwch a'n ysgwyddau'n gwthio yn erbyn bol dynes feichiog oedd yn llifo dagrau a rhoi defnydd i'w chôt law. Mae'r chwiban yn cychwyn eto ... yn gywair gwahanol fesul chwyth. Daw fan lwyd i gymryd lle'r ceir oedd wedi hen ddianc erbyn hyn ... y drws cefn yn cael ei agor a phlentyn ddim mwy na phedair oed yn neidio oddi arno. Yna un arall, ac un arall, ac un arall ... nes bod saith ohonynt yn dilyn ôl troed y lleill a'u coesau byrion yn teimlo pob cam tuag at y cwch. Mae'r cwch yn llawn, ac erbyn hyn mae fy mhenelin yn gwasgu bol y ddynes yn beryglus o galed. Mae'r chwiban yn cael ei roi yn ôl ym mhoced y dyn troednoeth, cyn iddo luchio'r plant fesul un ar y cwch gan ddisgwyl iddyn nhw ddod o hyd i ofod bach, bach. Mae'r cwch yn orlawn a'r holl blant bellach wedi'u stwffio arno, fel tywod yn cael ei dywallt i jar o beli ping-pong.

Mae Tedi'n gyffrous. Tydy Tedi erioed wedi teimlo'r dŵr o'r blaen ... y wefr gynnes o'r tonnau oer ... y llinell yn agosáu fesul sblash ... rhywbeth yn digwydd. Daw'r chwiban allan am y tro olaf fel arwydd bod rhaid gadael. Yn y maes parcio, sydd bellach mor wag â diwrnod arferol o wylio'r haul yn codi, mae dau gar heddlu yn dod i'r golwg drwy'r golau a sŵn y seiren yn cystadlu â'r chwiban, oedd erbyn hyn yn atseinio'n fy nghlust, hyd yn oed yn y tawelwch. Maent yn dechrau rhedeg amdanom ... yn gafael mewn gynnau ac yn dechrau saethu. Ond mae Tedi a fi'n mynd ar ein gwyliau. Yn mynd at y llinell bell, barhaol sydd wedi bod yn disgwyl amdanom, fel yr haul.

* * *

Mae hi'n nosi rŵan ... yn dechrau pigo glawio a'r cymylau bag plastig yn ein dilyn bob cam. Daw deigryn o law i lanio ar lygad Tedi, ac yntau yn rhynnu heb wisgo dillad call ar gyfer y daith hir o'i flaen. Yn nüwch y nos ac wrth i'r cwch ddechrau dal y glaw, mi driaf gysgu. Rwy'n cau fy llygaid ac rwy'n teimlo'r dŵr yn boddi fy nhraed, a smalio ei fod yn haf o hyd.

14 o gyrff yn farw ar draeth Zuwara 01/01/2021 13:32

Ar fore Llun, 1 Ionawr 2021, cafodd y gwasanaethau brys eu galw i'r traeth wedi i 14 o bobl gael eu darganfod yn farw gan gerddwr a'i gi, oddeutu 06:25. Cafodd y dioddefwyr, oedd yn amrywio o 10 i 55 oed, eu cludo o'r traeth ychydig oriau'n ddiweddarach.

Credir eu bod wedi boddi ychydig filltiroedd o'r lan, wedi i gwch dingi gwag gael ei ddarganfod gan yr heddlu bum milltir i ffwrdd o'r cyrff.

Nid oedd yna unrhyw oroeswyr.

Mae hyn yn dilyn achos fis Hydref diwethaf, lle cafodd chwe ffoadur eu gweld yn cyrraedd y traeth ar gwch tebyg, a'u hanfon o'r wlad yn ôl adref gan y Llywodraeth.

Mae hwn yn ymchwiliad parhaus a bydd mwy o wybodaeth yn dilyn ...

Llun: Tedi wedi'i ddarganfod ar y traeth fore Llun

Deryn y bore

BEIRNIADAETH BETH ANGELL

Siomedig yw nodi mai un ymgais yn unig ddaeth i law yn y gystadleuaeth hon. Gan fod gwobr ariannol hael iawn yn cael ei chynnig, y dasg i mi fel beirniad oedd penderfynu a oedd gwaith *Deryn y bore* yn haeddiannol o'r wobr hon.

Deryn y bore, 'Hen linell bell, a yw'n bod?': 'Newid' oedd testun y gystadleuaeth ac mi ddewisodd *Deryn y bore* ysgrifennu ymson ac erthygl neu efallai fwletin newyddion dychmygol.

Mae'r ymson yn afaelgar ac yn cadw'r darllenydd yn y niwl ynghylch sefyllfa'r unigolyn am amser hir ond yn llwyddo i ddatgelu cyn i'r aneglurder fynd yn ddiflas. Heb os, mae dawn dweud gan yr awdur gyda throsiadau a chymariaethau effeithiol. Mae angen gwirio ambell beth yma ac acw ond drwyddi draw mae hi'n stori afaelgar ac mae defnydd yr awdur o ddadleoli teimladau y plentyn ar y tedi yn ddyfais wych o fewn y stori.

Mae'n amlwg mai ysgrifennu creadigol yw diléit *Deryn y bore.* Heb os, mae gwaith caled wedi mynd i mewn i'r ymson ond mae'r awdur hefyd wedi cael hwyl ar yr erthygl fer, gan lynu at y ffeithiau fel y byddai'r gofyn. Mi o'n i'n hoffi'r ffaith i'r ddau ddarn edrych ar yr un digwyddiad o ddau bersbectif gwahanol a bod un ochr yn bersonol a llawn teimladau a'r ochr arall yn glinigol a ffeithiol.

Mae'r hen gyngor ar i awdur ysgrifennu am yr hyn sy'n gyfarwydd iddo yn gyngor gwerth chweil a hoffwn i *Deryn y bore* ystyried hyn y tro nesaf y bydd yn mynd ati i gystadlu – ac rwyf wir yn gobeithio y bydd yna dro nesaf!

Rhoddaf y wobr i *Deryn y bore.*

Dyddiadur dychmygol, wedi ei osod yn nauddegau'r ugeinfed ganrif yng Nghymru, 4,000-5,000 o eiriau

Y DYDDIADUR

Marw yn Ffrainc: Dyddiadur Annie

1927

Cwmcynfelyn, Nos Lun, 14 Chwefror

Yn ôl yn y Cwm eto, ac yn teimlo'n llai blinedig na'r disgwyl: er bod y daith o Gaerdydd yma yn flinderus ac yn golygu mwy o drafferth na theithio o Lundain, yr oeddwn yn fwy cysurus y tro hwn, ac i T. y mae'r diolch am hynny oherwydd iddo fynnu talu am docyn trên *first class* i mi. Er hynny, *p. c.* brysiog yn unig a lwyddais i'w anfon ato wedi cyrraedd er mwyn dal y post ddiwedd y prynhawn.

Y fath deimlad wrth gyrraedd y tŷ – fel petawn yn disgwyl gweld fy mrawd annwyl yn dod ataf i'm cyfarch, yn cerdded o'r stydi, llyfr yn ei law. Neu ddisgwyl cerdded yn syth drwodd i'r ardd, ei ddal yn hepian yn y *deck-chair,* neu yn synfyfyrio wrth edrych ar y coed, ac esgus ei ddychryn trwy alw 'John!' yn sydyn.

Mae'r gwanwyn yn hwyr, ac olion gwyntoedd enbyd Ionawr i'w teimlo o hyd. Mae'r coed oll yn llwm a'r ardd yn aflêr. Y forwyn – Mary, yr un newydd, a welais am y tro cyntaf pan oeddwn yma adeg salwch olaf John – yno i'm cyfarch, ond un ifanc iawn yw hi, ac i'w gweld yn ddidoreth ar adegau. O ddeall, un o ferched Rachel o'r pentref yw hi.

Ymwrolais, cerdded i mewn i stydi John. Nid dyma'r tro cyntaf i mi gerdded i mewn i dŷ gwag. Gwag? Ei lyfrau yno o hyd, ar y ddesg, ar y silffoedd, ar y llawr, fel petaent yn ei ddisgwyl.

Ac yr oedd toreth o lythyrau'n fy nisgwyl innau: o edrych yn frysiog dros y pentwr, sylwais ar ddau o America. Felly, y mae ein hymweliad yn parhau i ddwyn ffrwyth, y mân donnau yn ymledu o hyd. Rhaid bod yn gyson ddiolchgar i'r Un a'n cynhaliodd trwy gydol ein menter, ar hyd y daith honno a'r cyfan a olygodd.

Bore Mercher, 16 Chwefror

Er mai ymweliad byr â'r hen gartref a arfaethais, ofnaf y bydd galwadau a thrafferthion y teulu yn fy nghadw yma'n hwy na'r ychydig ddyddiau a gynlluniais. Nid mater bychan fydd didol papurau John, a chanfod faint ohonynt sydd yma yn y tŷ, ynteu a oes rhai wedi eu gwasgaru mewn gwahanol fannau yn y Coleg. Ac os felly, onid oes perygl i drysorau fynd ar goll? Byddaf yn meddwl weithiau, tybed faint o wir ewyllys sydd yn y Coleg i goffáu eu diweddar Brifathro? Eisoes y bore hwn, gorfu i mi ohirio cwrdd â'r *monumental mason,* a minnau wedi gobeithio y cawn o leiaf ddechrau trafod y cynlluniau. Ond o, yr amser a gymerodd i ateb y llythyrau oedd yn f'aros, rhyw ugain i gyd, a minnau ond wedi llwyddo i ymdrin â'u hanner erbyn heno. A gorfod rhoi'r rhai o America heibio am y tro, i'w hateb pan fydd gennym fwy o hamdden.

Dydd Gwener, 18 Chwefror

Y bore yma, a minnau ar fin cychwyn allan o'r diwedd i Langeitho cyn bwrw ymlaen i Aberystwyth i ymgodymu ag awdurdodau'r Coleg, daeth Mary i mewn i gyhoeddi bod ymwelydd wrth y drws. Y ferch ddi-lun wedi ei adael i sefyllian yn y *lobby,* a rhaid oedd i minnau geisio arfer gras ataliol rhag ei cheryddu: mis yn unig sydd ers iddi ddod yma, wedi'r cyfan, a dyn a ŵyr sut drefn oedd ar y lle yn ystod salwch John.

Arbedodd yr ymwelydd y daith i Aberystwyth i mi, gan mai Mr Davies o'r Coleg oedd yno, gyda'r wybodaeth fod cyfran go helaeth o lyfrgell John yn ddiogel yn ei hen ystafelloedd yn y Coleg, a'r gweddill eisoes wedi eu cludo ganddo ef i'r Llyfrgell Genedlaethol. Buaswn yn dawelach fy meddwl, er hynny, pe gwyddwn y câi ei lyfrau a'i gasgliadau gartref parhaol yno, neu hyd yn oed yn y Coleg, a bod y naill gorff neu'r llall (a phaham nad y ddau, yn enw'r mawredd?) dan lywyddiaeth Cymro cadarn.

O leiaf fe lwyddodd Mary i estyn ei het a'i ffon yn ddigon cwrtais a deche i Mr Davies wrth iddo ymadael, a manteisiais innau ar y cyfle yn ystod hynny oedd yn weddill o'r bore i geisio rhoi rhyw syniad iddi o'r ymddygiad sy'n briodol i forwyn mewn tŷ fel y Cwm. O ystyried nad oedd y groten erioed, am wn i, wedi teithio fawr pellach na Thregaron yn ei bywyd cyn iddi ddod yma, a bod Aberystwyth yn cynrychioli canol y byd iddi, mae hi'n ddigon ewyllysgar, ac yn un sy'n gweld ei gwaith. Mae'r cyflog yn siŵr o fod o gymorth i'w mam; a dyna pam, yn wir, y ceisiais dymheru ychydig ar fy niffyg amynedd wrth ei chyfarwyddo. Y cof am Rachel, druan, pan oedd hithau'n forwyn ar fenthyg pan oeddem yn Aberystwyth a'r Rhyfel yn ei anterth, a hithau newydd glywed am dynged ei gŵr. A finne'n meddwl bod Mary'n ddiniwed! Cwestiynau torcalonnus Rachel oedd yn atseinio yn fy mhen pan gytunais i arwain y ddirprwyaeth, pan oeddwn ar y fordaith, ym mhalasau grym y byd yn ceisio gwneud fy rhan i sicrhau na fyddai cwestiynau felly fyth yn gorfod dod o enau Rachel na miloedd o weddwon tebyg iddi eto.

'Lle'n gwmws mae Ffrainc, meistres? Odi fe'n agos i Germany? Fe licen i fynd 'na rywbryd, pan fydd popeth – popeth drosodd. I roi blode, chi'n gwybod.' A'r cwestiwn a'i poenai fwyaf, druan fach: 'Chi'n meddwl oedd 'na Weinidog yno?'

Dydd Llun, 21 Chwefror

Mae'r gofynion a'r galwadau yma yn fy llethu, ac ni theimlaf fod gennyf neb yn agos ataf i'm cynorthwyo. Tybiais fod gennyf y nerth i wynebu tymhestloedd: onid dyna'r rheswm y deuthum yma i roi trefn ar bethau yn y Cwm?

Ond yn ddiweddar, cefais fy hun yn holi – pa sawl tymestl y mae'n rhesymol ei hwynebu? Deuthum yma yn bennaf i ofalu nad aiff gwaddol fy mrawd yn ofer, ac yntau wedi rhoi ei oes i osod sylfeini llyfrgell ac i ennyn bri i'r Coleg, ac nid oes arnaf ofn herio mân bwysigion y sefydliad yn Aberystwyth – wedi'r cyfan, nid ydynt mor uchel eu safle (nac mor raslon!) ag Arlywydd yr Unol Daleithiau! Ond wrth ymboeni ynghylch y frwydr hon, tynnir fy meddwl yn ôl ambell waith at Lundain, a daw ton o euogrwydd wrth ystyried fy mod yn esgeuluso fy mhriod waith yno – fy *mhriod* – waith! A'm priod? Pwt o lythyr gan Peter heddiw yn dweud fod y tŷ yn dawel hebof. O gofio, dyma'r union eiriau a ddefnyddiodd mewn llythyr a dderbyniais ganddo tra'r oeddwn yn yr Amerig – cyd-ddigwyddiad, ynteu ei ffordd ef o ddweud rhywbeth? Ond gallaf fod yn dawel fy meddwl o leiaf ei fod ef yn cael ei werthfawrogi gan y cynulleidfaoedd y rhydd ef mor hael o'i amser i'w bugeilio. Dyna, fe ddywed, yw ei briod waith yntau, a minnau yno i'w gefnogi. Ond y mae cenhadaeth gennyf innau hefyd, yn bennaf ymysg y merched ieuainc sydd gymaint angen arweiniad yn yr amseroedd llwm hyn. Petai'n crybwyll hynny yn awr ac yn y man, yn rhoi gair cadarnhaol o blaid fy ngwaith innau, fel yr arferai Tom wneud, a dweud, yn ei lythyrau. 'Peidiwch, gan hynny, ag awgrymu yn eich llythyrau nac am foment yn eich meddwl fod unrhyw air yn eich llythyr yn ddim ond mwyniant ac anwyldeb i mi ...'

~~Ond y mae llythyrau Peter yn llawn o'r cyfarfodydd pregethu a chyrddau gweddi. Fe wnaiff gyfeirio yn awr ac yn y man at fy nosbarthiadau ysgol Sul.~~

Annheilwng yw hyn. Ifanc oeddwn yn y dyddiau hynny: mor ffodus o gael arweiniad cadarn Tom a'i gariad ef a minnau'n ddibrofiad. Ef a roes i mi'r sylfeini y dymunaf adeiladu a gweithio arnynt yn awr, a bod yn gymorth i Peter yn ei waith ef.

Dydd Mawrth, 8 Mawrth

Wedi'r holl ymdrechion i roi trefn ar bethau, cefais hamdden heddiw i alw yn Llangeitho – er y gallaf weld i bethau gael eu hesgeuluso'n enbyd yn yr hen gartref. Nid bai John mo hynny. Hyd yn oed yn nyddiau ei gryfder, meithrin dysg oedd ei hoffter, a gweld ei gasgliad o lyfrau a llawysgrifau yn blodeuo a lonnai ei galon. Yr unig argraff a gofiaf ef yn ei wneud ar yr ardd oedd wrth iddo ddilyn y traddodiad teuluol o gerfio ein henwau ar risgl y coed yn yr ardd. Mae John yno o hyd ar y bisgwydden – llythrennau ei enw ef wedi'u cerfio'n ddwfn ac i'w gweld yn glir, ond gorfu i mi dreulio cryn amser cyn canfod olion enwau Sara a Lily, cyn cofio iddynt ill dwy ddiflasu'n fuan ar y gorchwyl, ac mai ysgafn oedd yr argraff a wnaethant. Nid yn unig hynny, ond treuliais amser yn chwilio'n ofer yn rhy uchel i fyny ar y boncyff am yr olion. Rhaid oedd i mi ostwng fy ngolygon er mwyn gweld y fan lle gallai ein dwylo a'n breichiau ifanc ni gyrraedd yn y dyddiau hynny.

Dydd Iau, 10 Mawrth

Yr ymweliad â Llangeitho oedd yn fy meddwl o hyd wrth i mi gamu i ardd y Cwm heddiw, i weld sut drefn oedd ar bethau, ac i dawelu fy meddwl. Dychmygwn liwiau yn tyfu dan fy nwylo – ie, breuddwyd, mi wn, gan y byddai Llundain yn galw cyn i ddim egino. Ond beth sydd o'i le ar freuddwydio am liw? Breuddwydio fel y cofiaf wneuthur ar y trên ar ein taith trwy Nebraska, Omaha a'r eangderau lle na welsem ddim ond lliwiau gwinau'r tir, anifeiliaid – yn foch mawrion ac yn wartheg, heb arlliw o'r un goeden am filltiroedd. Ac oni thyfodd gobaith o hadau'r daith honno?

Dydd Gwener, 11 Mawrth

Enw lle yn y papur newydd yn digwydd dal fy sylw heddiw – tynnwyd fy llygad yn syth pan welais yr enw Cwm. Ond pentref ym Mynwy yw'r Cwm hwn, lle'r ymddengys i danchwa erchyll ddigwydd ddechrau'r mis ym mhwll glo'r Marine, gyda rhyw hanner cant o ddynion wedi trengi. Ni allwn lai na dychmygu tristwch y gweddwon ...

A chyda'r post, cyrhaeddodd mwy o lythyrau o Lundain – brin hanner awr wedi i mi fy llongyfarch fy hun ar ateb fy holl ohebwyr blaenorol! Ffarwél, felly, i'r cyfnod a addewais i mi fy hun yn yr ardd, gan obeithio y byddai arwyddion dyfodiad y gwanwyn yn tawelu peth ar f'ysbryd aflonydd.

Ond rhaid oedd ateb cais Miss Herbert – hi yw swyddog cyhoeddusrwydd y Society for the Overseas Settlement of British Women, ac o'r diwedd, trefnwyd iddi ddyfod i annerch cyfarfod yn Aberystwyth. Y mae gobaith, felly, y gallwn wneud rhywbeth i leddfu gofidiau'r merched y clywaf eu hanesion truenus hyd yn oed yma yn Sir Aberteifi. Cymaint gwell yw'r trefniadau a wneir drostynt yn Llundain, ond a yw hynny'n esgus dros ein hanwybyddu yma yng Nghymru, a chymaint heb obaith o fywyd newydd wedi'r gyflafan?

Dydd Llun, 28 Mawrth

Yr wyf yn esgeuluso hyn o ddyddlyfr yn enbyd! Ond y mae derbyn llythyrau, a'u darllen gan roi sylw dyledus iddynt, yn mynd â chyfran deg o'm hamser, a rhaid eu hateb yn gydwybodol.

Cefais air o ganol ei brysurdeb gan T. a phleser oedd clywed ganddo: euthum ati i'w ateb yn syth. Yn garedig fel erioed yn holi ynghylch fy iechyd ac yn fy rhybuddio i beidio â gorweithio! Ac fe wnaeth hyd yn oed gynnwys brawddeg yn 'gobeithio fod Mr Hughes-Griffiths mewn iechyd'. Y mwyaf y gallaf obeithio ganddo, mae'n debyg. Ond calondid pur oedd gweddill y llythyr, yn enwedig gan iddo gytuno i'm cais i gyfieithu i'r Gymraeg y llyfryn o ddarlleniadau i blant am y League of Nations. Oni phlannwn hadau heddwch yn y genhedlaeth nesaf, ac iddynt syrthio ar dir ffrwythlon, rwy'n ofni'n enbyd ynghylch y galanastra a ddaw i'w rhan.

Y llythyrau eraill hefyd yn destun llawenydd i mi, gan eu bod yn cynnwys gwahoddiadau gan o leiaf hanner dwsin o gyfarfodydd y League of Nations Union. Llawer cais wedi dod o'r de – y Barry Branch wedi gofyn i mi eu hannerch, felly hefyd Llanbradach, a chais hefyd i annerch y Porth County School – myfi yn annerch y plant!

Rhaid eu hateb oll. Ac argyhoeddi fy hun y bydd amser pan fydd gennyf fy mywyd fy hun eto, a'm cartref fy hun. Yma, yn yr hen sir, ar waethaf popeth, caf deimladau enbyd weithiau fy mod wedi f'ynysu.

Dydd Mawrth, 5 Ebrill

Hwn yn wastad yw'r diwrnod tristaf. Dychrynaf o sylweddoli fod yn agos i ddeng mlynedd ar hugain wedi mynd heibio ers y noson enbyd honno yn y wlad bell pan orfu i mi ffarwelio am byth â'r hyn oedd farwol o Tom annwyl.

Dydd Iau, 7 Ebrill

O gael fy ngorfodi i fod yma, gallaf o leiaf geisio lledaenu'r neges. Gweld Mary wrth ei gwaith a wnaeth f'atgoffa mai'r ieuengaf o blant Rachel yw hi. (Mae dwy ferch arall, mi gredaf, ar wahân i'r mab a aeth yn was bach i Isaac yr Hendre.) Fe all Mary ddod yn ei blaen, o roi amser iddi, ond tybed a oes modd gwneud rhywbeth i gynorthwyo un arall o'r teulu? Fe geisiaf gael gair â Rachel.

Dydd Gwener, 8 Ebrill

Rwyf yn gythryblus fy meddwl heno. Euthum i Langeitho i gael golwg ar y bedd, ac i gwrdd â Mr Hughes yn y pentref i drafod y gofeb a'r hyn sydd i'w roi o amgylch. Llwyddais i'w ddarbwyllo na fuasai neb o'r teulu yn dymuno gweld *crazy paving* yn y fynwent! Wedi fy nghalonogi gan yr ymweliad, a chan fanteisio ar y ffaith fy mod yn y pentref, euthum draw at fwthyn Rachel, gan i mi gael ar ddeall y byddai prynhawn Gwener yn amser da i mi ei dal adref. Aeth popeth yn hwylus i ddechrau, gydag atgofion am yr hen ddyddiau, a hithau'n holi gyda gwên am T. ac yn deisyfu ei weld pe deuai i ymweld. Does ond gobeithio na chaiff ormod o fraw o weld yr athro tal, gosgeiddig sydd eisoes yn dechrau moeli, yn hytrach na'r crwtyn gwallt golau yn ei *sailor suit*!

Troes y sgwrs yn naturiol o hynny i blant a theuluoedd, a minnau'n holi hynt y merched, gan wneud dim mwy na gollwng awgrym am yr Overseas Settlement. Ei gweld yn tynhau drwyddi, fe dyngwn fod pellter wedi tyfu rhyngom, er iddi aros yn yr unfan. Doedd dim llawer o newid yn ei llais – yn ei geiriau, o leiaf – ond rhyw oerni yn ei goslef, er na wnaeth ddim ond dweud ei fod yn syniad diddorol – 'i rai, ontefe'. Ac yna, wedi saib ac fel yr oeddwn yn ffarwelio –'Nag ŷn ni i gyd wedi arfer trafaelio.'

A oeddwn i wedi 'arfer trafaelio' a minnau o'r un pentref, pan oeddwn tua'r un oed â merched Rachel? Ai tybio y mae hi na all unrhyw un o gefn gwlad fynd ymhellach na ffiniau'r fferm, na gweld gorwel ehangach na'r hyn a wêl o'r clos adeg y machlud? Ai ceisio dweud yr oedd Rachel fod rhywbeth yn wahanol ynof i am i mi deithio? A theithio a wneuthum. Yr Aifft a Chreta,

Memphis a Marseilles, a chyda'm cymdeithion i'r Unol Daleithiau – ai rhyfyg ar fy rhan fyddai galw y daith honno yn bererindod? Dwy ohonom o'r un sir, o'r un pentref – ond fy mod i wedi 'trafaelio' yno o'r fan sydd bellach yn gartref ac mor gyfarwydd i mi, nes teimlo mai ymwelydd dros dro ydwyf yma, ac mai dychwelyd i Lundain a wnaf ar fyrder. Dychwelyd i Lundain – a fydd modd i mi fyth anghofio'r dychweliad enbyd hwnnw i Lundain ac i'r tŷ gwag? Dychwelyd o Ffrainc. 'Lle'n gwmws mae Ffrainc?'

Dydd Sadwrn, 9 Ebrill

Rhaid ymwroli, a magu nerth yn ôl y dydd. Calondid heddiw, yn dilyn y teimladau prudd ddoe, fu derbyn llythyr gan Katie (hi oedd yn fy nosbarth Ysgol Sul yn Llundain) wedi ei farcio 'Ar y llong Valencia at Port Said', yn dweud ei bod yn mwynhau'r fordaith hyd yma, yn edrych ymlaen at ei bywyd newydd – a'i geiriau o ddiolch yn twymo fy nghalon. 'You have always been so kind, thoughtful and *cymwynasgar* to me, ever since I came to Charing Cross. When I was a stranger, you made me welcome ...'

Fy nyletswydd a dim mwy, fel y buasai Peter yn sicr o ddweud. Ond fy mhleser hefyd, fod rhan i minnau mewn ailadeiladu bywydau rhai a ddioddefodd gymaint neu a welsant ddyfodol dedwydd yn ymestyn o'u blaenau, ac yna weld ei gipio mor greulon oddi wrthynt. A minnau'n gweddïo, Katie fach, y bydd eraill yn ei bywyd newydd yn 'croesawu dieithriaid', ac na wnaiff fyth eto deimlo'r gwarth o gael ei difenwi fel un yn perthyn i'r fyddin o *surplus women*. (Y fath enw!)

Beunydd, fe welaf werth ein taith gyda'r Ddeiseb Heddwch, a magaf gryfder o gofio'r derbyniad a gawsom gan y sawl sy'n cyfrif yn y byd. Hyn rydd nerth i mi wrthsefyll ambell ymateb oeraidd neu hyd yn oed elyniaethus. Wrth ysgrifennu at Eluned Prys heno, mentrais ei hatgoffa am y llythyr anhyfryd (dienw, yn naturiol!) a dderbyniais adeg ein glaniad yn Efrog Newydd, yn dweud wrthym am fynd adref, ac fel y tynnodd Eluned fy sylw yn hytrach at y *daffodils* a wisgai'r boneddigesau Americanaidd oll i'n cyfarch

Dydd Sul, 12 Ebrill

Wrth droedio yn yr ardd heddiw wedi dychwelyd o'r cwrdd, roedd gweld y *daffodils* yn eu holl ogoniant yn falm i'r enaid.

Dydd Mercher, 13 Ebrill

Wedi i mi sôn am *surplus women* dro'n ôl, wele fi'n ystyried o ddifrif heddiw fod dosbarth cyfatebol yn sicr yn bodoli, sef *surplus men*. Yn ddiamau, gallaswn i a'm cymdeithion fod wedi hepgor llawer o'r pwysigion yn y League of Nations Union a ddaeth i'r cyfarfod yn Aberystwyth heddiw. Mae arnaf ofn hefyd fod Gwilym Davies yn llygad ei le pan ddywed mai'r Saeson yw'r pechaduriaid mwyaf o ran haerllugrwydd ac anwybyddu hawliau canghennau o'r Undeb sy'n digwydd bod yn llai niferus eu haelodaeth. A'r cwyno enbyd am orfod teithio i Aberystwyth – 'of all places' meddent wrth ddadlwytho o'r trên (*first class* yn naturiol) – a deisyfu porthor i'w cludo hwy a'u *luggage* i'r neuadd.

Ar adegau fel y rhain, mae un rhif nodedig yn peri cysur mawr i mi. 390,296. Nifer gwragedd ein cenedl fechan a dorrodd eu henwau ar y Ddeiseb Heddwch. Faint o wŷr sydd mor uchel eu cloch y dyddiau hyn am *surplus women* fyddai wedi mynd ati i drefnu a chasglu'r holl enwau hyn ar ddeiseb? A sawl un, o genedl honedig 'fawr', fuasai wedi llwyddo i ennyn brwdfrydedd a diddordeb cyfran mor sylweddol o'i phoblogaeth i fod yn rhan o ddogfen o'r fath, heb sôn am fynd ati i gasglu'r enwau, i'w crynhoi o bob cwr o'r wlad, ac i drefnu ei chludo dros yr eigion at gynrychiolwyr un o genhedloedd mwyaf grymus y byd?

Y teimladau hyn oll oedd yn berwi ac yn cyniwair drwof wrth i mi gerdded i hebrwng y cyfeillion hyn ran o'r ffordd at yr orsaf, wedi llwyddo i sicrhau cyfarfodydd, yma yn Sir Aberteifi, yma yng Nghymru, a gwrando amynt.

'Oh certainly, Mrs Hughes-Griffiths.'

'America, you said? And the sights you saw? The Smithsonian. And you received a welcome there?' Tôn amheus ei lais.

'Indeed,' meddwn innau gyda'm gwên fwyaf graslon. 'By one of the trustees himself.'

Synnent.

'Trustees have some influence, certainly, but have you heard further from him since then?' Clywn ei oslef ddiraddiol.

A minne, 'I would not have expected to, so soon. After all, as President of the United States, he does have numerous other duties.'

Syndod mor ddi-ddweud y buont weddill y daith i'r orsaf. Dymunais yn dda iddynt a'r wên yn ei lle o hyd, hyd yn oed pan geisiodd un ohonynt adfer mymryn o'i urddas trwy grybwyll cyfarfod – 'which we expect to be most well attended' – o un o'u canghennau yn Llundain yr wythnos nesaf, heb fod ymhell o'r Senedd, fe ymddengys. Duw faddeuo i mi, ond ni allwn ymatal:

'Not actually in Parliament itself, therefore?' cyn addo yn garedig y ceisiwn ddefnyddio fy nylanwad i drefnu ystafell yno ar gyfer eu cyfarfod nesaf.

Dydd Iau, 14 Ebrill

Dygodd digwyddiadau ddoe oll i gof y llythyr gan y cyfaill o America oedd yn fy nisgwyl pan ddychwelais yma ddechrau Mawrth, ac a wnaeth gymaint o argraff. Llythyr ydoedd yn deillio o sylw 'gyda llaw' gan un o weision yr Arlywydd ar ein ffordd allan o'r Tŷ Gwyn, wedi i Mr Coolidge grybwyll y ddau Gymro yn ei Gabinet, a'r ffaith i un o'i hynafiaid yntau ddod o Gymru. Miss Prys a soniodd wrth y gwas am achau Cymreig Thomas Jefferson. 'Nid efe yn unig' oedd ateb y swyddog, a aeth yn ei flaen i adrodd hanesyn a glywsai, sef bod i Abraham Lincoln ei hun hynafiaid o Gymru. Brith gof sydd gennyf am ein sgwrs i'r perwyl hwnnw – cyflwyno'r ddeiseb oedd flaenaf yn ein meddyliau, heb sôn am yr haid o dynwyr lluniau a'n hwynebai wrth i ni adael.

Bid a fo am hynny, ymddengys i Miss Prys, neu un o'i chysylltiadau yn y Taleithiau, ymholi ymhellach, a ffrwyth hynny oedd cynnwys y llythyr a dderbyniais gan y cyfreithiwr oedd â diddordeb:
'a note with regard to the ancestry of Abraham Lincoln. You will see that an ancestor of his, Evan Robert Lewis, came from Cynlas.'

Ni chawswn argoel erioed o hynny, ac nid oes gof gennyf i Tom erioed grybwyll y peth. Gweld enw'r Cynlas a'm hysigodd. Daeth dau beth i'm meddwl yn syth – a ddywedaf wrth John? Ac yna – Duw faddeuo i mi – saeth weddi o ddiolch mai yma i'r Cwm y daeth y llythyr, yn hytrach nag atom i Lundain. Nid bod dichon y talai Peter gymaint â hynny o sylw i'm gohebiaeth i, yn enwedig yn awr bod ei deithiau pregethu yn mynd â'i holl fryd. Ac yna, ni allwn lai na thybio mai addas, wedi'r cyfan, yw mai yma yn y Cwm y bydd i mi ymateb i'r cysylltiad rhwng Lincoln a Chynlas. Y Cwm a Chynlas? Mwy addas na Llundain, mi dybiaf, i'r naill a'r llall – i fab yr amaethwr a mab y caban pren, er i'r ddau deithio mor bell.

Dydd Llun, 18 Ebrill
O'r diwedd, gallaf baratoi ar gyfer dychwelyd i Lundain, ond heb eto fod yn llwyr dawel fy meddwl ynghylch gwaddol fy mrawd yma. Daw galwadau lu â mi'n ôl i'r hen gartref, mi wn. Ac a fydd cymod gyda Mair a'i theulu, gyda Rachel? Wn i ddim. Erbyn hyn, buaswn yn gyndyn i golli Mary, gan y gallwn fod yn weddol ffyddiog yn awr y daw i ben â'i dyletswyddau pan ddychwelaf i Lundain. Mae hi wedi dod i ddeall trefn bywyd yma yn y Cwm. Yn ferch ifanc, yn gwybod sut y mae bywyd yn mynd yn ei flaen yma yng nghefn gwlad. Fel finne unwaith.

Dydd Iau, 21 Ebrill
Y mae'n ddiwrnod o bwys i ni yma yng Nghymru, gydag agoriad ein Hamgueddfa Genedlaethol. Oedd, roedd awydd yn fy nghalon am fod yno, ni allaf wadu; ond mwy, cymaint mwy, oedd yr awch a deimlais i fod yn bresennol yng Nghaerdydd gydag un wrth f'ochr a fuasai wedi llawenhau o weld gwireddu un rhan fechan o'i freuddwyd. Sefydliad i gadw ac ymhyfrydu yn nhrysorau ein cenedl – y trysorau y gwyddai ef gymaint yn eu cylch ac yr ymdrechodd i addysgu gwerin ei wlad amdanynt.

Ond yma yr ydwyf, yn paratoi i ddychwelyd i Lundain, ac ynghlwm â phwyllgorau a chynghorau un arall o'r cyrff y brwydrodd ef mor galed i'w sefydlu – ein Coleg Prifysgol ein hunain. A theimlaf weithiau mai 'ynghlwm' yw'r gair iawn i'w ddefnyddio – fod y gwŷr a'r pwysigion yn eu clymu eu hunain mewn mân frwydrau, a thrwy ymgiprys am statws a swyddi, yn colli golwg ar ei wir ddelfryd ef, ei awydd i oleuo a dwyn dysg i'n pobl. Y gwaith y ceisiodd John ei barhau – a minnau yn awr wedi gorfod treulio fy amser prin yma yn Sir Aberteifi yn gofalu nad aiff ei gasgliad llyfrau a llawysgrifau ar wasgar.

Ond rhaid ymostwng i'r drefn.

Dydd Sadwrn, 23 Ebrill
Yr holl baratoi ar gyfer dychwelyd i Lundain yn mynd â'm bryd – gallaf adael ar y trên fore Llun. Ac am gyfnod y bore hwn, yr oedd cymod fel petai wedi digwydd, gan i Rachel gytuno i ddod yma am y diwrnod i gynorthwyo Mary gyda'r paratoadau, ac fe ddigwyddais glywed y ddwy'n sgwrsio wrth eu gwaith yn y *morning-room*.

Cerdded i mewn o'r ardd wneuthum i, wedi casglu blodau i fynd gyda mi yn ôl i Lundain; Mary wedi murmur rhywbeth, ac yna clywais lais crasach Rachel:

‘Mae’n iawn iddi hi, gyda’i gŵr yn Weinidog y capel mowr ’na yn Llunden. O, mae fe’n ddyn pwysig, smo fi’n gweud, a hithe’n garedig, a faset ti ddim yn cofio pan oedd hi nôl yn Llangeitho a hithe’n widw a Master Tom yn grwtyn bach ’da hi. Smo hi’n dyall, serch ’ny ...’

Sylweddolais fod fy nwylo’n cydio’n dynn yn y tusw.

Maen nhw’n meddwl nad wyf yn deall.

Ond pa wahaniaeth? Wnaiff Cymru ddim fyth ond pryderu am y werin a dweud geiriau clodforus amdani, heb erioed geisio ei chodi o’i sefyllfa, gan dybio fod pob ymdrech i ennill addysg a chyrraedd safle yn frad. Fel pe na bai Tom wedi byw erioed. Fel pe na bai wedi ymdrechu i godi’r werin o’i gwaelodion. Fel pe na bai erioed wedi marw yn Ffrainc.

A’r hyn na wyddant hwy, na ŵyr neb, fod rhan ohonof innau hefyd wedi marw yn Ffrainc.

Femme Sole

BEIRNIADAETH ELIN JONES

Daeth chwe ymgais i law; mae stori ddifyr gan bob un, a phawb wedi ceisio cyfleu naws a nodweddion y cyfnod.

Mwclis Mali, 'Byth heb ffedog': Plentyn ysgol sy'n cadw'r dyddiadur hwn, gan ddisgrifio bywyd ysgol a theulu gyda rhai cyfeiriadau priodol at ddigwyddiadau mawr y cyfnod. Ond ychydig iawn o naws dyddiadur sydd i'r ymgais hon.

Eira, '1920': Dyddiadur menyw ifanc sydd yn cadw tŷ i'w thad a'i brodyr tra bod ei mam i ffwrdd a geir yma. Ceir manylion am waith tŷ a ffarm yn y cyfnod, am fwyd y teulu, a hanesion credadwy iawn am fywyd cymdeithasol, gyda chyfeiriadau addas at effeithiau Rhyfel 1914-18.

Femme Sole, 'Marw yn Ffrainc – Dyddiadur Annie': Annie Hughes-Griffiths, yr ymgyrchydd dros heddwch, yw'r 'Annie' yn y dyddiadur hwn. Mae wedi dychwelyd i'w hen gartref dros dro, ac mae ei dyddiadur yn nodi'r atgofion a'r hiraeth a ddaw iddi yno. Mae'n cyferbynnu ei gŵr cyntaf (Tom) gyda'r ail (Peter), ac yn cofio antur Deiseb Heddwch Merched Cymru yn 1924. Ymgais gyfoethog a sensitif.

Bwlch y Gwynt: Merch 18 mlwydd oed piau'r dyddiadur hwn o 1927, sy'n gorffen gyda'i phriodas yn 1928. Ceir manylion am waith tŷ, am golli ffrind, am fywyd y pentref a llifogydd Talsarnau yn 1927. Mae hwn yn fwy o stori na dyddiadur, argraff a gryfheir gan y dafodiaith a ddefnyddiwyd gan yr ymgeisydd.

Gofid 1929, 'Dyddiadur 29 Ebrill-15 Medi 1929': Yn y dyddiadur hwn mae mam yn disgrifio digwyddiadau'r misoedd gofidus hynny pan afaelodd parateiphoid yn ei theulu. Disgrifir arwyddion amrywiol yr afiechyd, triniaethau'r cyfnod a phwysigrwydd yr ysbyty heintiau.

Sgowsar: Dyddiadur mam ifanc yn Lerpwl yn ystod Ionawr 1920 yw hwn, ac mae'n cynnwys rhagymadrodd am ei hanes a ffotograffau o'r cyfnod. Mae hi'n pryderu am iechyd bregus ei gŵr ac yn hiraethu am ei theulu a'i chynefin ym Methesda. Ceir disgrifiadau bywiog o fagu plentyn, o fywyd y ddinas a dylanwad y capel – gyda hanes pob diwrnod yn gorffen gydag adnod o'r Beibl.

Rhoddaf y wobr i *Femme Sole.*

Ymateb dychanol i ddigwyddiad diweddar,
hyd at 2,000 o eiriau

YMLAEN AT Y MILIWN ... A MWY

'*SHIT*,' bloeddiodd Bòs yr ONS.

Roedd newydd sylweddoli bod problem arall wedi codi 'rôl lawnsio Cyfrifiad 2021 yn fyw ar-lein. A hynny ar ben y strach o orfod aildrefnu'r blychau nodi lliw ac iaith a hil ar y ffurflen ar gyfer rhyw lond llaw o 'Gymry' Cymraeg.

Rŵan, wrth geisio datrys hynny, roedd rhywun wedi anghofio cynnwys yr adran 'A ydych chi'n gallu siarad Cymraeg?'

'That bloody Nashie, Ronnie Appleworth will be hassling us again,' meddai'n flin.

'His name is Ron ap Lol-werth. The 'ap' is a Welsh name ... and he speaks Welsh,' meddai ei ysgrifenyddes yn wybodus.

Mewn fflach o ysbrydoliaeth eginodd syniad ym mhen y Bòs. Byddai modd creu clwt ar raglen gyfrifiadurol y Cyfrifiad trwy gynnwys ap bychan i ganiatáu nodi pob enw ag 'ap' ynddo fel siaradwr Cymraeg. Mi wnâi hynny'r tro i gyfri'r ychydig gannoedd. Fydd 'na neb yn sylwi, dim hyd yn oed Ron.

Rhyw *intern* bach di-nod, dibrofiad o Rachub neu Rwsia, neu rwla, gafodd y job. Ond aeth pethau o'u lle. Mi drowyd yr ap cyfri ap yn ap gwahanol, ac ar hap, oni bai mai dyna fwriad yr ap, cysylltodd yr ap hwnnw â phawb ar gronfa ddata Cyfrifiad 2021, boed nhw'n ap neu beidio. A sylwodd neb ar yr anap a achoswyd gan yr ap oedd yn lle'r ap cyfri ap.

Yn ddiarwybod i bawb fe dreiddiodd yr ap ledled y We. Lledodd yr 'haint' i bob ffôn clyfar, pob llechen, a phob cyfrifiadur. A thrwy wyrthiau'r ap fe **S**ei**S**i**W**yd Englandandwales gyfan.

* * * *

Gorweddian ar glamp o soffa ledr, werdd roedd Jac Rhys. Cododd ei olwg o'i lyfr gan edrych dros ei sbectol gron ar yr olygfa o'i ffenestr draw dros Fôr

Hafren at ei Wlad yr Haf annwyl. Tipyn o rwyg oedd symud yma – ond roedd rhaid gwneud wedi'r tro ar fyd a'i trawodd bedair blynedd yn ôl. Siomwyd Jac yn arw o weld ei famiaith yn cael ei bratio, idiomau Americanaidd yn ei llygru, txto, camddefnydd Atalnod Rhydychen, diflaniad Cymdeithas y Collnod, a goruchafiaeth y Plain English Society. Doedd troi at ei Ladin goeth fawr o gysur iddo bellach. Digwydd taro ar hen lyfr a wnaeth yn y Gelli Gandryll tua diwedd 2021. Dotiodd arno, a dechrau ei ddarllen. A dyna pryd a pham, rhywsut, y **S**ei**SiW**yd ef.

Trodd yn ôl at y llyfr hwnnw, *A Welsh Orthography*. Roedd wedi ymgolli ynddo: ffurfioldeb yr egluro, disgyblaeth y rheolau, cysondeb a symlrwydd y sillafu, clec y cytseiniaid ymhleth â'r llu llafariaid soniarus. Oedd, roedd John Morris-Jones yn dipyn o ysgolhaig ac arbenigwr ar yr iaith hynod hon – y Gymraeg. Fe swynwyd Jac ganddi. Teimlai'n gyson yr awydd i ddweud rhywbeth yn Gymraeg.

Bellach, yma ym Mro Morgannwg, yn yr As Fawr, roedd yn ei seithfed nef. Gwenodd o gofio iddo feddwl bod enw'r pentref yn berffaith ar ei gyfer (nes iddo ddeall y treiglad meddal). Dyna lwc i'r cyn-berchennog, yr AS bach, fod mor awyddus i symud tua Llundain – i aros am ei wobr wedi'r etholiad. Synnodd hwnnw bod Jac yn fodlon ffeirio tŷ Sioraidd crand yn Llundain am y cwt 'ma a sedd yn y Fro. Rêl Dic oedd o, yn nhyb Jac – yr un fath â'r llu o Ddics Siôn Dafyddion eraill.

Trigai Jac yma gyda'i fab ieuengaf, Seithenyn (roedd ei enw eisoes i lawr ar gyfer Ysgol Bro Morgannwg), a'r Nani, a oedd yn y gegin yn brysur am-ar-at-dan-dros-drwy-io wrth fwydo'r bychan. Tydy hi byth yn rhy hwyr i ddysgu iaith, meddyliodd.

Canodd y ffôn. 'Jac ap Wiliam Rhys Morgan yma,' meddai'n ffurfiol, yn ôl ei arfer, wrth ei ateb. Gwyddai pwy oedd yno'n syth o glywed y pfiffian-pfeffian a'r rwdlan byrlymus y pen arall. 'Morus. Hawddamor, hen gyfaill. Sut mae acw'n y Berfeddwlad bell?' Atebodd hwnnw'n frolgar, 'Gwych, GWYCH! Newydd feistroli'r rheol ar ddyblu'r 'n'.' Gwyddai Jac mai celwydd arall oedd hynny.

Parodd yr alwad fawr hirach wrth i Morus fwydro ac i'w sgwrs grwydro i bob cyfeiriad cyn diflannu'n ddisymwth ynghanol rhyw rwdl-mi-lol am fod yn barod i'r popty. Diolch byth, meddyliodd Jac. Roedd ar fin picio i'r Rhws er mwyn hedfan i Ddulyn i fwrw'r Sul gyda gweddill ei deulu a drigai yn ei dŷ

Sioraidd crand (arall) yno. Cyfle iddo weld ei wraig a'u chwe phlentyn arall .... ond yn fwy na dim i gadw golwg ar ei gelc.

Roedd Morus ap Siôn yn byw mewn bwthyn braf ger Gwytherin. Doedd gan Carrie ddim syniad lle'r oedd o – GWYCH! Am a wyddai hi roedd o'n dal i guddio'n y ffrij. Pan sylweddolodd bod pobl Pont-ycs yn troi yn ei erbyn chwiliodd am sedd ddiogel. Tarodd fargen â'r darpar Arglwydd David-Jones of Lanroost. Roedd yn nabod Gorllewin Clwyd. Bu yn rhywle fan hyn unwaith o'r blaen, yn 1997, a cholli'i ffordd. Mi ddysgodd tipyn o Gymraeg bryd hynny, medda fo. Ond doedd o ddim yn cofio, nac yn coelio hynny.

Er mwyn gweddu i'w fro newydd ystyriodd alw ei hun yn Morus ap Stan. Ond roedd hynny'n rhy debyg i ryw wlad dramor, anwar oedd heb lofnodi cytundeb masnachu eto. O leiaf roedd wedi deall rhywfaint am y treiglad trwynol cyn penderfynu ar ei enw cyntaf newydd.

Ar y ffordd i Ddolgarrog y **SeiSiW**yd 'rhen Forus. Yn sgil hynny teimlai awydd MAWR i ddweud rhywbeth-rhywbeth yn Gymraeg. Sefyll oedd o ar y pryd yng nghanol y melinau gwynt ar ben Moel Maelogen yn trafod ei gynllun FFANTASTIG! Roedd am greu twnnel dan y mynydd, rhwng Gwytherin a Mart Llanrwst, i helpu'r dyrnaid ffermwyr defaid a oedd ar ôl yng Nghymru. Byddai'n gwneud Gwytherin yn GRÊT eto.

Trefnodd osod mast 5G Huawei yno. Roedd angen cysylltu weithiau â Llundain, a doedd fawr o siâp ar drenau Trafnidiaeth Cymru. Mi fyddai'n haws erbyn 2061 'rôl agor HS2 o Griw i Gerrigydrudion. Ond beth bynnag roedd popeth yn WYCH yn rhif 10 dan reolaeth lem Dom.

Roedd byd newydd â'i HOLL gyfleon yn agor yn LLYDAN o'i flaen. Ffolai'r werin arno. Cafodd groeso mawr yn Llansannan. Sylweddolwyd na fyddai'n rhaid cau Ysgol Bro Aled wedi'r cwbl, wrth i niferoedd y disgyblion (penfelyn) gynyddu. Roedd o'n gallu cynnal 'Noson Lawen' gyfan a 'Steddfod y Tai' ar ei ben ei hun. Gwerthai'r *Gadlas*, lle ysgrifennai golofn fisol, fwy o gopïau na'r *Spectator*. Plymiodd gwerthiant cribau a brwshus gwallt yn y fro.

Cyn pen dim gallai baldaruo siarad yn fyrlymus yn y Gymraeg ... neu ai'r Saesneg a siaradai, neu Dwrceg, efallai? Doedd o'm yn gwneud sens, beth bynnag. A chlwydda 'di clwydda ym mhob iaith.

*   *   *   *

Roedd Gwyryfen ach Bing, AS Innis Mown, wedi feistroli'r Cwmreag yn lwyr cyn iddi tyngu'r lw yn Nhŷ'r Kyfredin yn 2019. Symudodd o Ghensington i fyw yn Lanark i Med yng nghanol yr innis. Tyrrodd ei ffrindiau dinesig i ymweld â hi. Fe'u siomwyd oll. Nid eu math nhw o 'Med' oedd hwn a doedd dim byd rhamantaidd am Fynydd Parys. Doedd 'run Boulevard na Sacré Coeur ar gyfyl y lle!

Buan y symudodd i ddiogelwch normalrwydd Tree Arthur Bay yn y Cubby Island Freeport Zone – cylchfa dan reolaeth Iwerddon, 'rochr draw i dollbyrth Cob Stanley Johnson, y ffin, a thir neb y DMZ. Yn frwd, aeth ati i ddysgu'r Wyddeleg trwy **S**ei**SiI**rish. Sylweddolodd wap nad oedd gan Iwerddon unrhyw ddiddordeb yn yr iaith frodorol nac yn rhoi unrhyw ymdrech, na'r un ffada(n) benni, i'w chynnal. Digon tebyg iddi hi gyda'r iaith farw, wirion arall 'ma; roedd yn dal methu dweud unrhyw beth call yn Cwmreag. Ond roedd rhaid dilyn esiampl ei harweinydd.

Roedd mwy ohonynt – 'Merched Morus' – yn tyrru'n gibddall i'w ddilyn. Prynodd Leusa Rwym dŷ crand yn Abersoch, er mwyn plesio. Prynodd Del Patel Aberdaron gyfan. Methodd Sŵ Ela Dewrddyn â ffeindio Cymru ar fap na chofio enw'r lle wrth holi Alexa. Ond twyll oedd eu hymdrechion; roedden nhw'n rhy dwp i gael eu **S**ei**SiW**o.

*   *   *   *

Roedd Cymru'n brysur newid dan bwysau'r holl **S**ei**SiW**yr. Welwyd 'rioed y ffasiwn beth. Denwyd miloedd lawer tua'r Mega-fro Gymraeg newydd, fywiog.

Â'i slogan 'Y Gymraeg bia'r cyfrwng', rheolai'r iaith bob tonfedd a llwyfan. Crëwyd byd rhithiol Cymraeg newydd ar gyfer y cwbl a'i alw'n We-boi. Roedd y llu pobl a **S**ei**SiW**yd yn dweud popeth yn Gymraeg yn unig wrth drydar, blogio a flogio! Dim o'r lol bei-ling 'na.

Ar Radio Cymru 2 roedd sioe ddyddiol wyth awr Caryl a Sieremi yn fwrlwm o sgwrs a cherddoriaeth y SRG enfawr. Denai rhaglen Radio Cymru 3, *Cornel y Dysgwyr – Sut i ynganu enwau Cymraeg gyda Iago Ŵan*, filoedd ar filoedd o wrandawyr. Draw ar Radio 2 yr EBC, crebachu fwyfwy roedd cynulleidfa Aled Jones a David Black.

Aeth niferoedd gwylio chwe sianel rhad-ac-am-ddim S4C (a noddwyd gan Snicyrs) trwy'r to: ar S4C1 caed *Newyddion Cymru* (ac ambell bwt weithiau o'r byd ehangach); sioe ddyddiol fwyaf poblogaidd S4C2 oedd *Sioe Dywydd Carol a Derec*. Ar sianel chwaraeon S4C4, roedd Harri Cain, seren newydd Clwb Pêl-droed y Bala, ar *Sgorio* yn cynganeddu mewn cocni gyda Dan Meirion ac Adrian; cyflwynai Jôs a Bytlar *Byd Rygbi'r Ddau Edi*. Roedd cyfres Nesa, *Gafyn a Stêsi* ('includes English subtitles – in a Billericay accent') yn siŵr o ddenu 10 miliwn o wylwyr ar S4C6.

Tu ôl i'w wal-talu-am-wylio, pitw oedd cynulleidfa unig sianel yr EBC er mai *Dad's Army* a *How B***** got done* oedd arni 24/7 – heblaw am ambell fwletin o ffêc-niws gan Sir Hugh Edwardes.

Roedd *Y Cymro*, dan olygyddiaeth frwd Pyrs Puw-Morgan wedi ei weddnewid, ac ar-lein. Ef, hefyd, adferodd *Y Drych* i Gymry ar wasgar America. Yn *Golwg*, ysgrifennai Sôi Wiliam golofn am ogoniannau cynhyrchu caws bwthyn organig ar ei thyddyn ger Llandysul. Galwodd Rhodri Fychan heibio'r swyddfa i drafod ei erthygl ddiweddaraf yn pardduo a dilorni'r Saeson. Chafodd o fawr o groeso; parchus a gwâr yw'r Cymry.

Cyn hir roedd cymaint o **SeiSiW**yr yn Liverpool nes ei hailenwi'n swyddogol yn Llynlleifiad. Dychwelodd Mostyn (a Christîn) i Rydaman i redeg Aelwyd yr Urdd. Penderfynodd Adele adael Llundain i ganu'n Gymraeg gyda Candelas. Cafodd Meic Sglein ran barhaol ar *Bobol y Cwm*. Gwisgai'r Cymry cŵl ddillad ffasiynol Sulien ap Donald o'i *atelier* yn Nowlais. Siaradwyr Cymraeg o bêl-droedwyr yn unig a ddewisai Ryan ap Danny. Gwnaeth Steddfod 2024 elw!

Ond nid oedd pawb yn hapus â'r chwyldro ieithyddol hwn. Roedd aelodau pybyr Cymdeithas yr Iaith Gymraeg yn cwyno: 'So, ma nhw'n mwfo 'ma, prynu tai ni .... a lyrno iaith ni; mae'n *like* rili *sort of* gwarthus, fi'n credu.' Galwent am adfer yr hen ffordd o gosbi plant y 'Cymry newydd' gyda'r N.W. Troi'i gôt, a'i wisg aur, mewn protest, ac ymuno â Gorsedd Beirdd Dwyrain Ynys Prydain wnaeth Merlin Davidson.

* * * *

Yn Llwynwermod yn nyfnderoedd cefn gwlad Sir Gâr, swatiai henwr yn ei wely yn ailddarllen ôl-rifynnau *Lol*. Flwyddyn nesaf, i aralleirio'i hoff awdur, Eurig Wyn, mi fyddai'r 'graduras yn gant'. Roedd wedi laru aros. Doedd o ddim eisiau bod yn frenin, dim ond Tywysog Cymru go iawn. 'He's done a Harry and deserted ingerland,' sgrechiai pennawd y *Sun*.

Yn Aber yn 1969 fe blannwyd hedyn. Hanner can mlynedd yn ddiweddarach deffrowyd yr asiant cwsg gan neges gudd yng nghyfres deledu *The Crown*. Nawr, fel miliynau eraill, roedd wedi ei **S**ei**SiW**o'n llwyr – gallai ddweud ei ddweud yn Gymraeg. Fe'i rhyddhawyd o gaethiwed ei hanes trist. Bellach, meddai, ei nod a'i dynged oedd 'i estyn help llaw a gweithio ar ran yr iaith Gymraeg'.

Trodd at ei lyfr o gerddi Dafydd ap Gwilym. Fe'i deallai yn burion o'r diwedd. Clywai Camillla yn y llofft sbâr yn dyfal ymarfer ei ddreigladau. Gwenai ei *bestie* newydd, Daffyd, arno o'r llun ar y wal, â'i neges 'Yma o hyd'. Adroddodd mewn llais gwan, main, 'Nid dim llai na chwyldro yw adfer yr iaith yng Nghymru. Trwy ddulliau dirgel yn unig y mae llwyddo. Ymlaen at y ddau filiwn.'

Ond gochelwch, Gymry! Weithiau mae asiant cudd yn gallu bod yn asiant dwbl! Felly hefyd ap cudd ...

Siôn Cras

BEIRNIADAETH VAUGHAN HUGHES

Nid gan yr ymgeiswyr ond gan COVID-19 y cafwyd yr ymateb mwyaf dychanol i'r gystadleuaeth hon! Fe sicrhaodd y pandemig bod 'digwyddiad diweddar' pob un o'r naw cystadleuydd o leiaf ddwy flynedd yn hwyr yn fy nghyrraedd ar ôl bod dan glo yn Swyddfa'r Eisteddfod ers gwanwyn 2020.

Cnocell, 'C21': Undonog yw'r sŵn y mae cnocell y coed yn ei gynhyrchu ac undonog yw'r cynnig hwn a gyflwynwyd yn gyfan gwbl ar ffurf tua 80 o bwyntiau bwled. Gresynaf na fyddai sgwennwr da fel *Cnocell* wedi dod o hyd i amgenach ffurf i gyfleu ei ddicter yn erbyn cau ysgolion. Llawn sylweddolaf mai dychanu arddull y biwrocrat yw ei fwriad ond diflasu yw'r canlyniad anfwriadol.

Mac, 'Rheolau mewnfudo newydd': Yn dilyn cyhoeddiad Boris Johnson y bydd cyfyngiadau caeth yn cael eu gosod ar fewnfudwyr, mae 'cyngor plwy' Llanbenboeth' yn gosod rhwystrau cyfatebol yn llwybr mewnfudwyr di-Gymraeg. Dyw hynny ddim yn plesio Ifan Robaits, Tyddyn Cybydd, Brecsitiwr dadrithiedig, sy'n cyflogi mewnfudwyr ar ei fferm. Anghynnil a thrwsgl yw'r stori ond mae'r Gymraeg yn gaboledig ddigon.

Afal o'r ardd, 'Siopa ag [*sic*] ati': Sut mae Cymro Cymraeg dosbarth canol ymddeoledig siofinistaidd yn ymdopi â dyfodiad COVID? Prydera y gallai'r pla effeithio ar fywydau ei wraig druan ac yntau am gymaint â phedwar mis! Eto, sgwennwr da ond ei ddeunydd heb fod cystal.

Blodwen,'Fforwm Ymgysylltu â'r Cyhoedd S4C: Is-bwyllgor Cynnwys Cyfarfod Arbennig': Adroddiad sydd yma o 'gyfarfod arbennig' – y cyfarfod wyneb yn wyneb olaf cyn i bopeth gael ei gynnal ar Zoom a Teams – i drafod 'darpariaeth S4C ar nos Sadwrn yn sgil coronafirws'. Byddai angen chwip o ddychanwr/wraig i wneud achlysur mor anaddawol yn ddifyr. Nid yn annisgwyl, ar wahân i ambell linell grafog, profodd y dasg yn ormod i *Blodwen.*

ap Gron, 'Tro Ola'r Olwyn': Gan gydnabod mai gan Islwyn Ffowc Elis yn *Wythnos yng Nghymru Fydd* y cafodd o'r syniad cychwynnol, cynhesu byd-eang sydd wedi anrheithio'r Gymru a bortreadir yma. Mae rhannau helaeth o'n gwlad dan ddŵr. Serch hynny, mentrir cynnal Eisteddfod Genedlaethol arall ym Mae Caerdydd. Camgymeriad! Wedi i'r cerrynt sgubo Meini'r Orsedd a'r Archdderwydd i Fôr Hafren, cawn y parodi hwn: 'Yr oeddwn newydd weld â'm llygad fy hun farwolaeth yr Eisteddfod Genedlaethol.' Digon difyr ond angen mwy o waith.

Cwmtwrch, 'Trannoeth y gyflafan 24-17': Cyfeirio mae'r teitl at fuddugoliaeth tîm rygbi Ffrainc dros Loegr ym Mharis yn Chwefror 2020. Cocyn hitio'r cystadleuydd yw hyfforddwr y Saeson, Eddie Jones. Mae gan yr ymgeisydd ddawn sgwennu ddiamheuol a Chymraeg tafodieithol hyfryd – er nad yw'n defnyddio'r gair neu'r ymadrodd priodol bob amser. Gan i ddau dymor rygbi fynd heibio ers iddo gyfansoddi'r darn, mae'n anochel efallai bod ei waith wedi dyddio mwy na gwaith neb arall.

Rosla, 'Tregaron yn cael ei ddewis fel lleoliad Eisteddfod Genedlaethol Ceredigion 2020': Ar ffurf monolog y cyfansoddwyd y gwaith hwn. Y traethydd diflewyn-ar-dafod a rhagfarnllyd ryfeddol – ond praff ar dro – yw Cardi brodorol sy'n cyfarfod cyfaill ysgol iddo a ddychwelodd i'r sir ar ôl blynyddoedd yn byw dramor. Daw Tregaron, Ceredigion gyfan, a'r Brifwyl dan yr ordd.

Sam, 'Cipolwg yn ôl ar Bencampwriaeth Cwpan Rygbi'r Byd, 2019': Er bod *Sam* yn trafod digwyddiad sy'n hŷn hyd yn oed na'r un y mae *Cwmtwrch* yn ei drafod nid yw ei ddeunydd ef wedi dyddio i'r un graddau. (Wel, ddim yn hollol.) Mae'n ddychanwr crafog tu hwnt. Daeth o fewn trwch blewyn i ennill. Ond – a defnyddio'r hen eiriau eisteddfodol hynny – erys un ...

Siôn Cras, 'Ymlaen at y miliwn ... a mwy': Bydd darllenwyr hŷn yn cofio *Pelydr-Ll*, nofel graffig ragorol Gareth Miles ac Elwyn Ioan ar gychwyn y saithdegau. Y tro hwn nid pelydr sy'n troi pawb yng Nghymru a Lloegr yn siaradwyr Cymraeg ond ap o eiddo Swyddfa'r Cyfrifiad sy'n mynd o chwith. Mae'r stori'n llawn digwyddiadau hollol boncyrs a honco bost. Ac mae'r dychan yn ddeifiol. Cyflwynir ni i gast lliwgar o wleidyddion wedi eu seilio ar Rhun ap Iorwerth, Jacob Rees-Mogg, Boris Johnson a Virginia Crosbie. Diddanwch pur.

Cystadleuaeth i rai sydd wedi byw yn y Wladfa ar hyd eu hoes ac yn dal i fyw yn yr Ariannin:

Cyfryngau cymdeithasol, y Gymraeg a fi

CYFRYNGAU CYMDEITHASOL, Y GYMRAEG A FI

Mae siarad am y cyfryngau cymdeithasol yn bwnc neu'n fater pwysig iawn yn ein bywyd bob dydd, ond wrth feddwl am ysgrifennu amdano mae'n anodd ei ddisgrifio, gan ei fod yn treiddio drwy gymaint o agweddau yn ein bywyd erbyn hyn!

Mae'n fath o 'lygad i'r byd'. Medrwn deithio'r byd, cyfathrebu, gwrando ar gerddoriaeth neu raglen ar y radio, a llawer o bethau eraill a'r cwbl wrth eistedd yn ynysig iawn yn ein cegin heb weld neb yn bersonol. Heb baratoi paned i neb na dweud 'Bore da' wrth ein cymdogion hyd yn oed ...

Cyn adeg y cyfryngau cymdeithasol roedd sgwrsio gyda ffrindiau o flaen y tân neu wrth baned yn arferiad dyddiol, roedd ymweld bron yn ddyletswydd i gael newyddion a dod i nabod ffrindiau newydd neu bobl yn gyffredinol. Pan oeddem yn blant ac yn byw ar y ffarm, a Mam ddim yn gyrru car, roedd rhaid cerdded i'r ffarm nesa os am sgwrs a chael newyddion yr ardal. Doedd dim angen anfon neges i weld os oedd Mrs Williams adra, ond rhaid trefnu'r daith o ryw hanner awr. Cofiaf yn dda am y pnawniau yma pan aem am dro. Caem de cynnar, y bara menyn a'r jam wedi ei wneud gartref, ac yna cychwyn. Roedd hi'n amser hapus chwarae a rhedeg a sgwrsio gyda fy mrawd iau, ond rhaid oedd gafael yn llaw Mam i groesi'r ffordd. Roedd yna groeso twymgalon yno bob amser, a ninnau yn cael mynd allan gyda'r plant oedd yn llawer hŷn na ni, i nabod y cŵn, yr ieir a'r moch. Nid oedd moch ar ein ffarm felly roedd hyn yn trît go iawn.

Os edrychwn yn ôl rhai blynyddoedd roedd cyfathrebu mor wahanol Os oedd teulu neu ffrindiau'n byw ymhell yna roedd yn rhaid sgrifennu llythyr ar bapurau – roedd hwnnw am bythefnos neu fis ar ei daith ac erbyn hyn mae'r newyddion yn cyrraedd yn wyrthiol mewn eiliad! Pan oedd angen anfon neges ar frys, rhywun yn sâl neu angen rhoi gwybod fod plentyn wedi ei eni neu farwolaeth, yna roedd y telegram yn effeithiol. Gan ein bod yn byw ar y ffarm roedd dyn y post yn darllen y telegram ar y ffôn i ni. Dw i'n cofio unwaith iddo ddarllen 'mae Carolina Isabel wedi cyrraedd i'n bywydau' – yn Sbaeneg, wrth gwrs. Estela, fy nghyfnither o'r

Dyffryn, a'i gŵr Oscar, oedd wedi mabwysiadu plentyn (a ninnau'n methu credu beth oedd wedi digwydd!)

Ac roedd y radio yn gyfrwng effeithiol a phoblogaidd, gan roi newyddion lleol o'r dalaith, y wlad a'r byd i gyd! Arferai'r bobl oedd yn byw ar ffermydd neu ynghanol y Paith anfon newyddion ar y radio at y teulu neu i berchennog y tir i ofyn am nwyddau neu i gael eu cyrchu i'r ddinas am fod salwch yn y teulu. Dw i'n cofio unwaith yn gorfod mynd â neges i'r radio gan fod ewyrth wedi marw yn y Dyffryn, a'i fab a'r teulu yn digwydd bod ar wyliau yn llynnoedd yr Andes heb gysylltiad o gwbl, ond radio. Derbyniodd y neges ac fe deithiodd oriau maith dros y Paith efo'r cwch ar do'r fan a chyrraedd yn ddiogel.

Gydag amser, daeth y ffôn yn eithaf cyfarwydd hefyd. Cofiaf Mam yn sgwrsio gyda ffrindiau oedd hefyd yn byw ar y ffarm fel hithau ar hen gyfarpar. Rhan o seremoni'r ffonio oedd gofyn i ni'r plant am dawelwch i ddechrau a dweud wrthym efo pwy oedd hi'n mynd i siarad, ai Freda neu Alice. Roeddwn yn nabod ei ffrindiau gan eu bod yn dod i'r capel ar y Sul a ninnau yn mynd weithiau i'w tai am de dydd Sul. Roedd y ffôn yn gyfleus iddi gadw cysylltiad â'i ffrindiau gan fod llawer o deuluoedd yn byw ar ffermydd a doedd y gwragedd ddim yn gyrru ceir bryd hynny. Dim ond un modryb oedd yn gyrru.

Byddem ninnau'n blant yn ffonio Nain bob dydd. Hen ffôn oedd yr amser hynny, roedd yn rhaid troi a throi 'handl' i ddechrau a dweud 'Bore da' wrth yr 'operator', merch o'r enw Gabriela oedd y pryd hynny, a gofyn am gysylltiad efo'r rhif cywir. *Cero tres* oedd un Nain, wedyn ail-droi a throi a dyna pryd oedd llais Nain i'w glywed. Dychmygaf fod y 'Bore da Nain' yn gwneud hi'n hapus iawn, a ni'r plant hefyd wrth gwrs! Roedd hi'n byw mewn tŷ yn y dre o'r enw 'Tŷ Ni'. Roedd yn bwysig gwybod sut oedd hi yn gyntaf a dweud ein hanes wedyn. Roeddem ni'r plantos yn cael amser hwyliog iawn yn defnyddio'r ffôn sydd yn dal yn ei le ar y pared ond heb y ddau *battery* mawr oedd yn pwyso hanner *kilo* pob un!

Daeth newid byd efo'r ffonau symudol wedyn, gan anfon negeseuon byr at bawb. Nid ydym yn gallu byw heb WhatsApp yn awr sy'n ffordd mor hwylus i gadw cysylltiad gyda thrigolion y gymuned ble rydym yn byw a phobol ym mhedwar ban byd!

Rhaid ychwanegu fod ein cyswllt â Chymru wedi newid yn eithriadol ac yn haws cadw mewn cysylltiad efo pobl o Gymru oherwydd y cyfryngau cymdeithasol. Nid wyf yn gwbl argyhoeddedig os ydy hi'n dda i gyd, gan ein bod wedi colli'r arferiad o gnoc ar y drws gan ddyn y post a derbyn amlen neu ddwy gyda newyddion ein ffrindiau wedi ei sgrifennu gyda llaw, a'r stampiau wedyn gyda'u lliwiau gwahanol yn ôl y ceiniogau. Mae'r cylchgronau a'r llyfrau yn dal i ddod trosodd i ni eu mwynhau yn ein hamser rhydd ond does dim angen disgwyl cyn gallu cyfathrebu bellach. Ac mae hyn yn mynd â ni i feddwl fod gan ddyn lawer mwy o amser i wneud pethau eraill, fel gwaith i'r gymuned, ymweld â'r henoed, cyfarfodydd a darllen, ond er hynny fe glywir y gŵyn fod amser yn brin.

Yn bersonol, rwy'n hoff iawn o dynnu lluniau ers yn ifanc iawn ac wrth fy modd yn ymwneud â llawer o weithgareddau sydd ymlaen yn y gymuned a theimlo fy mod yno i 'gofnodi'r digwyddiad' drwy gyfrwng lluniau sy'n help i gadw'r cysylltiad yn fyw. Mae yna sôn am beryglon cyhoeddi lluniau ar y We ac mae hynny'n wir ond wrth fod yn ofalus i beidio dangos cyfeiriad y tŷ a llawer o hunluniau dw i'n teimlo'n eitha' diogel.

Mae'r cyfryngau cymdeithasol yn un o nodweddion canolog busnes hefyd erbyn hyn. Os am ddechrau busnes, mae'r cyfryngau yn llwyfan gwych i gael cwsmeriaid ac yn cynnig ffordd o gyrraedd at gynulleidfa enfawr heb ddim costau ychwanegol.

Medrwn ddewis ble i fynd ar ein gwyliau ar ôl gweld lluniau golygfeydd hyfryd, er bod yna bosibilrwydd i ni gael ein camarwain weithiau. Diddorol yw mynd a byw'r gwahaniaeth, dydy'r eira ddim yno bob amser, na lliw'r llyn yn union 'run fath ond wedyn mae'r wefr o gyrraedd rhywle newydd yn ddigon, a dw i'n hoff o wybod beth i'w ddisgwyl!

O feddwl am fy nefnydd i o'r Gymraeg ar y cyfryngau cymdeithasol, mae'r rhyddid i ddewis yr iaith rydan ni am ddefnyddio yn gwneud i ni ymarfer trwy ddarllen ac ysgrifennu yn yr iaith ac yn ein galluogi i'w defnyddio heb orfod byw yn yr Hen Wlad. Mae'n galluogi, ac yn ffordd arall i ni ddatblygu ein hunain ar sut i edrych ar y byd.

Yn bersonol dw i'n gwneud llawer yn y Gymraeg, ac yn teimlo fy mod wedi dysgu llawer trwy wneud hyn, ac yn teimlo'n gartrefol yn derbyn ac yn anfon negeseuon trwy gyfrwng y Gymraeg efo llawer o ffrindiau yng Nghymru a'r Ariannin. Mae hyn yn fy ngorfodi i chwilio am gywirdeb (er enghraifft, pa pryd mae 'y' neu 'u', neu pryd mae dwbl 'n'?!)

Does dim amheuaeth am y gwahaniaeth rhwng y genhedlaeth iau a ni o ran defnyddio'r cyfryngau cymdeithasol. Rwy'n meddwl weithiau bod y plant rŵan yn cael eu geni efo *chip* neu rywbeth arbennig oedd ddim mewn bodolaeth yn y ganrif ddiwethaf. Does dim yn eu hatal rhag trio pob teclyn newydd, heb ofn yn y byd! Falle mai ni sydd yn rhy ofalus oherwydd ein haddysg neu yn orofalus o'r cyfarpar.

Cefais i'r cyfle i'w defnyddio yn yr ysgol cyn ymddeol, gyda llawer o ddisgyblion bob amser yn barod i helpu gyda'u cynghorion doeth, cofio gofyn iddynt sut i droi'r teclyn i ffwrdd!

Teimlo fod rhaid sôn cyn y diwedd am y cyfnod pryderus sy'n ymledu dros y byd i gyd, sef y Feirws Corona, a ni'n gorfod hunanynysu yn ein cartrefi.

Mae wedi bod yn bleser pur rhoi fy meddwl a chanolbwyntio ar y gystadleuaeth hon trwy gyfrwng y cyfryngau. Ac wedi bod yn 'hwb i'r galon mewn dyddiau digalon'. Mae Salm 92 yn gysur y dyddiau hyn: '... ni ddigwydd niwed i ti, ac ni ddaw pla yn agos i'th babell, oherwydd rhydd orchymyn i'w angylion i'th gadw yn dy holl ffyrdd ...'

Felly, i orffen, os gofynnwch i fi, dw i o blaid y cyfryngau cymdeithasol ymhob ystyr ond nid oes dim byd gwell na darllen llyfr neu gylchgrawn o bapur, gyda'r teimlad a'r arogl sydd mor unigryw.

Branwen

BEIRNIADAETH RHYS LLEWELYN

Un ymgais ddaeth i law eleni; nifer siomedig, yn anffodus. Byddai rhywun wedi gobeithio y byddai llawer iawn mwy wedi cystadlu o gysidro fod y testun 'Cyfryngau Cymdeithasol, y Gymraeg a fi' yn oesol ac yn gyfoes. Efallai fod angen ailedrych ar y gystadleuaeth (gan fod y nifer sy'n cystadlu yn flynyddol yn isel) ac ystyried gofyn i bobl o'r Wladfa gyflwyno dyddiadur llafar wedi ei recordio ar ffôn glyfar efallai?

Branwen: Cafwyd erthygl ddifyr tu hwnt wedi ei theipio a'i pharagraffu'n drefnus. Cychwynna *Branwen* drwy ein tywys drwy'r amseroedd cyn y cyfryngau cymdeithasol. Mae'n sôn am blentyndod ar y fferm lle 'roedd rhaid cerdded i'r ffarm nesa os am sgwrs a chael newyddion yr ardal' am nad oedd eu mam yn gallu gyrru. Wedyn, aiff ymlaen i sôn am ysgrifennu ac anfon llythyrau at deulu neu ffrindiau a oedd yn byw ymhell. Bu'r radio yn gyfrwng allweddol arall yn y dalaith er mwyn rhannu newyddion lleol ac mae *Branwen* yn cofio gorfod mynd â neges i'w chyhoeddi at y cwmni radio lleol i'w hysbysu fod ewythr wedi marw yn y Dyffryn gan fod ei fab a'i deulu wedi mynd ar wyliau i'r Andes (heb gysylltiad o gwbl). Ar adegau eraill, bu'r ffôn yn gyfrwng er mwyn cadw mewn cysylltiad ymhlith teulu a ffrindiau. Yn fwy diweddar, mae'n cyfeirio at ffonau symudol ac mae'n nodi nad yw'n bosib byw bellach heb WhatsApp. Cynigiodd hyn y cyfle iddi gadw mewn cysylltiad gyda phobl o Gymru, er enghraifft, ond mae'n dal i hiraethu am y dyddiau a fu ac yn 'colli'r arferiad o gnoc ar y drws gan ddyn y post a derbyn amlen neu ddwy gyda newyddion ein ffrindiau wedi ei sgrifennu gyda llaw'. Cyfeiria *Branwen* at y peryglon o gyhoeddi lluniau ar y We, ac mae'n trafod y manteision i fusnesau er mwyn targedu cwsmeriaid newydd. Mae'n gweld mantais i gyfryngau cymdeithasol am ei fod yn rhoi'r cyfle i ymarfer ei Chymraeg a'i galluogi i'w defnyddio heb orfod byw yng Nghymru. Mae'n amlwg ei bod yn cael budd mawr o hyn, oherwydd mae'n 'teimlo'n gartrefol yn derbyn ac yn anfon negeseuon trwy gyfrwng y Gymraeg'. Mae'n braf meddwl fod y cyfryngau cymdeithasol wedi dod â phobl y Wladfa yn nes at bobl o Gymru. Ar ddiwedd yr erthygl, cyfeiriodd *Branwen* at gyfnod pryderus y Coronafeirws a'r hunanynysu ac mae'n dyfynnu Salm 92 sy'n rhoi cysur iddi: '... ni ddigwydd niwed i ti, ac ni ddaw pla yn agos i'th babell, oherwydd rhydd orchymyn i'w angylion i'th gadw yn dy holl ffyrdd ...' Does dim dwywaith, cawn drosolwg o'r cyfryngau cymdeithasol ar hyd y blynyddoedd yn y Wladfa gan *Branwen*. Mae'r erthygl yn llifo'n rhwydd ac mae'n defnyddio iaith ddealladwy. Roedd y defnydd o eiriau cyfoes megis 'hunlun' yn profi fod termau newydd Cymraeg wedi cyrraedd cynffon y byd! Mwynheais yr erthygl yn arw.

Rhoddaf y wobr o £200 i *Branwen*. Llongyfarchiadau.

Adran Theatr

Y Fedal Ddrama er cof am Urien Wiliam a'i briod, Eiryth
Cyfansoddi drama lwyfan heb unrhyw gyfyngiad o ran hyd. Gwobrwyir y ddrama sydd yn dangos yr addewid mwyaf ac sydd â photensial i'w datblygu ymhellach o gael cydweithio gyda chwmni proffesiynol

BEIRNIADAETH JANET AETHWY, SHARON MORGAN, SERA MOORE WILLIAMS

Daeth 15 ymgais i law. Braf nodi fod yna ystod o botensial yn y dramâu: o syniadau da yn unig gan ddramodwyr sydd eto i feistroli'r grefft o ysgrifennu ar gyfer y theatr, i ddramâu sy'n cynnwys cymeriadau credadwy, deialog frathog a dealltwriaeth soffistigedig o sut i strwythuro theatr. Hoffem annog pawb fu'n cystadlu i barhau i ysgrifennu ar gyfer y theatr yng Nghymru a dymunwn bob llwyddiant iddynt oll. Hoffem annog cwmnïau theatr yng Nghymru i barhau i gynnig cyfleoedd i gyw dramodwyr ddysgu eu crefft ac i ddramodwyr profiadol ddatblygu a dangos eu gwaith.

Mae'r dramâu yn y gystadleuaeth hon yn cwympo i dri chategori: y dramâu gan ddramodwyr sydd angen cymorth i ddatblygu eu sgiliau sylfaenol; y dramâu gan ddramodwyr gyda dealltwriaeth o rai elfennau o greu drama a/neu ddealltwriaeth o theatr fel cyfrwng lle bo potensial amlwg i ddatblygu'r gwaith; a'r dramâu mwy gorffenedig gan ddramodwyr sy'n ysgrifennu i safon broffesiynol neu a allai ddatblygu eu gwaith yn rhwydd i fod o safon broffesiynol.

Ymwelydd, 'Hydref yn Ffragolino': Yn y ddrama hon, dim ond ychydig o ddatblygiad sydd wrth i'r dramodydd gyflwyno cyfres o olygfeydd byr iawn a fyddai'n fwy addas ar gyfer drama deledu. Mae'r dramodydd yn dewis *dementia* fel pwnc a gwelwn deulu yn trafod symptomau cynyddol y cyflwr y mae'r wraig a'r fam yn eu dioddef. Mae'r ddrama'n canolbwyntio mwy mewn difrif ar ddisgrifio'r cyflwr yn hytrach na datblygu cymeriadau a naratif. Mae'r ddeialog yn ffurfiol ac yn lletchwith braidd. Daw diwedd y ddrama yn rhy sydyn gan gyfeirio at y caffi (sydd yn y teitl) fel petai yn fan mwy arwyddocaol na dim ond y lle mae'r drafodaeth yn digwydd ynddo.

Gwawr, 'Apocalyps': Dyma ddrama hir mewn dwy ran am deulu yn ymateb i ddiboblogi cefn gwlad, gan olrhain y dirywiad wrth i estroniaid berchnogi'r cyfan. Mae'r themâu'n amserol a phwysig ac yn y ddrama gwelwn blant yn gadael eu cynefin er gwaethaf rhybuddion eu tad cyn dychwelyd bedair blynedd yn ddiweddarach i bentref diffaith. Er mor bwysig yw'r themâu, does fawr o ddatblygiad nac o wrthdaro yma ac er efallai fod hyn yn adlewyrchu pesimistiaeth dealladwy'r awdur, mae'n rhaid wrth wrthdaro er mwyn creu drama. Mae'r ddeialog yn annaturiol a phregethwrol braidd a does fawr ddim datblygiad i'r cymeriadau nac ychwaith unrhyw isdestun. Gallai'r defnydd o'r microffon ar gyfer rhannau – a phan fo cymeriad y tad yn annerch ei gyd-bentrefwyr – fod wedi bod yn ddyfais lwyfannu ddiddorol iawn ond nid yw'n cael ei defnyddio'n ddigon aml i fod yn effeithiol. Roedd angen mwy o ymwybyddiaeth o strwythur drama er mwyn osgoi melodrama.

Ysbryd, '2': Yn y ddrama hon mae yna syniad difyr uchelgeisiol, ond mae angen llawer mwy o waith datblygu er mwyn gwireddu drama lwyddiannus. Mae yna botensial amlwg o ran gallu ysgrifennu deialog ond mae'r ddrama yn ddigyfeiriad. Er bod yna ddisgrifiad manwl o'r set, er enghraifft – sy'n cynnwys ffrâm drws ar olwynion ar ganol y llwyfan a wal cefn llwyfan yn llawn cypyrddau – byddai'n anodd llwyfannu'r ddrama mewn modd dealladwy yn ei chyflwr presennol. Mae yna ddau gymeriad, Moi a Myfyr, ond mewn gwirionedd llais ym mhen Moi yw Myfyr, ac mae'n chwarae cymeriadau eraill hefyd. Mae hon yn teimlo fel drama arbrofol, ac mae'r cyfan braidd yn rhy gymhleth ar hyn o bryd.

Y Fi Syml, 'Y Darn Llwyd': Mae hon yn ymgais i greu drama eithaf cymhleth gyda themâu diddorol ond er bod y sefyllfa yn dal sylw ac yn creu chwilfrydedd i gael gwybod mwy, nid yw'n rhwydd deall y berthynas rhwng y cymeriadau na'r stori. Efallai bod y ddeialog fachog a'r golygfeydd byrion – sy'n neidio o berthynas Bea a Miranda, y weithwraig gymdeithasol a'i chleient, i olygfeydd y Doctor ac Allasson yn trafod claf tu allan i'r ysbyty – yn symud yn rhy gyflym. Mae tensiwn yn adeiladu wrth i'r sefyllfa ddatblygu ond mae angen rhoi mwy o amser i bopeth er mwyn creu dyfnder a rhag drysu'r gynulleidfa. Mae yna ymgais i greu drama lwyfan ddiddorol gyda deialog sy'n llifo a chymeriadu clir. Does dim dwywaith nad oes yma neges am gyfiawnder cymdeithasol a dramodydd sy'n agos at allu – ond nad yw eto'n llwyddo – i gyfleu'r neges honno.

Gwen Ferch Ellis, 'Dim Gair Wrth Mam!': Mae'r dramodydd hwn yn fentrus wrth geisio creu arddull penodol i'r ddrama trwy ddefnyddio sgrin i ychwanegu at y gweledol, llwyfannu penodol a'r defnydd o dempo deialog. Mae gan y dramodydd glust dda am ddeialog naturiol gan amlaf ac mae'r ysgrifennu yn sionc wrth i'r tri chymeriad adrodd eu hanesion ar ffurf monologau. Nid yw'r ddeialog bob tro yn addas i'r cymeriadau, fodd bynnag, ac ar ôl cychwyn cryf, naturiol a chredadwy, mae'r ddrama'n troi'n sentimental, yn simplistig a braidd yn felodramatig. Byddai'n ddiddorol gweld a fyddai modd datblygu'r trywydd cychwynnol i gyfeiriad gwahanol, heb deimlo bod rhaid taflu cymaint i'r pair, sydd yn y pen draw yn glastwreiddio'r cyfan ac yn tanseilio'r cymeriadau.

Martha, 'Oes Rhywun Wedi Gweld y Pernod King?': Dyma ddrama sy'n digwydd mewn bar ar ddydd Sadwrn ola'r Eisteddfod, wrth i ddau ffrind yn eu chwedegau sgwrsio a thrafod eu hatgofion eisteddfodol. Mae yna ddeialog naturiol a chryf ac mae'r dramodydd yn adnabod ei ch/gymeriadau yn dda iawn. Mae'r ddeialog yn gymysgedd o'r miniog a'r amrwd ac mae'n ddoniol iawn ar adegau. Mae yna, fodd bynnag, nifer o gyfeiriadau at bobol a allai fod yn enllibus ac mae yna ambell foment, megis dynwared cymeriad gydag atal dweud (heb ddim rheswm), sy'n annerbyniol yn nhyb y beirniaid. Mae un o'r cymeriadau yn chwarae rôl pump o gymeriadau eraill hefyd gan gynnwys merch ifanc sy'n ychwanegu at y difyrrwch ac yn creu cyfle i'r dramodydd gyflwyno, ynghanol y rhialtwch, themâu megis yfed a gyrru a hanes am ddamwain car. Mae'r ddrama yn adloniannol iawn ond ar adegau – wrth i ni aros am esboniad o'r hyn sy'n ymddangos yn abswrd – mae'n teimlo braidd yn denau, a mwy fel sgets. Nid yw'r cyfan yn glir tan y diwedd pan ddarganfyddwn, mewn tro yn y gynffon, mai ysbryd a fu farw mewn damwain car oedd un o'r hen ffrindiau y buom yn ei wylio. Er clod i'r dramodydd, mae yna lawer i'w ganmol yma a lle i ddatblygu.

Yr un yn y glas, 'La Parisienne': Yn y ddrama hon mae ffeithiau yn cael eu cyflwyno i gynulleidfa ar draul datblygiad emosiynol cymeriadau, er bod yr ysgrifennu yn hyderus a'r syniad yn hyfryd a diddorol iawn. Mae yma swyddog mewn amgueddfa, Deiniol, sydd mewn cariad gyda merch mewn llun enwog gan Renoir, a golygfeydd sy'n olrhain hanes paentio'r llun o safbwynt yr artist a'r model; a'r golygfeydd yn symud yn ôl ac ymlaen rhwng y ddau. Er bod yma ddarlun o hanes yr artist a'i fodel ac o fywyd bob dydd Deiniol, yn anffodus mae'n anodd i ni ymgolli yn y naill amgylchfyd na'r llall. Mae cyflwr emosiynol Deiniol yn ganolog hefyd i'r ddrama ond mae angen llawer mwy o ddatblygiad ar hyn. Byddai drama yn ymdrin â chyflwr meddyliol Deiniol mewn modd a oedd yn cydbwyso a phlethu yn well gyda'r ffeithiau hanesyddol wedi bod yn fwy effeithiol. Daw tro yn y gynffon wrth i'r ferch mewn glas gamu o'r ffrâm, ac i nodi bod rhywbeth o'i le mae'r larwm yn canu yn yr amgueddfa. Er bod hyn oll yn gyffrous, braidd yn swta yw'r diweddglo. Ond mae potensial ar gyfer drama ddiddorol yma.

Mr T, 'Drannoeth y Ffair': Dyma ymdrech dda i greu drama gyfredol i dri actor: drama wedi'i gosod yn y dyfodol agos wrth i dri chymeriad anghymharus – dyn anhysbys yn ei oed a'i amser sy'n berchen ar feri-go-rownd, a milwr a'i gymar – gyfarfod mewn coedwig. Mae alegori'r ffair yn ein hatgoffa o waith Gwenlyn Parry ac mae'n gweithio'n dda ar y cyfan fel symbol o Gymru a'r cymeriadau hefyd yn eu tro'n gweithio ar lefel symbolaidd. Mae'r ddeialog yn llifo'n naturiol ac mae'r cymeriadu'n gryf. Mae yma nifer o gyfeiriadau at bethau sydd yn digwydd i ni ar hyn o bryd o ran gwleidyddiaeth Cymru a gweddill y byd ond yn gyffredinol mae yma ormod o themâu ac mae'n anodd gwybod beth yw'r pethau pwysicaf sydd angen eu dweud. Byddai ysgrifennu drama dda am un o'r themâu y cyffyrddir â hwy yn gamp – heb sôn am y cyfan sy'n cael eu cynnwys yma. Er bod y syniad yn un difyr a chymhleth, mae gormod wedi ei gywasgu i ofod rhy fach (sy'n cymylu'r neges) ac er gwaetha'r ysgrifennu celfydd o ran cymeriadu a deialog, mae'r ffocws a'r adeiladwaith – ac felly'r naratif – yn ddiffygiol.

Ffosil, 'Ymweliad yr Hen Derodactyl': Mae hon yn ddrama ddychanol, ogleisiol ar gyfer cynulleidfa Gymreig ac mae'n ymgais i drafod dyfodol y genedl. Mae'n wleidyddol ac yn ddigrif ac mae yma ymdrech i lwyfannu difyr ac ar greu cymeriadau annisgwyl megis y ddraig goch a'r ddraig wen. Mae'r tynnu coes a'r dychan parhaus i'w ganmol. Mae'n hwyl gweld yr Eisteddfod, y sefydliad Cymraeg, y Cymry dosbarth canol a phob agwedd o Gymreictod yn ei chael hi – ond wrth i'r ddrama fynd yn ei blaen mae'n teimlo'n bregethwrol, braidd yn arwynebol ac yn ddi-blot. Er gwaethaf syniadau llwyfannu difyr agoriadol, mae'r araith gyntaf hirfaith yn tynnu'r egni o'r sefyllfa ac mae'r ddrama yn teimlo fwyfwy fel sgets noson lawen wrth fynd yn ei blaen. Serch hynny, mae yma syniadau da a dawn ysgrifennu a seiliau da, felly, ar gyfer datblygu ymhellach.

Lleiniog, 'Rhaffau Coch': Mae yma hedyn drama sy'n ennyn chwilfrydedd ond nid yw'r ddrama wedi ei datblygu'n llawn. Drama abswrd yw hon am ddau gymeriad wedi eu gwisgo mewn du sydd wedi eu clymu at ei gilydd gyda rhaffau coch ar erchwyn bedd agored a bag gwyn wedi ei grogi uwchlaw. Mae'r llwyfaniad yn ddiddorol, ac mae'r ddeialog yn drawiadol ac yn ddifyr ac mae'r hyn a ddigwydd yn heriol ac annisgwyl. Does dim modd dyfalu beth a ddaw nesaf. Mae bywyd, marwolaeth a pherthynas yn cael eu trafod yma gan lais unigryw. Roeddem fel beirniaid eisiau gwybod mwy ac yn gresynu nad oedd dim mwy i'w gael.

Chwanen, 'Hwiangerdd': Mae hon yn fonolog drist, deimladwy ac yn llawn potensial. Er nad oes cyfyngiadau o ran hyd yn y gystadleuaeth hon, mae'n drueni na chawsom fwy o swmp gan y dramodydd hwn. Yn y ddrama hon rydym yn cyfarfod â merch bymtheg oed mewn ystafell ymolchi ddi-raen yn dal bwndel yn ei dwylo. Mae'r iaith yn llifo'n naturiol iawn o'r cychwyn cyntaf a'r cymeriad yn gwbl gredadwy – er efallai bod cyfle yma i archwilio mwy o bosibiliadau o ran datblygu'r cymeriad a'r stori. Fodd bynnag, mae'r diweddglo'n gryf, yn annisgwyl ac yn emosiynol. Yn sicr byddai modd datblygu ac ymestyn y ddrama hon trwy gyflwyno mwy o hanes y ferch – wedi i amser fynd heibio efallai a/neu trwy gyflwyno cymeriadau eraill. Dim ond un haenen o ddrama sydd yn yr 11 tudalen diddorol hyn.

Saib, 'Llwyfan i un': Dyma ymgais dda i greu drama lawn dirgelwch sy'n gweithio'n dda ar sawl lefel. Mae yma sgwennu graenus a sensitif – mae araith Carol am golled ei phlentyn yn gynnil a thyner ac mae'r dramodydd yn ein cadw yn dyfalu pwy, ble a pham – er efallai bod angen mwy o eglurder ar adegau er mwyn cryfhau bwriad y ddrama. Mae yma ddwy fenyw yn gaeth mewn ystafell dywyll, un yno ers tipyn, a'r llall yn cael ei thaflu i mewn ar ddechrau'r ddrama. Mae yna ddirgelwch yn syth, ac mae'r cymeriadu'n gryf a'r sgwennu yn llifo'n dda wrth i'r sefyllfa beri i ni ofyn ble yn union maen nhw, a hyd yn oed a ydyw un ohonyn nhw yna go iawn ynteu ddim ond ym mhen y llall. Mae'r ddrama'n mynnu sylw wrth i ni geisio datrys y dirgelwch, y trasiedi a'r tristwch gan wylio'r ddwy yn dadlau a thrafod. Mae'r awdur yn uchelgeisiol ac wedi creu cnewyllyn gwaith soffistigedig a difyr, sy'n cynnig dwy ran heriol i'r perfformwyr.

Tamago, 'Dominôs': Mae'r ysgrifennu yn raenus o'r gair cyntaf. Mae yma hyder, gweledigaeth glir ac ymwybyddiaeth o sut mae sgwennu drama. Cawn gyfarwyddiadau llwyfan manwl iawn sy'n awgrymu fod y dramodydd hon/hwn yn gyfarwydd â llwyfannu dramâu. Mae yma iaith gywir a bywiog a ffraeth ac mae'r dramodydd yn adnabod ei ch/gymeriadau yn dda. Cawn ein tynnu i fyd Sara wrth iddi rannu ei hanes. Mae'r ddyfais o ddefnyddio bocs sy'n llawn atgofion o'i pherthynas â'i chyn-ŵr (mae popeth sy'n dod allan o'r bocs wedi ei dorri yn ei hanner) wrth sgwrsio gyda'i therapydd ar dictaffon yn cyfiawnhau'r ffurf, yn codi ein chwilfrydedd ac mae'r stori'n datblygu'n gryf. Monolog sy'n llawn hiwmor yw hon ond does dim newydd-deb fel y cyfryw yn y cynnwys ac mae'n ddrama ddiogel yn hynny o beth. Mae'r strwythur yn glir, fodd bynnag, gyda dechrau, canol a diwedd, a throad diddorol yn y gynffon.

Gŵr y Llety, 'Y Person Dynodedig': Mae'r sefyllfa yn y ddrama hon yn gwbl gyfoes a pherthnasol am berthynas mam a merch, a'r cyfan yn digwydd yn eu cegin gyfforddus. Mae'r ddeialog yn llifo, ac mae'r hiwmor yn hyfryd, a byddai llawer yn gallu uniaethu â'r cymeriadau credadwy. Mae'r sefyllfa a'r berthynas yn codi chwilfrydedd wrth i ni ddechrau teimlo fod yna fwy nag anghydfod naturiol yr arddegau yn isdestun i'r sefyllfa, ac er bod modd dyfalu bod y ferch mewn trybini yn weddol gynnar yn y ddrama, mae yna densiwn wedi ei gynnal drwyddi draw. Mae'r ddrama wedi ei sgwennu a'i strwythuro'n dda ond mae'r cyfle i weld y fam a'r ferch yn gwrthdaro wedi ei golli wrth i wirionedd y sefyllfa gael ei amlygu oddi ar y llwyfan i bob pwrpas, sy'n golygu bod y ddrama yn gorffen yn rhy dwt efallai. Serch hynny, mae'r diwedd yn effeithiol wrth i eiriau cyntaf y ddrama gael eu hailadrodd, ac mae'n ergyd sy'n dweud llawer am ein cymdeithas a'n gofal o'n pobl ifanc.

Dy Fam, 'Nyth': Hon yw drama fwyaf gorffenedig y gystadleuaeth. Dyma stori afaelgar wedi ei saernïo'n gelfydd. Mae'n ddrama ddwy act hyderus a chrefftus sy'n portreadu perthynas cwpl gwrywaidd sy'n chwilio am fam fenthyg er mwyn creu teulu, a'u perthynas hwy gyda ffrind benywaidd. Mae'r themâu yn gyfredol a dadleuol a pherthnasol i gynulleidfa heddiw. Mae'r cymeriadau yn gwbl gredadwy, yn gelfydd a chrwn. Mae'r ddeialog yn ffraeth ac yn emosiynol ac yn llifo'n wych. Mae'r dramodydd yn defnyddio ei gymeriadau i wthio'r plot yn ei flaen yn araf a phwyllog ac mae sicrwydd y bwriad wrth adeiladu'r stori yn dal ein sylw wrth i ni fuddsoddi yn nhynged y cymeriadau. Mae'r dramodydd yn gwybod sut i greu tensiwn a chadw'r gynulleidfa yn gwylio a gwrando ac awchu am yr olygfa nesaf ac mae digon o chwerthin ar hyd y daith hefyd. Mae'r ddrama'n llawn gwrthdaro a chyffro, ysgafnder a dwyster. Os oes bai, gellid dweud bod y strwythur yn episodig a'r golygfeydd byr efallai yn rhy debyg i arddull teledu naturiolaidd. Nid yw'r hyn sy'n digwydd yn syndod er gwaetha'r troi a'r trosi yn y plot, ond serch hynny mae'r disgwyl am yr hyn sy'n digwydd yn bleserus. Mae hon yn ddrama gyflawn, aeddfed sy'n cynnig rhannau difyr iawn i dri actor.

Llongyfarchiadau i'r dramodwyr i gyd. Rhoddwn y wobr i 'Nyth' gan *Dy Fam.*

Trosi un o'r canlynol i'r Gymraeg: *I and You,* Lauren Gunderson (Continuum – 3PL); *Missing Dan Nolan,* Mark Wheeler (DBDA). Bydd y sgriptiau a gymeradwyir gan y beirniad yn cael eu hanfon at CBAC a WAPA

BEIRNIADAETH ELIN HAF GRUFFYDD JONES

Daeth wyth ymgais i law. Mae'r dramâu gwreiddiol yn gofyn i gyfieithwyr wneud sawl penderfyniad golygyddol ynglŷn â lleoliad, tafodiaith a chyd-destun wrth eu trosi i'r Gymraeg. Mae *I and You* yn dyfynnu'n helaeth o waith y bardd Americanaidd Walt Whitman ac fe gyfansoddwyd *Missing Dan Nolan*, sy'n stori wir, yn null theatr *verbatim*, gan ddefnyddio union eiriau'r rhai a ysbrydolodd y ddrama. Aeth pob cystadleuydd i'r afael â'r heriau hyn mewn ffyrdd gwahanol a diddorol a dangosodd sawl un gryn ddyfeisgarwch yn y trosiadau. Diolch i bob un ohonynt am eu gwaith.

Er Côf [sic], 'Colli Dan Nolan': Lleolir y trosiad hwn yn y gogledd-orllewin ac mae wedi cynnwys cyfeiriadau at sefydliadau a lleoliadau go iawn er mwyn ei wreiddio yno. Mae'r ddeialog yn llifo'n naturiol ac yn rhwydd mewn sawl rhan. Nid yw'n argyhoeddi bob tro ac mae mân wallau yn y gwaith, ond dyma waith addawol.

Marbryn, 'Dan Nolan Ar Goll': Wrth ei throsi mae *Marbryn* wedi cadw at leoliad y ddrama wreiddiol. Nid oes yma ddefnydd trwm o dafodiaith ac eto mae'r iaith yn aml mewn cywair llafar a naturiol, sy'n addas iawn i destun wedi ei anelu at ysgolion. Ambell dro mae rhannau o'r ddeialog mewn cywair ychydig yn rhy ysgrifenedig ar gyfer yr arddull *verbatim*, ac mae mân wallau yma, ond dyma ymgais lew yn sicr.

Hafod, 'Fi a Ti': Mae *Hafod* yn dychmygu Caerdydd fel lleoliad ar gyfer y trosiad ac mae wedi rhoi enwau Cymraeg i'r ddau brif gymeriad sy'n astudio barddoniaeth Walt Whitman, gan gadw'r farddoniaeth yn y Saesneg gwreiddiol. Mae angen golygu pellach ar y sgript, ond mae'r ddeialog rhwng y bobl ifanc yn symud yn chwim ac yn fywiog mewn mannau, fel sydd ei angen ar y ddrama hon.

Abwyd, 'Colli Dan Nolan': Mae'r trosiad hwn wedi ei osod 'yng ngorllewin Cymru', gyda chyfeiriadau at leoliadau fel Glantywi, Pwll Crochan ac Amroth. Mae tafodiaith yr ardal yn pefrio drwy'r ddeialog a hynny'n cael ei adlewyrchu'n drwm yn yr orgraff. Ai sgript i'w pherfformio neu ddrama i'w hastudio yn yr ysgolion yw'r testun? Mae sawl rhan yn llifo'n hyfryd, ond mae ambell fan eto ble mae angen golygu pellach ar y gwaith.

tatou, 'Fi a Ti': Cawn glywed barddoniaeth Walt Whitman yn y Gymraeg yn y trosiad hwn a thybiaf mai gwaith *tatou* ei hun yw 'Dail Porfa' gan nad yw wedi defnyddio cyfieithiadau cydnabyddedig M. Wynn Thomas yn *Dail Glaswellt* (1995). Mae trosiadau barddonol *tatou* ei hun yn dangos cryn fedrusrwydd. Mae'r ddeialog rhwng y ddau gymeriad ifanc yn dafodieithol iawn a'r orgraff yn adlewyrchu'r ynganiad llafar. Unwaith eto cyfyd y cwestiwn ai testun drama i ysgolion ledled Cymru neu sgript lwyfan i actorion y dafodiaith yw'r trosiad hwn. Gwaith diddorol iawn.

Rhiwen, 'Colli Dan Nolan': Cynigir enwau Cymraeg i'r cymeriadau (ac eithrio'r prif gymeriad) yn y trosiad hwn a'i adleoli i'r gogledd gan ddefnyddio elfennau tafodieithol. Mae sawl rhan o'r ddeialog yn naturiol, yn llafar ac yn gyfoethog, ac yn plethu cyweiriau'n effeithiol. Gydag ychydig o olygu pellach, ailystyried ambell ddewis a thwtio mân wallau, mae yma gryn addewid.

Marc, 'Colli Dan': Mae'r trosiad hwn wedi cadw at y lleoliad gwreiddiol ac mae hefyd yn cynnwys adran ynglŷn â Chymry sydd ar goll. Wn i ddim a yw hepgor y cyfenw o'r teitl yn gyson â'r penderfyniad i gyfieithu 'cyn agosed i'r gwreiddiol â phosib'. Fodd bynnag, mae *Marc* wedi creu testun sy'n addas i'w ddarllen yn y dosbarth yn ogystal â bod yn sgript i'w pherfformio. Mae'r ddeialog yn llifo'n rhwydd mewn cywair llafar, naturiol a chyfoethog, gyda sawl cyffyrddiad arbennig. Gyda golygu pellach, mae yma gyfieithiad addas.

Nerys, 'Diflaniad Dan Nolan': I'm tyb i, gan *Nerys* y mae'r penderfyniad golygyddol gorau o ran lleoli'r trosiad, a hynny drwy gadw at y cyffredinol. Iaith y gogledd-orllewin sydd yma gyda'r ddeialog yn rhwydd ac yn naturiol, sy'n gweddu i'r arddull *verbatim*, ac mae yma amrywiaeth yn lleisiau'r gwahanol gymeriadau. Hefyd, mae wedi awgrymu traciau Cymraeg fel dewis yn lle'r gerddoriaeth Saesneg sydd yn y gwreiddiol. Er nad yw'r teitl wedi cadw'r ystyr deublyg – sef 'gweld eisiau' ac 'ar goll' – mae 'Os Mêts' ar gyfer yr ymgyrch goffa'n taro i'r dim. Roedd sawl rhan o'r trosiad hwn yn arbennig a gydag ychydig o olygu neu ystyried pellach mae yma destun a sgript y gall y gynulleidfa darged eu gwerthfawrogi.

Rhoddaf y wobr – o drwch blewyn – i *Nerys*.

Cyfansoddi dwy fonolog gyferbyniol, na chymer fwy na 10 munud i'w perfformio

MONOLOG 1: BEDW

(Dynas, rywle rhwng 50 a 60, yn codi coed bach di-ddail o'r pridd efo fforch a'u gosod mewn sach)

Peth da ma gaeaf 'di hi. Peth da ma'n gaeaf ddigwyddodd hyn. Y gaeaf ydi'r adag i symud coed. Dyna sy'n gweithio ora. Os dach chi'n symud nhw â'u gwreiddia nhw'n noeth 'de.

'Bare root.'

Roedd o'n meddwl mod i wedi deud 'Beirut'. Y lle 'na ochra Israel neu'r Aifft neu rwla ffor 'na.

'Bare root,' medda fi wrtho fo eto. Gwreiddia noeth. Pan oedd coed yn cael eu gwerthu mewn catalogs roedd yna *bare root trees* a *pot grown trees*, a'r rhai mewn potia ddeg gwaith y pris. 'Sgen i ddim coed mewn potia. Ma rhain wedi tyfu yn y pridd, yn fama. Yn fama. Yn y pridd. Wedi tyfu yn fama o had. Had y coed bedw mawr sydd yng ngwaelod Cae Melyn. Ond mi fedra i codi nhw adag yma'r flwyddyn. Mi fyddan nhw'n iawn efo'u gwreiddia wedi'u lapio mewn sach wlyb. Am ryw hyd.

Nes i esbonio hyn wrtho fo. Ond does ganddo fo ddim diddordeb mewn coed. Politics ydi'i betha fo. Darllan am bolitics. Sgwennu am bolitics. Darllan am bolitics. Di o ddim yn bolitisian, a di o ond yn sgwennu iddo fo'i hun. Ond politics ydi'i betha fo. A finna ddim yn gwbod lle ma Beirut. Ddim yn iawn. Roedd yna ryfel yno. Rhywbryd. Ers talwm. Beirut ydi prifddinas ... Lebanon? Cedrwydd Lebanon. O lle ddoth hwnna? Nain. Dyna oedd hi'n eu galw nhw. Roedd hi'n deud wrth bawb ei bod hi wedi plannu gwrych o gedrwydd Lebanon. Leylandii oeddan nhw. Blydi *Cypressus leylandii*. Mi allech chi adael rheiny yn gorwedd â'u gwreiddia nhw'n noeth yng ngwynt y dwyrain am fis ac mi fysa'r diawl petha'n dal yn fyw. A tasach chi'n rhoi nhw'n ôl yn y pridd yn rwla mi fysan nhw'n tyfu.

Ddim fatha rhain. Bedw ydi'r rhain. *Betula pendula*. Y fedwen arian. Hyd yn oed â nhwtha 'nghwsg wedi gollwng eu dail ma rhaid gwarchod y gwreiddia rhag sychu. Ond mae posib eu symud nhw. Efo gofal. Eu twyllo nhw, fel bo nhw ddim callach pan gawn nhw'u rhoi yn y pridd pen arall. Pan wnawn ni gyrraedd de.

Mi allwn i fod wedi codi'r derw ifanc hefyd. Ond ... Wel, amser ... A lle ... Ma rhaid dewis. Ma rhaid gadal rhai. Ac mi fysa gas gen i beidio gweld bedwen eto. Peidio cyffwrdd rhisgl bedwen ifanc – y darnau lle mae o mor secsi o lyfn a'r darnau 'na lle mae o'n cyrlio fel 'sa fo'n swil.

Ddudis i amser brecwast mod i am godi'r bedw a'u symud nhw, mynd â nhw efo ni, ac mi ddechreuodd fwydro am Rwsia. Berezka. Y gair yn tarddu o'r un lle â'u gair nhw am ofalu medda fo.

'Wyt ti 'di siarad efo nhw? Ti 'di esbonio wrthyn nhw?'

Ac am eiliad do'n i ddim yn gwbod a oedd o'n tynnu arna i ai peidio. Arwydd mod i'n poeni. Poeni fwy nag o'n i'n sylweddoli falla. Er mod i'n meddwl mod i wedi derbyn y sefyllfa.

'Naddo siŵr,' medda fi. A dod ataf fi'n hun. 'Canu iddyn nhw dw i. Stopio nhw fod ofn.'

Ac yna mi oedd y ddau ohonan ni'n chwerthin fatha petha gwirion. Rhaid i mi fod yn chwil iawn cyn y gwna i ganu'n gyhoeddus, neu hyd yn oed allan yn fama. Ers iddo fo ddod yma i fyw ugain mlynedd yn ôl tydi o ond wedi 'nghlywed i'n canu ryw ddwywaith ma'n siŵr. Ond falla dylwn i ganu i'r coed. Be ddylwn i ganu i fedwen arian?

'If I were a rich man. Dy dy dy dy dy dy dy. If I was a ...'

Od 'de? Pam nes i ddewis honna? Cân o Rwsia ydi honna. *Sort of.* A dw i rioed wedi bod yn gyfoethog, yn rhywun efo lot o bres. Wedi 'ngeni yn fama ac wedi aros yn fama do'n i ddim yn mynd i fod yn gyfoethog nag o'n?

Mae hyn wedi cymryd diwrnod cyfa. A fynta'n dewis llyfra oddi ar y silffoedd a'u rhoi nhw mewn bocsys. Mi fyswn i'n gwneud joban well tasa gen i ddeuddydd. Ond diwrnod oedd 'na. Roedd o reit bendant bod isio cymryd y dyddiad a'r amsar o ddifri, a mae o'n dallt petha felly'n well na fi.

Dw i 'di codi pob un ohonyn nhw, bron pob un, wel hynny fedra i ohonyn nhw, a lapio'r gwreiddia mewn sacha tamp. Ond dw i ddim yn mynd hebddyn nhw. Falla dylwn i labelu nhw. Rhag ofn ... Rhag ofn na fydda i yna i'w hailblannu nhw. Ond dw i ddim am eu gadael nhw'n fama. Geith o lenwi hannar y car efo llyfra ac mi lenwa i hannar y car efo coed.

Mae gen i lyfr neu ddau am goed. Ddylwn i wneud siŵr fod o'n gwbod lle maen nhw a'i fod o'n rhoi nhw yn y bocsys. Os ddarllenith o fo rhwng dau glawr, darllan sut i ailblannu coed, falla edrychith o ar eu hola nhw. Petai angen 'de.

Rhaid i ni ddechra llwytho yn y munud. Mae hi bron yn amser. Ac mi ddylwn i lenwi bag efo dillad a bwyd a dogfenna a ... wn i ddim be arall. Deud wrthan ni am 'fynd â'r hyn sydd yn bwysig' oedd y llythyr 'na ddaeth ddoe. Felly, yn ein car ni fe fydd yna goed ac fe fydd yna lyfra. A fi. A fo.

MONOLOG 2: LLNAU

(Casi, dynas llnau, yn ei 30au, mewn ystafell gyfarfod. Mae yna bapurau yn dal ar y bwrdd, gliniadur a llygoden ar y bwrdd a sgrin fawr ar y wal)

Hon yn shifft hawdd ddeud gwir. Ma nhw wedi cadw'r rota 'run peth, er ma mond fama 'sgen i i'w llnau. Ga i 'mhres fel arfar meddan nhw. 'Sa neb 'di defnyddio'r offisys bach wythnos yma, 'run ohonyn nhw. Mond y *top men* yn cyfarfod yn fama.

(Plyga i lawr a chodi lipstic a drych bach)

A'r *top women*. Chanel. Neis iawn. Ddyla bo chdi'n fwy gofalus wrth roi petha'n dy *handbag*, 'mach i.

(Gan edrych yn y drych mae'n rhoi'r minlliw ar ei gwefusau)

Ddim cweit yn lliw i falla, well gen i fwy o binc na coch. Ond ...

(Mae'n rhoi'r lipstic ym mhocad ei hofarôl)

... *finders keepers*. Biti 'sa madam wedi gollwng ei sent. Dyna chi rwbath sydd wedi mynd yn anodd i gael hyd iddo fo. Heb i chi fynd i'r siopa mawr. Weithia dw i'n mynd i'r siopa mawr, jest i gerddad trwyddyn nhw yn sbiod ar betha. Tro cynta es i nes i drio gwisgo'n daclus, trio ffitio mewn, ond mi oedd pawb yn edrych yn hyll arna i. Ac ar ôl chydig mi ddoth y boi seciwriti a'i gwneud hi reit glir nad oedd 'na lawar o groeso i mi. Dach chi'n gwbod be dw i'n neud rŵan? Gwisgo'r ofarôl 'ma, cario brwsh a chyn bellad nad ydw i'n gogordroi gormod dw i'n cael llonydd. Pawb yn cymryd mod i ar yn ffordd i glirio rhyw lanast mewn adran arall.

Siŵr 'sa fo'n braf gweithio mewn lle felly, siop fawr yn gwerthu lipstic a sent. Ond ma fama'n iawn. Talu'n iawn. Jest 'sa fo'n braf bod yn rhan o rwbath dw i ... rwbath dw i'n gwbod be ydi o. 'Sgen i'm syniad be ma nhw'n neud yn fama.

(Casgla'r papurau yn un domen er mwyn tynnu llwch oddi ar y bwrdd ac mae'n darllen un ohonynt)

Ang ... Anghyf ... Anghyfyngedig Cyf. 'Sa'n gellu bod yn rwbath yn bysa? Ddim bod o ots i mi 'de. Cwbl dw i isio ydi cyflog a hel pres. A dw i'n gallu neud hynny'n fama. Yn ara deg 'de. Dw i'n hel 'mhres i brynu car. Jest car bach cyffredin, un neith ryw gan milltir ar un *charge*. Ddim fatha ceir y bobl sy'n gweithio'n fama. Dw i'n pasio nhw bob diwrnod, maen nhw'n gadal fel dw i'n dod mewn, a dw i'n meddwl, neis ... rhyw ddiwrnod, Casi ... Er, welis i neb heddiw. Rhaid bod pawb wedi gorffan yn gynnar. Neu falla ma fi oedd yn hwyr.

O'dd Paul dal ar *reception*. Ond mi oedd o'n rhoi ei gôt amdano fel o'n i'n cyrradd. Felly ma rhaid ma fi oedd yn hwyr.

'Ma isio ti adal y goleuada arnodd tan ti'n gorffan am wyth,' medda fo.

Ddudis i 'swn i wedi gorffan lot cyn wyth ac mi ddudodd o bod 'na *cash bonus* os byswn i'n aros tan wyth, diffod y gola i gyd adag honno a chloi. Y ddau hogyn seciwriti off yn sâl medda fo. Ac mi roddodd amlen i mi. Ma'r car 'na'n dod yn nes.

A phan ga i gar dw i'n mynd i jacio hi'n fama, a rhoi'r gora i'r fflat bach tamp 'na, ac mi ydw i'n mynd i fynd yn y car, fi a'r ci, a jest dreifio. Gadal y dre 'ma, a dreifio i weld y wlad. Dreifio i weld y byd os bydda i wedi hel digon o bres i gael pasport.

Mi fedra i neud bywoliaeth rhywsut. Ma pobol wastad isio clinars. Waeth be ydi stad y byd mae pobl wastad isio clinars.

(Sycha'r darn olaf o'r bwrdd)

Dyna ni.

(Mae'n edrych ar ei horiawr)

Well mi aros yma tan wyth gan mod i wedi cael y pres 'na.

(Mae'n eistedd yn y gadair fawr ym mhen y bwrdd, ac ar ôl ychydig yn codi'r pentwr papurau)

'Fel y gwyddoch chi, fi ydi Casi Williams, *chief ex* ... prif ... bos Anghyf. Cyf. 'Swn i'n licio tynnu'ch sylw chi at yr ail baragraff ...'

Dw i wedi bod yn gwrando arnyn nhw pan maen nhw'n cyfarfod yn hwyr a finna'n goro aros iddyn nhw orffan cyn fedra i llnau.

'Er mwyn eglurder ac i osgoi camddealltwriaeth [*posh* de], er mwyn hynny mi wna i ei ddarllen cyn eich gwahodd i wneud sylwadau pellach.'

Wedi'n wastio'n llnau, fi!

(Darllena oddi ar y papur)

'Dymuna Anghyfyngedig Cyf. y gorau i'w holl randdeiliaid yn ystod y cyfnod heriol hwn. Ond gan na allwn warantu y sefyllfa yn y dyfodol anogwn chwi yn gryf i fynd â'r hyn sydd yn bwysig gyda chi. Sylwadau?'

(Gosoda'r papurau yn ôl ar y bwrdd, pwyso'n ôl yn y gadair a rhoi ei thraed ar y bwrdd. Wrth wneud hynny mae'n taro'n ddamweiniol yn erbyn llygoden y gliniadur ac mae'r sgrin yn dod yn fyw gan ddangos map o wlad)

O shit, be dw i wedi neud rŵan.

(Yn raddol mae darn bychan coch sydd ar y map yn tyfu i fod yn fwy ac yn fwy. Mae'n rhythu ar y coch yn lledu dros y wlad ar y sgrin)

Isio nhw ddiffod blydi petha'n does. Dw i 'di deud wrthyn nhw bod isio nhw ddiffod nhw!

(Â'r sgrin yn ddu)

Amlen Wag

BEIRNIADAETH LLION WILLIAMS

Daeth chwe ymgais i law. Roedd y testun yn agored ac o ganlyniad mae'r themâu yn amrywiol. Rwyf wedi ceisio rhoi sylw arbennig i'r ffaith fod gofyn i'r ddwy fonolog fod yn gyferbyniol eu naws. Fel actor, byddwn bob tro yn falch o dderbyn monolog sy'n cynnwys math o ymrafael meddyliol o fewn y cymeriad, awgrym o lwyfaniad diddorol, defnydd cyfoethog o'n hiaith a chymeriadu crwn. Darn i'w berfformio ac nid i'w ddarllen ar bapur yw monolog ac felly braf fyddai gweld meddyliau y cymeriad yn cael eu cyflwyno yn ddramatig a chlir i'r gynulleidfa.

Ffalabalam, 'Sian/Dei': Gwaith a gyflwynwyd yn hynod ddestlus. Dwy fonolog sy'n trafod dirywiad perthynas dau ar enedigaeth eu plentyn sydd yma: Sian sy'n parhau i weithio, gan fod ei chyflog fel athrawes yn uwch nag un Dei; a Dei yn aros gartref i fagu eu plentyn. Sail y tensiwn a'r ddrama yn y gwaith ydy anffyddlondeb Sian gydag athro arall, a ffordd anghonfensiynol Dei o geisio delio â'r mater. Er bod yma ysgrifennu digon 'tebol, dw i'n ei chael hi'n anodd credu cynllun Dei. Mae'n bosib bod ymgais yma i geisio cyfleu plot rhy gymhleth mewn 10 munud byr. Fodd bynnag, mae ymrafael meddyliol y ddau yn codi awydd ynof i ddod i'w hadnabod yn well. Mae'n bosib bod y cyfyngiad amser o ddeng munud wedi ffrwyno creadigrwydd y dramodydd.

Galltcwm, 'Monolog I/Monolog II': Mae'r gwaith hwn eto wedi'i gyflwyno yn dwt iawn gyda chyfarwyddiadau llwyfan manwl: dyn a dynes yn edrych yn ôl ar eu bywydau carwriaethol ond gyda'r cof yn pallu. Mae amwyster a ydy'r ddau yn cyfeirio at ei gilydd, ond mae defnydd dramatig yn yr amwyster hwn, gan fod pall ar y cof yn ganolog i'r cwbwl. Mae yma rythmau a phatrymau diddorol, gyda chryn ailadrodd ac adleisio. Methu â dod o hyd i ddyfnder i'r cymeriadau rydw i, fodd bynnag, ac mi gefais deimlad nad yw'r dramodydd wedi llwyddo i fynd dan eu crwyn go iawn.

Llechwedd, 'Mr Jones/Diwedd y byd?': Dwy fonolog heb gysylltiad rhyngddynt y tro hwn: y naill yn delio ag athro sy'n cael amser caled gan ei ddisgyblion, a'r llall yn ymson hen wraig ar gyfnod clo COVID. Drwy berson Mr Jones, cyflwynir sylwadau cymeriadau gwahanol yn y fonolog gyntaf: argraffiadau y Prifathro a Kyle, y disgybl trafferthus. Mae hedyn dramateiddio a llwyfannu diddorol yn y syniad hwn. Mae yna, fodd bynnag, ôl brys ar y gwaith ac er bod y ddwy fonolog yn gyferbyniol o bosib, byddai rhyw fath o bontio rhyngddynt wedi gwneud y gwaith yn fwy atyniadol.

Bronco, 'Monolog I/Monolog II': Ymson tad ac ymson ei fab, y ddau ohonynt mewn sefyllfa go heriol sydd yma. Mae cryn addewid yn yr ysgrifennu ac ymgais dda i fynd o dan groen y cymeriadau. Er bod yma dristwch enbyd yn eu sefyllfaoedd, fe'u cyflwynir â hiwmor ar adegau a digon o pathos. Gwelir peth dawn dweud yma ac acw: 'Ydi gwaed yn dewach na dŵr? Siwr o fod ngwas i, ond dw i yn fy ngwaith yn ceisio'i deneuo fo!' Mae yma gryn ymrafael meddyliol ac o weithio ar y darnau hyn, gallwn ddychmygu cynulleidfa yn uniaethu â hwy ac yn cael awydd i ddod i adnabod y cymeriadau yn well.

Amlen Wag, 'Bedw/Llnau': Credaf fod yma gysylltiad rhwng y ddwy fonolog; mae'n gysylltiad amwys ond diddorol sy'n cael ei gadw oddi wrthym tan ddiwedd yr ail fonolog. Mae angen rhywfaint o waith ar y cysylltiad hwn, ond mae iddo gryn botensial. Cawn gyfarfod dwy wraig, y ddwy mewn gwirionedd â'u tynged yn nwylo pobl fwy pwerus. Meddyliau y ddwy wraig a gyflwynir: un ohonynt â chariad at goed a garddio, a'r llall yn lanhawraig. Mae her llwyfannu, o bosib, i ddiwedd yr ail fonolog ond nid yw'n her gwbwl anorchfygol. Mae yma ddawn dweud a chyfoeth o iaith lafar. Gallwn ddychmygu cynulleidfa yn closio at y ddwy.

Olwen, 'Plannu Hadau/Cyw a Fegir': Gall fod mai mam a merch a gyflwynir yn y ddwy fonolog ond mae hynny ymhell o fod yn amlwg. Mae yna rywbeth agos atoch yn yr hen wraig yn y fonolog gyntaf – gwraig sy'n cael ei rhwystro gan y glaw rhag mynd allan i blannu hadau, a'r pecynnau hadau, felly, yn troi'n ffordd o brocio'r cof o'i bywyd gynt. Mae'n anodd closio yn yr un modd at y wraig yn yr ail fonolog: gwraig sy'n dychwelyd i fyw yn y wlad ar ôl bywyd dinesig. Mae yma ddigon o ddawn dweud ac iaith sy'n llifo'n naturiol a rhwydd ond dim stori sy'n cydio fel y cyfryw. Dw i'n amau hefyd fod hyd y ddwy fonolog gryn dipyn yn hwy na'r 10 munud penodedig. Gwaith digon difyr, serch hynny.

Dyma gystadleuaeth glòs gyda *Bronco* ac *Olwen* yn dod yn agos i'r brig, ond yn bennaf oherwydd i'r dramodydd gyflwyno cymeriadau difyr yr wyf yn awyddus i ddod i'w hadnabod yn well, rhoddaf y wobr i *Amlen Wag*.

Gwobr Goffa Gethin Thomas

Cyfansoddi sgript gomedi i hyd at chwe chymeriad, heb fod yn hwy na 30 munud. Bydd y sgript fuddugol, neu unrhyw sgript sy'n dangos addewid, yn cael ei hanfon ymlaen at y diwydiannau creadigol

BEIRNIADAETH JONATHAN NEFYDD

Daeth chwe sgript i law.

Cacamwri, 'Chips': Dyma sgript broffesiynol yr olwg gyda chyfarwyddiadau clir a manwl. Mae elfen gref o gomedi tywyll i'w gael yma, ond mae'r comedi tywyll yn deillio o sefyllfaoedd onest ac mae yna wirionedd yn y plot. Mae'r prif gymeriad, Glyn, yn dioddef o alar ar ôl colli ei wraig ac mae yna adegau ble mae'n ystyried cymryd ei fywyd ei hun; o'r galar hwn cawn sefyllfaoedd emosiynol ac mae'r stori'n cyseinio. Cawn gymeriadau cryf, cofiadwy a real sy'n galluogi'r awdur i chwarae gyda'r pwnc difrifol o farwolaeth, hunanladdiad ac iselder mewn ffordd ddifrifol a dynol ond hynod ddoniol. Mae'r olygfa *slapstick* gyda chorff yr hen ŵr yn absẃrd iawn ac yn gwthio ffiniau realaeth ond mae'n dal i gynnal ac yn taro deuddeg gan ei bod wedi ei hangori mewn gwirionedd. Dyma sgript ddoniol iawn efo ysgafnder naturiol a chomedi hyfryd gyda chymeriadau apelgar, yn enwedig y prif gymeriad Glyn. Mae gan *Cacamwri* ddawn ysgrifennu a thalent deialogi sydd yn gredadwy a chyfoes. Byddai angen chwynnu fan hyn a fan draw ond mae 'Chips' yn llwyddiant sydd yn dilyn gofynion a fformat comedi sefyllfa i'r dim.

Mrs Brown, 'En-Côr': Ffermdy yn Sir Gaerfyrddin yw lleoliad 'En-Côr' gyda theulu bywiog y fferm yn ganolbwynt y ddrama a'r comedi. Mae'r ddeialog rhwng y cymeriadau yn llifo'n braf ac mae'n hyfryd cael clywed tafodiaith Sir Gâr, sy'n cyfoethogi'r sgript. Fel mae'r teitl yn ei awgrymu, cawn deulu sydd wedi gwironi gyda'r syniad o ddechrau côr, ac maent yn eiddgar iawn i lwyddo yng nghystadleuaeth Corau Bach y Wlad i 'Es Ffor Si'. Mae'r jôcs a'r digrifwch yn llawn cyfeiriadau cerddorol; felly, o ganlyniad, mae'r hiwmor braidd yn hen ffasiwn ac yn ailadroddllyd, er bod y ddelwedd o Tadcu yn neidio ar ei draed bob munud a bloeddio 'Haleliwia' wedi gwneud i mi chwerthin gryn dipyn. Problem fwyaf y sgript yw diffyg strwythur a chynildeb, ac mae'r arddull braidd yn gonfensiynol. Ond rhaid canmol *Mrs Brown* am greu darn o waith hwyliog gyda chymeriadau cynnes sydd yn aros yn y cof.

Bob, 'Dan Straen': Cawn agoriad dramatig, llawn tensiwn wrth i ddau blismon gynnal cyrch ar dŷ cyngor, ond actorion ydynt a phan mae'r cyfarwyddwr yn gweiddi 'cut ... that's a wrap' cawn ein cyflwyno i Daniel a Carol. Mae Daniel nid yn unig wedi cael ei ladd ar un o gyfresi mwya poblogaidd S4C, *Gorau Glas,* ond mae ei wraig newydd ei adael; felly, dyma sefyllfa berffaith i greu hiwmor o sefyllfa drasig. Cawn gyfres o olygfeydd sydd wedi eu cynllunio'n ofalus gydag adeiladwaith da a'r ddawn o adael i'r comedi anadlu a llifo yn naturiol drwy'r cymeriadau a'r ddeialog slic hyfryd – yn enwedig rhwng Daniel a Carol a Cathleen. Mae *Bob* wedi creu cymeriadau crwn ac mae gan yr awdur ddealltwriaeth clir o sut i sgwennu. Mae'r *twist* ar ddiwedd y bennod gydag ymddangosiad Claire yn sicr yn rhoi potensial am gyfres gomedi ysgafn lwyddiannus a phoblogaidd iawn. Byddai'r sgript hon yn elwa o ychydig mwy o gydweithio pellach gyda chynhyrchydd ac actorion proffesiynol; byddai hyn yn galluogi i'r darn gyrraedd y sgrin gan ei fod yn sicr yn haeddu cynulleidfa a llwyfan ehangach.

Drosodd ac allan, 'Gwarchod Trysorau'r Genedl': Lleoliad hyfryd yr Amgueddfa Werin yn Sain Ffagan sydd yma, ac fe gawn hynt a helynt a miri y gweithwyr. Mae yna elfennau abswrd yn y sgwennu, gydag ymgais i wthio ffiniau comedi a cheisio bod yn arloesol. Dyma ymgais dda iawn ond y gwir amdani yw bod yr hiwmor yn brin ar brydiau, gyda chwarae y *walkie-talkies* a'r llinellau 'drosodd ac allan' yn cael eu gor-ddweud a'u gorddefnyddio, a defnydd diddiwedd o'r gân 'Black Bottom Stump'. Mae chwe chymeriad yma gyda phob un yn dueddol o siarad yr un fath; maent yn gymeriadau stoc yn hytrach na bod yn gymeriadau o gig a gwaed. O ganlyniad, roedd hi'n anodd i mi uniaethu gyda nhw. Nid yw'r cyfanwaith yn cyrraedd y safon, ond byddwn yn argymell yn fawr i'r awdur ailedrych ar y gwaith, a cheisio cyflwyno cymeriadau mwy amrywiol a llai ystrydebol, gan fod sail yma am gyfres gomedi lwyddiannus mewn lleoliad hyfryd Cymreig a'r potensial i greu arlliw o gymeriadau lliwgar.

Toni, 'Gymri di sosban?': Tad a merch, Toni a Gina, yw'r prif gymeriadau yma, sydd yn cael eu twyllo gan Gina. Teimlad o sgets sydd yma yn fwy na sgript gomedi, gyda chyffyrddiadau o *slapstick*. Fe gawn wrthdaro naturiol a pherthynas hynod braf rhwng y cymeriadau ac mae yna gymhelliant yn yr adeiladwaith wrth i argyfwng Toni ddwysáu, sydd yn cyfoethogi'r sefyllfa a chreu tensiwn a chomedi ac sy'n ychwanegu at benbleth Toni. Er bod y ddeialog yn rhedeg yn llyfn ac ar brydiau yn codi gwên, does dim sail na strwythur i'r sgript – dim ond cyfres o jôcs, heb fawr o gysylltiad â'r stori. Yn anffodus i mi, mae'r cyfanwaith yn ddigyfeiriad gyda diffyg cynildeb, ond mae'n ymgais dda iawn. Yn sicr mae hedyn syniad yma ac mae gan yr awdur beth ymwybyddiaeth o gyfrwng sgwennu comedi sefyllfa. Byddwn yn annog *Toni* yn fawr i barhau i weithio ar y sgript a cheisio datblygu ac ychwanegu mwy o gig ar yr asgwrn fel bod y gwaith yn gwireddu ei botensial, gan fod addewid yma.

Morris, 'Teulu Bach Cytûn': Cefndir teuluol sydd gyda ni yma gyda Gwen, prifathrawes, ei mam, a'i chwaer a'i gŵr. Mae gosodiad teuluol yn aml yn gynhwysyn llwyddiannus iawn mewn cyfresi comedi ac yn codi nifer o sefyllfaoedd o wrthdaro comic llwyddiannus. Yn sicr, cawn gasgliad o gymeriadau gwrthgyferbyniol diddorol a chofiadwy yma, pob un wedi ei greu yn gelfydd gyda gwrthdaro naturiol. Mae cymeriad Jill y lanhawraig yn wych, gyda deialog naturiol ddoniol yn llifo'n rhwydd: 'medal Everton 'fyd, ma'i di gneud rwbath yn iawn i haeddu hon ... ta jysd gymryd rhan.' Mae'r sefyllfaoedd comic yn codi yn naturiol rhwng y fam a'r ferch, Gwen. Y brif broblem gyda'r sgript yw diffyg adeiladwaith; mae hi braidd yn rhy syml ac amlwg. Roedd yn siom i mi nad oedd y naratif yn ehangu ac esblygu; byddai hyn wedi helpu'r cymeriadau i ymateb fwyfwy wrth i'r stori ddatblygu ac ychwanegu mwy at y plot. Ond, heb os, mae yma ymgais gref, a byddwn yn annog *Morris* i ddal ati gan fod dawn sgwennu comedi yma.

Rhoddaf y wobr i *Cacamwri.*

Nodyn gan y Golygydd
Ymddiheurwn i'r enillydd am nad oedd modd cyhoeddi'r sgript fuddugol yn y gyfrol oherwydd maint y gwaith.

Adolygiad o gynhyrchiad theatrig Cymraeg, heb fod yn hwy na 1,000 o eiriau

YR ADOLYGIAD

Llyfr Glas Nebo

Manon Steffan Ros/Frân Wen

Pontio, Bangor, nos Iau, 5 Mawrth 2020

Rhaid bod Manon Steffan Ros yn berson dewr. Neu yn fyrbwyll tu hwnt.

Yn sgil llwyddiant ysgubol ei nofel, *Llyfr Glas Nebo,* gallasai'n hawdd fod wedi gorffwys ar ei rhwyfau llenyddol. A phwy allai ei beio? Onid oedd beirniaid Medal Ryddiaith Prifwyl 2018 yn unfryd eu canmoliaeth am waith a oedd yn 'gafael' o'r frawddeg gyntaf, am yr 'ias' o'i ddarllen ac am 'ysgrifennwr greddfol, sicr ei gyffyrddiad a chanddo'i lais ei hun'? Gwta wythnos wedi'r Eisteddfod cafwyd ailargraffiad; a phe na bai hynny'n ddigon, enillodd dair prif wobr Llyfr y Flwyddyn 2019.

Ond na. Lai na mis wedi ei chyhoeddi, roedd yr awdur eisoes mewn trafodaethau gyda chwmni Frân Wen. Yn fwy na hynny – yn ôl rhaglen y ddrama – cytunai ag Elgan Rhys, y Cyfarwyddwr, er mwyn 'cyfiawnhau ... dweud y stori ar lwyfan', bod 'angen i'r ddrama gynnig rhywbeth gwahanol i'r nofel'. Ond pa obaith oedd i'r fersiwn llwyfan fod cystal â nofel a ddaeth, yn ôl yr awdur Llwyd Owen ym mroliant Gwasg y Lolfa, 'yn agos at berffeithrwydd'? I aelodau'r gynulleidfa a fyddai wedi ei darllen (y mwyafrif?), oni fyddai eu disgwyliadau mor uchel nes bod siom bron yn anochel?

Yn oes Trump, Putin a Kim Jong-un, mae cefnlen ôl-apocalyptaidd *Llyfr Glas Nebo* yn boenus o gyfoes. Gymaint mwy felly gan i gynhyrchiad Frân Wen deithio yng nghyfnod Coronafeirws. Ond, yn yr un modd ag y bu rhai yn araf cyn sylweddoli maint y bygythiad, â'r feirws eisoes wedi llifo fel llanw mawr o China cyn torri yn un don enfawr ar greigiau'r Eidal gan dasgu ei ewyn drwy Ewrop a'r byd, felly hefyd Gaynor yn y fersiwn llwyfan – ar y dechrau, o leia. Wedi i lais gyhoeddi ar y radio yn ei siop trin gwallt fod bomiau niwclear wedi ffrwydro yn yr Unol Daleithiau, mae'n troi at ei chwsmer ac yngan y geiriau anfarwol: 'Tosa wbath o hyd.' Yna, yn raddol, wrth i'r gwirionedd hunllefus ei tharo: 'Dw i'n meddwl mai dyma fo sdi [...] Diwadd y byd.'

Un enghraifft o blith nifer yw'r cameo bach yna o allu Manon Steffan Ros i greu darluniau byw, i lunio deialog bachog, llafar, i gyfleu hiwmor ac o ddweud cynnil, neu leihad. 'Blydi hel, be rŵan 'to?' yw fersiwn y nofel, a dim mwy. Esiampl fach ond nodweddiadol o'r addasu cywrain a gafwyd.

Wrth gwrs, nid hi yw'r gyntaf i bortreadu bywyd wedi'r Bom. Yn 1982, â'r Rhyfel Oer yn dal i fygwth gaeaf niwclear, cyhoeddwyd nofel-luniau arswydus Raymond Briggs, *When the Wind Blows* – hanes cwpl oedrannus a'u mab yn ne Lloegr yn paratoi am ffrwydriad niwclear. Yn y ddwy stori ceir cyfeiriadau at *lean-to* (cymeriadau Briggs yn ei godi tu mewn i'w cartref!); llais ar y radio yn cyhoeddi'r ffrwydriadau; pawb yn dioddef salwch ymbelydrol; a thua'r diwedd, un o gymeriadau Briggs yn dechrau adrodd Gweddi'r Arglwydd, tra bod Siôn yn adrodd cerdd. Camp Manon Steffan Ros yw iddi lwyddo i gynnig gogwydd newydd, a darlunio'r uffern niwclear drwy lygaid gwerin gwlad Cymru. Mae ei meistrolaeth ar eiriau, deialog a'i gallu i ddisgrifio perthynas a'r tensiynau sy'n brigo rhwng y cymeriadau, heb sôn am yr holl gyfeiriadaeth gyfoethog – yr elfennau a enillodd y fath glod i'r nofel – i gyd ar waith yn y ddrama, ond gyda newidiadau i weddu i'r cyfrwng.

Y gwahaniaeth mawr rhwng nofel a drama, wrth reswm, yw cael *gweld y* cymeriadau mewn cig a gwaed. Gellid dadlau bod nofel yn cynnig mwy i'r llygad nag y gall llwyfan fyth wneud; ac o ystyried amrywiaeth golygfeydd y nofel, trueni na chafwyd mwy i ddenu'r llygad yn y set minimol, amrwd a llwyd (canlyniad ystyriaethau ymarferoldeb teithio'r sioe yn ogystal â rhai artistig, o bosib). Serch hynny – neu oherwydd hynny, efallai – profiad dirdynnol oedd gwylio perfformiadau llachar y ddau brif gymeriad, llanw a thrai'r berthynas rhwng mam a'i mab wrth i Rowenna wylio Siôn yn tyfu'n ddyn ac wrth iddo yntau drio gwneud synnwyr o ddirgelion bywyd: cenhedlu, er enghraifft; wrth i'r ddau orfod dygymod â marwolaeth merch a chwaer fach, a thrio celu ambell gyfrinach; ac wrth iddynt wynebu caledi byw wedi'r 'Terfyn' a delio â'u hatgofion o fywyd, ac ohonyn nhw eu hunain, cyn y ffrwydriadau. Hoeliwyd sylw'r gynulleidfa gydol yr awr a hanner ddi-egwyl. Nid amarch ag Eben James (Siôn) yw dweud bod perfformiad Tara Bethan fel Rowenna yn ysgytwol. Llwyddodd y ddau i weu'r gwahanol olygfeydd, a'u gwahanol deimladau, yn bwerus neu'n gynnil feistrolgar yn ôl yr angen.

Yr elfen a allasai fod yn faen tramgwydd sylweddol i lwyddiant y ddrama yw'r pypedau. Wedi darllen y nofel, anodd dychmygu sut y gellid cyfleu Dwynwen, y ferch fach sy'n treulio hanner ei bywyd byr yn cael ei chario gan fam a brawd, a Gwdig, y sgwarnog anffurfiedig, yn argyhoeddiadol. Rhaid cydnabod, pan welir y rhain am y tro cyntaf, mai anodd yw anwybyddu'r rhai sy'n gyfrifol am eu symudiadau ac sy'n gwbl amlwg ar y llwyfan. Ond cystal yw'r coreograffi, mor effeithiol yw cerddediad Dwynwen a'i phesychiadau, a sioncrwydd y sgwarnog gwyllt, ac ymateb Rowenna a Siôn iddynt, nes creu yn llwyr yn y gynulleidfa y 'willing suspension of disbelief' y soniai Coleridge amdano – i'r graddau bod claddu Dwynwen a lladd Gwdig ymhlith golygfeydd mwya trawiadol y noson.

Gellid dadlau hefyd fod cynnwys cerdd Aled Lewis Evans, 'Gweddi Dros y Pethau Hyn', yn ei chyfanrwydd (85 llinell) tua diwedd y ddrama (un llinell yn unig a ddyfynnir yn y nofel) yn amharu ar ei rhediad. Ond mae holl gynnwys y gerdd yn gwbl berthnasol i'r cyd-destun.

Yn wylaidd iawn, dywed Manon Steffan Ros fod y ddrama 'yn teimlo fel cywaith'. Bu canlyniadau'r cywaith rhyngddi hi a *holl* aelodau tîm Frân Wen yn rhyfeddol. Ymfalchïa'r cwmni mewn 'cynhyrchu theatr iaith Gymraeg egnïol, dewr a pherthnasol'. Dyna'n union a gafwyd yn nrama *Llyfr Glas Nebo*. Beth, felly, am yr awdur? Dewr? Efallai, wir. Ond byrbwyll? Dim o'r fath beth. A benthyg geiriau Siôn (o'r fersiwn llwyfan) am effaith y gerdd arno, llwyddodd y ddrama, fel y nofel, i 'dwtshad tu mewn i fi'.

Asterix

BEIRNIADAETH CATRIN BEARD

Wrth droi at adolygiad o gynhyrchiad theatrig, beth mae'r darllenydd yn ei ddisgwyl? Bydd adolygiad da yn gyfuniad o nifer o bethau, yn eu plith ddisgrifiad o'r profiad a gafodd y sawl sy'n adolygu; trafodaeth ar y ddrama, ei chynnwys a'i themâu; beirniadaeth, boed gadarnhaol neu negyddol, ar safon y perfformiadau a'r llwyfannu; a blas o naws ac ymdeimlad y cynhyrchiad yn ei gyfanrwydd. Dylai fod yn ddigon cyffredinol i gadw diddordeb rhywun na welodd y cynhyrchiad, ond yn ddigon penodol i ysgogi eraill a fu yn y gynulleidfa i feddwl unwaith eto am eu profiad hwythau.

Daeth tri adolygiad i law, a'r tri, fel mae'n digwydd, yn adolygu'r un cynhyrchiad, sef addasiad cwmni Frân Wen o nofel Manon Steffan Ros, *Llyfr Glas Nebo.*

Craffwr, 'Llyfr Glas Nebo': Cawn ar ddeall mai yn Theatr Felinfach y gwelodd *Craffwr* y cynhyrchiad a gwnaed ymdrech dda i gyfleu awyrgylch y noson, er wn i ddim a oedd angen crybwyll presenoldeb Bryn Fôn ddwy waith. Ceir trafodaeth ddeallus a disgrifiadau celfydd sy'n darlunio rhannau o'r cynhyrchiad yn llwyddiannus iawn. Yna mae'n holi: 'Oedd angen darllen y llyfr i wir ddeall a mwynhau'r ddrama? Wn i ddim.' Pam gofyn y cwestiwn a'i gynnwys yn yr adolygiad, felly? Nid yw'n ychwanegu dim at yr adolygiad. Ond ar y cyfan mae hwn yn adolygiad cytbwys, a byddwn yn annog *Craffwr* i ymddiried yn ei farn a pharhau i ymarfer ei grefft; yn sicr mae yma addewid.

Rowenna, 'Drych i'n Hoes Ni: Llyfr Glas Nebo': Ar ôl dechrau sigledig yn disgrifio'r cwningod yn ei gardd, mae adolygiad *Rowenna* yn ein cyflwyno i'r dasg anodd a wynebai'r cynhyrchiad wrth drosi nofel hynod boblogaidd yn sioe lwyfan. Daw'n amlwg fod *Rowenna* yn un o 'ffans' Tara Bethan, ac mae Llŷr Edwards yntau'n dipyn o ffefryn ganddi. Mae hwn yn adolygiad bywiog sy'n cyfleu cyffro'r profiad a gafodd *Rowenna*, er ei bod mewn perygl o droi'n bregethwrol braidd tua'r diwedd. Gwaith addawol – unwaith eto mae yma ddarpar adolygydd medrus.

Asterix, 'Llyfr Glas Nebo': Dyma adolygiad sy'n gosod y cynhyrchiad yn ei gyd-destun amserol a gwleidyddol. Er nad *Asterix* yw'r unig un i grybwyll Coronafeirws, mae'n ei ddefnyddio'n gelfydd drwy ddisgrifio byd ôl-apocalyptaidd y ddrama fel cefnlen 'boenus o gyfoes', ac aiff ymlaen i ddisgrifio'r darluniau byw a'r deialog bachog, llafar sy'n cyfleu hiwmor a chynildeb yr addasiad a wnaed o'r nofel. Mae *Asterix* wedi meddwl yn ofalus ac yn ddwys am themâu'r ddrama, a'r ffordd y cânt eu trafod, ac wedi cyflwyno ymateb deallus sydd hefyd yn disgrifio elfennau o'r cynhyrchiad ac yn cynnig beirniadaeth. Mae'n adolygiad aeddfed sy'n llifo'n rhwydd ac yn ddarllen difyr, gyda'r brawddegau clo'n adleisio'r gosodiad ar y dechrau i greu cyfanwaith twt.

Mae elfennau clodwiw yn perthyn i'r tri adolygiad. Braf oedd gweld ymdrechion glew gan *Craffwr* a *Rowenna*, ac anogaf nhw i ymarfer a datblygu eu crefft, ond mae profiad ac aeddfedrwydd *Asterix* yn golygu bod ei adolygiad yn llawn deilyngu'r wobr.

Adran
Dysgu'r Gymraeg

CYFANSODDI

Cystadleuaeth y Gadair

Cerdd: Y Gors. Lefel: Agored

Y GORS

Mor llethol yw'r distawrwydd dwys tu draw,
Ar draws y gors yn pwyso'r awyr drwm,
A'r pridd yn chwyddo â'r siglen a'r glaw
A'r niwl yn sgubo a throi uwchlaw'r cwm.
Anobaith, byd a bywyd bron ar ben.
Yn unig, wedi'i gwasgu ar bob tu,
Y mae'r cymylau'n gwgu ar y nen
A phwysau dwys yn difa trwy'r dydd du.
Ar ôl y gaeaf, gwelir golau clir,
A hollti'r llenni trwm i ryddhau'r wawr
A'r gobaith siŵr. Mae'r haul yn twymo'r tir,
A blodau'n codi, llamu'n uwch fel cawr.
Caneuon adar pêr sy'n dod i gyd
Yn barod nawr i fyw a chwrdd â'r byd.

Aderyn Drycin Manaw

BEIRNIADAETH EMYR DAVIES

Daeth 19 o gerddi i law. Mae 'Y Gors' yn destun da ac iddo gysylltiadau ag ardal yr Eisteddfod, wrth gwrs. Dyma ychydig o sylwadau am bob un, mewn rhyw fath o drefn teilyngdod.

Tina Feather: Cerdd acrostig yw hon, sydd yn rhestr eirfa dda iawn. Fodd bynnag, nid yw wedi llwyddo i droi'r pentwr geiriau'n frawddegau y tro hwn.

cadwr: Cerdd fer iawn sydd gan *cadwr* yn sôn amdano'i hun yn mynd ar goll mewn cors. Mae'n eithaf cywir, ond mae angen rhyw syniad neu thema i glymu'r stori ynghyd.

Myllin: Cerdd sy'n sôn am ba mor anodd yw ysgrifennu barddoniaeth yn y lle cyntaf yw hon. Nid yw'n gerdd uchelgeisiol, ac mae ambell gamgymeriad yn amharu arni, ond roedd hi'n braf cael cerdd ag ychydig o hiwmor ynddi yn y gystadleuaeth.

Pwllddyn: Hoffais y ddisgynneb ar ddiwedd y gerdd hon. Yn dilyn y disgrifiadau o gors fudr, erchyll, datgelir mai gardd gefn y bardd yw'r gors honno mewn gwirionedd. Mae'n wreiddiol, a'r iaith yn eithaf cywir, er nad yw'r syniad yn codi'r gerdd i'r uchelfannau.

Llew llwyd: Disgrifio Cors Caron y mae *Llew llwyd*, a sut y diflannodd y rheilffordd iddi. Mae'n barod i chwarae ag odlau ac yn mwynhau sŵn geiriau, ond efallai bod angen bod yn gliriach beth yw bwriad a stori'r gerdd er mwyn codi'n uwch yn y gystadleuaeth.

Carreg Lefain: Braf oedd derbyn penillion mewn mydr ac odl. Efallai bod ambell linell yn drwsgl i'r glust ac mae angen cryfhau'r diweddglo. Fodd bynnag, mae'n eithaf cywir o ran iaith ac mae'r ymdrech a wnaeth i odli a mydryddu i'w chanmol, yn sicr.

Rhosyn Glas: Dyma delyneg yn y person cyntaf, sy'n rhoi cipddarlun o brofiad cerdded yn y gors. Mae'n gywir ar y cyfan, ond yn newid rhwng y presennol a'r gorffennol heb lawer o reswm dros hynny. Eto, mae yma linellau sy'n creu naws a theimlad arallfydol.

llawn o alaw: Llwyddodd *llawn o alaw* i lunio cywydd digynghanedd. Defnyddir cwpledi sy'n odli'n acennog ac yn ddiacen am yn ail, a cheir cyffyrddiadau cynganeddol drwyddi. Mae'n troi o fod yn gerdd ddisgrifiadol i gyfleu neges amgylcheddol; hynny yw, sut mae corsydd yn helpu rheoli hinsawdd. Mae *llawn o alaw* yn ymhyfrydu yn sain y geiriau, ond efallai bod angen bod yn fwy cynnil a chywiro yma a thraw.

Tegeirian brych y rhos: Hoffais ffugenw'r bardd hwn yn fawr. Cerdd ddisgrifiadol am fyd natur sydd yma mewn penillion odledig. Mae ambell linell drawiadol yma, e.e. 'Mor llonydd ag y gallai llonydd fod', ond mae angen i'r gerdd arwain at ddiweddglo cryfach, o bosib.

Seren Newydd: Mae adnoddau geirfa rhyfeddol gan *Seren Newydd*, a'r gerdd hon braidd yn oreiriog. Er bod rhai camgymeriadau cystrawen, mae yma gyffyrddiadau da. Ni wn pa mor effeithiol yw'r ailadrodd geiriau ar ddiwedd pob caniad, ond mae'n rhoi rhyw fath o batrwm i'r gerdd.

Lleuad Arian: Disgrifio cors go iawn y mae *Lleuad Arian,* mewn cerdd gyfoethog o ran geirfa. Defnyddir odlau weithiau, a hynny'n cryfhau'r mynegiant. Byddai'n syniad da darllen cerdd fel hon yn uchel i glywed pa linellau sy'n gweithio a pha rai sydd ychydig yn drwsgl. Serch hynny, mae'r gerdd yn diweddu'n dda, a'r bardd wedi ei adfywhau ar ôl dianc i natur wyllt y gors.

Artemis: Mae hon yn gerdd wreiddiol i ddau lais. Mae anadliadau'r llais cyntaf a'r ebychiadau un gair yn dod rhwng y darnau mwy telynegol. Dyma un o gerddi mwyaf annisgwyl y gystadleuaeth, ac mae'r syniad yn gweithio'n dda. Nid yw'r cwestiynau rhethregol yn y darn olaf yn taro deuddeg i mi, ond mae *Artemis* yn gallu trin geiriau'n gywir ac yn ddychmygus.

Glas y Gors: Mae'r gerdd hon yn cyfosod llwybrau'r gors naturiol a llwybrau maes yr Eisteddfod Genedlaethol. Dyma syniad gwreiddiol wedi'i fynegi'n dda ac yn gywir. Efallai nad yw'r gymhariaeth yn gwbl lwyddiannus, ond mae dwy ran y gerdd yn dangos ôl crefft.

Cariadon: Mae gan *Cariadon* ddychymyg anarferol: mae'n cymharu cors â natur cariadon. 'Mae'n drewi, wrth gwrs,' meddai, 'fel y gwaethaf o gariadon.' Nid yw'r syniad wedi'i ddatblygu'n llawn, ond eto, mae'n drawiadol ac wedi'i ddweud yn gynnil.

Bardd yr Afan: Cerdd yn y wers rydd sydd yn trafod thema debyg i ambell un arall yn y gystadleuaeth. Mae'n cyfeirio at hanes a thirwedd Cors

Caron, cors sydd bellach yng ngofal Adnoddau Naturiol Cymru. Mae rhai cyffyrddiadau da yma, ond mae angen tocio a thynhau'r mynegiant rhag troi'n rhyddieithol. Eto, mae cryn ofal ac ymchwil wedi mynd i'r gerdd hon.

Celyn: Rhyw fath o soned laes a gafwyd gan *Celyn* ac mae'n fardd sy'n gwybod sut i'w fynegi'i hun â llais bardd. Mae'n disgrifio gweithwyr y gors yn yr hen lun yn effeithiol, e.e. lle mae'n sôn am greithiau'r pridd yn wynebau'r bobl, sydd bellach yn ddiflanedig. Mae hon yn gerdd sy'n codi i dir uchel.

Britheg y gors: Mae adnoddau ieithyddol ardderchog gan *Britheg y gors* ac mae'n gwybod sut i droi'r geiriau'n gerdd. Mae ôl crefft yn y caniadau – a dwy ran gyferbyniol i bob caniad. Dyma flas ar y gerdd:

> tawelwch dros y gors
> ond ...
> fedra i glywed awel ysgafn
> yn chwibanu drwy'r gweiriau
> a galwad bwncath unig yn cylchdroi uwchben.

Digon effeithiol hefyd yw'r diweddglo. Dyma un o oreuon y gystadleuaeth.

Bob J.: Dyma fardd sy'n gallu trin y wers rydd yn hyderus. Sôn y mae am y gweithwyr a oedd yn arfer torri mawn, ac erbyn hyn, sut mae'r gymuned a'i byd 'wedi ildio / i gynllun osgoi treth ...' Mae yma ddweud pwerus ac awgrymog a barodd fwy o bendroni nag un o'r cerddi eraill. Mae rhai manion iaith y gellir yn hawdd eu cywiro, ond does dim ots am y rheiny; daeth y gerdd hon yn agos iawn at ennill y Gadair.

Aderyn Drycin Manaw: Cafwyd mwy nag un soned yn y gystadleuaeth eleni, ond dyma'r orau, ac yn wir, dyma'r gerdd orau yn y gystadleuaeth i mi. Mae'r mydr yn soniarus i'r glust, ac er bod llinellau hirion mewn soned, nid yw'n teimlo'n drymlwythog. Nid yw'n gorymdrechu i ddefnyddio geirfa astrus, ond yn cadw'r disgrifiadau'n lân ac yn glir, gan ddiweddu'n obeithiol. Mae'n llawn haeddu'r Gadair mewn cystadleuaeth dda.

Diolch, felly, i *Aderyn Drycin Manaw* am y gerdd fuddugol ac i bawb am gystadlu

Cystadleuaeth y Tlws Rhyddiaith

Darn o ryddiaith, tua 500 o eiriau: Cyfle. Lefel: Agored

CYFLE

Dyma gyfle i ni ddymuno bendith Duw i ti, Sara, ar dy ben-blwydd heddiw! Hefyd mae cyfle i'r gweddill ohonon ni gofio am dy gyflawniadau a direidi dy blentyndod! Dw i'n gwybod cymaint rwyt ti 'nghasáu wrth godi embaras arnat ti fel hyn yn gyhoeddus! Braint Mam, sorri cariad. Ond mae hyn yn rhan bwysig o dy natur, felly dyma gyfle i ni i'w ddathlu, nid i'w feirniadu!

Dw i'n cofio dy ddiwrnod cyntaf yn yr ysgol feithrin: dim dagrau, dim cipolwg yn ôl arna i – rhedest ti i mewn a dechrau rheoli pawb a phopeth! Dw i wastad wedi edmygu cryfder dy gymeriad. Ond ro't ti wastad yn garedig dros ben hefyd, yn enwedig tuag at blant oedd yn fwy swil neu iau na thi.

Dw i'n cofio hefyd pan ro't ti'n 7 mlwydd oed, yn dringo dros y to, er mwyn i ti weld Siôn Corn yn cyrraedd! Ces i gymaint o arswyd dy fod ti'n mynd i gwympo, ond wrth i ti 'ngweld i, yr unig beth a ddwedest ti'n siriol oedd 'Helo Mam! Sa'i'n gweld e eto! Dere 'ma i wylio 'da fi!' Nid o't ti byth yn ofni dim.

'Ti mor ddewr, ac mor dalentog hefyd. Fy hoff atgof yw pan gest ti gyfle i gystadlu yn Eisteddfod yr Urdd, pa mor galed gweithiest ti i ddysgu geiriau ac alaw 'Anfonaf Angel'. Roedd ychydig y tu hwnt i ti a bod yn onest, ond dy hoff gân oedd hi, felly ro't ti mor ymroddedig ac fe wnest ti ddyfalbarhau nes i ti allu ei chanu fel angel dy hun, yr angel yr wyt ti. Sefaist ti ar y llwyfan yn dy wisg bert newydd a chanest ti o'r galon. Do't ti ddim yn meindio nad o't ti wedi ennill, ro't ti mor hapus i gymryd rhan, a ro'n i mor falch ohonot ti, cariad. Byddai dy dad wedi bod mor falch ohonot ti hefyd.

Hyd yn oed pan oeddet ti yn yr ysbyty y llynedd, roedd dy ddewrder yn ein hysbrydoli bob dydd. Ro't ti wastad yn gwenu, yn parablu gyda'r nyrsys, yn chwarae gyda'r plant eraill pan nad o't ti'n teimlo'n rhy sâl. Ac wedyn, pan ddest ti adre, pa mor hyfryd oedd dy weld di yn yr ardd, yn plannu'r planhigion sy'n blodeuo o'n cwmpas heddiw, neu chwarae gyda dy annwyl gi, Hedwig, a enwest ti ar ôl gwdihŵ Harry Potter, dy hoff gymeriad – O, rhaid i fi chwerthin – edrychwch bawb ar Hedwig nawr – mae hi'n adnabod ei henw, gan siglo'i chynffon!

Felly, mae cyfle nawr i bawb i ddiolch i ti, Sara, am dy holl lawenydd rwyt ti wedi rhoi i ni yn ein bywydau, hyd yn hyn. Hoffwn ddymuno i ti ddyfodol llawn iechyd da, llawn hapusrwydd, llawn gobaith, cariad a babanod!

Ond sa'i'n gallu.

Dyma'r cyfle olaf i ni, yma yn Aber-fan, i ddweud ein ffarwél i ti, fy annwyl ferch fach:

'Pen-blwydd trist yng nghist yng nghaeth –
Cer i'th tad, a Thad dy daith.'

Mam Angel

BEIRNIADAETH IFAN MORGAN JONES

A chyfansoddiadau'r Eisteddfod wedi bod dan glo ers bron i ddwy flynedd mae'n bosib fod rhai o'r dysgwyr a ymgeisiodd ar gyfer y Tlws hwn bellach yn gwbl rugl. Er mai dysgwyr ydynt (neu oeddynt) dydw i ddim yn credu y dylid goddef gormod o deipos a chamsillafu o gofio y gellid bod wedi datrys y problemau hyn yn weddol rwydd drwy roi'r gwaith drwy *Cysill* neu raglen debyg. Serch hynny, rydw i wedi beirniadu'n bennaf ar sail gallu'r ysgrifau i gydio ynof ac ennyn fy niddordeb.

Daeth naw ymgais i law.

Bardd yr Afan, 'Cyfle': Mae *Bardd yr Afan* yn dechrau ei ysgrif drwy ddisgrifio gwrthrychau sy'n amserol iawn ar hyn o bryd, sef y tomennydd glo enfawr sy'n bwrw eu cysgodion dros gymunedau ôl-ddiwydiannol y maes glo, ac sy'n destun pryder cynyddol ar hyn o bryd yn sgil y stormydd sy'n digwydd yn fwyfwy cyson oherwydd newid hinsawdd. Ond hanes bywyd yr awdur sydd yma ac ymddengys ei fod wedi byw bywyd llawer rhy ddiddorol i'w gynnwys o fewn cwta 500 gair oherwydd mae'r ysgrif yn dod i ben wrth iddo restru ei anturiaethau tramor yn hytrach na rhoi unrhyw flas i ni o'u cynnwys nhw. Dylai fod wedi prawfddarllen ei waith ychydig yn fwy gofalus.

Cadwr: Mae ysgrif *Cadwr* yn gorffen ag englyn hyfryd, ond ni allaf gymryd hwnnw i ystyriaeth fel rhan o'r cyfanwaith o ystyried teitl y gystadleuaeth. Hanes yr awdur yn symud o Wolverhampton i Gymru a dechrau cynganeddu a geir yma ac rwy'n falch ei fod wedi cael croeso gan y gymuned ac wedi ymroi i ddysgu'r iaith. Fel *Bardd yr Afan*, rhyw fath o ymddolennu o un peth i'r llall mae'r ysgrif – rwy'n credu bod angen i ddarn o ryddiaith 500 gair fod â chanolbwynt ychydig yn fwy pendant.

Tegid, 'Cyfle': Mae'r ysgrif hon yn adrodd stori dyn ifanc sy'n cymryd diddordeb mewn hanes pan ddaw criw o archaeolegwyr i'w bentref i weithio ar gloddfa yno. Mae'r stori yn dechrau'n ddigon hyderus ond yn anffodus rhyw fath o arolwg o stori sydd yma: cawn wybod bod yr athro yn ddyn enwog a diddorol ond dim byd arall. Maen nhw'n dod o hyd i froetsh ond does dim rhagor o fanylion amdano. Mae *Tegid* yn cael ei groesawu i siarad o flaen y criw o archaeolegwyr ond yn dewis dweud dim. Efallai fod angen dewis un elfen o'r hanes i ganolbwyntio arni a chloddio ychydig yn ddyfnach.

Pysgodyn Aur, 'Cyfle': Yn wahanol i nifer o'r ymgeiswyr mae *Pysgodyn Aur* yn penderfynu – yn ddoeth, yn fy marn i – defnyddio'r ychydig eiriau sydd ar gael iddo er mwyn disgrifio un eiliad mewn amser yn hytrach na misoedd neu flynyddoedd ar eu hyd (efallai nad yw cof pysgodyn aur yn caniatáu mwy na hynny!). Hanes unigolyn yn eistedd mewn caffi sydd yn gweld cyfle i siarad â merch sydd yma, ac er bod y cyfan yn digwydd mewn dim o dro mae yna ryw fath o ddatblygiad cymeriadol. Rwy'n credu bod yna ragor o gyfle ar gyfer rhywfaint o ysgrifennu disgrifiadol yma, am nad oedd gen i unrhyw fath o ddarlun clir yn fy mhen o'r caffi, y ferch na'r adroddwr.

Y Gwcw, 'Cyfle': Hanes personol arall a geir gan *Y Gwcw* – ond hanes byw yn Aleppo yn Syria yn ystod y Rhyfel Cartref ac felly mae ben ac ysgwyddau'n uwch na'r hanesion personol eraill o ran ennyn diddordeb y darllenydd. Cawn hanes gweithio mewn ysbyty wrth i'r bomiau syrthio. Er bod testun yr ysgrif mor drawiadol, rwy'n teimlo bod yr awdur wedi colli cyfle i gynnwys rhywfaint o ysgrifennu disgrifiadol yma, ac yn hytrach yn rhestru digwyddiadau. Mae yna ambell gyfeiriad trawiadol serch hynny, e.e. y prinder planhigion sy'n tyfu yn y ddinas ar ôl y bomio. Er mor amserol yw'r hanes o ystyried yr hyn sydd wedi digwydd yn Wcráin, rwy'n credu y gellid bod wedi defnyddio'r 500 gair yn fwy effeithiol wrth ganolbwyntio ar un digwyddiad mewn dyfnder.

Gwern, 'Ela yn y coed': Mae yna rywbeth yn ymylu ar stori dylwyth teg yn yr hanes hwn – rhyw fath o Hugan Fach Goch gyfoes efallai sy'n adrodd hanes merch o'r enw Ela yn cwrdd â blaidd sy'n gallu siarad yn y goedwig. Neges wrthnewid hinsawdd sydd yma yn amlwg ond mae'r hanes yn dod i ben cyn gallu trafod y pwnc mewn unrhyw ddyfnder. Serch hynny, mae yna ysgrifennu disgrifiadol da yma sy'n aros yn y cof.

Pryf ar y wal, 'Cyfle': Ceir rhywbeth ychydig yn wahanol yma sef sgript o sgwrs rhwng cyfarwyddwr rhaglen Newid y Byd a firws COVID-19. Mae ymgais yma i fod yn ddoniol ond fe dybiwn i fod angen rhywfaint yn rhagor o hiwmor. Efallai bod yr ymgeisydd ychydig yn anlwcus yn hynny o beth a bod hon yn ysgrif hynod wreiddiol pan gyflwynwyd hi yn 2020 ond ein bod ni wedi clywed pob un o'r ychydig jôcs posib am yr aflwydd hwn dros y ddwy flynedd ddiwethaf.

Mynydd Nefyn, 'Haint': Mae'r awdur hwn yn gwneud rhywbeth ychydig yn fwy gwreiddiol na *Pryf ar y wal* uchod sef cyfansoddi darn o ysgrifennu creadigol sy'n disgrifio'r ennyd y dechreuodd haint COVID amgylchynu'r ddaear. Mae'r stori wedi ei hysgrifennu o safbwynt y *pangolin* y mae rhai gwyddonwyr yn awgrymu oedd man cychwyn yr haint, ac yn plethu hynny â neges rybuddiol am newid hinsawdd. Mae'n syniad da ond mae'r hanes ei hun ychydig yn ailadroddus ac mae braidd yn rhwystredig bod heb unrhyw syniad beth sy'n mynd ymlaen nes i'r diweddglo ddatgelu'r cwbwl.

Mam Angel, 'Cyfle': Fel yn yr ysgrif flaenorol dyw'r awdur ddim yn datgelu'r gwirionedd tan ddiwedd yr ysgrif. Dyma'r unig ysgrif a lwyddodd i gyffwrdd â mi ar lefel emosiynol, gan ein bod yn cael cyfle i ddod i adnabod Sara drwy'r ysgrif cyn cael gwybod yn y diweddglo nad oes modd i'w mam ddymuno pen-blwydd hapus iddi wedi'r cyfan. Fel *Mynydd Nefyn* dydw i ddim yn siŵr a yw'r diweddglo effeithiol yn ddigon i wobrwyo amynedd y darllenydd drwy gydol gweddill yr ysgrif. Ond mae yna ambell ddarlun, fel Sara yn plannu planhigion sydd yn dal yn blodeuo heddiw, sy'n glynu yn y cof.

Rwy'n credu y gellid bod wedi gwobrwyo *Y Gwcw*, *Gwern*, *Mynydd Nefyn* neu *Mam Angel*. Mae ganddynt oll rinweddau gwahanol, felly chwaeth y beirniad yn unig sy'n eu gwahanu. Rhoddaf y wobr o drwch blewyn i *Mam Angel*.

Sgwrs rhwng dau berson mewn ciw,

tua 100 o eiriau. Lefel: Mynediad

Y SGWRS: MEWN THEATR

Dyn: Hwn yw'r ciw i 'Perllan Cerios'?
Menyw: Ie!
Dyn: O sorri, ro'n i'n siarad â fy hun.
Menyw: Dim ots. Dw i'n hapus clywed Cymraeg ym Moscow.
Dyn: Waw! Hedfanon ni ar wyliau i Tseina ac yn ôl trwy Rwsia i siarad Cymraeg yn y ciw.
Menyw: Dych chi wedi teithio'n bell. Am gost!
Dyn: Roedd y tocynnau'n rhad iawn. Bargen!
Menyw: Llygredd yw'r gost ...
Dyn: Mae Cymraeg bendigedig gyda chi!
Menyw: Dw i'n athrawes ym Mhrifysgol Moscow.
Dyn: Jiw, jiw!
Menyw: Pan oedd yn Undeb Sofietaidd, cafodd cloddwyr Rhondda a Donbass Gadair Cymraeg. Hefyd, rhodd yr Undeb lythrennedd a meddyginiaeth cyffredinol i bawb.
Dyn: Dych chi eisiau gweld yr Undeb Sofietaidd eto?
Menyw: Nac ydw. Roedd y gost yn rhy ddrud i ni.

Crochenydd

BEIRNIADAETH ALISON VAUGHAN-JONES

Daeth pum ymgais i law.

Ysgrifennwyd y deialogau hyn ar gyfer Eisteddfod 2020 a ganslwyd oherwydd pandemig COVID-19. Mae'n anodd credu faint mae'r byd wedi newid ers i'r cyfansoddiadau hyn gael eu cyflwyno ddwy flynedd yn ôl. Pump o ddeialogau a dderbyniais a phob sgwrs ar destun hollol wahanol. Wrth ddarllen y cyfansoddiadau roeddwn yn edrych am sgwrs a oedd yn rhedeg yn naturiol ac yn adlewyrchu'r syniad o fod mewn ciw.

Jenny Bronynant, 'Sgwrs rhwng dau berson mewn ciw': Yn y ddeialog hon mae A + B yn dechrau sgwrsio am ysgrifennu rhywbeth ar gyfer yr Eisteddfod, sy'n arwain at drafod rhai o'r anawsterau sy'n codi wrth ddysgu

Cymraeg. Er nad yw'r ffaith bod y sgwrs yn digwydd mewn ciw mor amlwg ag yn rhai o'r sgriptiau eraill, dyma sgwrs sy'n rhedeg yn naturiol ac yn llawn hiwmor gyda sylwadau rwyf yn siŵr y byddai pob dysgwr y Gymraeg yn cytuno â nhw.

Crochenydd, 'Mewn theatr': Dyma sgwrs rhwng dyn a menyw sy'n cwrdd mewn ciw mewn theatr ym Moscow. Sgript hollol wreiddiol yw hon sy'n cyfeirio at nifer o faterion gwahanol gan gynnwys llygredd aer, y gymuned Gymraeg a fu yn Wcráin a gwleidyddiaeth yn yr Undeb Sofietaidd gynt. Mae *Crochenydd* wedi llwyddo i weu'r gwahanol themâu i mewn i'r sgwrs yn gwbl grefftus; dyma ddeialog sy'n peri i rywun feddwl beth yw ystyr 'cost'.

Kitty, 'Sgwrs rhwng dau berson mewn ciw': Mae *Kitty* wedi gosod y sefyllfa ar gyfer y sgwrs rhwng Betti a Mari ac yn esbonio eu bod yn aros i weld ffilm James Bond y tu fas i'r sinema. Mae'r sgript yn ddifyr, braidd yn fyr ond yn ymdrech dda. Y jôc ar y diwedd yw bod y ddwy wedi colli'r ffilm gan na sylweddolon nhw fod y ciw wedi symud a hwythau'n dal i giwio o gwmpas y gornel! Roeddwn yn mwynhau'r cyfieithiadau o deitlau ffilmiau James Bond.

Joshua, 'Ciw bara y di-waith yn y dirwasgiad mawr yng Nglynebwy': Cefndir y sgwrs hon yw ciw bara y di-waith y peth cyntaf yn y bore yn ystod y dirwasgiad mawr yng Nglynebwy, Rhagfyr 1930. Sgript hollol wreiddiol yw hon rhwng Elfed a Huw: sgwrs ddwys sy'n cymharu derbyn bara o'r popty lle maent yn ciwio â derbyn Bara'r Bywyd a chyfeirio hefyd at 'Bread of Heaven' yn yr emyn 'Cwm Rhondda'. Mae'r sgript yn llwyddo i greu darlun o'r cyfnod hanesyddol hwn.

Cyri Poeth, 'Sgwrs rhwng dau berson mewn ciw yn y caffi': Nid oes enwau ar gyfer y ddau gymeriad yn y sgwrs hon. Maen nhw'n ciwio mewn caffi ac yn trafod y bwyd sydd ar gael. Mae'n debyg bod gan un o'r cymeriadau ddeiet eithaf cyfyngedig tra bod y llall yn argymell popeth ar y fwydlen na fyddai'r person cyntaf yn dymuno ei fwyta. Rwyf yn hoffi y 'Bechod!' fel mae person B yn colli amynedd. Mae rhediad y sgwrs yn dda.

Rhoddaf y wobr i *Crochenydd* oherwydd rhediad y sgwrs, a gwreiddioldeb a dyfeisgarwch y sgript ar lefel Mynediad. Llongyfarchiadau!

Fy hoff ran o Gymru, tua 150 o eiriau. Lefel: Sylfaen

FY HOFF RAN O GYMRU

Cymerwch ofal – mae'n hawdd i fynd ar goll yma. O bentref Llandecwyn rhaid i chi gerdded ar hyd ffordd droellog heibio Llyn Tecwyn Isaf (gyda'r alawon dŵr hyfryd), heibio hen fythynnod (tafarn porthmyn unwaith). Yma byddwch chi'n ffeindio eglwys Sant Tecwyn wrth hen ffordd o Faentwrog i Harlech. Mae hi'n anodd dewis hoff ran o'r wlad annwyl, ond, yn fy marn i, yma ydy'r lle sy'n cwmpasu pob peth arbennig am Gymru.

Nawr mae'r eglwys ar gau ac eithrio fel lle o bererindod. Ond yma, tros yr aber o'r Afon Dwyryd, yn y mynyddoedd, mae'r gorffennol a'r presennol yn cwrdd. Sefwch ym mynwent yr eglwys ac edrychwch; byddwch chi'n gweld Yr Wyddfa a'r Rhinogau, Castell Harlech, y forlin a'r môr. Gwrandewch yn ofalus; byddwch chi'n clywed y gwynt yn y glaswellt a'r adar yn canu, byddwch chi'n clywed Cymraeg yn cael ei siarad. Byddwch chi'n teimlo ysbryd Cymru.

Calon Wir

BEIRNIADAETH CARWEN VAUGHAN

Daeth 11 ymgais i law a phob un yn llwyddo i gyflwyno agweddau o'u hoff ardaloedd o Gymru gan ddefnyddio'r iaith a'r cystrawennau sy'n adlewyrchu lefel Sylfaen Cymraeg i Oedolion. Nid tasg hawdd yw ysgrifennu am eich hoff le yng Nghymru mewn 150 o eiriau, ond llwyddodd yr holl ymgeiswyr i gynnal diddordeb y darllenydd. Roedd y lleoliadau yn amrywiol iawn: o'r Carneddau i Stadiwm y Mileniwm, o Dalacharn i Drefeglwys, ac o draeth Llanengan i draeth Southerndown. Roeddwn yn edrych ymlaen at ddarllen darnau creadigol a fyddai nid yn unig yn cynnig disgrifiad o'r ardal ei hun ond hefyd yn rhoi ymateb personol wrth ddod i hoffi'r fangre. Gellir gweld emosiwn y goreuon wrth i le ysgogi dysgu'r iaith a'i meistroli. Rhoddwyd ystyriaeth i gywirdeb ieithyddol ac, ar y cyfan, roedd safon yr iaith yn ddigon cywir.

Bardd Yr Afan: Dyma gais cofiadwy sy'n llawn disgrifiadau o ardal brysur Cwm-du lle dewisodd yr awdur a'i wraig symud er mwyn gwella eu Cymraeg. Gweithgareddau niferus yr ardal a'r cymdeithasu a'i hachubodd pan fu farw ei gymar. Gallai'r cyflwyniad fod wedi bod yn fyrrach ond mae yma frwdfrydedd heintus. Ceir defnydd da o iaith gyda phatrymau niferus sy'n llifo'n rhwydd a hyderus a phrin yw'r gwallau.

Calon Wir: Llwydda'r awdur hwn i gyflwyno ardal Llandecwyn mewn arddull drawiadol, hudolus a barddonol: mae'n waith gafaelgar ac uchelgeisiol yn cyflwyno'r gorffennol, y presennol a'r golygfeydd godidog. Ond mae mwy na hyn yn y darn: ceir emosiwn a chariad at y lle hwn wrth ddangos ei fod yn cwmpasu popeth arbennig am Gymru. Mae'r sgiliau iaith o safon uchel.

Kitty: Ceir yma ddisgrifiad pert ac apelgar o leoliad y bwthyn sy'n gartref i'r awdur ynghanol byd natur yn Sir Benfro. Amrywia ei gardd yn ôl y tymor, ond yr aelwyd gyfforddus yw ei ffefryn yn y gaeaf. Hoffwn fod wedi cael gwybod mwy am y bwthyn bach cerrig a'i hanes. Ysgrifennwyd mewn iaith syml ac ychydig iawn o wallau a geir yma.

Tim y Draig [sic]: Mae'r syniad tu ôl i'r darn difyr hwn yn wahanol iawn. Cawn safbwynt dwy ddraig drwy'r tymhorau am y cartref a garant, sef yr Wyddfa. Ceir disgrifiadau cofiadwy o natur ar y mynydd a'r heddwch yno ond dianc wnânt yn yr haf i Gegin y Diafol rhag y bodau dynol sy'n ymddangos! Defnyddir patrymau iaith syml ond cywir ond mae ambell lithriad teipio.

Owain Glas: Cais difyr a di-lol yw hwn, yn gyforiog o wybodaeth fanwl a ffeithiau cynhwysfawr am Lanafan-fawr lle mae ei gartref. Mae'n llwyddo i gyflwyno'r lle cystal ag unrhyw lyfr taith. Gellid bod wedi cael mwy o emosiwn ac ymateb personol yr awdur i'r lle – fel sydd mewn ysgrifennu teithio da – gan ei fod wedi codi chwilfrydedd y darllenydd. Defnyddir iaith gywir a gofalus.

Sally Kate: Cawn ddisgrifiad syml o Ben Llŷn yma gyda stori bob dydd yr awdur yn mwynhau yno. Yn ei dull sgyrsiol agos atoch clywn amdani'n cerdded y traeth ger Porth Neigwl, yn siopa ym Mhwllheli, yn beicio i weld golygfeydd bendigedig ac yn ceisio siarad Cymraeg yn y dafarn yn Llanengan. Ymgais deg ac addawol ond ychydig o wallau.

Beryl M: Talacharn – ardal Dylan Thomas – yw man arbennig yr awdur. Ymhyfryda ei bod yn perthyn i'r bardd a sonia am fferm ei hynafiaid cyn iddynt ymfudo i Loegr. Mae'r ymresymu yn y darn yn ddifyr. Gobeithia ddod i ddeall diwylliant y Cymry Cymraeg, sef rhai o'r teulu, wrth iddi adennill yr iaith. Fodd bynnag, collwyd cyfle i ddod i wybod mwy am y lle ei hun. Defnyddir amrywiaeth o batrymau iaith yn gywir iawn.

Ysgubor Celyn: Stadiwm y Mileniwm yw hoff le'r cefnogwr brwd hwn lle bu'n gwylio pêl-droed yn ogystal â rygbi. Disgrifir clywed yr anthem mewn gêm rygbi gan gyfleu'r naws a'r cyffro a rhydd farn bendant a deallus am stadia yn gyffredinol. Trueni na fuasai wedi canolbwyntio ar un agwedd a symleiddio'r dweud. Ceir cynnwys uchelgeisiol sy'n awgrymu i'r awdur fwynhau defnyddio iaith yn hyderus ac yn hollol gywir gydag amrywiaeth dda o batrymau iaith.

Y Cawr Mawr: Dyma ymgais hollol wahanol i bob un arall gan awdur sydd wrth ei fodd yn trin geiriau gydag ymadroddion naturiol a chyffyrddiadau hyfryd. Defnyddia'r awdur y benywaidd i gyfarch y Carneddau, sef ei hoff le. Molawd barddonol ydyw yn ailadrodd ei hoffter o'r ardal. Defnyddir iaith gyhyrog a chywir sy'n arddangos sgiliau iaith tu hwnt i lefel Sylfaen.

Rosie: Gwaith ffres, difyr ar ffurf llythyr yw hwn yn sôn am ymweliad â Southerndown. Cawn gipolwg ar yr arfordir lle rhyfeddir at y golygfeydd a sonnir am yr hwyl sydd i'w gael ar lan y môr. Mae'r iaith yn syml ac yn gywir iawn, gan amrywio'r amser a'r patrymau iaith.

Tina Feather: Aiff y cystadleuydd hwn â ni i gefn gwlad Sir Drefaldwyn, i'w pharadwys ynghanol golygfeydd ysblennydd gan restru ei hanifeiliaid annwyl. Gwelwn ei chariad amlwg at y lle. Ymgais deg. Defnyddir iaith syml a naturiol gyda phatrymau iaith derbyniol.

Rwyf yn rhoi'r wobr i *Calon Wir* gan longyfarch yr holl ymgeiswyr am eu gwaith.

Fy swydd gyntaf, tua 200 o eiriau. Lefel: Canolradd

FY SWYDD GYNTAF

'Mae hawl dan ni i neidio ar y gwely,' meddai Maria fach. 'Oes?' ro'n i'n meddwl, 'siŵr, mae'n llawer o hwyl, ond dyw fy rhieni i ddim yn caniatáu i ni neidio ar eu gwely. Ar y llaw arall, dw i'n gwybod bod pob tŷ yn wahanol.'

Roeddwn i'n 12 oed ar y pryd a fy ngwaith i oedd gwarchod tri o blant bach ar ôl ysgol. Ond y peth yw – ro'n nhw'n hoffi dweud celwyddau – i fy nhwyllo i.

Roedd fy chwaer yn arfer gwarchod yr un plant, cyn iddi fynd i'r ysgol uwchradd. 'Paid bod mor hygoelus!' dwedodd hi. Ond roedd yn fy natur i ymddiried yn pobl.

Un diwrnod, dwedodd Johnny: 'Fory yw pen-blwydd Mam. Beth am wneud teisen siocled iddi hi?' Wel, dw i'n hoffi pobi. 'Syniad da! Cawson ni wyau, olew, dŵr a'r bocs o gymysgedd teisen siocled. Dyw e ddim yn rhy anodd – mewn i'r ffwrn ac wedyn yr eisin. Roedd popeth yn barod cyn i'w mam ddod adref ond ddywedon ni ddim am y peth. Basai'n syrpreis iddi.

Falch ro'n i. Ro'n i wedi cadw'r plant yn brysur ar ôl ysgol. Wnaethon ni ddim jyst edrych ar gartwnau ar y teledu. Ro'n ni wedi gwneud rhywbeth gyda'n gilydd. 'Dw i'n warchodwr go iawn.'

Y tro nesaf, ar ôl prynhawn arferol gyda'r plant, dywedon eu mam wrtha i: 'Diolch am y cacen.' A dyna pryd y sylwais – doedd dim cardiau pen-blwydd yn y tŷ. Dim byd i ddangos roedd yn ben-blwydd unrhyw un.

Gadawais i y tŷ. Daro – ces i fy nhwyllo eto!

Beverley Morgaine Parc

BEIRNIADAETH PHYLIP BRAKE

Daeth 21 ymgais i law. Maen nhw i gyd ar yr un testun gosodedig, 'Fy Swydd Gyntaf'. Dyma air am bob un yn y drefn y'u derbyniais nhw.

Twiggy: Ymgais gref iawn a dadlennol. Dim ond un gwall gramadegol bychan iawn a geir yn y testun, ynghyd ag un gwall geirfaol yn ymwneud ag esgidiau. Ardderchog!

Awen Arian: Disgrifiad cryno a gonest o brofiadau'r ymgeisydd yn ei swydd gyntaf, wedi ei ysgrifennu mewn Cymraeg graenus. Rhagorol!

Hwyrfrydig: Ymgais lew, os braidd yn fyr. Mae'n amlwg fod yr ymgeisydd wedi meistroli'r amodol a'r gorffennol arferol, sy'n gallu bod yn faen tramgwydd i ambell ddysgwr. Bendigedig!

Lleuad Arian: Adroddiad byr ond un sy'n argyhoeddi'r darllenydd o ddidwylledd yr ymgeisydd, ac mae hi'n amlwg ei fod/bod yn hoff iawn o'i swydd gyntaf. Mae'r Gymraeg yn raenus ac yn idiomatig. Llongyfarchiadau mawr!

Modryb Blod: Dyma ddisgrifiad manwl iawn o swydd gynta'r ymgeisydd. Yr unig wall gramadegol yw'r defnydd o <r> ar ddechrau ffurfiau personol y gorffennol cwmpasog ar ôl y cysylltair *pan*: camgymeriad digon cyffredin ymhlith siaradwyr iaith gyntaf! Rhagorol!

Cath Ddu: Darn byr iawn nad yw'n mynd i fanylder. Ond mae'r Gymraeg yn arbennig o dda. Yr unig wall gramadegol yw diffyg coma yn y paragraff cyntaf! Da iawn, wir!

Dr Dolur: Yma ceir hanes swydd gynta'r ymgeisydd ar ffurf sesiwn holi ac ateb, sef techneg sy'n gweddu i'r dim. Golyga'r dull hwn fod yr iaith a ddefnyddir yn debyg iawn i'r iaith lafar naturiol. O ran gramadeg ac ieithwedd, ceir ambell gamsillafiad ac ychydig eiriau coll ond dim byd pwysig o gwbl. Campus!

Sŵn y Môr: Mae gwaith yr ymgeisydd hwn yn gryno, mae'n darllen yn llyfn, a does ynddo braidd ddim gwallau gramadegol na rhai geirfaol chwaith. Ardderchog!

Beverly Morgaine Parc: Mae dawn adrodd stori wych gan yr ymgeisydd hwn, sydd ar ei ffordd, yn fy marn i, i ddod yn gwbl rugl yn yr iaith. Dim ond un gwall gramadegol a welwyd, sef y defnydd o derfyniad lluosog wrth ddisgrifio gweithred *un* person. Bendigedig, yn wir!

Rhosyn Glas: Mae'r ymgeisydd hwn yn meddu ar y ddawn i adrodd stori afaelgar. Ond ceir yn y testun ambell wall gramadegol ac orgraffyddol. Daliwch ati!

Merch y Wlad: Dyma ymgais dda iawn i fynegi swydd gynta'r ymgeisydd mewn un paragraff. Mae'r Gymraeg yn llifo'n naturiol, ond ceir ambell wall gramadegol hwnt ac yma fel, er enghraifft, y defnydd o <r> ar ddechrau ffurfiau personol y gorffennol cwmpasog ar ôl y cysylltair *pan*, ynghyd ag un enghraifft o beidio â threiglo ar ôl ffurf bersonol yr arddodiad *i*. Daliwch ati!

Carreg Lefain: Ymgais fer iawn ond sydd hefyd yn agoriad llygad. Mae safon Cymraeg y darn yn uchel iawn ac ynddo un enghraifft yn unig o golli'r fannod mewn ymadrodd adferfol. Mae'n amlwg fod yr ymgeisydd ar y ffordd i ddod yn rhugl yn y Gymraeg. Bendigedig!

Robin Goch: Hanes difyr am waith ar y fferm yn nyddiau cynnar mecaneiddio amaethyddol. Mae iaith yr adrodd yn llifo'n naturiol, ond ceir llawer o wallau gramadegol ac orgraffyddol, fel, er enghraifft, yr angen i dreiglo adferfolion. Daliwch ati!

Rhosyn Glas: Dyma hanes byr ond cyffrous iawn wrth i'r ymgeisydd ddisgrifio'r antur a gafodd yn ei swydd gyntaf. Mae safon y Gymraeg yn fendigedig. Ond gwelwyd un gwall gramadegol bychan, sef y defnydd o <r> ar ddechrau ffurfiau personol y gorffennol cwmpasog ar ôl y cysylltair *pan*. Ardderchog!

Dwynwen: Dyma ddisgrifiad gonest o ddyletswyddau swydd gynta'r ymgeisydd. Mae llif y llafar yn naturiol iawn ar y cyfan. Ond mae'r testun yn cynnwys gwallau orgraffyddol a gramadegol. Er enghraifft, ysgrifennir <r> ar ddechrau ffurfiau personol y gorffennol cwmpasog ar ôl y cysylltair *pan*, ynghyd ag un enghraifft o beidio â threiglo ar ôl ffurf bersonol yr arddodiad *i*. Daliwch ati!

Sonic: Yma ceir disgrifiad o sut y cafodd swydd gynta'r ymgeisydd ddylanwad ar ei ddatblygiad proffesiynol a chymdeithasol. Er bod y testun yn llifo'n dda, ceir ynddo ychydig iawn o wallau gramadegol. Daliwch ati!

Sosban Fach: Ymgais lew i ddisgrifio swydd gynta'r ymgeisydd. Mae'n hawdd dilyn teithi meddwl yr ymgeisydd. Ond, yn anffodus, ceir ambell wall orgraffyddol a gramadegol. Er enghraifft, weithiau defnyddir y dyfodol syml wrth ddisgrifio'r gorffennol. Serch hyn, mae'n amlwg fod yr ymgeisydd ar y llwybr iawn i ddod yn rhugl yn y Gymraeg. Daliwch ati!

Meri Beri: Stori hynod o ddifyr, ond, yn anffodus, mae ynddi nifer o wallau gramadegol, ynghyd ag arfer yr ymgeisydd o gyfieithu priod-ddulliau Saesneg yn slafaidd i'r Gymraeg. Daliwch ati!

Dolffin: Adroddiad cryno, dadlennol a chalonogol o swydd gynta'r ymgeisydd. Ceir ynddo ychydig iawn iawn o fân wallau, ond mae'n amlwg fod yr ysgrifennwr ymhell ar ei ffordd i ddod yn rhugl yn y Gymraeg. Da iawn, wir!

Elsa: Adroddiad cryno a disgrifiadol. Mae'r testun yn llifo'n dda iawn, ond ceir ambell wall gramadegol, ynghyd â thrawsosod geiriau, er enghraifft y defnydd o <r> ar ddechrau ffurfiau personol y gorffennol cwmpasog ar ôl y cysylltair *pan*. Daliwch ati!

Pili Pala: Ymgais ardderchog sy'n codi calon dysgwyr y Gymraeg a'r sawl sy'n ei charu fel ei gilydd. Fodd bynnag, ceir yma un gwall gramadegol bychan, sef y defnydd o'r rhagenw *e* wrth gyfeirio at rywbeth haniaethol. Penigamp!

Cefais y gweithiau hyn i gyd yn ddiddorol iawn i'w darllen. Ond, oherwydd y cynnwys, y cyfansoddiad, ynghyd â safon uchel y Gymraeg, rhoddaf y wobr i *Beverly Morgaine Parc*.

Adolygiad o raglen deledu, llyfr, neu ddrama Gymraeg,
tua 300 o eiriau. Lefel: Agored

YR ADOLYGIAD

Sgythia, Gwynn ap Gwilym: Hanes Dr John Davies 1567-1644, Cyfieithydd, Geiriadurwr, Gramadegydd

Mae'r hanes yn dechrau ym 1604, ar ôl marwolaeth yr Esgob William Morgan, cyfieithydd y Beibl. Mae John Dafis, cyn-ysgrifennydd yr Esgob, yn paratoi i fynd i'w blwyf newydd, Mallwyd, yng nghwmwd Mawddwy, ym mherfeddion Sir Feirionnydd – ardal farbaraidd, heb gymdeithas ddysgedig yn ôl y sôn, yn debyg iawn i'r Sgythia hynafol, gwlad wyllt, ddrwg, beryglus ... ond does dim dewis gan John.

Mae rhaid iddo ennill ei fywoliaeth, a hefyd fe hoffai briodi. Yn anffodus, mae'r rheithordy ym Mallwyd yn adfeiliedig. Mae rhaid i John ei ailadeiladu, ond mae diffyg arian. Mae angen iddo ddringo yn ei broffesiwn neu gael segurswyddi i gynyddu ei incwm.

Ar ben hynny mae gelyniaeth ym Mallwyd yn erbyn Siân, gwraig John. Nid hi sydd ar fai ond ei thad-cu, Lewis Owen, Siryf Meirionnydd. Fe oedd y dyn a grogodd wyth deg o Wylliaid Cochion Mawddwy adeg y Nadolig 1554. O ganlyniad, mae'r teulu i gyd mewn perygl.

Ffuglen hanesyddol ar ei gorau yw *Sgythia*. Mae'r ysgrifen yn glir a hyblyg, ac mae hi'n symud yn hawdd rhwng digwyddiadau ac ymgomio. Mae hi'n ddoniol iawn weithiau, ond nofel o syniadau yw hi yn bennaf. Darlunnir testunau â chyferbyniad: cyfoeth y boneddigion a thlodi llwm y werin, er enghraifft, neu ysgolheictod y glerigiaeth ac ofergoel y bobl.

Mae Gwynn ap Gwilym yn hollol gartrefol yn yr ail ganrif ar bymtheg, ond er ei fod e'n hoff o'i gymeriadau, dydy e ddim yn ddall. Mae e'n gweld llygredd y glerigiaeth o ran segurswyddi er enghraifft, ond, er gwaethaf hynny, mae e'n datgelu ei bod hi'n bosib byw mewn cymdeithas ddiwylliedig yn Sgythia/Mallwyd.

Mae'r awdur wedi defnyddio ei ysgolheictod helaeth ef ei hunan yng ngwasanaeth John Dafis. Mae'n dangos faint ein dyled iddo fe a'i debyg, y dynion oedd yn gweithio'n ddiflino i berffeithio a throsglwyddo diwylliant ac iaith Cymru, am wobr fach, ond er ein lles difesur ni.

Maggie o Efrog

BEIRNIADAETH LLINOS IORWERTH DAFIS

Daeth saith ymgais i law. Roedd dwy brif ystyriaeth wrth feirniadu'r cynigion. Yn gyntaf, meistrolaeth ar yr iaith; er bod gwallau a chamdeipiadau gan bob un mae eu safon yn gyffredinol yn hollol dderbyniol. Yr ail oedd ffurf yr adolygiad ei hun, lle disgwyliwn dair elfen: sef crynodeb o'r cynnwys; sylw i nodweddion penodol megis arddull, cymeriadau, themâu; ac, yn olaf, barn ar y cyfanwaith. Er bod rhai o'r cynigion yn fwy o ysgrif bersonol nag o adolygiad fel y cyfryw mae pob un yn denu'r darllenydd at y gwaith y dewiswyd ysgrifennu amdano.

Maggie o Efrog (1), Adolygiad o *Sgythia*, Gwynn ap Gwilym: Dyma adolygiad caboledig a deallus sydd yn cwmpasu'r tair elfen ac yn dangos dealltwriaeth graff o'r nofel hanesyddol hon.

Maggie o Efrog (2), Adolygiad o *Fi, a Mr Huws*, Mared Lewis: Mae hwn yn adolygiad twt ar lyfr a ysgrifennwyd ar gyfer dysgwyr, sy'n cwmpasu'r tair elfen yn ddestlus, yn mynegi barn yn onest, ac yn codi awydd am wybod rhagor.

Cadwr, Adolygiad o *Wythnos yng Nghymru Fydd*, Islwyn Ffowc Elis: Yn ei frwdfrydedd mae *Cadwr* yn sboncio o'r naill beth i'r llall a hynny'n ei gwneud hi'n anodd i ddeall rhediad y nofel. Gallai hwn fod wedi bod yn adolygiad difyr a threiddgar petai wedi ffrwyno ei asbri a rhoi gwell trefn ar ei sylwadau.

Pysgodyn Aur, Adolygiad o *Gwrach y Gwyllt*, Bethan Gwanas: Adolygiad wedi ei gyfeirio at ddysgwyr yw hwn. Mae'n gynnil, yn cwmpasu'r tair elfen angenrheidiol yn dwt, ac yn mynegi barn ddiamwys, gyda chyffyrddiad bach celfydd o hiwmor.

Margaret J, Adolygiad o *Yn Ei Gwsg*, Bethan Gwanas: Tinc ysgrif bersonol sydd i'r ddau baragraff cyntaf, ac felly byr yw'r adolygiad ei hun, sy'n gorffen gyda'r geiriau cyfleus: 'Rhaid i chi ddarllen y llyfr i ddarganfod ...' cyn mynegi barn gadarnhaol.

Neb o Nebo, Adolygiad o *Llyfr Glas Nebo*, Manon Steffan Ros – y ddrama: Gwerthfawrogiad cynnil a chymen sy'n fwy o ysgrif bersonol nag o adolygiad, ond er hynny yn llwyddo i gyfleu naws y perfformiad a mwynhad ohono.

Haul ar Fryn, Adolygiad o *Llyfr Glas Nebo*, Manon Steffan Ros: Mae *Haul ar Fryn* yn amlwg wedi mwynhau'r llyfr a'r ddrama, ac am rannu'r profiad gyda ni mewn arddull sgyrsiol, bersonol a gwerthfawrogol.

Rhoddaf y wobr i *Maggie o Efrog*(1) am ei hadolygiad o *Sgythia*.

Gwaith grŵp neu unigol

Blog fideo, hyd at dri munud o hyd. Croeso i'r dosbarth. Lefel: Agored (Agored hefyd i ddisgyblion ail iaith ysgolion uwchradd dan 16 oed)

BEIRNIADAETH RHODRI AP DYFRIG

Clwb Eiddew: Cyflwyniad i Glwb Dysgwyr Eiddew yn Sir Drefaldwyn a gafwyd yma gyda blog fideo yn cyflwyno'r bobl a oedd yn mynychu'r clwb a'u rhesymau dros wneud hynny. Roedd y fformat yn syml, gan fynd rownd y bwrdd yn holi un ar y tro a thorri yn yr ail ran i sgwrs helaethach gydag un unigolyn. Roedd yn braf cael clywed llais y dysgwyr eu hunain yn hon ac i ddeall eu stori unigol am sut daethant at y clwb, gan roi blas gwirioneddol o'r gymuned Gymraeg yn Nhrefaldwyn a'n goleuo am archwaeth y trigolion at ddefnyddio'r Gymraeg a dod â diwylliant a llenyddiaeth Gymraeg i'r dref. Roedd yn ysbrydoliaeth gweld y brwdfrydedd a'r angerdd. O ran techneg, roedd gwendidau i'r fideo o ran fformat sgwâr y fideo, symudiad camera a zoomio yn ddiangen. Byddai tripod ac ychydig mwy o ofal wrth dorri'r fideo wedi gwella profiad y gwyliwr. I gynnal diddordeb, mae'n help torri fideo fel hyn yn sydyn ac yn aml er mwyn cynnal sylw a chreu symudiad i'r gwyliwr. Byddai cyflwyniad ar y dechrau a chlo ar y diwedd hefyd wedi helpu o ran gosod y stori a gadael y gwyliwr gyda chasgliad pendant. Gwyliwch hefyd gydag amseru; roedd y fideo funud dros yr amser a ofynnwyd.

Gof y Geiriau: Fideo syml ond effeithiol, a oedd yn cyflwyno deunydd gweledol ar ffurf sioe sleid gyda throslais da iawn. Llwyddodd crëwr y fideo i gyfathrebu yr hwyl a'r pleser a gafwyd yn ystod eu cwrs Cymraeg mewn blwyddyn drwy ffotograffau a oedd yn dangos pob agwedd o'r gweithgareddau. Dewiswyd gwely cerddorol addas ar gyfer y darn a oedd yn rhoi teimlad cynnes ac yn codi'r naws. Roedd y troslais yn glir ac yn cynnwys elfennau mwy llafar a doniol a chwestiynau i'r gwylwyr, sy'n allweddol er mwyn cynnal diddordeb a rhoi teimlad o lais unigol ac anffurfiol sydd yn allweddol i greu blog diffuant. Rhaid canmol hefyd y sgriptio twt a sicrhaodd na doedd y fideo ddim yn gor-redeg a bwrw'r marc 3 munud ar ei ben. Roedd ambell ddarn fideo wedi eu plethu yn y casgliad ond efallai y byddai mwy o ddefnydd fideo wedi codi ansawdd y cynnwys eto ac yn rhoi mwy o ddiddordeb gweledol drwy gydol y fideo. Er cystal y delweddau, mae'r dull *carousel* yn gallu mynd yn undonog, a byddai ambell ddarn gyda'r cyflwynydd yn siarad i gamera wedi helpu i ni ddod i nabod y llais yn y troslais yn well. Y blog fideo hwn, i mi, oedd â'r mwyaf o elfennau llwyddiannus, lle roedd yn amlwg bod gwaith creadigol wedi ei wneud wrth ddethol a threfnu lluniau a chreu sgript troslais arbennig.

Gof y Geiriau sydd yn ennill y wobr.

Adran
Dysgu'r Gymraeg

PARATOI DEUNYDD AR GYFER DYSGWYR

Gwaith grŵp neu unigol

Agored i ddysgwyr, tiwtoriaid a siaradwyr Cymraeg rhugl

Creu pecyn o adnoddau aml-lefel. Ar gyfer ymweliad gan grŵp o ddysgwyr â lleoliad diddorol

BEIRNIADAETH ELIN WILLIAMS

Daeth tair ymgais i law. Mae'r lleoliadau a ddewiswyd yn gwbl addas ar gyfer y dasg o greu adnoddau a chefais lawer o foddhad yn eu darllen.

Gowers, 'Castell Caernarfon': Dyma ymgais arbennig yn cwmpasu deunydd ar gyfer pob lefel o Fynediad i Uwch. Golyga hyn ei fod yn addas ar gyfer teithiau aml-lefel. Mae'r cynnwys wedi ei raddoli fesul lliw gyda phytiau bach ar gyfer Mynediad a Sylfaen a darnau ychydig mwy estynedig ar gyfer Canolradd ac Uwch. Mae yma ddigon o amrywiaeth, ac mae'r cyfan wedi ei gyflwyno yn glir a phroffesiynol.

Charles a Lloyd, 'Croeso i Gapel Maesyronnen': Dyma ddeunydd hynod ddiddorol yn trafod lleoliad ac ardal sydd ddim mor gyfarwydd yng Nghymru. Mae yma lawer o hanes a geirfa i gyd-fynd â'r deunydd ar lefelau Mynediad, Canolradd ac Uwch. Mae yma luniau hyfryd sy'n ychwanegu at apêl y deunydd.

Dosbarth yr Anifeiliaid, 'Adnodd Adolygu efo Ymweliad i Sŵ Fynydd Gymreig Bae Colwyn – Mynediad a Sylfaen': Dyma ddeunydd swmpus iawn ar lefelau Mynediad a Sylfaen. Mae yma waith trylwyr iawn wedi ei blethu gyda'r patrymau iaith sydd wedi eu cynnwys yn unedau y llyfrau cwrs Mynediad a Sylfaen. Mae yma weithgareddau ar gyfer cyn, yn ystod, ac ar ôl yr ymweliad gyda chyfarwyddiadau cwbl glir.

Rhoddaf y wobr i *Dosbarth yr Anifeiliaid*.

Adran Cerddoriaeth

Tlws y Cerddor

Opera fer – un gân corws a dwy gân i unawdwyr ynghyd ag amlinelliad cryno o'r opera gyfan. Geiriau Cymraeg gwreiddiol neu rai sy'n bodoli eisoes.

BEIRNIADAETH GWION THOMAS, JOHN METCALF, PATRICK YOUNG

Gosododd yr Eisteddfod her hynod anodd i gyfansoddwyr (ac i feirniaid) ar gyfer Tlws y Cerddor eleni. Y briff oedd ysgrifennu corws a dwy unawd allan o opera fer. Adlewyrchir natur yr her honno yn y panel o feirniaid, sydd yn cynnwys cyfansoddwr, cyfarwyddwr llwyfan, a chanwr. Yn wir, mae ein cyfarwyddwr llwyfan, Patrick Young, yn agored i ystyried gwaith gan unrhyw dalentau Cymreig ar gyfer partneriaeth bosibl yn y dyfodol.

Rydyn ni'n adnabod operâu fel arfer yn ôl enw'r cyfansoddwr. Gall hyn guddio'n rhannol y ffaith amlwg bod opera, serch hynny, yn ei hanfod, yn ffurf gydweithredol sy'n cynnwys llawer o ddisgyblaethau: cerddoriaeth, geiriau, gweithredu llwyfan, dylunio ac ati. Disgwyliwn i hyd yn oed gyfansoddwr ifanc fod yn hyddysg yn y brif grefft o ysgrifennu cerddoriaeth. Mae opera hefyd yn mynnu bod gan y cyfansoddwr ddylanwad artistig cryf mewn meysydd lle nad oes ganddo ef/hi hyfforddiant proffesiynol. Gall hyn esbonio pam y gall gymryd sawl ymgais i gyfansoddwr ysgrifennu opera lwyddiannus a pham fod rhai cyfansoddwyr, fel Verdi, wedi ysgrifennu eu gweithiau gorau yn ddiweddarach yn eu bywyd.

Yn y blynyddoedd diwethaf mae operâu newydd hefyd wedi cael eu datblygu'n aml yng nghyd-destun proses gweithdy gydag unrhyw fylchau yng ngwybodaeth a medrusrwydd y cyfansoddwr yn cael rhywfaint o help gan broses ddatblygiadol fanwl. Mae'n dda bod rhan o wobr Tlws y Cerddor yn cynnwys ysgoloriaeth y gellid ei defnyddio i helpu'r cyfansoddwr llwyddiannus ddatblygu sgiliau yn y ffurf gydweithredol hon. Mae hyn yn bwysig dros ben.

Yr hyn sydd hefyd yn ddefnyddiol yw'r syniad a gefnogwyd gan bob un o'r tri aelod o'r panel sef ei bod yn bwysig fod y gwaith terfynol yn 'rhoi'r gerddoriaeth ar y llwyfan'. 'Theatr i'w chanu' yw opera yn bennaf ac nid oes angen rhagor o anogaeth arnom ni yng Nghymru i ganu.

Fe gawsom chwech o gyfansoddiadau: dyma air neu ddau amdanynt.

Heulwen, 'Y Ferch o Gefn Ydfa': Un o'r unawdau yma yw trefniant syml o'r alaw werin enwog, 'Bugeilio'r Gwenith Gwyn'. Mae'r gân arall i soprano yn fwy addawol o ran datblygiad, ond a ddylai'r gerddoriaeth fod yn fwy uchelgeisiol? Mae'r un broblem yn y corws: dydy'r gerddoriaeth ddim yn dangos digon o botensial i ddyfnhau neu i ddatblygu effeithiau'r ddrama.

Deryn y Felan, heb deitl (efallai 'Blodeuwedd'?): Corws cyffrous, egnïol i ddechrau – efallai yn ormodol; hefyd efallai ei fod ychydig yn amrwd ac eisiau seibiant ar adegau? Mae'r geiriau yn mynd i fod yn anodd i'w clywed dros y gerddorfa. Mae yna broblem yn aml wrth gyfansoddi i farddoniaeth, yn enwedig i gynghanedd. Mae yna ddigon o gerddoriaeth yn y geiriau yn barod. Dyna pam fod canu cerdd dant mor llwyddiannus yng Nghymru. Serch hynny, dyma gân uchelgeisiol i'r *mezzo*, efallai yn rhy uchel i lais *mezzo* cyffredin ar adegau. Mae'r ail gân, deuawd i'r tenor a'r bariton (dim unawd fel y gofynnir) yn dangos dychymyg, ond eto mae'n uchel i'r tenor yn enwedig. Mae'r iaith eto yn anodd i wneud synnwyr ohoni i rywun sy'n gwrando am y tro cyntaf, ac sydd yn disgwyl drama. Yn wir, pam creu opera Blodeuwedd allan o'r ddrama wreiddiol? Beth ydy rôl y geiriau? Anaml y ceir llwyddiant wrth ddwyn y geiriau yn syth o'r ddrama i'r opera, oherwydd y disgwyliad fydd i'r gerddoriaeth wneud mwy o'r gwaith dramatig na'r geiriau.

Glannau, 'Y Chwarel': Fel arfer, byddai pwnc fel hwn efallai braidd yn hen ffasiwn, ond y dyddiau hyn mae'n bwnc cyfoes. Wrth edrych ar y corws cyntaf mae'n glir fod yma ddychymyg cerddorol a dramatig, gyda'r gwahanol liwiau yn eglur yn y gerddorfa. Ceir geiriau barddonol i gychwyn, ond mae'r ailadrodd yn helpu'r deall. Mae'r ddwy gân yn ein tynnu i mewn i'r ddrama; mae yma lawer o eiriau, gyda sialens i'r cantorion a'r gwrandawyr. Efallai bod y *tessitura* yn uchel i'r bas ac i'r tenor ar adegau. Mae'n amlwg bod y cyfansoddwr wedi gweithio'n galed iawn i greu'r tri darn. Ceir llawer o fanylion yn y trefniant cerddorfaol (gan gynnwys effeithiau sain). Mae'r pwnc hefyd yn cael ei drin yn fanwl iawn, efo'r sefyllfaoedd yn hollol gredadwy.

Ond er hynny, mae yna lawer o broblemau: ai opera 'fer' ydy hon – mae yna gymaint o bethau yn mynd ymlaen! Nid ydym yn siŵr a fyddai'r gerddorfa yn hapus gyda'u darnau; mae'r ffigurau yn mynd ymlaen am amser hir. Mae yna ddiffyg stori eglur, efallai oherwydd bod yma nifer o gymeriadau, a dydy'r amserlen (o leiaf ugain mlynedd) ddim yn helpu chwaith. Hefyd, does dim digwyddiadau ar y llwyfan, heblaw efallai yn y cyfarwyddiadau. Gan benderfynu defnyddio barddoniaeth y chwarelwyr, mae'r cyfansoddwr yn colli'r cyfle i roi 'gweithred' yn y ddrama. Efallai y byddai hynny'n gweithio fel rhyw fath o 'oratorio', ond yn anffodus dydy'r cyfansoddwr ddim yn dangos awydd i ddefnyddio'i dalent gerddorol i greu rhywbeth ar gyfer llwyfan y theatr. Canlyniad: does bron ddim byd yn digwydd, ac felly mae'n amhosib i ni fel cynulleidfa deimlo unrhyw empathi gyda'r cymeriadau.

Er mwyn creu opera efo dawn y cyfansoddwr hwn, efallai y byddai'n rhaid ailgychwyn a chreu *libretto* go iawn.

Joseff, 'Anatiomaros': Geiriau T. Gwynn Jones: eto, efallai fod yna ddigon o gerddoriaeth yn barod yn y gynghanedd? Ond mae'r geiriau yn dod drwyddo yn hawdd er y cyfansoddi cymhleth. Dawn y cyfansoddwr! Dyma bwnc diddorol, gydag ysbrydion. Mae yma gyfansoddi da i'r cantorion, gyda'r cyfansoddwr yn deall y lleisiau. Serch hynny, ble mae'r ddrama? Efallai y bydd pethau'n gliriach gyda'r gerddorfa ond mae hi'n anodd clywed a gweld y ddrama ar y foment. Sut fyddech chi'n cymeriadu'r gerddoriaeth, a beth ydych chi eisiau i ni fel gwrandawyr ei ddeall am yr afalau a'r aeron, a sefyllfa'r pysgotwr a'r wraig ac ati? Yn fras, dydy gosod cynghanedd i gerddoriaeth ddim yr un peth â chreu opera effeithiol. Hefyd, mae'r corws yn un od. Hwyrach y byddai'n gweithio yn y ddrama, ond dim ond rhyw sgets, neu fraslun, a glywir ar y foment. Mae yna rywfaint o botensial i greu rhywbeth dychmygol yma, ond sut mae'r geiriau i'w clywed?

Awen Canol Nos, 'Pedair Cân a Gweddi': Mae'r ddwy gân a gyflwynwyd (dau lythyr o ffosydd y Rhyfel Byd Cyntaf, un at frawd a'r llall at wraig) i'w gweld yn ddiddorol, ond ble mae'r corws? Y briff oedd dwy gân a chorws. Felly, ni allwn ni ystyried y gwaith hwn. Piti, piti garw, oherwydd yn sicr mae yma gyfansoddwr talentog sydd yn gallu defnyddio lliwiau'r gerddorfa yn fedrus. Hefyd mae'n gwneud defnydd hudol o lais uwch-denor yn y llythyr cyntaf. Serch hynny, yr hyn sy ddim yn glir yw'r weledigaeth. Dydy casgliad o hen lythyron ddim yn ddigon i wneud opera. Sut fydd y caneuon yn cael eu cymeriadu ar lwyfan? Mae'n rhaid ceisio ateb y cwestiynau hyn. Ar y foment, nid opera ydy hi; cylch o ganeuon, efallai, mewn cyngerdd? Er hynny, mae'n rhaid pwysleisio fod yma addewid cerddorol yn bendant, ac mae yma ddychymyg. Piti am y corws!

Picard, 'Yr Islawr': Pwnc diddorol eto sy'n ein denu ni i rywle newydd – gyda'r cantorion i gyd mewn lifft a'r digwyddiadau i gyd yn y presennol. Ceir corws egnïol clir, dramatig, gyda'r geiriau yn dod drwodd yn glir, gyda help yr ailadrodd (efallai bod gormod o ailadrodd?) Dydy'r unawdau ddim cystal; maent yn rhy syml i gymharu â'r corws cryf. Mae eisiau rhywbeth mwy uchelgeisiol yn y fan hyn, er bod yma ymdrech i greu drama. Rydym yn clywed dylanwad theatr gerdd Americanaidd, er enghraifft Menotti (a dramâu Agatha Christie). O leiaf, mae'r cyfansoddwr yn ceisio cymeriadu'r unawdau, er bod hyn yn anodd i'w farnu y tu allan i'r cyd-destun. Mae'r Gymraeg i'w chlywed ychydig yn feichus ar adegau, yn enwedig yn aria'r bas, ac mewn ambell le yn y corws. Serch hynny, mae yna addewid fan hyn, er bod yna ddiniweidrwydd a symlrwydd yn y cyfansoddi.

Ond mae yna broblemau efo'r plot: 'opera fer' oedd y briff, ac rydyn ni'n amau y bydd rhaid i *Picard* ailgychwyn creu gwaith addas ar gyfer hyn. Mae'n cychwyn efo sefyllfa ddramatig a gwreiddiol, ond dydy o ddim wedi dyfeisio'r holl stori, sydd yn amlwg o'r ffaith bod yna ddiffyg manylion ynghylch beth sydd yn digwydd yn yr ail ran. Os mai'r bwriad yw creu rhyw fersiwn operatig o'r *Mousetrap* (er enghraifft), a fydd y cyfansoddwr yn gorffen creu drama 'dafladwy'? Pa werth sydd i'r gerddoriaeth? Cwestiynau anodd ond pwysig.

Mae'r broses o ddyfarnu yn y gystadleuaeth arbenning hon wedi bod yn sialens i'r tri ohonom. Fel a nodwyd, rydym yn gweld rhai pethau nad ydynt yn gweithio mewn opera, ond rydym hefyd yn gweld addewid yn ei amlygu ei hun fan hyn a fan draw. Yn fras ac yn onest, rydym yn synnu, fel beirniaid, ein bod wedi cytuno cymaint drwy'r holl broses – hyd at y gwobrwyo. Ar ôl pendroni hir, dydyn ni ddim yn unfrydol. Serch hynny, mae yna ddau ohonom yn cytuno, ac felly, enillydd Tlws y Cerddor eleni yw *Picard*.

Emyn-dôn i eiriau John Meurig Edwards

Bryn Haul

Gofal y Nef

O, Arglwydd, rho dy ofal
Dros dir ein henwlad ni;
Na foed i ddim lychwino
Yr hyn a greaist Ti.
Boed dŵr pob llyn ac afon
Yn loyw ac yn glir,
A'n bryniau a'n dyffrynnoedd
Yn ffrwythlon ac yn ir.

O, Arglwydd, rho dy nodded
I'r iaith sydd ar ein min;
Dysg i ni werthfawrogi
Ei chyfoeth hen a'i rhin.
Na foed i ni ddibrisio
Holl draddodiadau'n gwlad;
Ein hanes a'n diwylliant,
Amddiffyn hwy, O Dad.

O, Arglwydd, rho dy fendith
I ni sydd yma'n byw;
Ar hyd y daith, bydd inni'n
Dywysydd ac yn Llyw.
Diogela'n cymunedau
A'u cadw yn gytûn,
Gan fyw yng ngrym a gofal
Dy gariad Di dy hun.

John Meurig Edwards

BEIRNIADAETH GWAWR OWEN

Mae geiriau John Meurig Edwards yn gofyn am ofal, nodded a bendith ac roeddwn yn chwilio am dôn a fyddai'n cyfleu y teimlad a'r naws hwn wrth i bob pennill gychwyn gyda'r geiriau 'O, Arglwydd'. Ac mae yna adeiladwaith yn y geiriau tuag at ddiwedd pob pennill: 'Yn ffrwythlon ac yn ir', 'Amddiffyn hwy, O Dad' a 'Gan fyw yng ngrym a gofal / Dy gariad Di dy hun'. Felly, byddwn yn disgwyl rhyw fath o uchafbwynt yn y dôn tua'r diwedd.

O'r 29 tôn ddaeth i law, mae'n ddiddorol nodi bod gwahanol fesurau wedi cael eu defnyddio i osod y geiriau – rhai mewn 4 curiad, rhai mewn 3, a rhai mewn 2 (6/8).

Mae'r 29 tôn yn ganadwy ac yn dderbyniol: rhai wedi bod yn fwy mentrus na'i gilydd, newid cyweirnod, amser ac ati a gallai ambell un fod wedi mentro mwy. Mae yna ambell alaw sy'n atgoffa rhywun o emynau sydd eisoes wedi eu cyhoeddi ac mae hyn yn achosi ychydig o bryder. Mae yna rai sydd wedi cadw llinell un a dau y gerddoriaeth yn debyg iawn, ac eraill yn mynd ar drywydd gwahanol.

Er bod 29 tôn, doedd dim un enillydd amlwg yn fy marn i. Roedd gan y mwyafrif rinweddau i'w canmol gyda llond llaw yn cyrraedd y categori uchaf. Bûm yn ystyried am hir pa dôn fyddai'n ennill gan fod dwy dôn yn agos iawn at ei gilydd tua'r brig.

Gyda thonau newydd, mae'n bwysig ystyried dyfodol y dôn ar ôl y gystadleuaeth. Wrth ddod i benderfyniad a gwobrwyo, rwyf wedi cymryd ystyriaethau fel pa mor ganadwy i gynulleidfaoedd capel/eglwys/cymanfa ganu yw'r dôn.

Diolch i bawb am gystadlu a braf gweld cynifer yn cael yr awydd i gyfansoddi tonau.

Cnwce, 'O, Arglwydd, rho dy ofal': Tôn ganadwy a diweddglo da gydag alaw'r soprano yn uchel. Nid wyf yn siŵr am yr unsain yn y merched yn yr ail linell – mae'r harmoni'n teimlo'n denau. Ar y cyfan, mae'r cyfansoddwr wedi meddwl am y llinellau unigol a cheisio creu diddordeb.

Abernant, 'O, Arglwydd, rho dy ofal': Gyda'r rhythm ar 'O, Arglwydd' mae yna deimlad o ddeisyfiad reit o'r cychwyn. Serch hynny, mae'r patrwm yr un peth ar gyfer cychwyn pob brawddeg gerddorol. Byddai'n werth edrych ar ddiwedd bar 17 gyda'r cord olaf.

Hafod: Rwy'n hoffi dewis y cyweirnod Ab. Dyma dôn dda er bod yna debygrwydd mawr yn y ddwy linell gyntaf i dôn arall. Mae'n addas i naws y geiriau. Yn bersonol, hoffwn fwy o ddiweddglo ac uchafbwynt i'r pennill ac mae yna le i ddatblygu rhai o'r cordiau i wneud hon yn dôn fwy effeithiol.

Lloyd, 'Gwlad Cyfiawnder': Mae'n drueni bod y pwyslais yn anghywir fan hyn – beth am gychwyn yr 'O' cyn y bar cyntaf, wedyn 'ofal' fydd curiad cynta'r ail far? Byddai hyn yn helpu llif y dôn. Dydw i ddim yn siwr bod A a Bb uchel yn realistig mewn emyn-dôn. Gydag ychydig o addasiadau, byddai hon yn dôn ganadwy.

Clofys: Rwy'n hoffi'r rhythm ar 'O, Arglwydd' ar gychwyn pob pennill ond tybed a oes gorddefnydd o'r *dotted rhythm* trwy gydol y dôn. Gallech amrywio ychydig ar batrwm y rhythmau. Gan eich bod chi wedi mentro gyda nodau uchel yn llinell 3 a 4, byddwn wedi disgwyl mwy o ddiweddglo.

Hogyn o Lŷn, 'Ben Garn': Tôn ganadwy; ymgais dda. Er nad yw'r cyfansoddwr yn mentro gormod, mae pob brawddeg a llinell yn gweithio ac mae yna adeiladwaith yn y llefydd priodol. Mae yma nifer o rinweddau da sy'n apelio ond mae yna le i ddatblygu mwy. Rwy'n hoffi'r harmonïau yn y llinell olaf yn arbennig. Hefyd rwy'n hoffi llinell y tenoriaid. Un gwendid yw bod patrwm rhythm yr alaw yn debyg iawn o linell i linell. Roeddech yn agos iawn.

Tregaron: Fe lwyddoch i wneud hon i weithio mewn mesur 3/4. Rwy'n hoffi'r dôn; mae'n ganadwy ac effeithiol. Byddai ychydig o amrywiaeth rhythmig rhwng y lleisiau mewn ambell fan yn gwella hon yn fawr. Byddai'n werth edrych eto ar ble mae'r acen yn cwympo ym mar 7.

Bryn Haul: Mae yna gynhesrwydd addas yn y dôn. Mae'r cyweirnod Eb yn gweithio'n dda. Rwy'n hoffi'r ffaith eich bod chi wedi amrywio rhythm y nodau a bod ambell air yn cael ei ganu dros ddau nodyn. Rwy'n hoffi'r harmonïau i linell 7. Mae'r cyfansoddwr wedi meddwl am y geiriau a'u gosodiad ac mae yna adeiladwaith tuag at ddiwedd y pennill. Gyda datblygiadau bach o ran rhai o'r cordiau ynghyd â'u hehangu, teimlaf y byddai hon yn well fyth. Llongyfarchiadau.

Ianto, 'Llantarnam': Rwy'n hoffi'r cyweirnod i'r geiriau: mae'n gosod naws da. Mae hon yn dôn dda a chanadwy – er bod ambell gord yn denau. Mae'r alaw ar y cychwyn yn debyg iawn i dôn gyfarwydd – dim ond un nodyn sy'n wahanol er bod yr harmoni'n amrywio.

Hafodgau: Yn bersonol, rwy'n teimlo bod rhythm y 6/8 ychydig yn brysur ar gyfer naws y geiriau ac nid yw'r rhythm yn taro'n iawn ar ddiwedd llinell 5. Rwy'n hoffi'r dôn a'r harmoni, serch hynny.

Magi, 'Wybrnant': Emyn-dôn gadarn a'r cyweirnod yn rhoi teimlad positif i'r emyn. Rwy'n hoffi'r newid cyweirnod ac mae yma ddiweddglo da. Mae yna ffordd o osgoi *parallel 5ths* – byddai'n werth edrych ar hyn a rhai o'r cordiau, oherwydd mae'r alaw yn un effeithiol iawn.

Llanfihangel, 'Genau'r Glyn': Rwy'n hoffi'r cynildeb ar y cychwyn a'r adeiladu yn ail hanner y dôn. Efallai y byddai amrywio'r rhythm, fel nad yw pob llinell yn cychwyn yr un peth, yn helpu. Rwy'n meddwl bod sgôp i ehangu yma.

Arthur: Rwy'n hoffi'r alaw yn y llinell gyntaf. Y broblem fwyaf gyda'r dôn hon yw'r harmonïau a dilyniant y cordiau.

Iestyn, 'Foel Fawr': Dyma'r unig dôn yn y cywair lleddf: diddorol! Ond mae'n cychwyn yn y lleddf ac yn gorffen yn G fwyaf. I mi, mae'r hanner cyntaf yn fwy llwydiannus na'r ail. Mae yna ambell gord yn teimlo'n denau. Yn bersonol, byddwn yn edrych eto ar farrau 10-11.

Gwalch y Pysgod, 'Dyfi': Rwy'n hoffi llinell y tenor ar y diwedd. Mae gosod y dôn yn 3/4 yn rhoi teimlad gwahanol i'r geiriau a dydw i ddim yn llwyr argyhoeddedig bod hyn yn gweithio fan hyn bob amser. Mae angen ystyried ambell ddilyniant hefyd.

Saul Ffa: Dyma dôn hyderus. Mae gen i amheuon am osodiad y geiriau yn llinell olaf pob pennill – mae'r pwyslais yn cwympo ar 'ffrwyth**lón**', 'Amddi**ffýn**' a 'gar**iád**'. Mae'n amlwg eich bod chi wedi meddwl am linellau diddorol i'r gwahanol leisiau.

Piano, 'Ethel': Mae hon yn dôn brysur gyda thipyn o fynd arni hi. Ai dyma oeddech chi'n ei fwriadu gyda naws y geiriau? Mae angen edrych eto ar far 5 o ran y clash gyda F# a F ar y trydydd curiad.

Barbados, 'Cae Folland': Ydy 'bywiog' yn gyfarwyddyd addas ar gyfer emyn teimladwy sy'n gofyn am ofal a bendith, tybed? Mae dod i mewn ar y cychwyn yn anodd fel rydych chi wedi gosod y rhythm. Sut mae'r geiriau'n ffitio ym mar 4? A oes angen llinell yn dweud bod 'Na...'? Fel y mae nawr, mae'n 'Na foed' ac mae gormod o nodau yn y bar canlynol, felly.

Carex, 'Heol Llwyd': Mae'r ffugenw yn adlewyrchu'r byd sydd ohoni: Carex (sebon neu hylif diheintio). Mae llinell 1 a 2 yn debyg iawn fan hyn. Beth am amrywio ychydig? Gyda'r alaw, dw i'n meddwl bod posibilrwydd datblygu'r harmonïau a'r rhythmau ymhellach.

Lumocolour, 'Lôn Bethel': Mae'n amlwg bod gan y cyfansoddwr farn bendant o ran sut i ganu'r dôn gyda'r cyfarwyddyd '*Maestoso*'. Dw i'n argyhoeddedig mai dyna sydd orau ar gyfer naws y geiriau. Mae'r harmonïau'n agored iawn ar adegau.

Aron: Dyma ysgrifennu hyderus sy'n amrywio o fewn cyweirnodau. Rwy'n hoffi llinell y bas. Gan fod cymaint o gadernid yn yr emyn, byddwn wedi disgwyl mwy ar y diwedd. Mae'n werth edrych eto ar linell y soprano a'r naid o E i lawr i A tua'r diwedd.

Nelw: Dyma ysgrifennu hyderus. Dydw i ddim yn siŵr o'r 6/8 fel mesur; mae ychydig gormod o *swing* ar gyfer naws y geiriau. Ceir ymgais at amrywiaeth gyda'r lleddf yn y canol. Beth am orffen ar y D top yn hytrach na dod i lawr?

Cadi: Mae yna rai harmonïau effeithiol fan hyn. Dydw i ddim yn argyhoeddedig ynghylch y pwylais a'r sylw tri churiad i 'Na' ac 'Ar' ar gychwyn y drydedd linell a'r dilyniant cordio o linell 2 i 3? Mae'r cord ar 'Arglwydd' yn y bar cyntaf yn awgrymu rhywbeth ansicr.

Milwern: Yn bersonol, rwy'n teimlo bod y cyfansoddwr wedi bod yn rhy uchelgeisiol gyda'r harmonïau a'r dilyniant cordiau o ystyried y byddai'n dda cael tôn ganadwy i gynulleidfaoedd oedfa y dyddiau hyn.

Hebog, 'Llanfihangel': Mae'r cyfansoddwr wedi cynnig trefniant SATB gyda'r opsiwn o ddesgant ac unsain. Dydw i ddim yn siŵr bod nodau uchel G ac F yn realistig os yw hon i'w chanu mewn oedfaon. Rwy'n amheus o'r cyfarwyddyd 'Yn fawreddog' ar gyfer geiriau sy'n gofyn am ofal a bendith.

Ightham: Mae'r dôn wedi ei gosod ar ffurf sy'n awgrymu bod yr altos yn canu yn uwch na'r sopranos ar nifer o adegau. Dydw i ddim yn gweld arwydd bod yr altos i fod i ganu *octave* yn is na'r hyn sydd wedi'i sgwennu chwaith. Mae hyn braidd yn ddryslyd. Dydw i ddim yn gweld top G yn realistig mewn oedfaon.

Dafydd: Cofiwch ei bod hi'n arferol gosod curiad ar gychwyn pob cyfansoddiad. Mae angen ychwanegu 6/8. Yn bersonol, dw i'n argyhoeddedig mai hwn yw'r mesur gorau i'r geiriau, ond rydych wedi creu ymgais deg yn y mesur. Mae'n werth edrych eto ar gordiau barrau 9-11. Beth am yr F# ar ddiwedd bar 10 yn yr altos? A'r dilyniant i far 11?

Garth: Dechrau addawol, gyda'r gerddoriaeth yn llifo'n dda gyda diweddglo. Dw i'n meddwl bod y dilyniant ym marrau 9-11 yn sefyll allan a bod angen edrych ar y cordio fan hyn. Mae yna le i ddatblygu'r dôn hon.

Garth-B: Dyma dôn debyg iawn i un *Garth*: dim ond dau beth sy'n wahanol, ac mae'n well gen i ddechreuad *Garth-B*. Ond yr un sylw am farrau 9-11; trueni. Mae yna le i ddatblygu yma.

Rhoddaf y wobr gyntaf i *Bryn Haul*.

Unawd ar gyfer unrhyw lais gyda chyfeiliant piano i eiriau Dic Jones. Gellir gosod cerdd gyfan neu ddewis detholiad o unrhyw gerdd. Cyfrifoldeb y cyfansoddwr yw sicrhau hawl i ddefnyddio'r geiriau

BEIRNIADAETH ERIC JONES

Siom oedd derbyn un ymgais yn unig yn y gystadleuaeth hon.

Aberwennol, 'Ffan': Dewisodd y cyfansoddwr osod y gerdd 'Ffan' fel unawd i lais bariton. Myfyria'r bardd ar dranc ei ast annwyl a ffyddlon, gan gofio'i haddfwynder a'i thynerwch, gydag ambell fflach o ysgafnder wrth nodi, er enghraifft, 'Ond ei hofn ar gathod oedd'! Fel cerdd gaeth, a'i thema anarferol, mae'n her i'w gosod yn gwbl argyhoeddiadol. Serch hynny, mae'r cyfansoddwr yn parchu'r gynghanedd ac yn llwyddo i osgoi unrhyw undonedd rhythmig. Ceidwadol yw'r arddull a'r iaith gerddorol, ac mae tuedd fechan ar adegau i ambell ddilyniant o gordiau golli cyfeiriad. Ond ceir syniadau tlws o ran yr alaw, brawddegau telynegol i'r llais, ac ysgrifennu idiomatig priodol i'r piano. Er y gellir ystwytho'r mynegiant, ailymweld ag ambell syniad, a chywiro mân frychau, mae yma addewid pendant, ac mae'r cyfansoddwr yn haeddu cymhelliant i barhau i fentro, ac felly'n haeddu'r wobr.

Darn ar gyfer *ensemble* offerynnol o unrhyw gyfuniad o offerynnau (4-6 mewn nifer)

Thema: unrhyw un o chwedlau Ceredigion

BEIRNIADAETH ALAN PHILLIPS

Jane, 'Cantre'r Gwaelod': Ces fwynhad o wrando ar y darn atmosfferig hwn yn darlunio'r chwedl o'r hen wareiddiad a foddwyd yng Nghantre'r Gwaelod. Roeddwn yn hoffi'r ieithwedd harmonig a'r bywiogrwydd rhythmig yn y darn hwn o gerddoriaeth.

Rydych yn agor y darn gyda chordiau clwstwr (*arpeggios*) yn y delyn a'r corn sy'n cymryd yr alaw drwy ganu'r pedwar nodyn cyntaf o'r raddfa dôn gyflawn.
Bar 11-25: Hoffais y modd y mae'r rhythmau'n amrywio ac fel y mae darnau o alaw agoriadol y corn yn ymddangos wedi'u cywasgu gyda gwrthbwynt wedi'i blethu â thripledi cysylltiol.
Bar 23: Cyflwynir hanner-cwafer wedi'i ddotio – rhythmau cwaferi demi semi yn disgyn ac esgyn.
Parha'r bywiogrwydd rhythmig hyd at far 36, gyda rhyngweithio clyfar rhwng yr offerynnau chwyth ym mar 35 a 36.
Bar 38: Gwelir nodyn pedal D yn y delyn ac mae tyndra yn yr ieithwedd harmonig ond mae'r tyndra'n ymlacio ym mar 42 gyda'r 5awdau moel.
Bar 44: Cyflwynir rhythm tripled hanner-cwafer yn y delyn. Cyfansoddwyd yr alaw yn atmosfferig yn y 5awdau ac ym mar 49 rydych wedi cyflwyno'r alaw fel canon sy'n dod â'r gerddoriaeth i'w diweddglo.
Rwyf wedi gwrando, astudio a dadansoddi 'Cantre'r Gwaelod' amryw o weithiau. Mae'n rhaid i mi eich cymeradwyo ar ddarn celfydd o gyfansoddi. Peidiwch â digalonni am ddod yn ail gan ei bod yn gystadleuaeth agos dros ben ac mae'n rhaid i chi ddal ati gan eich bod yn dda iawn am gyfansoddi.

Da iawn!

Twm, 'Golygfeydd o fywyd Twm Sion Cati': Agoriad bywiog iawn i'r pedwarawd chwyth hwn gyda llawer o afiaith rhythmig. Nodaf fod unawd y corn yn A yn deillio o'r ffigurau cyfeiliant ac wedi'i hysgrifennu fel estyniad ac mai o'r fan hon hefyd y deillia'r ffigurau yn y cyfeiliant.
B: Hoffaf y digrifwch yn alaw'r basŵn a nodaf yn ogystal eich bod wedi datblygu'r adran 12/8 hon o'r motiffau blaenorol a bod hynny'n gweithio'n dda iawn.

Andante: Hoffaf eich arddull 'Gymreig' werinol ramantaidd yn yr alaw hon – gellid defnyddio'r alaw hon fel darn annibynnol gennych yn y dyfodol.
E: Deunydd wedi'i wrthdroi o'r cynnwys blaenorol sy'n gweithio'n dda iawn.
F Presto: Nodaf sut y bu i chi ddatblygu alaw'r clarinet o alaw'r corn yn A. Ysgrifennwyd yr adran hon yn bennaf yn y Modd Doriaidd ac mae'n ymdebygu i sain Vaughan Williams. Ystyriaf hyn yn ganmoliaeth ac nid yn feirniadaeth gan i'r gerddoriaeth hon weithio'n dda iawn ac mae'n hyfryd iawn i'r glust.
Yn gyffredinol rwyf wedi gwrando, astudio a dadansoddi'r darn hwn o gerddoriaeth nifer o weithiau a llongyfarchaf chi ar ddarn o gerddoriaeth sydd wedi'i gyfansoddi'n dda iawn ac sy'n braf i wrando arno. Rwyf hefyd wedi nodi eich sgiliau wrth ddefnyddio dyfeisiau cyfansoddi amrywiol i ddatblygu'r gerddoriaeth.

Da iawn!

Trefniant ar gyfer côr SATB o emyn-dôn gan gyfansoddwr o Gymro

Y cystadleuydd i ddewis geiriau unrhyw emyn Cymraeg priodol. Cyfrifoldeb y cyfansoddwr yw sicrhau hawl i ddefnyddio'r geiriau

BEIRNIADAETH MEIRION WYNN JONES

Daeth pedair ymgais i law – nifer cymharol isel.

Pam mynd ati i aildrefnu emyn-dôn? Mae ein tonau ni'r Cymry â digon o ysbrydoliaeth gerddorol yn eu fersiynau gwreiddiol fel arfer, i fedru cynnal diddordeb cynulleidfa. Mae penillion digyfeiliant, penillion i leisiau uwch neu is, neu hymian yn medru bod yn effeithiol mewn perfformiad corawl. Os ydyn ni am greu trefniant corawl mae angen mwy nag ailwampiad o'r dôn arnom – mae angen argyhoeddiad, sensitifrwydd at y testun, dealltwriaeth lwyr o harmoni diatonig, y gallu i ysgrifennu'n idiomatig a naturiol i leisiau, ac wrth gwrs, yr hyder i fedru creu gwaith sy'n saernïol gryf.

Un pwynt arall cyn troi at y cynigion – y cyfeiliant. Beth yw ei rôl mewn darn corawl? Awgrymaf ei fod llawer mwy na darparwr curiad a thraw. Mae'n rhaid bod gan unrhyw gyfeiliant ddiddordeb cerddorol. Cofiwch, hefyd, eiriau'r pianydd, Vladimir Horowitz (1903-1989), pan ddywedodd mai 'y peth pwysicaf yw i drawsnewid y piano o fod yn offeryn taro i offeryn sy'n canu'. Mae'r glust yn blino ar sŵn cordiau yn cael eu bwrw yn ddiddiwedd ar y piano.

Branwen, 'Rho im yr hedd/Rhys': Mae'r ysgrifennu yma yn hyderus, ac ar y cyfan, yn effeithiol. Rwy'n hoffi'r ffordd y mae'r cyfansoddwr yn cyflwyno *leitmotiv* ym mar cyntaf y cyfeiliant – syniad bach cerddorol sy'n ailymddangos yn ystod y darn, ac yn clymu'r cyfan at ei gilydd yn strwythurol. Mae parch yma tuag at eiriau eiconig Elfed (1860-1953), gyda gosodiad â naws weddigar gwbl addas. Mae rhan y piano rhwng y penillion yn atmosfferig, gyda thrawsgyweiriadau celfydd, ac mae'r newid i'r cywair lleddf ar gyfer y trydydd pennill yn drawiadol. Mae angen tacluso'r cyfeiliant yma ac acw – dydy o ddim yn ffitio'r rhannau corawl yn ail hanner bar 84, a byddai rhan y llaw dde ar ddechrau bar 73 yn gorfforol amhosib i rai pianyddion. Yn olaf, mae angen cywiro rhan yr ail soprano ym mar 91, lle mae alaw yr emyn-dôn wreiddiol yn anghywir ar ddechrau curiad pedwar. Ond mae'n drefniant didwyll, ac yn haeddu cael ei glywed.

Penbryn, 'Tyred Iesu i'r anialwch/Blaenwern': Agoriad grymus sydd i'r trefniant hwn o eiriau William Williams, Pantycelyn (1717-1791), gyda rhan i'r piano sydd wedi'i seilio ar frawddeg ola'r emyn-dôn, ac nid y frawddeg gyntaf – syniad ffres ac apelgar. Rhannwyd y pennill cyntaf rhwng y lleisiau is ac uwch, gyda hymian a desgantau canadwy. Rwy'n hoffi'r trawsgyweiriad i mewn i'r ail bennill yn fawr, gyda'r teimlad o'r tensiwn cerddorol yn cynyddu, ond rwy'n gweld y rhannau lleisiol ar adegau yn y pennill hwn yn drafferthus i'w cael yn lân – rhan yr alto ym marrau 52-54, a 71-72, er enghraifft. Anogaf y cyfansoddwr i wirio sillafiad y testun hefyd – mae *dŵr, tân, sêl* ac *ôl* i gyd angen to bach arnynt. Dydw i ddim yn gyfarwydd â 'wedi i'r nefoedd fynd yn dân' i gloi'r ail bennill, chwaith. Y ddaear sy'n mynd yn dân fel arfer, yn ôl y Pêr Ganiedydd.

Yn anffodus, mae rhyw straen yn perthyn i'r trawsgyweirio rhwng barrau 84-87. Hyd y pwynt yma mae'r iaith harmonig wedi bod yn eithaf ceidwadol, ond yn sydyn mae'r arddull yn newid – ac i'm clustiau i beth bynnag, ddim yn taro deuddeg. (Awgrymaf deithio o harmoni F# leiaf ar ddiwedd bar 83, trwy harmoni B leiaf, E leiaf, ac A leiaf, er mwyn cyrraedd D fwyaf, sef llywydd y cywair y mae *Penbryn* yn ceisio glanio ynddo ar gyfer pennill tri). Un gwendid amlwg yw undonedd rhythmig y cyfeiliant – yn syml, mae gormod o grosietau yn rhan y piano. Ond mae diweddglo'r darn, gyda rhannau *divisi* i'r côr, y dyblu traddodiadol, a'r pwyntpedal yn gyffrous ac yn debygol o gynhyrfu cynulleidfa.

Arfor, 'O am nerth i dreulio 'nyddiau/Hyfrydol': Cyfeiriais ar y dechrau at bedair ymgais, ond rwy'n amau mai tri chyfansoddwr sydd yn y gystadleuaeth hon mewn gwirionedd. Mae nodweddion cerddorol *Penbryn* ac *Arfor* yn rhy debyg i fod yn gyd-ddigwyddiad. Maent hefyd yn rhannu yr un cryfderau a gwendidau. Gwaith *Arfor*, felly: mae hwn yn osodiad arall o waith Williams, Pantycelyn, gyda rhagarweiniad cryf â defnydd chwaethus o gordiau'r seithfed yn y pennill cyntaf. Byddwn yn awgrymu hepgor barrau 44-47 – mae digon o ailadrodd harmonig yma i'r piano fel ag y mae. Mae crap y cyfansoddwr ar drawsgyweirio yn gadarn, ac rwy'n hoff iawn o'r newid ar gyfer pennill dau a thri. Soffistigedig yw'r iaith harmonig – iaith sy'n dwyn i gof weithiau Holst (megis yr anthem, 'Turn back, O Man') a Vaughan Williams (yn ei breliwd ar 'Hyfrydol' i'r organ) yn y teimlad o agosáu at ddeugyweiriaeth. Fel yng ngwaith *Penbryn*, mae ailadrodd i'w gael yn y pennill olaf, gyda *divisi* corawl eto yn arwain at ddiweddglo soniarus. Mae'r fformiwla yma yn ddigon derbyniol, ond beth am weld yr ailadrodd fel cyfle i wneud rhywbeth ychydig yn wahanol – newid (neu golli) y cyfeiliant, efallai? Ac wrth gyfeirio at y cyfeiliant, fel yng ngwaith *Penbryn*, mae angen mwy o amrywiaeth weadeddol yn gyffredinol.

BeeTee, 'Rho im yr hedd/Rhys': Unwaith yn rhagor yn y gystadleuaeth hon, emyn Elfed ar dôn brydferth W. J. Evans (1866-1947), 'Rhys', sy'n cael ei drefnu. Dyma'r cyfansoddwr lleiaf profiadol i gystadlu, ac er bod syniadau cerddorol diddorol yn britho'r darn (y rhagarweiniad piano, er enghraifft), mae angen i *BeeTee* ddysgu sut mae ysgrifennu ar gyfer lleisiau yn gywir ac yn idiomatig. Anogaf y cystadleuydd hwn i ddadansoddi *chorales* J. S. Bach (1685-1750), a sylwi ar gwmpawd pob llais, ar sut mae'r rhannau lleisiol yn symud, ac ar y berthynas rhwng y lleisiau (yn enwedig rhwng yr alto a'r tenor). Mae yma gerddor llawn egni creadigol, a chyda dyfalbarhad ac arweiniad athro medrus, mi all greu darnau effeithiol yn y dyfodol.

Roedd y gystadleuaeth hon yn gofyn am drefniant o emyn-dôn. Mae hyn, wrth reswm, yn golygu trefniant o emyn – hynny yw, o eiriau. Ni theimlais fod y cystadleuwyr bob amser wedi myfyrio ar, neu wedi gwerthfawrogi, gwir ystyr a neges y testun a ddewiswyd. Wrth gynnig cyngor i'r rhai sy'n ysgrifennu i gorau, mae'r cyfansoddwr Seisnig, John Rutter (g. 1945) yn dweud: 'Mi ydych yna i wasanaethu'r geiriau sy'n cael eu gosod. Felly gwnewch eich hun yn Was, a'r testun yn Feistr.'
Geiriau doeth a da.

Rhoddaf y wobr i *Branwen*.

Casgliad o dair cân (deulais) ar thema 'Y Gofod', yn addas i blant oed Cyfnod Allweddol 2

Geiriau Cymraeg gwreiddiol neu rai sy'n bodoli eisoes. Cyfrifoldeb y cyfansoddwr yw sicrhau hawl i ddefnyddio'r geiriau

BEIRNIADAETH J. EIRIAN JONES

Derbyniwyd tair ymgais i'r gystadleuaeth a da cael dweud bod pob un o'r tair wedi ymdrechu i gyflwyno gwaith diddorol a cherddorol gan ateb y briff a osodwyd. Rhaid canmol y tri ymgeisydd am arfer gofal wrth ddewis geiriau i'w gosod ac osgoi'r demtasiwn i orlwytho lleisiau ifanc gyda gofynion afresymol. Y gamp amlwg, wrth gwrs, yw ceisio cynnal cysondeb a safon drwy'r tair cân ac yn hyn o beth, gellir dweud bod y tri chyfansoddwr wedi llwyddo. Mater pwysig arall i'w ystyried yw bod angen llunio cyfeiliant piano addas a fydd yn cynnig cefnogaeth heb fod yn rhy ymwthiol ac i fod o fewn cyrraedd pianyddion llai profiadol.

Arianrhod, 'I'r Gofod'; 'Fry yn y Nen'; 'Cysawd yr Haul': Amlygwyd nifer o syniadau cerddorol ffres yng nghaneuon *Arianrhod* gyda'r amrywiaeth o arddulliau cerddorol yn cynnig cyferbyniad diddorol o fewn y casgliad. Ceir yma linellau lleisiol effeithiol ynghyd â chrebwyll da hefyd o sut i greu cyfeiliannau piano trawiadol. Hoelir ein sylw ar unwaith gan gyflwyniad trawsacennog a bachog 'I'r Gofod', yna'r naws hudolus a grëwyd gan y ffigwr cyfeiliant yn 'Fry yn y Nen' ac ymlaen i arddull ysgafn *swing* 'Cysawd yr Haul'. Yn sicr mi fydd yr adran sy'n cynnwys y cyfrif i lawr o 10 yn 'I'r Gofod' yn siŵr o apelio at blant yr oedran o dan sylw. Mae'r ysgrifennu i'r lleisiau yn gosod digon o her i'r cantorion ifanc ond bob amser yn ddiddorol gydag elfen gref o efelychiant yn bresennol. Seiliwyd y cyfan ar fframwaith harmonig cadarn gydag ambell gyffyrddiad effeithiol fel a geir yn y symud o gord F i Db yn 'Cysawd yr Haul'. Diolch yn fawr am arfer cymaint o ofal wrth nodi'r caneuon.

Frondeg, 'Ein Planedau': Cafwyd amrywiaeth pleserus iawn o ganeuon yng nghasgliad *Frondeg* gyda'r cerddi a ddewiswyd yn rhai addas ac yn sicr o fewn dealltwriaeth ystod oedran y gystadleuaeth. Eto ceir gwrthgyferbyniad pendant rhwng y caneuon. Mae'r agoriad i 'Ein Planedau 1' yn drawiadol gyda'r symud o'r tempo *moderato* i *allegro* yn gweithio'n dda. O bosib, mae'r ffigwr cyfeiliant a welir ym mar 13 – er yn llwyddiannus – yn datblygu i fod braidd yn ailadroddus erbyn cyrraedd bar 42. Sefydlir naws cwbwl addas ar ddechrau 'Ein Planedau 2' ond efallai bod gorddefnydd eto o'r ffigwr agoriadol heb ddigon o amrywiaeth i gynnal y diddordeb. Hoffwyd yn arbennig ddiweddglo hynod o effeithiol yr ail gân er bod gofyn am reolaeth anadl go arbennig i ddal y nodyn olaf am 20 curiad! Mae'r ffigwr tripled sydd yng nghyflwyniad 'Ein Planedau 3' yn gosod naws hwyliog, ysgafn bron fel dawns i'r gân ac fe ddarlunnir cymeriad y gwahanol blanedau yn hynod gerddorol. Mae'r cyffyrddiadau cromatig a geir yma yn drawiadol a gwelir bod yr ysgrifennu lleisiol yn cynnig digon o ddiddordeb ac amrywiaeth hefyd. Teimlwyd efallai y gellid cynnig teitlau unigol i'r tair cân yn hytrach nag 'Ein Planedau 1, 2 a 3'.

Drudwy, 'Y Planedau'; Ffrindiau yn y Gofod'; 'Dyn Bach Gwyrdd': Darparodd *Drudwy* gopi o'r geiriau ar wahân gyda'r cyfansoddwr ei hun wedi eu cyfansoddi. Hawdd gweld fod yma gyfansoddwr wrth reddf, aeddfed ei syniadau ac yn adnabod ei gyfrwng yn arbennig o dda. Mae'r tair cân yn frith o syniadau cerddorol deniadol a dychmygus gyda'r ysgrifennu lleisiol yn syrthio'n gyfforddus o fewn cwmpawd lleisiol yr oedran a bennwyd. Roedd yr amrywiaeth o safbwynt cynnwys ac arddull o fewn y casgliad hwn yn ardderchog. Egyr y gân gyntaf yn fyrlymus a bachog gyda rhythmau trawsacennog a chyffrous. Symuda'r gân yn esmwyth drwy'r gwahanol adrannau gyda chymeriad yr amrywiol blanedau'n cael ei ddarlunio'n gelfydd iawn. Mae'r sylfaen harmonig yn gadarn, y trawsgyweiriadau bob tro yn bwrpasol ac ambell gyffyrddiad fel cord cywasg y seithfed yn ychwanegu at y naws. Gosoda *ostinato*'r piano yr awyrgylch pwrpasol ym marrau agoriadol 'Ffrindiau yn y Gofod' a deniadol iawn yw'r nodau *appoggiatura* a geir yn rhan yr alto o dro i dro. Teimlir bod ffigwr cyfeiliant y piano yn y cyflwyniad yn esblygu'n gerddorol drwy gydol y gân. Llwyddwyd i ddal hiwmor y geiriau yn 'Dyn Bach Gwyrdd' gyda'r arddull *swing* yn taro'r union nodyn roedd ei angen. Dyma gân hwyliog a fyddai'n apelio'n syth yn ddi-os.

Diolch i'r tri chyfansoddwr am eu hymdrechion a diolch iddynt hefyd am y pleser o gael bwrw llinyn mesur dros eu gwaith. Haedda'r tri chasgliad gael eu cyhoeddi ond dyfarnaf y wobr i *Drudwy* gyda chlod arbennig.

Cystadleuaeth i ddisgyblion 16 ac o dan 19 oed

Dau gyfansoddiad gwrthgyferbyniol mewn unrhyw gyfrwng

BEIRNIADAETH KATE MORGAN

Cafwyd tair ymgais yn y gystadleuaeth hon a phleser oedd cael beirniadu darnau mor amrywiol – gyda rhai ohonynt yn eithriadol o wreiddiol.

Cysgodion, 'Heno ym Mhrag ...' a 'Môr-Leidr Mecanyddol': Ceir addewid yn y naill gyfansoddiad a'r llall gyda themâu dychmygus. Siom oedd bod tueddiad i'r syniadau dechreuol fod yn ailadroddus neu'n newid ond rhyw ychydig – yn hytrach na chael eu hymestyn i fod yn fwy cyflawn. Er hynny, maent wedi'u hysgrifennu'n dda gydag arddull offerynnol sicr.

Olwen Meri, 'A ddaw cyfle arall' a 'Crwydro': Teimlaf fod y ddau gyfansoddiad hyn yn ddiffygiol o ran gwrthgyferbyniad yn eu cynnwys harmonig. Maent ill dau braidd yn fformiwledig gydag alawon a harmonïau disgwyliedig sy'n ddiffygiol o ran gwreiddioldeb. Mae'r adeiladwaith ynddynt yn sicr, serch hynny, ac mae defnydd effeithiol o ddyfeisiau cerddorol.

Pagliacco, 'Rhapsodi' a 'Hwiangerdd': Dau gyfansoddiad prydferth o gyferbyniol sy'n dal rhuddin y teitlau mewn arddull aeddfed a thrawiadol. Mae'r ysgrifennu i'r offerynnau i gyd yn effeithiol yn y ddau gyfansoddiad gyda thystiolaeth o ddatblygiad melodaidd cryf. Rhoddwyd cryn sylw i fanylion gan y cyfansoddwr ac fe gaiff y gwead ei reoli gyda gofal.

Rhoddaf y wobr i *Pagliacco.*

Cystadleuaeth Tlws Sbardun

Cân werinol ac acwstig ei naws. Rhaid i'r gerddoriaeth a'r geiriau fod yn wreiddiol, a dylid cyflwyno'r gân ar gryno ddisg neu MP3. Caniateir cywaith. Ystyrir perfformio'r gân fuddugol yn yr Eisteddfod y flwyddyn ganlynol

BEIRNIADAETH TECWYN IFAN, SIAN JAMES

Diolch i'r naw cyfansoddwr a aeth ati i gystadlu a llongyfarchiadau i bob un ohonyn nhw am fentro. Daeth ystod eang a diddorol o ganeuon i law a braf iawn oedd gweld hynny. Dyma fel y mae'r ddau ohonom yn ei gweld hi.

Cefn Sidan,'Criw Porth Tywyn': Dyma gân ar gyfer parti o leisiau a'r harmonïau'n effeithiol wrth greu awyrgylch sianti-aidd hwyliog a 'ffwrdd-â-hi'! Mae'r alaw'n un fachog a chofiadwy, ond gresyn nad oedd cytgan o ryw fath er mwyn datblygu llif y gân ac osgoi'r fagl o fynd yn ailadroddus.

Afallon,'Fy Machgen Bach': Roeddem yn hoffi'r cyfeiliant gitâr yn fawr, a'r riff bach drwyddi draw yn ychwanegu'n effeithiol at anwyldeb y gân. Roedd y ddeuoliaeth rhwng yr alaw ddiniwed a gofid amlwg y rhiant wrth restru ei ofidiau am gyflwr y byd a'i broblemau, yn deimladwy iawn. Ond mae'r pennill olaf yn cynnig nodyn o obaith wrth gadarnhau taw cariad yw'r unig ateb. Cân hoffus dro ben.

Drwmgwsg,'Hwiangerdd Bae Caerfyrddin': Cân annwyl arall. Cyfeiliant y gitâr yn effeithiol, a hoffwyd yn fawr y rhestru enwau'r llefydd yn y geiriau – cyffyrddiad a roddodd gyd-destun hyfryd i'r cynnwys.

Manorbŷr, 'Pethau Bychain': Roedd trefniant ceinach i'r gân hon – a'r ychwanegiad o'r ffliwt a'r delyn yn y trefniant yn dlws dros ben. Yma eto mae awyrgylch hynod o annwyl a'r llinell ' ... wrth wneud y pethau bychain Heledd fach' wir yn aros yn y cof.

Ceiniog a Dime, 'Cân Olwen': Cân mewn curiad *waltz* – rhywbeth a roddodd ryw *swing* fach effeithiol i'r awyrgylch. Mae'r cyfeiliant yn adeiladu wrth fynd ymlaen a'r alaw yn syml ond yn hynod o dlws. Efallai bod neges y gân wedi mynd ar goll rhyw fymryn, ond roedd yma drefniant effeithiol a cherddorol dros ben.

Guto Nyth Brân 1, 'Bore Calan yng Nghaerdydd': O'r nodyn cyntaf gosodwyd awyrgylch cyfrin y gân – a'r geiriau gwych drwyddi draw yn sicr yn ei dyrchafu i diroedd uchel. Yn gerddorol fe'n tynnwyd i mewn i'r portread yn syth gyda'r lleisiau cefndir atmosfferig yn atgoffa rhywun o waith Michael Kiwanuka, a thinc hiraethus y canu a'r trefniant yn hynod, hynod effeithiol. Mae'n grefft brin medru creu cân sy'n symud y galon i'r fath raddau, a hynny mewn ffordd mor gynnil a dirodres – tystiolaeth bod yma gyfansoddwr talentog ar waith.

Guto Nyth Brân 2, 'Pen draw'r byd': Deuawd garu sydd gynnon ni fan hyn, ac unwaith eto mae ôl graen ar y trefniant a'r geiriau, a'r alaw yn sicr yn gofiadwy a theimladwy. Roedd rhyw gynhesrwydd hyfryd yn perthyn i'r holl beth, a'r ddau ohonom yn cytuno bod yma botensial mawr.

Guto Nyth Brân 3, 'Cryfder Nain': Teyrnged i nain y cyfansoddwr sydd yma – ac am deyrnged fendigedig! Licion ni naws ddilyffethair y geiriau wrth ddisgrifio ei nain – ei chryfder a'i chariad, a'i dylanwad amlwg ar y cyfansoddwr. Cân hynod hyfryd a'r alaw swynol a'r strwythur cynnil yn effeithiol tu hwnt. Cracar o gân arall!

Dic Martin, 'Môr-forwyn': Cân ar ffurf baled yw hon, sydd yn adrodd hanes Peregrin a'i forwyr yn dal môr-forwyn yn eu rhwydi yn nyfroedd arfordir Sir Benfro – stori oesol wrth gwrs sy'n wybyddus drwy'r gwledydd Celtaidd a thu hwnt. Braidd yn hir yw hi a dweud y gwir – yn ôl arfer baledi wrth gwrs – ond efallai y byddai ailstrwythuro rhywfaint ar y geiriau a byrhau'r stori yn gymorth mawr i gynnal diddordeb.

Felly, o'r naw cyfansoddiad a gyflwynwyd i'r gystadleuaeth, mae'r ddau ohonom yn gwbwl gytûn bod un gân yn dod i'r brig, sef 'Bore Calan yng Nghaerdydd' gan *Guto Nyth Brân 1*.

Llongyfarchiadau mawr i'r enillydd.

Adran Cerdd Dant

Gosodiad deulais neu fwy

'Yn feinwen, mae gen i gwch', Gwenallt Llwyd Ifan (Swyddfa'r Eisteddfod). Cainc: 'Beuno', Gwennant Pyrs (122122), *Dwynwen a Cheinciau Eraill* (Gwennant Pyrs)

BEIRNIADAETH EINIR WYN JONES

Dyma dasg heriol, a rhaid llongyfarch yr unig ymgeisydd a ddaeth i law, sef *Eryri*, am gyfansoddi gosodiad llwyddiannus. Mae'r corfannu'n esmwyth ac mae yma gyfalawon cerddorol, sy'n gymorth i ddehongli'r gerdd.

Ceir amrywiaeth o weadau lleisiol, gyda'r defnydd o unsain yn yr agoriad yn effeithiol ac yn llwyddo i greu'r awyrgylch tawel, priodol. Fodd bynnag, yn gyffredinol nid yw'r unllais wedi ei strwythuro'n ddigon gofalus, ac o'i ddefnyddio ar dri neu bedwar nodyn yn unig, yn hytrach na'i gynnal trwy'r cwpled, mae'n tueddu i golli'i bwrpas.

Mae'r gynghanedd yn gyson gywir gyda rhannau diddorol i bob llais, er bod yma orddefnydd o'r cwmpawd uchaf, yn arbennig felly yn y pennill clo. Mae angen osgoi defnyddio'r union gord hefyd ar ddiwedd pedwar o'r penillion.

Dyma gystadleuydd hynod addawol. Dyfarnaf £100 o wobr i *Eryri*.

Adran Dawns

Cyfansoddi dawns ffair, i'w henwi ar ôl un o ffeiriau Ceredigion

Anfonir y dawnsiau sy'n cael eu cymeradwyo gan y beirniad at Gymdeithas Genedlaethol Dawns Werin Cymru gyda'r bwriad o'u cyhoeddi

BEIRNIADAETH EIRLYS BRITTON

Un ddawns ddaeth i law.

Nansi, 'Ffair Aberteifi': Yr argraff cynta yw fod y ddawns wedi ei gosod allan yn daclus a'r cyfarwyddiadau yn glir i bob adran o'r gerddoriaeth. Mae ffurf y ddawns yn hawdd i'w dilyn.

Yn gyffredinol mae'n ddawns gytbwys a'r adeiladwaith yn gelfydd gyda'r cyplau'n newid eu safleoedd gyda phob tro o'r ddawns ac yn gorffen erbyn y diwedd yn eu lleoedd gwreiddiol. Fel rheol, trefn safleoedd cwpl 1 mewn dawns esgynnol fyddai 1 i 4 i 3 i 2 cyn dod yn ôl i safle 1 ond yn hon mae'r datblygiad yn wahanol ac yn atgoffa rhywun o ddawns Pont Caerodor lle mae trefn y cyplau yn mynd o 1 i 3 i 4 i 2 cyn gorffen eto yn safle 1. Mae'n dipyn o gamp gweithio hyn i gyd mas.

Braf oedd gweld cytgan yn B2 bob tro sy'n rhoi hoe i feddwl y dawnswyr ac yn atgoffa rhywun eto o'r ffigwr 8 sydd ar ddiwedd pob rhan yn nawnsfeydd Llangadfan sy'n rhoi atalnod i bob rhan cyn symud ymlaen i'r rhan nesaf bob tro.

Ceir alaw hyfryd ac addas i'r ddawns – er, wrth wrando arni, nid oedd yn awgrymu hwyl ffair i mi. Teimlaf y buasai alaw gyda mwy o lif a hwyl iddi wedi siwtio dawns ffair yn well a fyddai'n caniatáu i'r dawnswyr ddawnsio'n fwy rhydd.

Mae'n anodd iawn cyfansoddi dawns draddodiadol newydd achos y duedd ydy i gymryd patrymau a symudiadau o ddawnsfeydd eraill a'u gosod gyda'i gilydd ac er bod y ddawns yn wahanol yr unig beth ydy hi mewn gwirionedd ydy cwilt o symudiadau a phatrymau mewn gwahanol drefn. Serch hyn, mae yma ymgais wedi bod i feddwl am ffigurau a phatrymau newydd ac mae'r B2 yn enghraifft dda o hyn.

Byddwn yn awgrymu ychwanegu diagramau gyda'r cyfarwyddiadau i helpu gyda'r deall.

Does dim cyfarwyddiadau yn y rhagymadrodd yn awgrymu rhubanau neu hancesi. Ydyn nhw felly'n orfodol? Rhyw deimlad sydd gen i ydy eu bod nhw wedi'u hychwanegu ynghyd â'r camau naid er mwyn gwneud y ddawns yn fwy o ddawns ffair; mi fusawn i'n awgrymu gadael i'r timoedd ddehongli'r ddawns eu hunain ac ychwanegu'r hancesi neu'r rhubanau eu hunain yn ôl eu dehongliad nhw.

Mae'r ddawns ag adeiladwaith da iddi ac yn awgrymu cyflymu i uchafbwynt. Mae symudiadau y breichio a'r bleth yn mynd i godi hwyl tuag at y diwedd.

Dyma ddawns sydd wedi ei chynllunio'n hynod o gelfydd a gyda chryn dipyn o feddwl wedi mynd iddi. Fel dwedais ynghynt, hawdd fuasai bod wedi cymryd gwahanol batrymau a symudiadau o ddawnsfeydd eraill a'i galw'n ddawns newydd – ond nid dyna a wnaethpwyd yma. Rwy'n siŵr y bydd sawl tîm yn falch o fedru dawnsio hon.

Llongyfarchiadau mawr i *Nansi* sy'n llawn haeddiannol o'r wobr.

Adran Gwyddoniaeth a Thechnoleg

Erthygl Gymraeg yn ymwneud â phwnc gwyddonol ac yn addas i gynulleidfa eang, heb fod yn hwy na 1,000 o eiriau. Croesewir y defnydd o dablau, diagramau a lluniau amrywiol. Sylwer y dylid cydnabod gwaith awduron eraill lle bo'n briodol. Croesewir gwaith unigolyn neu waith grŵp o unrhyw oedran. Ystyrir cyhoeddi'r erthygl fuddugol mewn cydweithrediad â'r cyfnodolyn *Gwerddon*

Problem Ymwrthedd Gwrthfiotig

Mae cyflwyno gwrthfiotigion, moddion sydd yn gallu lladd neu rwystro twf bacteria, wedi bod yn ddylanwadol iawn wrth leihau mynychder clefydon heintus byd-eang. Darganfuwyd yn fuan allu bacteria i newid a datblygu ymwrthedd gwrthfiotig, ac roedd hyn yn broblem a oedd yn gofyn i wyddonwyr ddod o hyd i wrthfiotigau newydd neu newid gwrthfiotigau presennol i oresgyn y bacteria gwrthiannol. Fe gafodd y gwrthfiotig naturiol cyntaf, penisilin, ei ddarganfod gan Alexander Fleming yn Llundain yn 1928. O ganlyniad i gydweithrediad rhwng gwyddonwyr ym Mhrydain a'r Unol Daleithiau cynhyrchwyd penisilin pur yn yr Unol Daleithiau, a defnyddiwyd ef yn y Rhyfel Byd Cyntaf i achub miloedd o fywydau milwyr wedi'u hanafu ar gae'r frwydr, a hefyd y rheiny a oedd yn dioddef o glefydau gwenerol fel *gonorrhoea*. Derbyniodd Fleming a dau wyddonydd, Florey a Chain o Brifysgol Rhydychen, y Wobr Nobel am Feddygaeth yn 1945 am eu gwaith.

Yn dilyn hyn, yn yr hyn a elwid yn 'oes aur o ddarganfyddiad gwrthfiotig', crëwyd sawl ffurf wedi'u haddasu o benisilin a darganfyddiad gwrthfiotigau eraill fel *streptomycin*, *erythromycin*, *cephalosporin*, a *vancomycin* i enwi ond ychydig. Rhwng 1935 a 1968 fe lansiwyd 12 ffurf newydd o wrthfiotigau ond cymharol ychydig gafodd eu lansio ers hynny. Yn y cyfamser mae ymwrthedd gwrthfiotig wedi cynyddu. Roedd Fleming ei hunan wedi rhagweld posibilrwydd ymwrthedd gwrthfiotig yn ei anerchiad wrth dderbyn y Wobr Nobel pan ddywedodd y byddai'r amser yn dod pan all unrhyw un brynu penisilin mewn siopau. Wedyn mae yna berygl y gall dyn anwybodus roi dogn rhy wan o benisilin iddo'i hunan a thrwy hynny adael y bacteria ddatblygu ymwrthedd oherwydd bod y dogn ddim yn ddigon i ladd y bacteria i gyd.

Mae astudiaeth[1] o gleifion allanol mewn 18 gwlad yn yr EU (Undeb Ewropeaidd) wedi darganfod cydberthynas uchel rhwng defnyddio gwrthfiotigau a lefel y bacteriwm *streptococcus pneumoniae*. Roedd defnyddio penisilin yn Ffrainc bedair gwaith yn uwch nag yn yr Iseldiroedd, ac roedd lefelau'r bacteria yn llawer uwch yn Ffrainc nag yn yr Iseldiroedd. Amlygwyd gorddefnydd o wrthfiotigau fel hyrwyddwyr twf ar gyfer anifeiliaid mewn papur diweddar[2], a adroddodd gynnydd ymwrthedd gwrthfiotig yn enwedig yn Tsieina ac India. Mae'n bryder bod bacteria gwrthiannol wedi cael eu darganfod yn ddiweddar mewn dolffiniaid a thrwy hynny wedi codi'r posibilrwydd y gallai pobl sy'n bwyta pysgod amrwd neu bysgod heb eu coginio yn ddigonol fynd yn sâl[3].

Mae'r ystadegaeth ganlynol yn dangos difrifoldeb y broblem:

- darganfuwyd 19 bacteria gwrthiannol yn y degawd diwethaf;
- arweiniodd 671,689 o heintiau a achosir gan facteria sy'n gwrthsefyll gwrthfiotigau at farwolaeth 33,110 yn 2015 yn yr EU a'r EEA (Ardal Economaidd Ewropeaidd)[4];
- mae'r UN (Cenhedloedd Unedig) wedi amcangyfrif y bydd 10 miliwn o farwolaethau yn digwydd erbyn 2050 o ganlyniad i heintiau sy'n gwrthsefyll cyffuriau os na chymerir unrhyw weithred;
- mae 193 o wledydd wedi llofnodi datganiad yr UN i fynd i'r afael â bygythiad lefelau uwch o wrthfiotigau.

Mae'n cymryd sawl blwyddyn a llawer o fuddsoddiad i ddatblygu a phrofi gwrthfiotig newydd, felly mae llai o gwmnïau yn gweithio yn y maes hwn. Oherwydd bod gwrthfiotigau yn gweithio mor dda ac mor gyflym maent yn rhoi enillion isel ar fuddsoddiad i'r gwneuthurwyr. Mewn gwrthgyferbyniad, mae moddion sy'n cael eu defnyddio i drin afiechydon cronig yn fwy proffidiol. Yn yr Unol Daleithiau rhwng 2010 a 2014, dim ond 1.2% o wariant NIH (Sefydliad Iechyd Cenedlaethol) oedd ar ymwrthedd gwrthfeicrobaidd; dosberthid y rhan fwyaf i ganser[5].

Yn ôl adroddiad WHO (Sefydliad Iechyd y Byd) yn 2014, ymwrthedd gwrthfiotig nawr yw'r prif fygythiad i iechyd y cyhoedd ac mae PHE (Iechyd Cyhoeddus Lloegr) wedi amcangyfrif bod 52,971 o afiechydon wedi'u hachosi gan facteria sy'n gwrthsefyll gwrthfiotigau yn y Deyrnas Unedig yn 2015, gan arwain at 2,172 o farwolaethau[6]. Digwyddodd y rhan fwyaf o'r rhain mewn ysbytai; enghraifft gyffredin yw MRSA (methisilin gwrthiannol *streptococcus aureous*). Tan yn ddiweddar defnyddid y gwrthfiotig *vancomycin* fel dewis olaf yn erbyn MRSA, ond nawr mae'r bacteriwm wedi dechrau datblygu ymwrthedd yn ei erbyn.

Mae priodweddau gwrthfiotig mêl yn wybyddus ers blynyddoedd a defnyddir gorchuddion sy'n cynnwys mêl ar glwyfau. Dangoswyd y gall mêl Manuka atal llawer o bathogenau clwyfau *in vitro*, ac mae'n effeithiol yn erbyn bacteria gwrthiannol gan gynnwys MRSA[7].

Er bod y rhan fwyaf o wrthfiotigau naturiol wedi dod o organebau pridd, gall y cefnforoedd hefyd fod yn ffynhonnell, a marinomycin A yw un enghraifft o wrthfiotig sy wedi dod o'r organeb forol *Marinispora*. Fodd bynnag, er ei fod e'n wrthfiotig grymus sydd yn effeithiol yn erbyn MRSA, mae e'n sensitif i olau. Mae darganfyddiad cyffrous diweddar wedi dod o hyd i ffordd i sefydlu'r gwrthfiotig hwn. Mae sborau planhigion yn cynnwys sgerbwd hydraidd anhyblyg allanol (gweler y ddelwedd isod), a phan gynhwysir *marinomycin* y tu mewn i sborau o'r fath mae'n llai sensitif i olau[8].

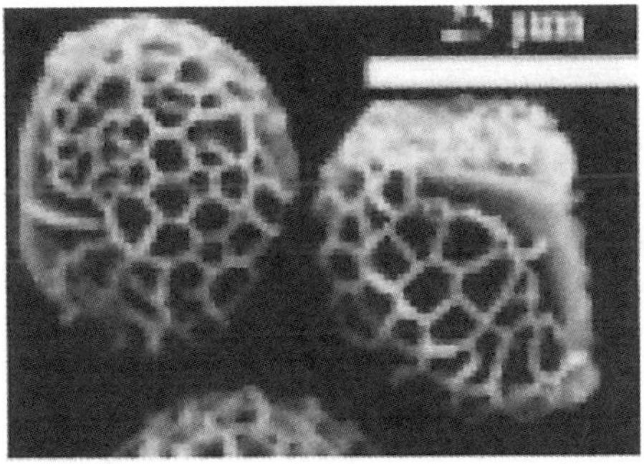

Rhybuddiodd yr Athro Fonesig Sally Davies, Prif Swyddog Meddygol Lloegr, yn ddiweddar bod ymwrthedd gwrthfiotig cynyddol mewn perygl o roi meddygaeth yn ôl yn yr oesoedd tywyll, a gallai hyn hawlio bywydau llawer mwy o gleifion na nawr[9].

Felly, beth ellir ei wneud i ddatrys y broblem hon? Mae yna sawl cam gweithredu posibl:

- rhaid gwella atal heintiau gan lanweithdra gwell, yn enwedig golchi dwylo;
- ni ddylai gwrthfiotigau gael eu defnyddio fel hyrwyddwyr twf ar gyfer anifeiliaid – dim ond ar gyfer y rheiny sy'n dioddef o heintiau bacterol;
- ni ddylai gwrthfiotigau gael eu defnyddio i drin heintiau feirol fel pesychiadau ac anwydau;
- dylid defnyddio dewisiadau amgen i wrthfiotigau, fel bacterioffagau sy'n gallu heintio a lladd bacteria, gael eu mwyhau[10];

- gallai defnydd mwy effeithiol o frechlynnau osgoi rhai heintiau;
- yn olaf, dylai defnydd o brofion diagnostig cyflym gael eu hannog oherwydd gall y rhain alluogi meddygon i benderfynu a yw claf yn dioddef o haint bacteriol yn lle haint feirol, ac mewn achosion ffafriol, penderfynu pa fath o facteria sydd yno.

Cyfeiriadaeth

[1] Goossens, H. et al, 'Outpatient antibiotic use in Europe and association with resistance: a crossnational database study', *Lancet* 2005, 365(9459), 579-87.

[2] Van Boeckel, T. P. et al, 'Global trends in antimicrobial resistance in animals in low- and middleincome countries', *Science*, 2019; https:/Iscience.sciencemag.org/content/365/6459/eaawl944

[3] Schaefer, A. M. et al, 'Temporal changes in antibiotic resistance among bacteria isolated from the common bottlenose dolphins ...', *Aquatic Mammals*, 2019, 45(5), 533-542.

[4] Cassini, A. et al, 'Attributable deaths and disability-adjusted life-years caused by infections with antibiotic-resistant bacteria in the EU and EEA in 2015 ...', *The Lancet Infectious Diseases*, 2019, 19(1), 56-66.

[5] O'Neill, Chairman, *Review on Antimicrobial Resistance. Tackling a global health crisis: initial steps,* 2015, 8.

[6] *Guardian* Article, 11 September 2019, 'Bacteria developing new ways to resist antibiotics, doctors warn', https://www.theguardian.com/society/2019/sep/1 1 /bacteria-developing-newways-resist-antibiotics-doctors-warn

[7] Cooper, R. and Jenkins, R., 'Are there feasible prospects for Manuka honey as an alternative to conventional antimicrobials', *Expert Rev. Anti Infect. Ther.*, 2012, 10(6), 623-625.

[8] Bailey, C. S. et al, 'A natural solution to photoprotection and isolation of the potent polyene antibiotic, Marinomycin A', *Chem Sci.*, 2019, 10, 7549-7553.

[9] *Guardian* article, 4 September 2019, 'Rise in antibiotic resistance must be tackled, says top medic', https://www.theguardian.com/society/2018/sep/04/rise-in-anubiotlc-resistance-must-ne tackled-says-top-medic

[10] Czaplewski, L. et al, 'Alternatives to antibiotics – a pipeline portfolio review', *The Lancet Infectious Diseases*, 2016, 16(2), 239-251.

Y Dewin

BEIRNIADAETH HELEN OUGHAM

Cafwyd chwe chais – i gyd yn ymdrin â phum pwnc gwahanol. Mwynheais eu darllen i gyd a dysgais lawer.

Y Dewin, 'Problem Ymwrthedd Gwrthfiotig': Erthygl sydd wedi'i hymchwilio a'i chyflwyno'n hynod o dda, gyda chydbwysedd da rhwng y mater gwyddonol a'i hanes, ffynonellau newydd posibl o gyfansoddion gwrthficrobaidd, a ffyrdd eraill o fynd i'r afael â'r broblem. Dewisiadau da iawn o erthyglau gwyddonol ac o'r cyfryngau poblogaidd i'w dyfynnu.

Y Goreuafwr, 'Datrys argyfwng newid hinsawdd': Esboniad da o'r argyfwng newid hinsawdd a'i wreiddiau mewn lefelau cynyddol o nwyon tŷ gwydr. Mae'r rhan ar sut i fynd i'r afael â'r broblem ychydig yn anghytbwys, gyda llawer o ffocws ar fanteision adweithyddion niwclear sy'n defnyddio thoriwm.

Yr Amheuwr, 'A oes argyfwng cynhesu byd-eang?': Mae'r awdur yn dadlau'n ddewr yn erbyn cynhesu byd-eang yn cael ei achosi gan weithgareddau dyn. Mae'n canolbwyntio ar yr ansicrwydd sy'n gynhenid wrth fodelu hinsawdd, ond mae'n cytuno bod angen i ni leihau ein dibyniaeth ar danwydd ffosil ac yn rhestru rhai ymagweddau at hyn. Gan mai cystadleuaeth ar gyfer erthyglau gwyddonol yw hon, teimlais nad oedd yn gwbl briodol i gynnwys gwaith gan amheuwyr hinsawdd y mae eu safbwyntiau wedi cael eu chwalu'n eang a heb eu derbyn gan gyfnodolion gwyddonol prif ffrwd.

Sgilti Sgafndroed, 'Cyfrifiaduron cwantwm: allwn ni ymelwa o annaeroldeb y fecaneg gwantwm?': Pwnc eithriadol o gymhleth wedi'i esbonio mewn ffordd ddifyr, gyda thrafodaeth ar bosibiliadau'r dyfodol. Teimlais y gallai cynnwys hafaliadau i gynrychioli cyflyrau cwantwm ddigalonni'r rhai heb gefndir mewn mathemateg/ffiseg uwch, gan wneud yr erthygl ychydig yn anaddas ar gyfer darllenwyr eang.

Savannah, 'Y Broblem Pedwar Lliw – Rhoi Proflenni Cyfrifiadur ar y Map': Eglurhad darluniadol hardd o'r broblem pedwar lliw clasurol, gyda fersiwn pedwar lliw o'r Ddraig Goch. Gellid gwella ychydig ar y cyflwyniad. Er enghraifft, daeth yr erthygl i ben braidd yn sydyn, a dywed yr awdur y bydd yn trafod cymwysiadau'r theorem mewn cymdeithas, trwy gynnwys ei ddefnydd wrth osod camerâu diogelwch, ond yn hytrach yn defnyddio'r enghraifft o leoli mastiau ffôn symudol.

Ceidwad y Goleudy, 'Chernobyl a Phrofi Systemau': Pwnc amserol iawn o ystyried digwyddiadau diweddar yn Wcráin. Mae'r awdur, sy'n datgan ei bod/fod yn beiriannydd trydanol, yn defnyddio achos methiant Chernobyl i ddarparu gwersi ar sut orau i brofi systemau cymhleth yn ddiogel. Erthygl wedi'i chyflwyno'n dda. Efallai bod gormod o ffocws ar y gyfres deledu a ysgogodd y dewis hwn o bwnc; a hoffwn fod wedi gweld dyfyniadau o'r llenyddiaeth wyddonol helaeth ar y pwnc.

Rhoddaf y wobr i *Y Dewin*.

Dyfeisio ac arloesi

Cystadleuaeth i wobrwyo syniad arloesol a chreadigol sydd er budd y gymdeithas. Gall fod yn syniad neu ddyfais hollol newydd neu yn ateb i broblem bresennol mewn unrhyw faes gwyddonol. Gofynnir am geisiadau heb fod yn hwy na 1,000 o eiriau sy'n amlinellu'r syniad. Croesewir y defnydd o dablau, diagramau a lluniau amrywiol. Gall fod yn waith sydd wedi ei gyflawni yn barod neu yn gysyniad newydd

PROTACs: Meddyginiaethau Newydd

Ers tua chan mlynedd, nid yw'r cysyniadau sylfaenol sy'n greiddiol i ddarganfod cyffuriau newydd wedi newid rhyw lawer. Wrth ystyried moleciwlau bach bioweithredol *in vivo*, mae darganfyddiadau llwyddiannus wedi canolbwyntio ar ddau gysyniad:

i. adnabod ac optimeiddio gweithredwyr sydd ag actifedd da yn erbyn targedau neu lwybrau biolegol;
ii. darganfod dos a rheolaeth ddiogel sydd yn oddefgar ac a fydd yn cynnal crynodiad cyffur digon uchel yn y man delfrydol er mwyn cael yr effaith ffarmacolegol delfrydol.

Felly, yn draddodiadol, mae darganfod cyffuriau fferyllol yn canolbwyntio bron yn llwyr ar reoli gweithgarwch protein yn uniongyrchol i wella clefydau. Caiff cyweiriadwyr gweithgarwch protein, yn enwedig atalyddion, eu datblygu a'u cymhwyso ar lefel uchel er mwyn sicrhau'r effeithiau mwyaf posibl. Trwy hynny, gall bioargaeledd is ac effeithiau alldarged lesteirio effeithiolrwydd y cyfansoddyn.

I'r diben hwn, mae math newydd a gwahanol o gyffuriau yn dangos addewid mawr ym maes Cemeg Feddyginiaethol. Yn ddiweddar, mae PROTACs wedi datblygu yn ddirfawr ac yn dangos bod modd targedu proteinau mewn dull hollol wahanol i strategaethau moleciwlau bychain traddodiadol (Collins et al., 2017; Hughes a Ciulli, 2017). Tra'n torri rhai 'rheolau' Cemeg Feddyginiaethol sefydledig (e.e. rheolau Lipinski), mae gan PROTACs y gallu i waredu'r protein targed yn llwyr (os yw trosiant protein yn ddigon araf) yn hytrach na dim ond atal ei swyddogaeth.

Daw'r gair PROTAC o'r term Saesneg, *PROteolysis Targeting Chimera*, hynny yw, cimera (rhywbeth â dwy nodwedd neu fwy) sydd yn dynodi *proteolysis* (diraddiant protein). Yn fras, mae PROTAC yn fath arbennig o foleciwl sy'n herwgipio'r system wbicwitin-proteasom er mwyn diraddio'r protein targed gan gael gwared arno'n llwyr o'r gell.

Mae wbicwitin yn brotein rheoleiddio bach (8.6 kDa) ac mae'n bresennol yn y rhan helaeth o feinweoedd organebau ewcaryotig, hynny yw, mae'n hollbresennol (*ubiquitous*). Cafodd ei ddarganfod ym 1975 gan Gideon Goldstein a chafodd ei nodweddion eu cofnodi ar hyd y 1970au a'r 1980au (Goldstein et al., 1975). Yn gyffredinol, caiff tagiau wbicwitin eu dosbarthu i broteinau targed trwy rwymiad cychwynnol i ensym actifadu-wbicwitin E1, ac yna trosglwyddiad i ensym cyfuno-wbicwitin E2 sy'n ddibynnol ar deulu eang o broteinau addasydd (ligasau E3 wbicwitin), er mwyn trosglwyddo'r wbicwitin i'r protein delfrydol. Caiff proteinau wedi eu tagio'n addas ag wbicwitin eu hadnabod gan y proteasom a'u hollti'n broteolytig, gan ryddhau'r PROTAC i barhau â'r broses (Bondeson et al., 2015) (Ffigur 1).

Mae egwyddorion sylfaenol technoleg PROTAC yn weddol syml a gellir rhannu'r PROTAC ei hun yn dair rhan (Ffigur 2):

i. mae'r rhan gyntaf yn ligand grymus a detholus ar gyfer y protein o ddiddordeb;
i. yr ail ran yw ligand ar gyfer ligas E3;
iii. yn olaf, cysylltydd o ryw fath i uno'r ddwy ran.

Gogoniant y PROTAC, felly, yw ei fod bron â bod yn gweithio fel catalydd, ac ar lefelau is-stoiciometrig, ac felly dim ond lefelau bychain iawn ohono sydd eu hangen er mwyn cyflawni ei swyddogaeth. Gall y mecanwaith hwn arwain at PROTACs hynod o rymus sy'n gallu goresgyn rhai o'r problemau sy'n gysylltiedig â defnyddio moleciwlau bychain 'mawr' (e.e. athreiddiad, hydoddedd).

Cynigia PROTACs amryw o fanteision o gymharu â moleciwlau bach; yn bennaf, y fantais o ddiraddio protein yn hytrach nag atal gweithgaredd y protein. Wrth ystyried y fantais hon, rhaid edrych ar:

i. rym cellol ac effaith gatalytig;
i. cymhwysedd eang dros nifer o gelloedd gwahanol a systemau *in vivo*;
iii. potensial ar gyfer parhad gweithred ffarmacodynamig estynedig;
iv. y cyfle i gyfryngu ffarmacoleg anghyfarwydd a newydd.

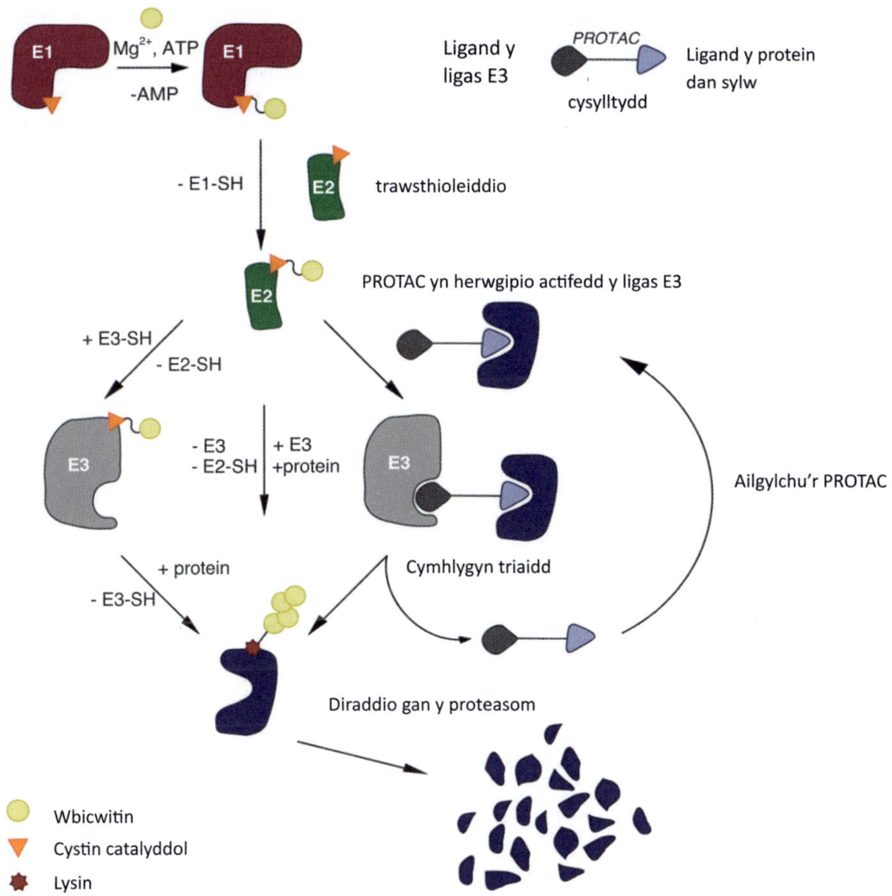

Ffigur 1: Diagram yn dangos wbicwitinwriath a swyddogaeth PROTAC mewn diraddio protein. Addaswyd o (Paiva a Crews 2019).

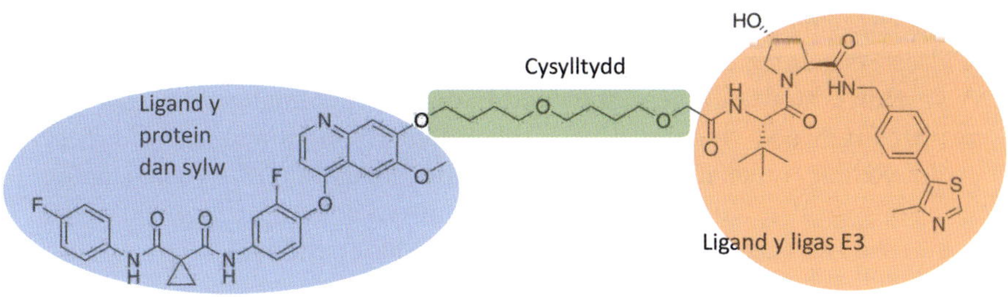

Ffigur 2: Enghraifft o foleciwl PROTAC. Addaswyd o (Smith et al., 2019).

Fel y nodwyd uchod, mae'r rhan fwyaf o ffarmacoleg a ysgogwyd gan foleciwlau bychain yn cael ei yrru gan y gofyniad i gynnal a chadw ecwilibriwm targed uchel sydd, yn ei dro, yn ofynnol am ddos uchel o gyffuriau. Yn hanesyddol, mae dosau uchel o'r fath wedi bod yn gysylltiedig â thebygolrwydd uwch o arddangos effeithiau gwenwynig (yn aml yn alldarged), gan arafu a chymhlethu'r broses o ddarganfod cyffuriau. Nid yw PROTACs, sy'n gweithredu fel catalyddion i gychwyn cyfres diraddio, yn cael eu cyfyngu mwyach gan y model hwn. Yn hytrach, bydd lefel isel o ddeiliadaeth protein targed yn ddigon i gynnal cyfradd diraddio a fydd yn dihysbyddu cyfran uchel o brotein cellog gan roi'r effaith ffarmacolegol a ddymunir.

Mae'r effaith gatalytig hefyd o fantais gan y gellir arsylwi *diraddiad* y protein delfrydol drwy ddefnyddio crynodiadau PROTAC llawer is na'r hyn sydd ei angen ar gyfer arsylwi lefelau uchel o *ataliad* ligas E3 (Churcher, 2018). Gallai maint mwy y PROTACs – o'i gymharu â moleciwlau bychain traddodiadol – arwain at gyfradd arafach o groesi pilenni, ond mae'r crynodiad terfynol o'r cyffur sy'n gallu treiddio i mewn i'r gell yn amlwg yn ddigonol i gael effeithiau grymus iawn. Nid yw'r union fecanwaith o fewnlifiad cellog wedi ei ddatrys yn llwyr, ond mae'r arsylwad bod ystod eang iawn o gemoteipiau o PROTACs yn gallu treiddio ystod helaeth o wahanol gelloedd yn awgrymu proses oddefol nad yw'n dibynnu ar unrhyw lwybrau (cludiant) actif penodol.

Set o broblemau y gall y PROTACs gael eu defnyddio er mwyn mynd i'r ymrafael ynddynt yw clefydau niwroddirywiol, e.e. Alzheimer's, Parkinson's ac yn enwedig clefydau prion. Mae rhai o'r clefydau hyn yn dod yn broblem fwyfwy perthnasol i'n cymdeithas gan fod y boblogaeth gyffredinol yn heneiddio yma yng Nghymru ac yn y DU. Felly, gall y defnydd o PROTACs ym myd Fferylliaeth a Meddygaeth fod yn chwyldroadol drwy gael gwared ar blaciau sy'n ffurfio yn yr ymennydd o ganlyniad i broteinau yn camblygu (Flores-Fernández et al., 2018). Er y gallai targedu protein wedi ei leoli yn yr ymennydd fod yn arbennig o anodd oherwydd yr anghenraid i groesi'r gwahanfur gwaed-ymennydd, mae diddordeb yn y maes wedi cael ei fynegi yn ddiweddar (Lu et al., 2015). Felly, i grynhoi, mae PROTACs yn dechnoleg arloesol sydd â'r gallu i chwyldroi sut y darganfyddir ac y datblygir cyffuriau i ymdrin â nifer o glefydau, salwch ac anhwylderau difrifol.

Tabl Ffigurau

Llyfryddiaeth

Bondeson, D.P., Mares, A., Smith, I.E.D.D., Ko, E., Campos, S., Miah, A.H., ... Crews, C.M. (2015). Catalytic in vivo protein knockdown by small-molecule PROTACs. *Nature Chemical Biology* 11(8):611–617. doi: https://doi.org/10.1038/nchembio.1858.

Churcher, I. (2018). Protac-Induced Protein Degradation in Drug Discovery: Breaking the Rules or Just Making New Ones? *Journal of Medicinal Chemistry* 61(2):444–452. doi: https://doi.org/10.1021/acs.jmedchem.7b01272.

Collins, I., Wang, H., Caldwell, J.J. a/ac Chopra, R. (2017). Chemical approaches to targeted protein degradation through modulation of the ubiquitin-proteasome pathway. *Biochemical Journal* 474(7):1127–1147.

-Fernández, J.M., Rathod, V. a Wille, H. (2018). Comparing the folds of prions and other pathogenic amyloids. *Pathogens* 7(2).

Goldstein, G., Scheid, M., Hammerling, U., Schlesinger, D.H., Niall, H.D. a Boyse, E.A. (1975). Isolation of a polypeptide that has lymphocyte differentiating properties and is probably represented universally in living cells. *Proceedings of the National Academy of Sciences of the United States of America* 72(1):11–15. doi: https://doi.org/10.1073/pnas.72.1.11.

Hughes, S.J. a Ciulli, A. (2017). Molecular recognition of ternary complexes: A new dimension in the structure-guided design of chemical degraders. *Essays in Biochemistry* 61(5):505–516.

Lu, J., Qian, Y., Altieri, M., Dong, H., Wang, J., Raina, K., ... Crews, C.M. (2015). Hijacking the E3 Ubiquitin Ligase Cereblon to Efficiently Target BRD4. *Chemistry and Biology* 22(6):755–763. doi: https://doi.org/10.1016/j.chembiol.2015.05.009.

Paiva, S.L. a Crews, C.M. (2019). Targeted protein degradation: elements of PROTAC design. *Current Opinion in Chemical Biology* 50:111–119.

Smith, B.E., Wang, S.L., Jaime-Figueroa, S., Harbin, A., Wang, J., Hamman, B.D. a Crews, C.M. (2019). Differential PROTAC substrate specificity dictated by orientation of recruited E3 ligase. *Nature Communications* 10(1):131. doi: https://doi.org/10.1038/s41467-018-08027-7.

Lipinski

BEIRNIADAETH IOLO AP GWYNN

Derbyniwyd dwy ymgais, sef eiddo *Cadi a Chris* a *Lipinski*. Mae'r ddau destun yn hollol wahanol, sy'n adlewyrchu natur agored disgrifiad y gystadleuaeth. Y gofyniad sylfaenol yw gwobrwyo syniad a gyflwynir ar sail pa mor 'arloesol a chreadigol' yw'r syniad hwnnw a bod angen iddo fod 'er budd y gymdeithas'. Gan na ddywedir hynny yn nisgrifiad y gystadleuaeth, does dim angen i'r syniad fod yn un gwreiddiol gan yr unigolyn neu'r grŵp sydd yn cystadlu. Mae'r ddau syniad a gyflwynwyd yn rhai diddorol.

Cadi a Chris, 'Wella'r [*sic*] Ddarpariaeth Cymorth Iechyd Meddwl trwy'r Gymraeg i'n Myfyrwyr': Er bod yr elfen o fudd i gymdeithas yn y cais hwn, ychydig iawn o fanylion gweithredol a gyflwynwyd. Ceir ymgais i gyflwyno mewn steil slic ond tenau iawn o ran cynnwys. Er craffu'n ofalus, methais â gweld fod rhyw lawer sy'n arloesol na chreadigol o safbwynt gwyddoniaeth a thechnoleg yn y syniad. Nid yw paratoi safle ar y We ynddo'i hun yn arloesol nac yn anodd bellach.

Lipinski, 'PROTACs: Meddyginiaethau Newydd': Dyma ddisgrifiad gweddol fanwl, gyda llyfryddiaeth, o faes cymharol newydd ym maes datblygu cyffuriau. Yn sicr, yr oedd yn eithaf diweddar yn ôl yn 2020. Mae'r disgrifiad wedi ei ysgrifennu'n glir, gyda darluniau pwrpasol gan eraill wedi eu haddasu. Mae'r pwyslais ar ddisgrifio amcan y syniad, ond nid oes unrhyw awgrym o sut gellir cyflawni'r gwaith yn ymarferol. Mae'n sicr yn ddisgrifiad o ddatblygiad arloesol a chreadigol yn y maes hwn.

Rhoddaf y wobr yn llawn i *Lipinski*.